# 近世のシマ格子

## 着るものと社会

広岩邦彦

# 絵師の見たシマ格子

**1. 室町時代の紅格子《こごうし》**

紅格子は高位の女の絹織物。別して尊いとされ、足利将軍の許しがなければ着なかった。中央の女性は紅地に黄色の紅格子を着て、紅葉狩りの宴に臨む。織組織は「５－１綾」。赤子を抱く奥の女性は、描絵入り辻が花染と紅織筋の片身替わり小袖。手前の女性は紫の絞り染め小袖。16 世紀半ばの作品。

「高雄観楓図屏風（部分）」( 東京国立博物館蔵　Image:TNM Image Archives)。第１篇の１参照

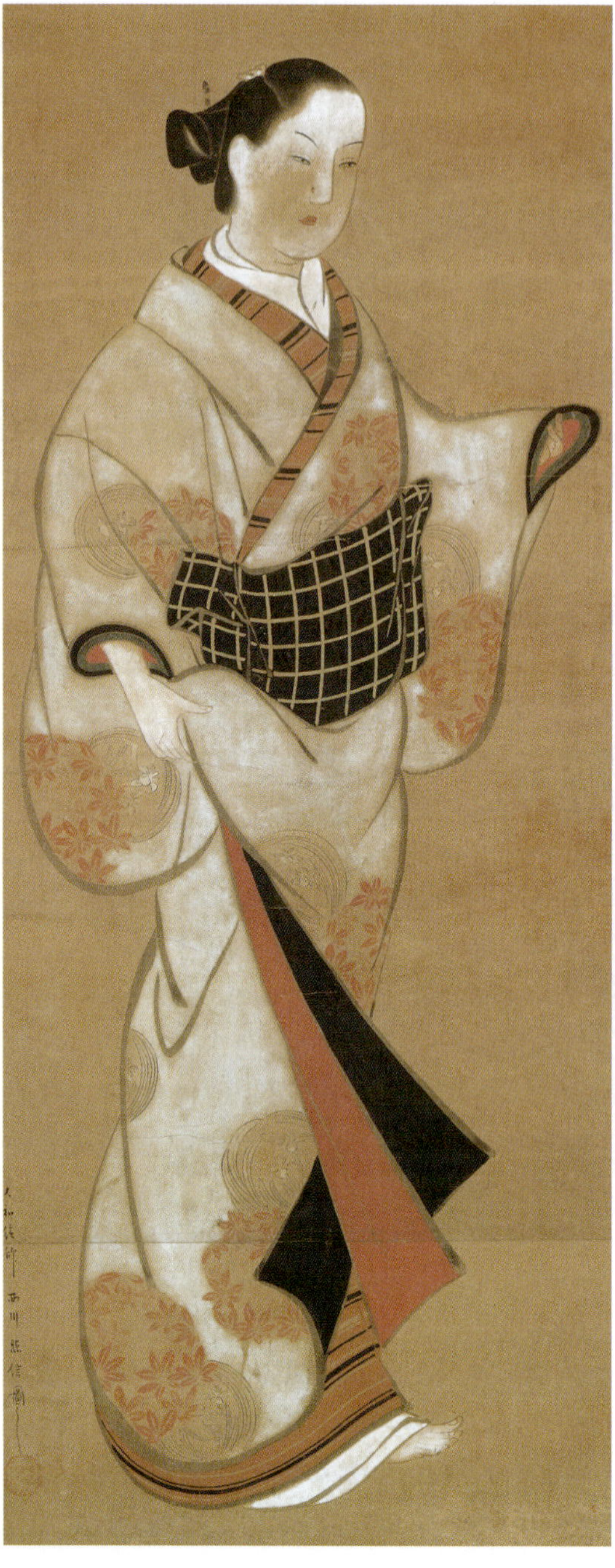

**2. 遊女の中着の嶋**

リアルな表情の遊女。表着は染と刺繍の丸紋散らし。その下に黄茶地に黒ヨコ筋の中着。郡内嶋か八丈織に近く、襟と裾でその柄を見せる。右手で裾を引いて裏を見せ、表着の裏は黒、中着は紅の総裏。前帯の黒地の格子柄も八丈織にならうもの。18 世紀初頭の作。

西川照信「立姿美人図」(出光美術館蔵)。第 3 編の 2 参照

**3. 吉原に唐桟羽織**

両刀を差す武士客の羽織が、インド渡来の「胡麻がら嶋」の唐桟留である。絵のタテ柄の配色が、唐桟柄の雰囲気をよく写している。着物は黒地絹紬の碁盤目の二筋格子、裾で見せる紅絹の総裏は遊び人の仕立。1740年ごろの作。

宮川一笑「吉原歳旦図」(出光美術館蔵)から。第3編の7参照

### 4. 天明期の通り者

斜めの線に覆われる羽織は八丈八反掛。表着は黒羽二重の無紋。下の着物は嶋縮《ちり》緬《めん》で、裾をつまんで柄を見せている。紅の博多織の「腹切り帯」、極細の「楊枝脇差」。これが江戸男の行き着いた洗練の姿であった。1780 年代制作。

礒田湖龍斎「男女図」（MOA 美術館蔵）から。
第 4 編の 3 参照

**5. 町女の嶋の装い**

磨き抜かれた衣装美が描かれる。下に着るのは縮緬の紅絞りに白絹の襟。斜めの線のある中着は市販の綾織の八反掛だろう。表の大名嶋の柔らかさは染柄ではないか。黒繻子の半襟は生地の織留をお洒落のポイントに。1792年ごろ制作。

栄松斎長喜「四季美人」初日の出（バウアーコレクション）。第4編の3参照

**6. 越後ちぢみの絣**

家に帰った女性は、いま帯を解いて扇子で風を入れている。絵は黒地の麻帷子《かたびら》の光の反射を巧みにとらえる。格子のモチーフを散らす絣は、1770 年代から江戸で大流行していた。下の着物は縮緬の紅板締めに白襟。19 世紀初頭の作。

喜多川歌麿「更衣美人図」（出光美術館蔵）から。第 4 編の 10 参照

**7. タテ嶋本位の世**

1793年前後の日常の装い。

「有徳なる商家の主」（右）は五所紋の黒長羽織。紐はボタン掛け。細いタテ嶋の着物は結城紬であろう。

左の「町人の妻」もまたタテ嶋の紬類の着物、黒半襟に黒繻子の帯。二人とも着物二つの襟を一つに合わせて着る。1808年の作。


山東京伝「江戸風俗絵巻」（細見美術館蔵）から。第5編の3参照

**8. 柄の細部に迫る**

実物を間近に見るように着物柄が描かれる。表着の嶋の太線に細かいかすれがあり、太織の織嶋、または摺り込みの染柄か。下の着物の絹紬の碁盤嶋を裾に見せる。芸事の女師匠のようだ。右側はお付きの少女。1820 年前後制作。

五渡亭国貞「星の霜当世風俗」若衆髷《まげ》の女（静嘉堂文庫蔵）。第 5 編の 4 参照

# はじめに

徳川時代に日本人の着るものの模様柄の大変革が起きた。その時代の初めと終わりでは、衣類の柄の様相が一変していた。それを引き継いだのが近代の和装である。

初めほとんど輸入に依存した高級絹織物の生糸は、18世紀に国内自給に漕ぎつけ、間もなく品質も中国白糸と並んだ。徳川将軍は八丈島の租税の紬をもとに、17世紀半ばに格子柄の八丈織を創出し、やがて世のトレンドとなる。後にその絹は黄八丈と呼ばれ、京都や上州桐生、八王子や信州上田、甲州郡内に産地が広がった。18世紀後半には地方絹と紬類の生産が増え、シマ柄の需要がわきだした。１８５９年の安政開港後は、生糸が最大の輸出品目に躍進している。

木綿は初め近畿が主産地であったが、18世紀には尾張・美濃や関東平野西側、山陰・山陽の産量が増え、シマ類の銘柄に京都製のほか河内嶋、伊勢松坂嶋、岩槻嶋、美濃嶋、尾張嶋などが現れた。さらに中小銘柄が19世紀に続いた。麻の布では奈良晒と近江晒の染物が初めよく知られたが、18世紀半ばに越後ちぢみが需要を伸ばし、その主な柄は、シマと絣であった。

こうして繊維素材の変化期にシマ柄が付き添っていた。徳川期の衣料品は家内自給生産から脱け出して家内産業化ないし専業工房化し、三都の呉服店が力をつけた。繊維製品の経済規模が農業に次ぐに至る過程に、シマ柄が関わり寄与していた。

シマ柄による衣服の大幅なモード化は、江戸や京都・大阪で18世紀の後半に起きた。並の人が所持する着物の数が増え、裏地をつけ、それと同時に色や柄をつけ、人々は柄を着ることになった。19世紀にはそれが他の地方へ及び、シマ柄と小紋染はほぼどこでも見るものとなった。

貨幣で買う着るものは、金銭経済化や商品化を促し、その進展が着物の種類とシマ柄に跳ね返った。徳川政府と大名権力は人々の衣服の繊維素材に干渉を繰り返したが、シマ柄に関する限り、派手な赤色や大模様を除いて、動きは止まらなかったように見える。

この本は、実体が不明のいくつかのシマ織の解明を試み、絹・木綿・麻の銘柄とシマ柄の関係を取り上げ、さらにインド製品から受けた途方もない影響について明らかにする。またシマ柄は社会変化を映す鏡であったから、政治・経済要因や、武士身分の社会環境の変化、都市の世相や思考様式を探ることをめざした。

そうは言っても、地方銘柄まで手が及ばなかったことを、告白しておきたい。また茶道の名物裂には間道というシマ柄織物があるが、衣服のモードの主題に集中するため取り上げなかった。琉球織物には魅惑的なシマ柄があるが、本土と異なる歩みをしており、調べが未熟で一部を除いて触れられなかった。それらの点を予めお断わりしておきたい

著者はこの25年ほど近世染織品になじんではきたが、染織史・衣服史・テキスタイル史あるいは近世史各分野のどれについても専門家ではない。ただ、権力・商工業・技術・社会思潮にも関わる士農工商の衣服は、もともと間口が広く専門領域として成り立ちにくい、とも言える。そこで、あえてゼネラリストの目で地道にコツコツと調べ、モノと出来事に忠実な歴史記述を試みることにした。怠惰や道草、家族の介護で思わぬ年月がかかったが、年齢を顧みず執筆したのは、徳川

期の人々とシマ柄の墓碑銘を刻んでおきたい、との思いからである。私にできるのは、この本をかつてのシマ柄に手向けること、捧げることである。

この何十年かに近世史料の数々の活字化や再出版があり、その恩恵に浴することができた。古い染織品のディーラーやコレクターの方々には、実物資料の収集のほかに多くを教わった。染織史・更紗研究の元日本女子大学教授小笠原小枝さんには、実物に即したご教示とともに、調べを終始励ましていただいた。大阪の染織コレクター故藤本均氏には、蒐集品に則して染織美の見方を親しく教わり、また資料となる断片類を勉強のためにいただいた。お二人のお名前を記して感謝したい。最後になるが、敬愛する田中俊雄・玲子著『沖縄織物の研究』と同じ紫紅社からの出版につき、旧知の吉岡幸雄代表、また編集者の岸本三代子さん、勝丸裕哉氏のご協力に感謝したい。

２０１４年２月

広岩　邦彦

# 近世のシマ格子　着るものと社会　目次

## III 元禄・享保のシマの見方

## Ⅳ シマ柄が開花した田沼時代

# V

## 寛政改革から地味なシマへ

【凡例】◉シマの漢字は徳川時代の慣用語では「嶋」であったから、見出しと文中にその字を用いた。

◉引用文のうち一部は著者の現代語訳とした。引用文中のカッコ内小活字の注釈は著者による。

◉和暦をそのまま西暦で表記し、必要なものに元号を加えた。和暦の月はカッコ内で旧暦と注記した。

# I

前史

# 線の文様がなぜ嶋か

# 1　室町殿中の鼻つまみ

応仁の乱の後、嶋織物というものが世に出た。それ以前には嶋織物の語は今のところ見つからない。水辺に浮かぶ陸地を言う嶋が、なぜ織物と結びついたのであろうか。自然の地形と縁もゆかりもない柄を、日本語ではどうして嶋と言うのか。その出発は恐らく嶋織物からとなろう。

## ◉嶋織物のタブー

室町時代の嶋織物は毛嫌いされて誕生した。鼻つまみであるがゆえにその名が文書に残った。それは登場した途端に非難され攻撃されている。話題がそこに及ぶと、故実書は着てはいけないと書く。

嶋織物を否定する急先鋒は、京都の足利将軍の殿中規則を扱う故実家であった。彼らは単に過去事例や故事来歴に詳しいだけの人ではない。法律以前の社会では、しきたりをよく知り筋道を正して治者を助ける補佐官が重きをなした。支配者にとって故実家は知識にたけた諮問官であった。彼らは嶋織物に危険な要素をかぎつけ、その異質で奇異なものを殿中から排除すべきだと主張した。

「嶋織物の事、人前へはしかるべからず」（『御供古実』１４８２成立）

人前とは高位高官のいる公的な場のことである。それを着ることは殿中規則で禁止される。故実書は「また繻《しゅ》子《す》、緞子《どんす》なども御禁制にそうろう」と書く。そちらは中国明時代の高級織物で、貴重品として支配者の占有物となるから着用を禁止される。それに対して嶋織物が禁じられたのは、その異様さ卑しさゆえであった。

「嶋織物のこと、地下人《じげにん》の着るものにて候。貴としたる人は下着にも用いず候」（『宗五大艸紙』１５２８稿）

それは官位などない下賤の身の服である。殿中で賤民のまねをしてはいけない。その「おかしげなる織物小袖」は警護の当番にも適当でない。「嶋織物などは乱中に着用も候える由」（『大館常興日記』１５４１稿）、つまり戦乱に臨む時は仕方がない、と故実家は述べている。

故実家は参内する人の問い合わせに何回も答えているが、それは嶋織物を着たい人が実際にいたからである。殿中に出入りする人にして、着ない振りをしつつ私的にはそれを好む輩がいる。「嶋織物のこと、表向きへは着ず、内々にては自然着する方も候。おとがめの時は申し述べられようあるまじく候」（『貞順豹文書』１５４８稿）とある。殿中の外で勝手に着ている人は、とがめられたとき言い逃れできない。内々に着る人のために、故実家はそう警告している。

16世紀半ばになると、軽蔑されたはずの地下人の服がどうやらはびこる勢いにある。故実家の嶋織物への警鐘もやがて聞かなくなる。足利将軍が弱体化して逃亡し、その体制がついに瓦解するからである。戦国武将の乱世となれば、室町故実はもはや御用済みである。

嶋織物の案件は殿中でやかましく言われたが、その外の世界では言及する人も少なく、どんな織物で、なぜ嫌悪され、だれが着たか、徳川時代の早い時期にすでにわからなくなった。

19世紀の学者・塙保己一は故実書を調べ尽くして嶋織物の文献を整えたが、「嶋織ということ、いまだつまびらかならず」（『武家名目抄』第４）と書く。かつての非難はわかったが、その姿はつかめない。地下人のものとすれば「嶋織は粗くして賎《しず》き織物なること知るべし」と書くのが精一杯であった。しかし、殿中に出入りする人が好んで下賤のまねをするだろうか。故実家に嶋織物の問い合わせが何度もあったのは、もしかすると着る魅力のせいではなかったか。その疑いが残る。

## ◉中世に嶋の染物

染物なら「嶋」の字のつく例は珍しくない。染物の嶋は室町時代におなじみであった。その嶋は湖沼や海に浮かぶ陸の形につながる。水に浮かぶ嶋のように、生地に浮かんでいる染模様のゾーンが嶋である。テキスタイルの地色を海と見れば、そこに配置される文様のひと塊《かたまり》が嶋となる。文様を敷き詰めないで、大きな柄をポツンポツンと隔てて置くのが中世ならではの染物であった。

嶋摺《しまず》りは長い歴史を持つ。木版や型紙によるプリント柄があったし、型紙で糊を置いて白抜きに染めるネガの柄もあった。型染の模様を地色の中にまばらに散らせば、模様の配置は海に浮かぶ嶋状となる。文様の塊を互いに離して置くとき、水辺の嶋のような配置が生じる。『源平盛衰記』や『平治物語』に「嶋摺りの直垂《ひたたれ》」とあるのはみなそれで、文様の塊をバランスよく隔てて置いてゆく柄である。

その「嶋摺り」の語が徳川後期には通じなくなった。まず「摺《す》り」とは何か。「摺りとは摺り紋（文様）とて、今の世に言う摺り込みのことなり」と『西陣天狗筆記』が説明する。生地に当てた型の上から顔料や染料を摺り込む彩色法は友禅染にもある。接着剤を摺り込んで金銀箔を置くこともある。ほら、あの摺り込みだよと言えば、織屋もそうかと納得したのであろう。

しかし、「嶋」の説明は難しい。『西陣天狗筆記』は「嶋摺りと言うは嶋の形なり。州浜の形を言う。州浜に草木などあり」と解説するが、理解困難だったかもしれない。なぜなら徳川後期の嶋は第一義的にストライプだったからである。嶋を摺ると言えばストライプのプリント、つまり染嶋のことになる。そのうえ徳川後期に見慣れていた染模様は、小紋染など細かい文様を一面に敷くもので、まばらに置く大柄模様はすでに忘れ去られ、例外中の例外であった。海に浮かぶ嶋のごとき模様の大まかな配列は、想像外だったであろう。

「嶋摺り」の嶋は地形の嶋の形、州浜のような柄である。しかし「州浜に草木」の文様だけを染めたのではない。草花木水から鳥・鶴亀・記号まで文様の題材は各種あった。題材は何であっても柄の塊が嶋であった。

19世紀の考証家山崎美成も同じことを言う。「いにしえ嶋と言うはスハマ（洲浜）のことなり」（『海録』巻十二）と。嶋がストライプでなかった過去になかなか思い至らない時代には、洲浜の形の染柄を思わせるほかなかった。

柳亭種彦は少していねいに「昔、嶋と言いしは嶋の形なるを思うべし」と書く。地形の嶋の形を思い浮かべて旧記を読もうという提案である。この人は『簾中旧記』の女房装束に「箔縫い物の掻切《かいきり》とは、片洲のことにて候。嶋には候わで、押し通したることにて候」とあるのを、力技で解読している（『柳亭筆記』）。嶋は不定形の囲まれたゾーンである。それをタテに二分したのが片洲である。片洲が生地幅の端にあれば嶋はかき切られており、それが掻切となる。旧記にある室町貴族の刺繍と箔の模様を解釈し抜いたのは、並の力ではない。柳亭種彦は『異本人穴冊子』なる本に「この霞流しのひたたれ」とある例を紹介し、「霞の形を摺ったもので、嶋摺りの類なるべし」とする。霞の形すら嶋になること、何の文様で

**図1　室町時代の「嶋に染める」という見方**

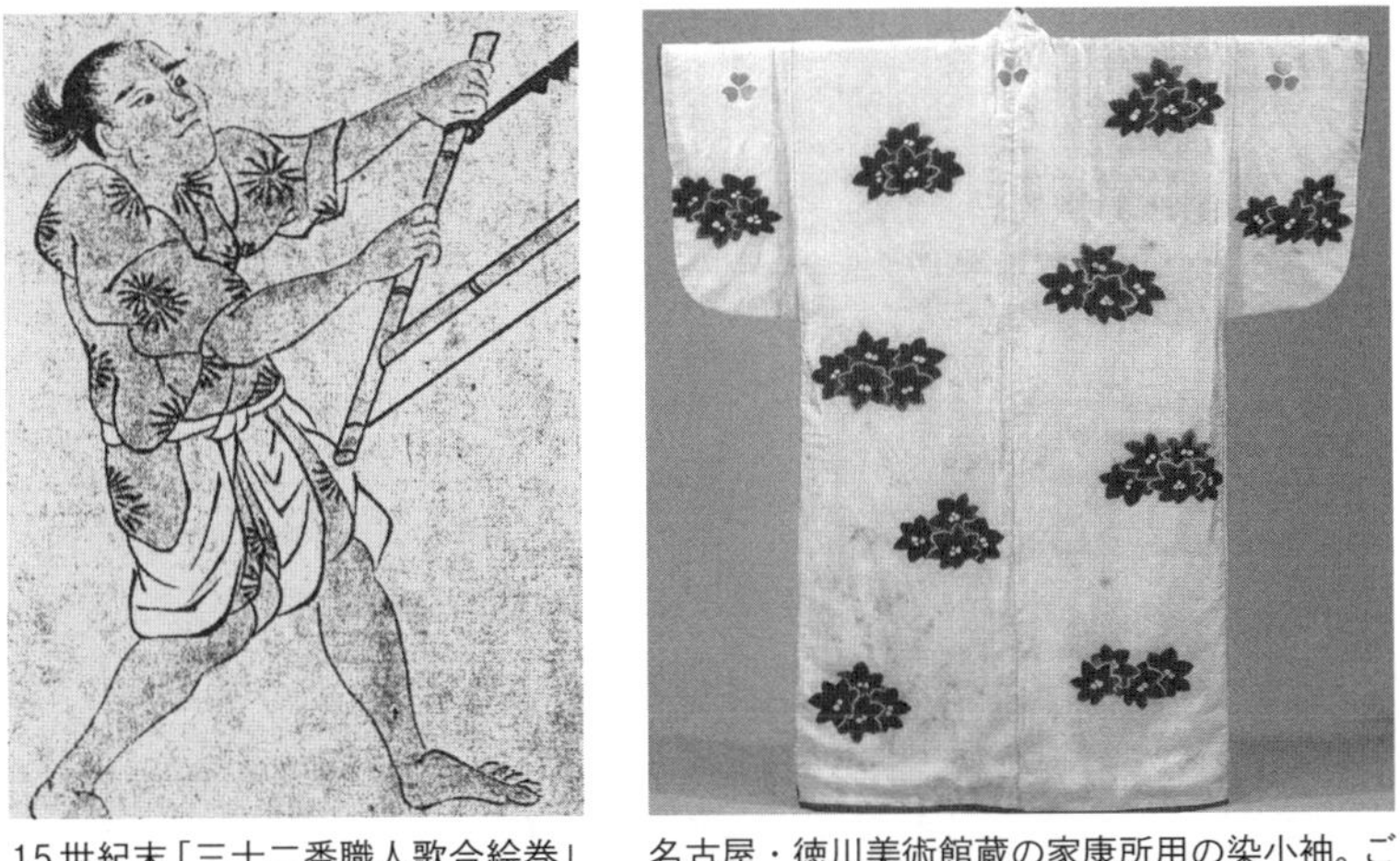

15世紀末「三十二番職人歌合絵巻」（幸節家本）の「大のこぎり挽《ひ》き」。着物は恐らく麻、袴をつける。文様は型による摺り込みか。それをランダムに配置し、「嶋に染め」となる。

名古屋・徳川美術館蔵の家康所用の染小袖。ごく薄い藍のかかる絹地（練貫）に、重ねた花模様を藍の絞りで染める。それに葵紋がつく。花の絞り染のゾーン一つ一つが嶋である。その嶋を海に浮かぶ嶋のように置いている。

も嶋になるのを承知していたのである。

室町時代には文様を「嶋に付ける」と言ったし、型染では「嶋を合わせる」とも言った。それは「嶋に染める」ことである。図1の見方に立つことにすれば理解はたやすい。狂言に小舞という古式の踊りがあり、その一つ「宇治の晒《さらし》」の謡は次のように言う。

「宇治の晒に嶋に洲崎に立つ浪をつけて
はんま（浜）千鳥の友呼ぶ声は、チリチリヤチリチリ」

宇治晒は中世の麻の名産品で、麻の布を白く晒して模様染の生地にしていた。この謡の場合、染められた柄は「洲崎に立つ浪」である。上の方に浜千鳥も何羽かいたのであろう。問題は「嶋に」の意味である。それはストライプとは無縁である。嶋と洲崎を並列させ、そこに浪をつけては詩にならない。そうではなく、「洲崎に立つ浪」のひと塊の文様を、ポツンポツンと飛び飛びに配置するその置き方が「嶋につける」であろう。「洲崎」と「立つ浪」を組み合わせた一つの文様は、嶋として散らされている。それで浜千鳥の鳴き声があちこちから聞こえてくる。男を誘うかわいい女の声のように。

広島県で見つかった中世の『田植草紙』の田植歌は、紺屋の型染をほめる。

「型や衣紋を京紺掻《こうか》きに習うた
紺掻き易うや嶋を合わせた
はたと合わせた大領《おおくび》先の三つ嶋」（『中世近世歌謡集』日本古典文学大系44）

**図2　古い時代の裳《も》の洲浜文様**

湾入する入江の曲線の文様で、近世では友禅染などに応用され、若い女の小袖模様によく採用された（『国史大辞典』から）

型染と模様の配置を京都の紺屋に習った地元の紺屋が、上手に「嶋」の塊を配置して染めた。この「嶋」も先の図1のように理解しなければならない。型染の三つの柄が胸の上あたりでぴたりと合って、格好良く決まったうれしさを歌にしている。その文様が何であるかは問題にされない。この場合の嶋は型染一単位のまとまりのことで、その一つ一つを水に浮かぶ嶋々のごとく見て、配置のよしあしを問題にしている。単位文様の並べ方の美しさが歌になっている。

現代の校注ではその歌の「嶋」に「縞」の字を充てる例がある。「縞」にはストライプの字義しかなく、その字も字義も室町時代にはなかった。そのとんでもない錯誤により、「縞」三つもしくは三本の線をどこかに型染でつけると解し、混乱に陥っている。用字の統一は必要であるが、それは現在から将来に向けて理解を助けるためであろう。その努力を過去に向けても、文献を偽造し無知を養うだけである。角をためて牛を殺すのをやめなければならない。

『親元日記』によれば１４６５年の将軍の犬追物のとき、武人の服が「御すわう、地かちん越後布、御もん島におもだか」であった。越後布の黒の素襖《すおう》に染柄がある。染めた模様は三方の葉先のとがるオモダカの形である。それを水に浮かぶごとく「島に」散らしたものだった、と推定できる。

染色技術用語としての「嶋」は遅くまで残った。絞りの着物には地の色と柄の色がある。絞り技法では一定の区画を一つの染液に浸けて染める。その区画の中に、粒や大小のつまみの糸くくりを入れて防染する。その色ゾーン一つ一つを「嶋どり」と呼ぶ。

「肩裾の地は浅葱《あさぎ》色である。洲崎の嶋を散らす」

京都の雁金屋では17世紀半ばにそんな言い方をしていた（『小西家旧蔵光琳関係資料とその研究』）。肩と裾に模様を染めて、腰を白いままとする小袖において、地は薄藍色にする。洲崎の文様を糸でくくり、そのゾーンを散らして配置し、他の色で染めている。この場合の「嶋」は「特定の色のために区画される文様のゾーン」のことである。柄の内容は洲崎である。

室町時代には「染小袖は略儀なり」としていたが、徳川家は絞りの小袖を盛んに発注し、「腰の際《きわ》はノコギリ嶋である」という肩裾もある。それは腰との境をギザギザの線でヨコに区切る模様で、当時の絵にもある（『狂言記』）。折れ曲がる直線であろうと、巨大であろうと奇怪な形であろうと、連続する一つの色のゾーンが「嶋」となっている。

染物の「嶋」は、だから水辺に浮かぶ嶋の形とともにあった。それに対して嶋織物は織物であるから異質である。それを検討する前にまず対極をなす織物のことを問わなければならない。嶋織物は何に抗するものであったか、と。

## ◉将軍の「かうし」

足利将軍の殿中には直線模様の着物があった。貴重視される最上位のものの一つが直線柄の絹織物で、それを「かうし」という。その小袖を着るのは将軍自身である。高位高官や大名は、将軍から贈られたり許されたりしない限り着ることはない。女も最上級女中のみが着るもので、ほかの者は許されて着る。「女中衆もかうしの織物うちまかせてはえ召し候はず」「ご免にてかうしをば召し候」（『宗五大艸紙』）とある。「かうし」は格子であるが、特殊な品名だったから以下「かうし」と書く。

室町貴族は小袖の姿で人前には出ない。その上に素襖や大紋・直垂などの外衣を常につけた。外衣は人の全身を覆い、小袖は襟《えり》と袴《はかま》のすき間にちらりとのぞく。外から見える小袖の面積は微小であるが、彼らはその微小のところに神経を注いだ。最上位の「かうし」を着る支配者も、それを開けっぴろげには見せない。輝く絹を少々のぞかせるのが彼らの流儀であった。

「かうし」はどんなものか、18世紀に次の解説がある。

「かうしは碁盤の如く細かにはあらず。大きさ二三寸四方、筋の太さ四五分ばかりに織るなり。筋の色も地の色も不定」（伊勢貞丈『条々聞書貞丈抄』）

それは正方形に近い大柄の格子の織物で、模様は6~10センチ角ほど。そこに1センチ半の太い線筋が走る。地色はいろいろあり筋の色もいろいろである。地色の上に多彩な線筋が走っていた。

描かれた将軍の「かうし」は、御用絵師が写生した図3の足利義晴像に見える。黒っぽい肩衣の下の二筋格子の小袖がそれである。

13代将軍義輝も「かうし」の小袖で描かれる。表着の直垂は薄い生絹《すずし》の裏なしで、下の小袖の柄を透かして見せる。

白地の襟には汚れがあるが、格子の柄が確認できる。その下は紅の段で、そこは桐の紋章を織り出す紋織物である。この絵は将軍の「かうし」がただならぬものであることを伝える。「かうし」は紋織の織組織とつながっていて、平織ではない。桐紋の紋織部分は当時の織り方では「5-1綾」という織

**図3　襟にのぞく「かうし」**

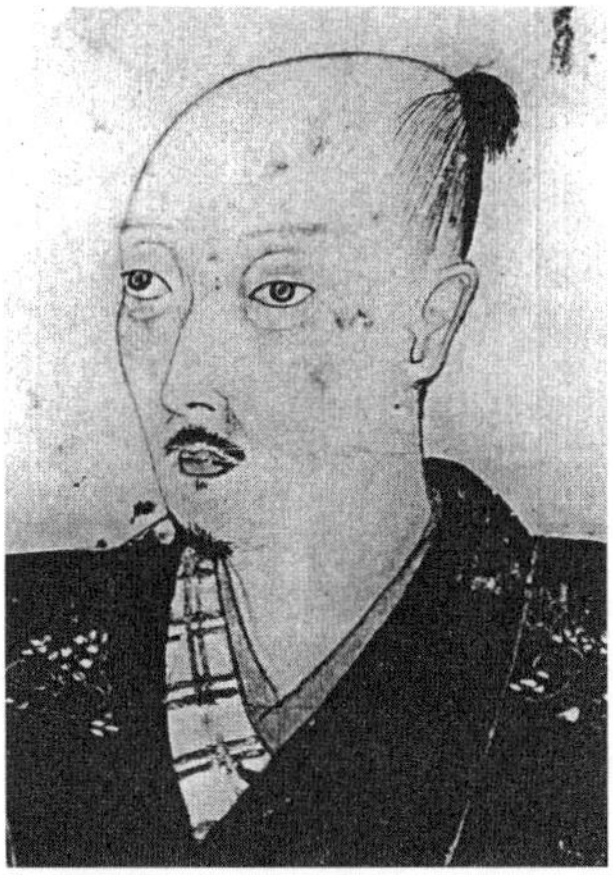

12代将軍義晴は桐紋のつく肩衣をつけ、胸でX状にその襟を重ねる。肩衣の下に着る二筋格子の小袖が「かうし」である。
小袖は左右で柄を違える片身替わりで、片身が「かうし」、もう一方は別の柄である。向かって右の着物と肩衣の境目は、原画でははっきり区別がある。土佐光茂の1550年の下絵、将軍はその年に死去した（京都市立芸術大学蔵、『土佐派絵画資料目録』）。

組織になる。「かうし」もその織組織によることとなる。

男の「かうし」に対して、女には特に「こかうし」があり、「紅格子」と書く。「別して尊きものなり。地を紅にして、筋をば何色にもするなり」と解説がある（貞丈前掲書）。「紅格子は御女房衆でも最上位でなければ着ない。それは花飾（最上等）のものである。上意にかなう人が特に許された場合にのみ着られる」（『御成次第故実』15世紀末）。紅格子は将軍夫人級の限定品で、これは徳川時代には消えている。

**図4　将軍の多色の「かうし」**

この肖像で将軍義輝は烏帽子《えぼし》をつけ、地の薄い紅色の直垂を着る。その下に透けて見える小袖は、紅地と白地の段替わりである。紅地のゾーンには紋織で桐の紋を見せる。
向かって右の肩に、白地に紅と緑の「かうし」。左の胸あたりは白地に薄い茶色のタテ筋。小袖は三種類の柄を段重ねにして織り上げている（1577年制作「足利義輝像」、国立歴史民俗博物館蔵）。

## ◉5－1綾の織物

結論を急ごう。図5の拡大写真は室町時代の「5－1綾」の織組織の例である。義輝図の桐紋の紋織はこの「5－1綾」の表裏の組織で表される。将軍の「かうし」はこれと同じ織組織による［補注1］。

「かうし」は柄を浮き立たせ、色鮮やかな織物を作る。徳川時代に一般的となる平織の比ではない。というのも平織ではタテ・ヨコとも糸の色の半分が表に出るだけである。「5－1綾」では糸の色の六分の五を表に出しうるし、裏組織では六分の一に消すことになる。色のめりはりは歴然とする。その欠点は表裏の文様が異なり、裏側を表に使えないことである。表裏両面とも柄が同じの平織と異なり、表が汚れれば捨てなければならない。そのぜいたくは財力ある人にのみ許される。

「かうし」はだれが見ても高価な輝く絹で、将軍を荘厳するにふさわしい。外衣からわずかに見えるだけで他者を圧倒しうる。図４の「かうし」と紋織部分は「５－１綾」の同じ織組織で、両者は上下につながって段の柄となり、生地をヨコにつないで片身替わりに仕立てられた。

将軍の二つの肖像画で「かうし」はいずれも白地と見える。白地に鮮やかな多色の格子柄を置くものが尊ばれたようだ。卑俗の嶋織物の対極にそびえていたのは、その高貴な「かうし」であった

**【補注１】**　「５－１綾」については北村哲郎『能装束』（日本の美術46）１９７０、『小袖能装束』（太陽染と織シリーズ）１９７７、京都市染織試験場『時代裂織組織一覧』１９８５などが参考になり、神谷栄子『上杉家伝来衣裳』１９６９もある。室町故実は伊勢貞丈『貞丈雑記』、塙保己一『武家名目抄』、『群書類従』正続の武家部掲載諸本などによる。ここでは「５－１綾」と故実・将軍権力・画証という切り口で問題整理を試みた。

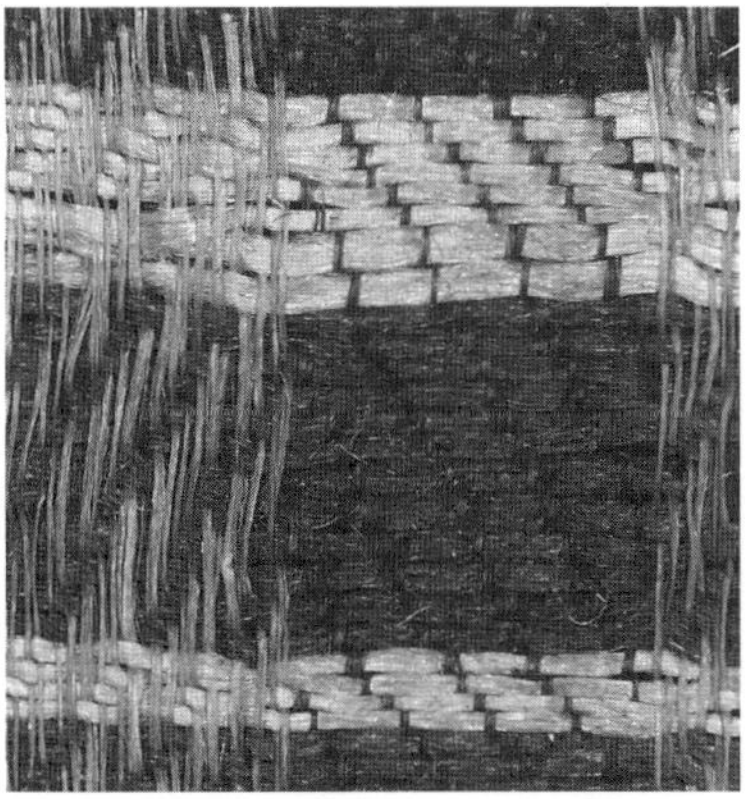

**図５　室町時代の「5-1 綾」の織組織**

享禄３（1530）年銘のある根来寺「辻が花」幡と一具になっていた幡の格子柄の織物。この織組織が「かうし」に当たる。
拡大写真は天地がタテ方向で、白いタテ生糸はヨコ糸５本を跳び越したあと、ヨコ糸１本をくぐる。この織組織は「５-１綾」、また糸つり具の数から「６枚綾」と呼ばれる。裏側ではタテ白糸はわずかしか見えない。中央のタテ色糸は裏組織に当たる。ヨコは太い練り糸。

「5－1綾」の格子柄が「からし」と呼ばれた。その片割れの桐紋など紋織部分は何と呼ばれたか。それは「織物」ないし「ただの織物」であった。故実書はその「織物」の語に力んでいる。

## ◉将軍専管の絹織

「直垂の下に着ようとする小袖は、織筋のほか染小袖は苦しからず。織物はゆめゆめあるまじきこと」（『御供古実』）とある。平織でヨコ筋を織る織筋や染模様の小袖は緊張しなくてすんだが、「織物」はそうはいかない。管領以下の貴族が「織物」の小袖を着るのは、将軍から拝領するか許可されたときである。「からし」と「織物」は将軍の専管事項である。

日用語の「からし」は寺社の戸などの木組みの形を意味しており、殿中に無縁の人はテキスタイル名の「からし」を知らなかったであろう。「からし」や「織物」はほとんど殿中でのみ通用する特殊用語であった。それは将軍を際立たせる意図をもって将軍の衣料を特定し、他の者に着させないための言葉である。将軍の服に関係しうる人だけが承知すべき語であり、それ以外の人には知られない語となる。

絹の織物は17世紀になると日用語になるが、故実の「織物」は独特の意味を持つ。「旧記に織物と言うは、紋柄を織たるものなり」（『貞丈雑記』１８６３～８４稿）と、伊勢貞丈は適切に解説している。室町殿中の織物は、絹の特定の紋織物を指しており、将軍に関わる規制に従うものであった。それは殿中という範囲でしか普通名詞にならない。故実書の読みにくさは時代差のほかに、殿中に限られるという言葉の空間的な狭さにもよる。

とはいえ「からし」と「織物」の例はいくつも提示できる。実物でも残っているし、絵にも描かれる。その貴重なテキスタイルは将軍の独占をかいくぐって、あちこちにおこぼれを残す。それは室町の染織文化の頂点をなし、特権階層を飾るとともに、徳川時代にまで裾野を引きずった。

能装束には「厚板《あついた》」という男役の小袖がある。上品な美しさで舞台を輝かし、日本の格子柄織物の最上位に来るものである。能では女役の華やかな「唐織《からおり》」が知られているが、足利将軍の衣装の命脈をつないだのは男役の「厚板」の方である。「5－1綾」の織組織は徳川支配者に引き継がれたが、彼らは輝く衣服で自らの身を包もうとせず、舞台でそれを見た。彼らは能楽の独占的スポンサーとなり、男役に「厚板」、女役に「唐織」を与えて着せ、それで間接的に自らを豪華に飾った。

図6は17世紀の能装束「厚板」の例である。その伝来品の端整・節度と上品さは室町時代の遺産と見るべきであろう。

カラー口絵1は国宝「高雄観楓図屏風」（東京国立博物館蔵）の女である。室町末期の秀頼印のあるその屏風は、紅葉狩りの酒宴を描き、風景に神仏加護の雰囲気が漂う。寺社を仰いで登り行く「遊山」の霊的な空気は、芝居見物すら「遊山」と称した徳川中期の世俗的社会とはまるで異なる。にもかかわらず、絵師はだれが何を着たか、服の秩序と差異に敏感で、模様の細部を描き尽くそうとしている。紅と黄の格子柄は別して貴いものとされた「紅格子《こごうし》」となる。その女はよほど高位だったに違いあるまい。

「織物」では図7の小袖そのものが残っている。京都祇園祭の山鉾《やまほこ》「芦刈山」のご神体が着ていた小袖である。

牡丹の花と葉と蝶の織紋が生地をびっしり覆う。その織紋をくっきり見せるために地の色を替え、タテ筋

**図6　能装束の「厚板」**

「片身替わり・格子・雪持ち柳模様・厚板」の格子部分。「5－1綾」の表組織と裏組織で格子を構成している（東京国立博物館蔵、奈良諦楽舎旧蔵）。

のゾーンまで作る。段替わりのその紋織を片身替わりの小袖に仕立てている。これは16世紀後半の豪華な「5−1綾」の「織物」の例で、小袖のまま残ったのは貴重である。

図8は「高雄観楓図屏風」の女主人である。この二つの小袖は驚くほど似ている。「観楓図」の女主人は、白紅タテ筋の大胆な柄を着る。屏風をパッと輝かす着物である。画中で最も大きく描かれる貴人の中の貴人であるから、白と紅の地が選ばれたのであろう。紋織は地を埋め尽くしている。太いタテ筋は織紋を際立たせるためにある。図7の小袖のタテ筋の所を、小袖全体に展開して遊山の晴れ着にしたのが、図8の女主人の小袖の柄である。

タテ筋が必ずしも嫌われていない。織紋をくっきりと見せて、自分を際立たせるために着る貴人のタテ太筋の小袖があった。「織物」は独特の変化を遂げて細工をこらしていた。

### 実物の「織物」と絵画の「織物」

**図7「締切り・蝶牡丹紋の段替わり織物小袖」部分**

天正17（1589）年銘の「5−1綾」の「織物」で、下部は赤系、中央はタテ筋、上は緑系と三段に色を分ける。それで蝶牡丹《ちょうぼたん》の紋織が明瞭になる。京都・芦刈山保存会蔵。［補注2］

**図8「観楓図」の女の「織物」**

盃を手に話に興じる女の一団の中心人物である。白地に太い紅のタテ筋が2本ずつ走る。そのタテ筋は図7の中段と同じように、全面をびっしり覆う織紋を際立たせている。全部をタテ筋で織った「織物」がこの小袖である。

【補注2】芦刈山保存会の織物小袖については、『染と織の肖像』（国立歴史民俗博物館図録）に拡大図があり、専門家の分析が載る。織組織はつまり5－1綾で、タテ絹糸は紫や緑の絣で織密度62～64本／センチ、ヨコ糸は紅と白で25～32本／センチである。

## ◉タテ線筋に織紋

　織紋を伴うタテの太いストライプは貴人の女の様式であった。それは紋柄の効果を高め、鮮明にする。太いストライプの様式は、孤絶した例ではなく他の絵にも登場する。図9の肖像の右の女性が同様の柄の小袖を着る。20世紀初めに模写されたその絵では、織紋は見えずストライプだけがある（東京大学史料編纂所・肖像画データベース）。もともと紋織物は小さい絵には描き難いし、古い絵では失われやすい。模写は織紋柄を失して描くが、白地に赤の太いストライプは「高雄観楓図屏風」の女主人の柄とよく似ている。

　絵の女は上杉謙信の姉の仙桃院である。上田（信州）長尾氏の政景に嫁ぎ、夫亡きあと次男を謙信の養子に送って上杉家を支え、１６０９年に米沢で亡くなっている。人物経歴からしても、一世一代の装いの肖像であること

図9　夫は「かうし」妻は「織物」

「長尾政景夫妻像」の20世紀初めの模写図（東京大学史料編纂所蔵）。原画は1570年前後に描かれたとされる。この二人の小袖が室町故実の「かうし」であり「織物」であった。

からも、謙信遺品に実例があることからしても［補注3］、「５－１綾」の「織物」を着て不思議はない。織紋柄が消えてしまい、模写ではタテ・ストライプだけが描かれてしまったと判断できる。絵は仙桃院の生前にできており、織紋のない小袖なら本人が許すはずもなかった。

その夫妻の肖像画（米沢・常慶院蔵）は１５７０年前後に描かれたが、夫は何を着るのか。紋付の肩衣は先に掲げた将軍義晴のものと同種である。小袖の白地に多色の格子柄は、室町故実の将軍の「かうし」としか考えようがない。その時期からも、地方支配者としての勢力の面でも、妻の小袖との釣り合いからも、政景は「かうし」を着るはずである。その柄の細部を絵筆で描けないのはやむをえない。

タテ筋のある紋織はほかに「渡辺浄慶・妙慶夫妻像」（京都・妙蓮寺蔵）の妙慶も着ている。その絵には永禄八（１５６５）年の銘があり、白地に紫と緑のタテ筋が走る。そこに桐竹文様を織り出している。そのころには富裕の町人も「織物」を手にしたことになる。

「観楓図」では男のグループの衣類も、小鼓《つづみ》の人が「かうし」、手拍子の人が「織物」の小袖と細かく描き分けられる。絵師がそこまで克明に描くのは、衣服が人品をよく表すと考えるからであろう。「５－１綾」の下位には平織の絹の練貫《ねりぬき》や平絹・紬があった。練貫には辻が花染や各種ヨコ筋柄がある。

「かうし」と「織物」は将軍権力を示すアイテムであった。故実家は将軍の服と配分権をそびえ立たせる役を演じた。そのテキスタイルは軍事力や財力の提供に対する見返りとして供与される。戦闘停止や中立維持・同盟などの政治的軍事的な支援協力があれば、将軍は反対給付としてテキスタイルを贈る。それは栄誉や承認や謝礼を表わした。象徴的価値を高めるために将軍は自らそれを着たし下賜もした。将軍は配分権栄誉権と購入権も独占しようとした。故実家は支配のそういう問題を扱う人であった。格子や織物は普通名詞であろうが、故実家はそれを将軍固有の希少なテキスタイルの名称に格上げした。それで後世に殿中語のわかりにくさが残った。

**【補注3】**「5－1綾」で丸に竹雀の家紋を織り出す上杉謙信所用「紫白・腰替わり肩裾織物小袖」（上杉神社蔵）は、はっきり故実の「織物」となる。
室町故実は「からし、おりかけ、うけおり物等の風情の物、之を着ず」と書く（「大上臈御名之事」）。「おりかけ」はタテヨコ糸の色を替える段重ねで、模様が上下に切れることを言い、「うけおり」は裏組織や紋織の利用を言うのであろう。「からし」や「織物」が練貫や加賀絹・美濃絹などに比べて高価なことは、「諸芸方代物附」（「続群書類従」第33輯上）に記載がある。

## ◉嶋織物を贈る人

ようやく嶋織物を検討できるところに来た。足利将軍らの服を貴とすれば、地下人の嶋織物は対極の卑となる。それは貴の側からの見方で、故実家はそう分類した。実際に嶋織物を着たのはだれか。彼らは自分ではどう思っていたのだろうか。

嶋織物を手にした人たちもわずかに記録を残した。大量の古文書の中にごく少数のその文字が埋もれている。いくつかの古記録に嶋織物の語を検出でき、それらは故実書にない情報を教えてくれる。そこからだれが用いたかを特定できる。

田尻親種《ちかたね》は九州有明海北部の小領主であった。所領を維持するには大大名の大友氏にすがるしかないと考えて、１５４７年に豊後《ぶんご》府内（いま大分市）に参勤した。田尻氏と子息、家老、書記、支払係など二十八人が馬を連ね、弓矢の家来や馬手が供についた。往復約一ヶ月の旅で十二石六斗の米を使った。

大友家は所領の外側に参勤する小大名を抱えていた。後を継ぐ宗麟《そうりん》はやがて九州の覇権を握ってポルトガルとの交易に乗り出し、キリシタン大名として有名になる。

「豊後御参府之日記」に田尻氏の進物が記される（『柳川市史』史料3）。贈品として多い木綿は縁者から祝儀で二十反をもらい、九十反以上をこまごまと贈物にする。無事を祈って神社に奉納し、案内人に配り、宿主やその婦人、重臣の使者に届けている。いずれも地織かと思われる。

上位の相手には太刀と「嶋織」を贈る。「太刀」は最重視され、もらったのが四十振りを超え、「脇刀」「長刀」などの贈品が百振り分ある。

「嶋織」は出発の祝儀で縁者から七反をもらい、大友家当主に「嶋織一反、赤地」を献じたほか、府内で計二十四反を贈った。その中に「藍黒」という注釈つきのものがあったし、ほかに「唐嶋織」「唐嶋」など類似品名のものが加わる。輸入絹では少量の「北絹」「海黄」「緞子」「東京」があった。大友当主からは特に許すとして「織物小袖」を下賜されている。それは室町故実の将軍独占品と同じもので、大友氏がそれを左右できる時代になっていた。

田尻氏は大友氏の動きに不安を覚えたようだ。半年後に大分へ御礼の使者を送り、「嶋織」の引出物を大名へ五反、子息へ三反など計三十一反届けた。田尻氏は嶋織を入手しやすい立場にあり、製造地は後の例から博多となろう。

戦国大名の大友氏は嶋織物をもらうのを好んだ。五条氏は豊後の北部や筑後にいた武将であるが、天文から天正年間にかけて大友氏の配下にあり、義鑑・宗麟・義統の三代の当主に嶋織物を献じている。当主からの礼状にそれが記載され、当時の手紙の習慣で年号はないけれども「五条家文書」として残されている（『史料纂集』古文書編）。嶋織物はどうやら目上とすべき人物にタテマツルもので、目下に下されるものではなかった。贈る方ももらう方も軽視せず、貴いものとして扱っていた。

豊後の武将はそのころ伊勢神宮の御師・福嶋御塩焼《みさき》大夫と交際があった。御師やその手代は歳末にお祓《はら》い大麻の箱を武将らに届けたが、その返礼の進上品に「嶋織物一反」の例がある。大友三家に入る志賀親守らの書状にそれが出ている（「朝見八幡文書」『大分県史料』11）。

九州の大名小名の間では嶋織物が太刀と並ぶ贈答品となってゆく。籠手田定経は平戸松浦氏の支流の人である。周防大内氏の北九州の出先に陣取る飯田興秀に対して、鹿皮、カワウソ皮、塩アワビなどを再三贈った。１５５０年ごろの興秀の礼状が「毎々の御芳志の至り、かしこみ喜び候」とする品は「嶋織物・小隔子《こかうし》」であった（『平戸市史』歴史資料編１）。小隔子は小さな文字で書く注釈である。これは嶋織物の柄を書く注目すべき例である。小隔子は小柄の格子柄の意味で、嶋織物の柄の重要なヒントになる。

同じころの石清水八幡宮・田中家文書にも武人から嶋織物をもらった記録がある（『大日本古文書』家わけ第４、石清水文書の２）。それより古い例では公家の日録『実隆公記』で１５２８年、思わぬことに嶋織物をもらって礼状を出した、と書いている。それはポルトガル人による種子島への鉄砲伝来の十五年も前である。島織物は京都の公家に贈って失礼のない品になっていた。

## ◉大名間の贈答品

大阪石山本願寺の法主證如は大名そのもので、１５５１年には将軍義輝から父義晴の一周忌の資金をねだられ、一万疋を進献した。義輝から来た「感状」はいずれ政治的保険となるはずであった（『石山本願寺日記』）。

本願寺の能楽は大名邸と同じで、１５５３年に法主は役者に「織物小袖ひと重ね」四組を与えた。まさに「５－１綾」の故実の「織物」である。贈答の記載はていねいで、輸入品で「緞子」「唐木綿」、国産品で「練貫」「絹」、麻の「白布」があり、１５５１年には「日本木綿」も出ている。證如は贈答を即決しており、値段のメモも残すのはさすが戦国支配者である。「緞子」の贈答は足利将軍の唐織物配分権がすでに崩れていることを意味する。

證如は後に織田信長に背いて敗死する近江の浅井長政の父に１５４９年、「嶋織物十反」の返礼をした。翌々年も礼を返し「嶋織物十反・代十一貫」「織色十反・代八貫」を贈る。代は自分用の代金メモで、嶋織物の単価は練貫の織色（タテ・ヨコ色違いの糸で平織）より高く、上級品であることがわかる。大名らは嶋織物を自ら着たと考えなければならない。

初めて上京した越後の大名・上杉謙信（当時は長尾姓）は１５５３年、堺と高野山へ回る際に本願寺へ贈物目録を届けた。證如は直ちに反応して太刀代と「緞子十反・代十三貫ばかり」「嶋織物二十反・代十五貫」の返礼をする（前掲書）。戦国大名の贈答品として国産の嶋織物は輸入の緞子と並ぶ位置にあった。

織田信長は１５７０年ごろ背後の武田信玄の脅威を和らげようとして、信玄のための小袖を入れた蒔絵の箱と、「繻子・緞子三十巻」「厚板五十端」と「嶋五十端」を甲州に届けた。「嶋」は「嶋織物」の略語であろう。そのとき西へ攻め上る考えだった信玄は、目もくらむ信長の贈品に浮かれるなと次のように戒めた。「嶋物」という言い方は特異であるが嶋織物各種という意味であろう。

「今より以後、厚板、薄板、繻子、緞子、綾、上々嶋物などの衣装は、およそ無用の費えである。つまるところ武具を整え、陣を張る支度をもっぱら心がけるべきである」（『甲陽軍鑑』巻十三）

薩摩島津家の外交官であった上井覚兼は１５７４年、天草の志岐氏の外交僧二人に「嶋織物三」を贈る。翌年、琉球国の使僧と使者が来たときも、初日の宴会で「嶋織物一ヅツ」を贈り、さらに使者の宿で酒宴をして「嶋織物一ヅツ」を贈呈した（『上井覚兼日記』）。琉球使僧には１５８５年にも「嶋織物三反」を贈った。嶋織物は明国産でも南方産物でもなく、本土の貴重な織物という扱いである。琉球人はそれで本土の好みを知ったはずである。

秀吉の朝鮮出兵で肥前名護屋に参陣した常陸の大名の家臣・大和田重清は１５９３年、帰途の京都で、元立売の彦四郎の「嶋十反」を見て、翌日「八十七匁六分、彦四郎ところへ嶋七反分に渡す。残銀十一匁四分あり」と購入のメモを書く（『大和田重清日記』『高根沢町史』史料編２）。「松屋へ片色四反分に四十六匁渡す」とあり、「嶋」

の単価は練貫の「片色」より高価であった。その京都の嶋は嶋織物であろう。それを博多で求めず京都で買ったのは、上方の諸勢力の需要により京都製が質の面で優れるに至ったからであろう。

## ◉故実家の二枚舌

嶋織物はどの例でも足利将軍の外側を行き交う、そういう時代になった。中心のはずの将軍だけが真空状態にある。軍事勢力の交渉と争いが渦巻き、政治的思惑をこめたあいさつ品として嶋織物は重宝される。嶋織物を贈るのは戦国大名と武将ばかりと見てもよい。軍事政治状況の緊迫化とともに贈答は活発になり、嶋織物は好適品として用いられた。

嶋織物を心底きらうのは故実家だけかもしれない。だが、彼らがそれを本当に卑しいと思ったかというと、意外にもそうではない。嶋織物は足利将軍の重臣に贈られていた。豊後の大友義鑑は１５２９年、大館高信に嶋織物二反を届けている。高信は将軍義晴に仕えて地方勢力との関係を取り持つ役職にあった。

将軍義晴が避難先の近江から京都に戻ったのを慶賀して、大友家は１５４２年に太刀と緞子を献じる。将軍の奉行人・諏訪長俊はそのとき大友義鑑から「嶋織物三反」をもらっている。他の役職者に対しては虎皮や染料の蘇芳《すおう》の進上品があり、嶋織物はそれらと同等の位置にあった。大館晴光はまだ十一歳の大友宗麟の名で「嶋織物三反」を贈られている。晴光は「晴」の字を将軍からもらった内談衆であり、その父は『大館常興日記』を書いた故実家である。その返事に「次に私へ御太刀一腰、島織物三反、御意にかけられ候。もっともかしこみ存じ候」とある。将軍の重臣が個人としては嶋織物を不快としなかった。故実家はご都合主義の二枚舌の人であった。

伊勢貞孝は政所執事として義晴に仕える重臣で、家伝の作法の文書を残し、故実の著作まである人である。江戸中期の伊勢貞丈の七代前の祖にあたるが、同じ１５４２年に宗麟から「嶋織物三反」をもらっている（以上いずれも『大分県史料』32）。

ここに至って嶋織物の排斥は建前にすぎないことがわかる。故実家は将軍の側にいる政治的アドバイザーとして、問い合わせには嶋織物を避けるよう勧めていたが、私的には喜んで受け取っていた。

下克上が顕在化するにつれて、将軍の重臣が嶋織物をきらわなくなる。嶋織物はもともとが卑俗でも下賤でもなく、見苦しくもなかったのだ。殿中での嶋織物のタブーは、足利将軍の地方軍事勢力に対する恐怖に由来したのではないだろうか。殿中で保たれることをもって、統治の安定のしるしと見たのではないか。殿中に嶋織物が入って来るのは、支配秩序を傷つける行為と見えたかもしれない。支配力の衰退とともに嶋織物のタブーは後退したはずである。

16世紀後半になると戦闘勢力は嶋織物に居直り、「おかしげ」というマイナス評価は室町将軍とともに消え失せたであろう。やがてそれは世に知られて普通名詞の地位を得る。

「シマオリ、織物を多くの色、あるいは、種々な色の糸で織る織り方」（『日葡辞書』１６０３～04）

ポルトガル人がその語を辞書に載せたのは、嶋織を目にしたし、日用語になっていたからである。かつては殿中語あるいは大名らの語であったものが、いま一般用語となる。それとともに差別的文脈は失われ、語は簡明に織柄を提示することになる。恐らくこういう経過をたどって、日本語では水辺の嶋の語が直線柄のテキスタイルを言う語になったのではあるまいか。

嶋織物はポルトガル人が来るはるか前、応仁の乱の後に始まった語であるが、嶋織物→シマオリ→シマと語の省略が進んで、16世紀末にはその最後まで来ている。

ただ、それを証明するためには嶋織物の柄を突き止める必要がある。シマの元祖と思える武将らの嶋織物について、実質が何であったかを問わなければならない。当時の辞書も絵の説明文も沈黙したままで、そのテキスタイルは姿を隠しているが、何か別の手立てを講じて内実に迫ることはできないか。それが次の課題となる。

# 2　嶋織物の絵を探す

## ◉筑前博多の名産

田尻親種が豊後府内の大友氏に参勤して嶋織物を献上してから二十年が経った。筑後の鷹尾城にいた田尻氏は、肥前や筑前の戦闘に明け暮れていた。主家と仰ぐ大友宗麟は戦国大名として大をなし、肥後・筑後・博多までを制して朝鮮貿易にも関与していた。

博多の豪商島井家は１５６６年、「大宗様」すなわち大友宗麟が「博多唐織二十反、織り立ての儀、お決めならせられ候」と織注文の連絡を家臣から受ける。その三ヶ月後「宗麟様え博多織でき」、飛脚を仕立てて届ける。大名は折り返し多量のクリを祝儀として贈り、島井家当主はそのお礼に府内へ参上する（「島井文書」『福岡県史資料』第６輯）。

宗麟は「博多唐織」を注文し、島井家は「博多織」を届ける。両者は同じものである。単位が反であるからには後に有名になる帯地のことではない。「唐織」とあるけれども博多で織ったことは疑いようがない。「唐」は朝鮮経由で輸入した中国糸を意味するのであろう。

この「博多唐織」のことを後に貝原益軒が書く。唐船が博多に来たころ七十軒の織工がいて、唐織を他領へ売っていた。18世紀初めになるとその「唐織」というものが羽織地となり、藩の御用織物師に織らせて毎年二反を徳川将軍に献上した、とある（『筑前国続風土記』１７０９成立）。

18世紀の徳川家文書「諸大名四時献品例格」によれば、福岡藩主は三月に「博多織帯、十筋」、十月に「博多織嶋、三反」を献じていた（『徳川理財会要』巻7）。益軒の「唐織」が江戸城では「織嶋」と呼ばれている。嶋または格子柄の絹織物ということになる。こうなると田尻親種の大友氏への進上品リストにあった「唐嶋織」「唐嶋」も、ほとんど似たものだったかもしれない。

徳川期以前の博多には遣明船やシナ船の入港があり、朝鮮からは対馬宗氏経由で中国生糸と絹が入った。豪商や貿易商がいて原料輸入があり、加工技術があれば絹織物業は栄える。博多町人もまた１５９７年に豊臣家重臣に「しろしま」を贈っている。届けた先は「徳善院」の前田玄以と「長束大蔵」の長束正家で（『石城志』）、五奉行とされる有力者であった。その白嶋は博多で特別に織った武将用の白っぽい嶋絹となる。

徳川時代の１６１５年、筑前藩主・黒田長政は夫人を江戸へ送る際、「博多衣嶋《きぬしま》、同木綿嶋、土産になるべきもの取り集め」持参するがよいと家臣に命じた（『福岡県史資料』第1輯）。「衣嶋」は「絹嶋」で、これは嶋織の後の言い方であろう。

そのあと俳諧書『毛吹草』（１６３８序）が「嶋の織物」を筑前の名産とする。室町殿中を騒がせ、戦国武将らが贈答していた嶋織物はこうして産地がはっきりする。それは博多で武将のために織る「絹嶋」また「織嶋」である。九州の武将間にその贈答が多い理由もそこにあろう。博多に続きうるのは泉州堺と京都で、大和田重清の購入例からして、京都でも16世紀末には織っていた。輸入生糸を使うその織物は当時の優良品となり、粗略だったという塙保己一の説は必ずしも妥当ではない。

では嶋織物とは、具体的にどんな柄だったのか。

## ◉俳諧付合が解く

嶋織物とは何か、どんなものか。それを問うために言葉の連想に分け入ってみる。ふと思い浮かんで消える淡い意味、あるいは言葉が瞬間的に呼び起こすイメージやひらめき、そこに耳を傾け、意味の見えないところを補う。「嶋」から思う他愛もないような連想に心を寄せてみる。

取り上げるのは俳諧連歌である。それは連歌会の余興として出発した。俗語で自由に市井のさまを語る面白おかしい対話の詩である。「五・七・五」の「前句」に続けて、別の人が「七・七」の「付け句」で詩をつなぐ。その言葉のゲームは、連想による場面転換を楽しみながら進む。

付け句では飛躍がほしいが、独善の飛躍では意味不明で白ける。そこで連想のルール、言葉のつながりの約束ごとがあった。その決まりを「付合《つけあい》」と言う。それは事物とイメージと言葉の深層の関連をよりどころとする。辞書の字義によらず何から何を思うか、どれは可能か、京都の事象をもとにルールがあった。

『毛吹草』は俳諧指導書であり便利本である。著者の松江維舟重頼は１６０２年生まれの京都の旅宿屋で、用語感覚の研ぎ澄まされた名手であった。その本の「付合」に嶋織物のヒントがひそむ。「嶋」の語から連想により転じる先の語は次の通りである（この指摘は小笠原小枝『染と織の鑑賞基礎知識』にある）。

「嶋…………織物、作庭、流罪、弁財天」

その連想は現代人にも理解できる。嶋織物が知られていたから、嶋といえば織物が思い浮かぶ。庭園の岩や小嶋によって「嶋」は「作庭」につながる。「流罪」で流される先は「嶋」のはずで、無理なく結びつく。弁天様のほこらは常に水辺の嶋のようなところにある。

では、「嶋の織物」は何につながるか。これはオヤという回答になる。

「格子《かうし》……………堂、宮、籠《ろう》、嶋の織物」

「格子」は木組みの枠である。それは寺社の窓や扉の木枠であり、それで「堂・宮」に直ちにつながる。「籠」は農作物を入れるような竹かごである。その編み目は格子の木組みと見ることができる。それらと同じ程度に、木組みの枠の「格子」から「嶋の織物」が思われていた。その二つは説明を要しない濃密な関係にあった。これをどう解釈するか。「嶋の織物」の織柄が寺社の木組みの格子とそっくりであった、と考えるほかない。両者は目で見て直ちに納得できる近さにあったから連想できたのであろう。そこで「嶋の織物」は後に言う格子柄、寺社の木枠のごとく平面を四角く区切る柄だったと判明する。

## ◉嶋は格子だった

連想される語は時により土地により少しずつ変わる。『毛吹草』の画期的な付合集は京都の感じ方に立つ。それは一面では維持され、もう一面では相次いで修正された。松尾芭蕉の登場とともに俳諧連歌は下火となるが、それまでに「付合集」がいくつか出版された。表1は主な「付合集」の刊行年と、テキスタイルの「嶋」などの見出し語、それと連結する語の一覧である。嶋と織物の強いつながりは『俳諧類船集』に至るまで生きている。「格子」と「嶋の織物」も同じである。『類船集』は生きた語を採録したとされ、語数でも最も充実している。その本で「織物」の語から「嶋、竪横《たてよこ》、博多」を連想している。前の句に「織物」とあれば、次の句は「嶋、竪横、博多」のどれに飛んでもよい。「筑前」と「嶋の織物」にも、また「博多」と「織物、嶋、竪横」にも結びつきがある。つまり「嶋」はストライプの柄ではなく、「タテ・ヨコ」の柄であった。

言葉に敏感な著者たちを信じるなら、俳諧語で「格子」から「嶋の織物」を思う関係は『類船集』の１６７７年まで残った。それまでの間「嶋の織物」が木枠の格子柄と結びつく語感があった。

そのあとでは「嶋の織物」の語がなくなる。嶋織物と呼ぶテキスタイルは１６８０代には前代の遺物となり世の記憶から消えた。なぜ消えたか。嶋は嶋木綿や嶋紬や嶋晒などあらゆる素材に散らばり、もはや格子柄に限るわけでもない。それに俳諧の担い手が絹の階層から下に降りた事情もありそうだ。『初本結』にもあるように「嶋の織物」は「嶋絹」つまり「絹嶋」へと転じていた。

こうして『毛吹草』から『類船集』まで四十年ほどは、嶋織物と格子の強い結びつきが証明される。それ以前については、先に述べた１５５０年ごろの書状の「小《こ》隔《がう》子《し》」とする事例しか証拠が見当たらない。けれども『毛吹草』をさかのぼること百五十年の間、同じ結びつきがあったと仮定することにしたい。

そうすると地方武将の嶋織物は、寺社の格子の木枠の柄だったことになる。足利将軍の「かうし」も同種の柄である。格子柄の鉢合わせが生じていたことがわかる。室町殿中では将軍の「かうし」の方に優先権があり、それゆえに他のものに格子の語を使えなくなって、蔑称として「嶋」の語で代用したのではないか。そういう疑いが浮かび上がってくる。

**表１　俳諧連歌の付合辞書にある「嶋」「格子」**

| 見出し語／書名 | 刊記 | 嶋 | 格子 | 織物 | 筑前 |
|---|---|---|---|---|---|
| 『毛吹草』 | 1638 | 織物 | 嶋の織物 | ―― | ―― |
| 『俳諧御傘』 | 1651 | 嶋木綿、嶋の小袖 | ―― | ―― | ―― |
| 『せわ焼草』 | 1656 | 綾、紬、蛮《えびす》 | ―― | ―― | ―― |
| 『初本結』 | 1662 | 織物、夷《えびす》 | 嶋きぬ | ―― | ―― |
| 『俳諧類船集』 | 1677 | 織物 | 嶋の織物 | 嶋、竪横、博多 | 嶋の織物 |
| 『俳諧小傘』 | 1692 | 朽木 | ―― | ―― | ―― |

『小傘』の「朽木」は琵琶湖西岸の朽木村で織る粗い麻「朽木嶋」のことである。

実際の柄としては両者の外見は意外にも近くにある。ただ、「5－1綾」の前者に対して、後者はどう考えても平織で、決定的な差はそこにある。

「かうし」の語が殿中周辺でのみ通用する特殊用語であるのに対して、「嶋織物」の語は次第に広く通用するようになり、分化をとげる。その結果が後の「嶋絹」「嶋紬」「嶋木綿」などの語となる。

「付合集」は17世紀後半以降の「嶋」の意味内容の変化も教えてくれる。「嶋」の語はもともと格子柄を意味しており、テキスタイルに「格子」の語がなくてすんだのは、「嶋」がそれに相当する語だったからである。衣類での「格子」の語は17世紀も末になって見かけるようになる。それまで「格子」の語は木枠のことになる。「格子嶋」「格子の模様」「格子の木綿・紬」などが衣類の語になるのはほぼ18世紀のことであった。

「嶋」から「格子」が分割されて抜け出すと、「嶋」はタテまたはヨコの線筋を言うことになる。「嶋柄」を不易と錯覚して、過去の「嶋」を今日の語で理解してはいけない。当時の語に敏感にならなければ過去は語れない。「嶋」の付合語の示すところでは、中世の語感が続いたのは元禄あたりまでと考えられる。

## ◉絵画を探す条件

ようやく嶋織物を絵画から探すところまで来た。

第一に、求める柄は寺社の戸や窓の木枠のような格子柄である。格子で囲まれる形は正方形に近いであろう。木枠自体の幅は、それで囲まれる空間の幅よりは狭いことになる。その柄は太細があるにせよ碁盤目状となる。

そういう柄の小袖を探すことになるが、16世紀には肖像を描かれる人物に小袖むき出しの姿はありえない。素襖や大紋を着れば小袖は襟と腰にわずかしかのぞかない。そのわずかな部分がしっかり描かれないと証拠にならない。

第二に、「嶋織物」は室町時代に始まるので、それを探るには徳川期以前の人物の絵によるのがよい。それは地方武将の贈答品であったから、着る可能性があるのは武将本人となり、その人名のわかる資料が必要である。そこで菩提《ぼだい》を弔う供養のための肖像画が最も頼りになる素材となる。追慕のために描かれる絵だと、服装は生前をしのんで写されるし、絵に大きさもあり、年代もはっきりするからである。そういう肖像を探して小袖の絹の柄を観察することになる。

第三に、探すべき格子柄は足利将軍の「かうし」とは別のものである。「かうし」は色違いの織紋部分と合わせて織る場合が多い。段重ねや片身替わりや袖替わりの小袖は貴人の「織物小袖」と推定されるから、対象外となる。この基準によって、京都を支配した人物である「三好長慶像」（聚光院蔵など）などが抜け落ちて行く。襟に見える柄はどう見ても織物小袖だからである。

さらに、足利将軍から「かうし」を下賜されうる側近や戦国大大名の絵は対象外とすべきである。彼らは実際にも「かうし」や「織物」を着て描かれる場合が多い。この基準に照らして、小田原の支配者「北条氏康像」（早雲寺蔵）や本州西端の「毛利元就像」（鰐淵寺蔵）の胸元にチラリとのぞく魅力的な柄は、「かうし」「織物」として省かねばならない。

これらの条件をくぐって、後の加筆が少なくオリジナルに近い肖像画から、求める絹の格子柄を探し出せるかどうか。数には限度がある。それに古い絵ならではの補筆補修があり断定はしがたいのだが、条件を満たす肖像がいくつか見つかる。

それらの示すものこそは嶋織物の正体であり、その柄と判定できそうだ。

## ◉描かれた嶋織物

**如水**……第一に黒田如水（1546～1604）の図10の着物はどうであろうか。姫路の守護大名に背いて豊臣秀吉の参謀となり、秀吉死後は家康について、自分の子を福岡城主にした高名な人物である。受洗してシメオンの名をもらい、キリシタン大名としても知られた。「これぞ真の黒田武士」の筑前藩五十二万石の事実上の藩祖に当たり、博多が産地であったことからも嶋織物となるだろう。

**最古の例**……織田敏定（1450～1495）は尾張の守護代つまり地方支配者であった。城を構えて同族との戦闘に明け暮れ、武勇で名をはせた。敷地を寄進した菩提寺に図11の肖像画が残る。

　部分図ゆえ省略しているが、折烏帽子《おりえぼし》を被り、流雲紋の黒の大紋を着て、当時の正装である。模写によれば着物は濃茶地、そこに黄色で二筋格子が走る。これは驚くべきことで、近世に登

図10　黒田如水の嶋織物

紗《しゃ》の薄羽織の黒田如水。透けて見える着物柄は紺地に白い格子。それにさらに細線の格子を加えている。素材は恐らく絹、よって嶋織物であろう。没後間もなくの肖像とされる（福岡・光雲神社蔵）。

図11　織田敏定像の二筋格子

原本は愛知県甚目寺町実成寺所蔵。模写は1925年に行われ愛知県願主寺蔵。胸元にのぞく着物が二筋の格子柄である。この武将は清洲の戦いで右目を矢で射られながら戦い抜いた。肖像では失った右目をそのまま描く（東京大学史料編纂所・肖像画模本データベースから）。

場する八丈織に似た色と柄である。その祖型かと思える。

足利将軍が守護代クラスに「からし」を下賜するとは考えにくいし、濃茶の地色も「からし」の色づかいではない。地方武将の平織の嶋織物となる。

**肥後の守護**……若死にした図12の武将の小袖も茶色の地で、嶋織物と考えられる。

室町殿中の嶋織物への嫌悪感は、この種の地方の荒くれ者が勢力を伸ばし、京都になだれ込むのを恐れる気持とつながりそうだ。室町故実は旧来の尊卑の秩序をもって武将の軍団を押さえつけ、服属させる意思に根ざしたのではないだろうか。

**家康の祖父**……松平清康（１５１１～１５３５）は三河で武勇を振るうが、二十五歳で家臣の反逆にあい若死にしている。図13の絵は青年期の家康が１５６２年に創建した随念寺に伝わる。祖父清康のこの絵はその時の寄進とされる。

清康は白地に薄い青の木枠のような格子柄を着ている。「からし」のような派手な色はなく、16世紀半ばの三河での嶋織物の例とするほかない。博多の記録にある「白嶋」は、この小袖のような白地の柄だったと考えてよいかもしれない。

**図12　菊池能運の格子柄**

能運(1482～1504)は肥後国守護。23歳で死去し継嗣なく家は途絶えた。烏帽子に「並び鷹の羽」の大紋を着て、白い帯、手に扇を持つ。着物の格子柄は正本では見えにくいが、東京国立博物館の明治時代の模写では茶色地に白抜きの格子である。
正本は熊本県菊池市の菊池神社にあり、1603年制作とされる。図の模本は1843年に描かれた(京都大学文学部博物館蔵、同館『日本肖像画図録』)。

**練貫の嶋織**……家康や如水は殉死を禁じたが、仙台藩主伊達政宗の死には家臣十五人の切腹が続き、さらにその家来五人が殉じた。徳川家でも初期には老中の殉死があり、密かに数を自慢しもてはやす風があった。恩顧への感謝の情もあるが、同僚へのあてつけや子孫の栄達を願う目的もあり、この蛮風は17世紀後半の禁令によってようやくやんだ。

図14の殉死者の着物は、紺地に薄青の二筋格子である。後の熨斗目《のしめ》のように腰と袖下は色を分け肩裾の形式を踏んでいるが、肩にも裾にも格子柄がある点は熨斗目と異なる。殉死を美化して、精一杯の武士らしい装いで描かれる。

## ◉勝利した嶋織物

例示した武将の小袖の嶋織物は六点にすぎない。傷んだ古い原本の模写も多く、柄の正確さは控えめに評価すべきだが、時期は室町末期

**図13　清康の格子小袖**

松平清康は胸でX字に合わさる古い形式の肩衣をつける。袴も浅い藍の麻製である。小袖は白地に浅い青の細線の格子柄。その下に赤い襟をのぞかせる。
絵は家康の寄進とされ、徳川家が礼拝するための肖像となる。小袖は16世紀半ばの嶋織物とすべきものとなる（岡崎市文化財）。

**図14　殉死者の肩裾の嶋織物**

伊達政宗の伯父・留守政景が1607年に死去し、家臣4人が後を追い切腹した。その5人を並べてとむらう肖像画が作られた。主従の絵の最下段にこの人物がいる。着物の腰と袖下が白く、肩裾の形式である。練貫という絹の嶋織、紺地に白の格子である。岩手・大安寺蔵。慶長15(1610)年の銘がある。

から徳川初頭まで百年以上にわたる。その間に武将たちは頭から烏帽子を去り、外衣の大紋を脱ぎ捨て、羽織と裃《かみしも》の徳川スタイルに近づいた。その変化にもかかわらず小袖は生き残り、嶋織物のトレンドも生き続けた。

嶋織物には様式上の特色がうかがえる。色は紺と茶・黄・白に限られ、紺地に白、茶地に白や黄の格子柄が主なものである。多色の「からし」の貴族的優美に対して、二色にとどまる嶋織物はネガフィルムの趣で、地味で控え目である。地方武将はどちらかと言えば、くすんだ柄を好んだようだ。ストライプはタテもヨコも今のところ見つからない。

武将たちの嶋織物のイメージがつかめると、次にはそれを手掛かりとして、肖像以外の絵から嶋織物を探すことができる。たとえば再び「高雄観楓図屏風」を見つめる。と、そこに嶋織物らしき濃緑地の格子柄の人がいる。男は橋の欄干に腰掛けて横笛を吹く。橋は向こう岸の神護

**図 15　1536 年に描いた腰の柄**

この武士の絹の直垂と見える外衣は、紺地に白い菊花を散らす。腰に小袖がのぞき、柄は白地に茶の二筋格子である。
『日蓮聖人註画讃』のこの絵は、13 世紀の事跡を 1536 年に描いた。衣服は制作時点の姿と見なしたい。男はほほひげと直垂から本間重連、相模の武将で佐渡守護代。佐渡配流の日蓮を訪ねた場面。本圀寺蔵。

**図 16　楽士の緑の嶋織物**

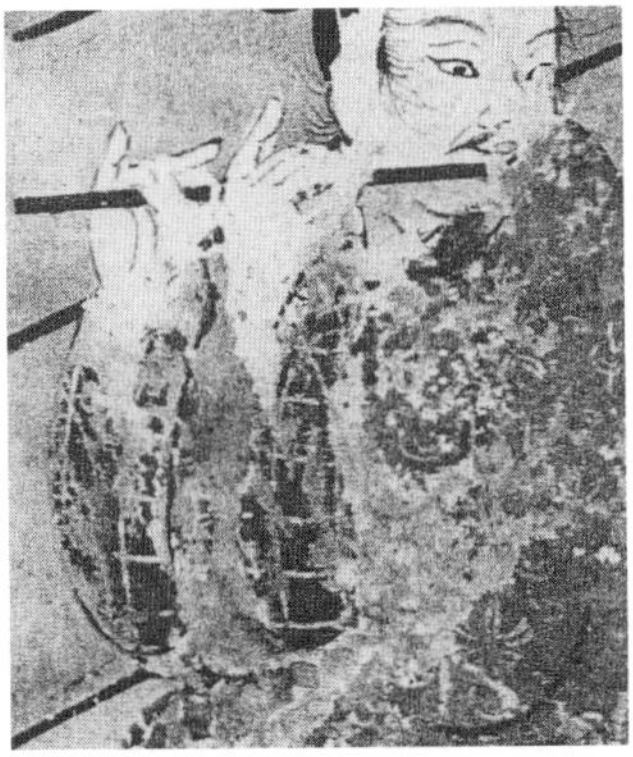

神護寺下の橋で家来を控えさせ、横笛を吹く楽士。赤い羽織の下に濃緑地の格子柄の着物がのぞく。絵具は落ちているが、袖は細手の一筋格子である。ひげからも武人と見られる。
この屏風は「かうし」「織物」の男女とともにこの武人を描く。1560 年前後に描かれた絵とされる。

寺山中と、人々が紅葉の宴を開く手前側を隔てている。聖と俗のはざまにいる図16の笛の男は位ある武士である。ヤリを持つ従者と童子が供についている。

羽織の下にのぞくのはまぎれもなく一筋格子、碁盤目状の大きな柄である。その柄ははっきり武将の嶋織物につながる。「高雄観楓図屏風」の不思議な性格がそこにある。画家ならびに屏風の発注者は、嶋織物を嫌悪していない。室町貴人の正統の装いを一方では描き、他方で嶋織物の武士まで屏風に添え、画家の研ぎ澄まされた目がうかがえる。この屏風はそれゆえ、16世紀半ばの衣服の類まれな資料となる。

故実家が抱いた不吉な予感は当たり、室町末期には嶋織物を劣ったものと見なさない人々が増えていく。織組織が丈夫でない「かうし」と「織物」は、実際に着るものとしては後退してゆく。抗争と混乱の末に室町の政体は力尽きて倒れ、「かうし」「織物」は最後には嶋織物に屈した。それはテキスタイルに現れた下克上であった。

## ◉市中にも格子柄

嶋織物がそこまでわかると、次に格子柄の広がりに気がつく。それを着たのは武将と限らない。絹ではないにしても他の階層が同じ柄を着ていた。16世紀の京都を描く絵画では、市井の人が嶋織物と似た柄を身につける。雑多な人たちの木綿か麻の格子柄の衣類は、市井の風景ともなっていた。

「足利将軍若宮八幡宮参詣絵巻」(同八幡宮蔵)は将

**図17　行列の従者の格子柄**

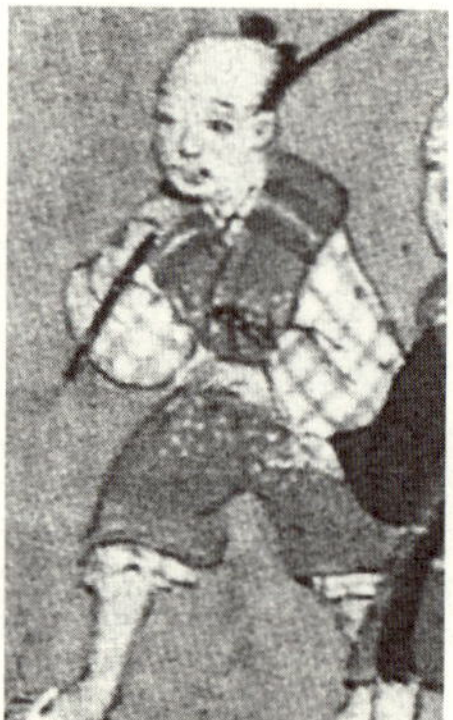

着物も袴もひざの下まで、肩衣袴の下に大格子の柄を着る。武士のよろずの用を足す役で、烏帽子はない。武士の刀を肩に担いで投げやりである。この役の半数が格子柄の着物であった。『足利将軍若宮八幡宮参詣絵巻』から。

軍の行列と見物人をていねいに描く。16世紀半ばのその絵で、将軍は狩衣の下に故実にある通りの「織物小袖」を着ている。第二位の人物は直垂の下に「かうし」小袖、これも故実にかなう。それに続く順位の人は素襖で、格子柄の小袖は一人もいない。小袖は恐らく絹であるが、貴人と似る柄を避けている。

　行列には雑用係が駆り出されている。それら従者にも上位と下位がある。肩衣をつける上の位の者に図17の格子柄着物がある。簡素な袴をはく下の位の者に格子柄はない。

　従者の格子柄の着物は木綿か麻で、将軍の紋織の生地とは一見して区別がつく。雑用係は殿中故実の対象外である。素襖や大紋をつけず烏帽子もない。貴人と間違えられる恐れがないから格子柄を着る。格子柄デザインそのものはどうやら遠慮すべきものではなく、将軍行事の見物人にもあった。

　時期が下がって1580年代の「十二ヶ月風俗図」でも、市井の男に同じ格子柄がある。

　図18の囲碁を打つ男、それと図19の神輿《みこし》を担ぐ男

**図18「十二ヶ月風俗図」の碁の男**

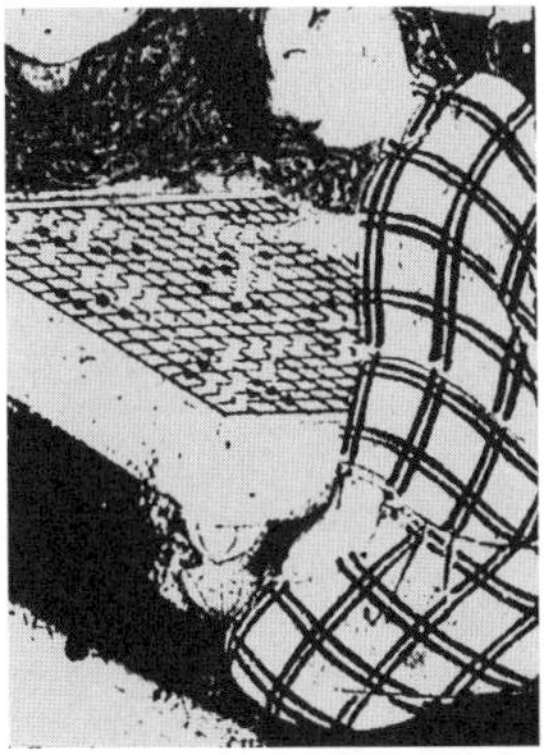

山口蓬春記念館蔵のこの画帳は京都の月ごとの行事を描く。1580年代の制作と考えられている。
4月の花売りの項で、男は白地に黒の二筋格子の着物で囲碁を打つ。着物は「たもと」が豊かで裾も長く商人であろう。

**図19　神輿を担ぐ男**

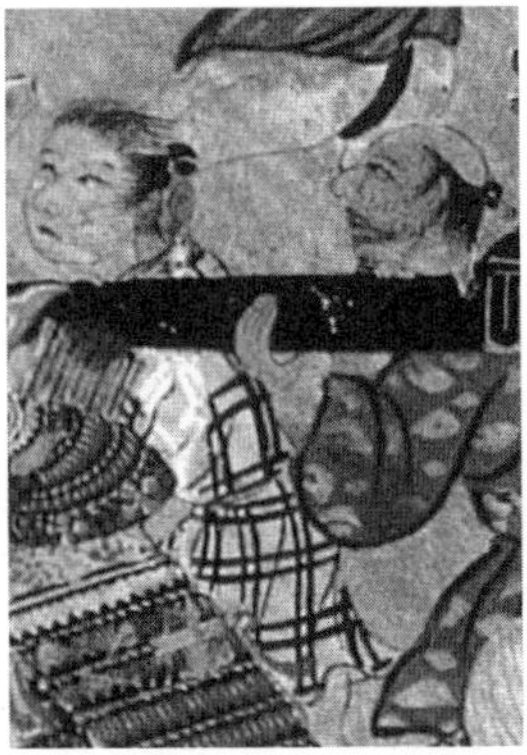

「十二ヶ月風俗図」6月の祇園祭礼の神輿を担ぐ男は、頭髪の手入れもままならない若い労働者である。
二筋格子の着物は短く、裾がひざの位置にあり、すねが出る。素材は麻または木綿。

は、いずれも大柄の二筋格子を着る。着物の長さから前者は商人風、後者は労働者風で、その柄が広く行われたことがわかる。この市井の格子柄のパターンは、先に絵を掲げた将軍足利義晴の「かうし」と似ている。わずかな例をもって過大な推論はできないが、格子柄の様式は、社会階層の上と下で同じだったのではないか。ただ、将軍の「かうし」は素材・織り方・色の数・柄の組み合わせとも、群を抜く加工をする点でそびえていた。

同じ風俗図からもう一つ女の格子柄の例をあげる。図20は女用の染物である。これは平絹か紬と見え二色づかいであるが、これまた二筋格子である。

嶋織物をたずねて行き着くのは、その柄が世の例外ではなかったことである。二筋格子は神輿を担ぐ下々からそれなりの町人までが好み、上は武将・大名もその柄で身を飾った。嶋織物の柄は世に孤立してはいない。それは武将らの独創ではなく、柄の根っこは世の中にあった。ただ、どの時期にどの程度その柄が下々にもあったのか、また柄の名はどうであったか、そこははっきりしていない。

**図20「お火たき」の乳母**

火の神を祭る京都の11月の行事で、子を背負う女は格子柄の肩裾を着る。
格子柄は緑と青の片身替りで、恐らく平絹だろう。折りたたみ絞りで格子を染め、腰の無地の部分を同じ生地で継ぎ足したのではあるまいか。
背中の赤子も肩裾の格子柄を着る。「十二ヶ月風俗図」から。

## ◉麻の格子の古さ

嶋織物は応仁の乱の後の新現象である。台頭する地方の軍事集団が新しい衣類を求めたから現れたのであろう。それに比べれば、足利将軍の「かうし」「織物」はもっと古そうである。14世紀成立の『庭訓往来』に「隔子《かうし》」の語も載る。しかし、古さの点でそれより勝るのは武者の麻の格子柄であった。13世紀後半ごろの絵巻「前九年合戦絵詞」（国立歴史民俗博物館蔵）に格子柄の衣類がある。その絵巻は「十二ヶ月風俗図」の約三百年も前に描かれている。図21の左側の番人の柄は二筋格子である。その柄は鎌倉時代から始まる長命のデザインとなる。

右側の武者は陸奥平定におもむいた源頼義の家来である。両子持ちというその格子柄は、二筋格子の細線の間に太線を入れたものと理解すればよい。その絵巻にはこの種の応用柄が多い。柄の大きさは人の顔に近い。どうやらこれらが日本の古典格子柄のパターンである。この種の柄は「扇面古写経」「石山寺縁起」「融通念仏縁起」「北野天神縁起」などに描かれ、『絵巻物による日本常民生活絵引』にもその例が載る。

図21　13世紀後半「前九年合戦絵詞」の武士

軍陣の太鼓の番人の二筋格子

白扇を持つ武者の両子持ち格子

絵の格子柄は麻布で、木綿の到来以前に土着していた。麻の嶋柄の古さについては江戸時代の考古学者の証言もある。「條布（シマザラシ）は二百年来のものと言う。あらざるなり。文明年中（１４６９～87）に製するシマサラシの書物袋あれば、古来よりあるものなり。往古、嶋絹あれば布も木綿もあるべき也」と書く（『好古日録』１７９７刊）。その柄を「隔子」と呼んだかどうかわからないが、古い麻に後に言うシマの柄があり、書物を入れる袋をその学者は見ていた。だから絹の嶋もあれば麻の嶋もあっただろう、としている。

とはいえ、他の中世絵巻から類推すると、格子柄は武者や市井の人に常にあったとは言えず、世につれて移り替わりがあった。武者らの麻の格子柄は、図のように堂々と表に着るもので、外衣の下に着た「かうし」や「嶋織物」とその点が違う。古い麻の格子柄と嶋織物との差を一覧表にすれば、表２となる。

**表2　古い麻の柄と嶋織物の違い**

| 古い麻の格子柄 | 嶋織物 |
|---|---|
| 兵士や職人が着る | 地方支配者が着る |
| 素材は麻 | 素材は絹 |
| 水干など外側衣類の柄 | 素襖などの下の小袖柄 |
| 遠くからも柄は見える | 柄は一部しか見せない |
| 顔ほどの大きさの格子柄 | 耳か鼻の大きさの格子柄 |
| 鎌倉時代から | 応仁の乱の後から |

## ◉語源説の見直し

「シマ」という名称と柄はどこから来たか。18世紀後半にその問いが生まれた。インド渡来の木綿や絹の「シマ」がその時点では目の前にあった。原産地・出港地が南方であることを、疑う余地はない。であれば柄も名称も外国の「島」から来たのではないか、との考えが浮かび上がる。

18世紀の故実家・伊勢貞丈はもちろん室町時代の嶋織物のことを知っていた。大胆にも嶋織物の出自を外国に求めた。

「嶋織物と旧記にあるは、諸方の嶋々より織り出すものなり。嶋織物は外国の嶋より出すを言う」（『貞丈雑記』）

旧記とは室町故実書のことで、嶋織物は渡来したと貞丈は主張する。貞丈は「いま織物の筋あるを嶋と言うは、嶋々より織り出す物に筋を織るゆえ……なるべし」とも書く。海の向こうの外国の嶋々から嶋織物が交易品として届く。それで「シマ」の語につながったと。それは柄と語をつなぐ初めての説明であるが、18世紀の交易と混同していないか。

古代の中華思想では、広い南海には大陸ではなく嶋が散らばり、異風の蛮人が住むと思われていた。14世紀に東南アジアからアラビア半島まで旅した福建人の著作は『島夷志略』と題し、「島々のエビスのあらまし」という意味になる。アジア大陸の地図はまだ知られず、行った先すべてを中華思想により嶋と見て題名にしたのであろう。

中華から見て東夷となる日本人は、南海については中華の見方にならう。南蛮ポルトガル人の渡来より百年も前に琉球王国の南海交易があり、熱帯産品を東アジアに運んだ。１４４９年には琉球商人が京都に来て、「嶋人、京着のこと。嶋人と号す」（『康富記』）と記される。彼らは自らを京都人に理解させるために、わかりやすく嶋人と名乗ったのであろう。それは嶋織物とは縁もゆかりもない話である。

国語辞書『倭訓栞』を編集した谷川士清（１７０９～76）も、織物のシマは「島国より出たるかたの名なるべし」と書く。「かた」は「形」で模様柄であろう。「島国」はやはり南海を示唆する。

本居宣長は国学者として国内発生説をとる。細く織った布を「狭間《せま》織り」と呼んでいたのが「嶋織」に転じたとし、その発音の移行が語源説となる。いやいや『万葉集』にあるのは「狭織《さおり》の帯」であって、「サオリ」の発音ではシマにならない、と塙保己一は宣長をたしなめている（『武家名目抄』第4）。

19世紀の『近世風俗志』は一工夫して、南方物産を「嶋物」と呼んでいたのが省略されて柄の名になったと説明した。近代の語源説はそれを踏襲する。大槻文彦の近代的辞書『大言海』がその嶋物説を採用した。続いて『広辞苑』編者・新村出が定説を完成させる（『新村出選集』第一巻）。それによれば、初め南洋諸島から船載するものを「嶋物」と呼んだ。そこから来るテキスタイルに筋の柄が多く、嶋物を略して「嶋」の語ができた。語源説はこうして嶋柄を南方の嶋々に委ねる。

語源説はもともと歴史的事象による証明を要さず、当代の人を納得させる言葉の起源の物語なのかもしれない。茶道専門語の使用例でみると、「嶋物」より「シマ」の方がむしろ古い。千利休は１５９０年に「尻ふくら」茶入れに「袋シマ」をつけた（『松屋会記』）。１５７０年代から輸入される南蛮物陶器が「嶋物」と呼ばれるのは17世紀である。

語源説が当代の輸入の事実に依拠して、当世の「嶋」の意味を説明するのだとすれば、必ずしも誤りではない。しかし、二筋格子や「嶋織物」は柄そのものが当世と異なるし、外来とする根拠は見えない。とはいえ「嶋」の語にはもともと南海とつながりがある。そもそも応仁の乱の後、なぜ「嶋」の語が選ばれたか。必要はどこに生じたか。歴史的背景を探らなければならない。

## ◉蔑称からの誕生

「嶋」の語は一体どうして登場したのか。「嶋織物」という言葉が出発した時と場所、応仁の乱の後の将軍周辺では何が起きていたのだろうか。

麻で織るものは「布」と言い、織物とは言わない。繭糸のものには「絹」「紬」「練貫」「生絹」など種類別の名があり、それも織物と言わない。室町殿中語の「織物」や「からし」は特定の絹の種類を指し、「将軍の」という格別の意味を含む。同じように明国から来る高級絹織物は「唐織物」と呼ばれたが、殿中ではやはり「将軍の」という扱いを受け、将軍以外の使用を禁止する特定の絹織物であった。その指定を外れる輸入絹物は禁制品とはならない。

「嶋織物」は「将軍の」ありがたみの対極にあった。それは殿中で嫌悪され、貴人から隔てられ下賤・卑俗である。故実家が必要とするのは蔑称であった。「嶋織物」の「嶋」は、おとしめる名だと見なければならない。

中華思想に影響された通念によれば、唐は古くから文明の大陸で、尊い文明人の住むところである。海を隔てた南方には嶋々しかない。そこは卑しい蛮人エビスどもの住む未開の地である。その文脈で「嶋」は「唐」の対比語となる。「嶋」は文明に対する野蛮・未開のことである。

少し後になるが、上方遊女が伊豆三島の油売りを「嶋のゑびす」と見下す話がある。その男は顔汚れ髪むさく手足荒れ服は油じみ、「おどろ」で「身の毛よだつ」「恐ろし」の姿であった（『慶長見聞集』江戸初期稿）。その感じ方は17世紀後半の付合集『俳諧小傘』にもあり、陸の「嶋」から思われる語として「夷《えびす》」という賤しい種族をあげる。ほかに「不見知樹《みしらぬき》」「不聞馴鳥《ききなれぬとり》」など得体の知れないものが並ぶ。

軍事抗争の世となり、賤しい地方武将どもがおかしな絹物で殿中に来る。それが「唐」に対する「嶋」であろう。「嶋」は高みから野蛮をののしる語となる。「嶋織物」はだから、「からし」「織物」「唐織物」の秩序を揺るがすものとして造られた語ではないか。

命名の背景には、応仁の乱の後の室町支配者の不安、武装勢力に対する困惑・恐怖があろう。その予感は当たり、軍事力を持たない将軍は時に京都を追われ、避難先を求めてさまよい、支援勢力にとりすがり、高い代価を払わされる。嶋織物を贈答しあう武力集団の中から、やがて覇者が現れ、室町殿中を捨て去る。つまり「貴」は、卑しんだ「夷」にけ散らされた。勝利した「夷」の者どもが自ら嶋織物と言いならわすうちに、卑しむ見方は雲散霧消してしまう。その語は柄だけの意味となり、やがて「シマオリ」次いで「シマ」と略されるに至る。そういう過程が推論できる。

徳川時代の入口において「シマ」という名と柄が用意されていた。徳川期の「シマ」はそこから始まる。

**【肖像画の参考文献】**

「東京大学史料編纂所・肖像画模本データベース」が利用でき、京都大学文学部博物館編刊『日本肖像画図録』、大阪市立美術館特別展図録『肖像画賛』などがある。織田敏定については宮島新一『肖像画の視線』に検討がある。ほかに同『武家の肖像』（日本の美術３８５）、上田市立博物館編刊『真田家史料集』、門脇むつみ『寛永文化の肖像画』などが便利である。

# II

# 徳川の黒　将軍のシマ

# 1　武家は黒々と

それは黒い衣類を好む不思議な主権であった。イギリス人が毛織物を売る長い航海の末にようやく極東で見つけた買い手は、黒色に夢中であった。赤色も喜んだが、ほかの色には見向きもしなかった。

## ◉黒と赤のラシャ

「えげれす・かひたん・るいちやるかくす」と将軍の貿易許可証・朱印状に記されるイギリス・カピタン（商館長）リチャード・コックスは、熱心な商人にして冷静な観察者であった。この人は日本の着物を「ケレモンkeremons」と書く。当時は着物が「着るもの」と呼ばれ、発音に忠実な書き方である。

イギリス人は生産過剰となった毛織物の輸出先をアジアで探した。インドに来てみると、そこは暑い国で厚地の毛織物は売れない。やっとラシャを買ってくれたムガール皇帝は、象の背の座席の下の敷物にしたのでイギリス人はがっかりする。日本は適度に寒いはずである。ならば毛織物が売れると彼らは期待したが、日本では色によって厳しい選別を受けた。

「なぜなら彼らはこれを衣料に用いておらず、ただ最近これをオーバーコートのように着るだけです。彼らは武具の覆いにラシャを使います。いくばくなりとも売りさばける色は、猩々緋《しょうじょうひ》、黒、各種の赤色のものです。黄色、麦わら色のものは、いずれにしても売れません。戦争に備えるときが最良の販売時期です。そのときこそ武士は美々しく飾りたがるからです」（１６１９年3月、コックスの会社宛書簡、『イギリス商館長日記』）

ラシャは表面を滑らかに起毛した厚手の高級毛織物である。虫の色素コチニールで深紅に染めるのが猩々緋である。黒いラシャと猩々緋は「最良の色彩」であり、「時がすべてを売り尽くしてくれる」と期待が持てた（１６２０年12月コックス書簡）。赤と黒だけしか売れないことは、オランダ布というイギリス製上質リネンも同じであった。「イギリスでの元値の四分の一でよいと言っても、だれも買おうとしない」。売れない色にしがみついては商機に先がなかった。

「我々は喪服に黒を用いる。日本人は白を用いる」とポルトガル宣教師ルイス・フロイスが書く（『日欧文化比較』）。黒は西洋人には悲しみの色である。それを勇猛と覇権の色としたのが徳川武力集団であった。

征夷大将軍を父家康から継ぐため１６０５年、秀忠は鉄砲六百人、弓三百人、槍二百人などの兵と京都へ行軍し、鉄砲五十丁を「猩々緋と黒ラシャで包んで」いた（『徳川実紀』）。

筑後柳川城主は１６１２年、駿河城の家康に銀百枚と黒ラシャ十間を献上した。二年後にも同じ献上をする（前掲書）。黒こそ徳川家の色なのであろう。ただ、この大名は内紛で大阪の夏の陣に間に合わず、二代将軍に廃絶せられる。

１６１６年に家康が死去して遺産目録『駿府御分物御道具帳』がまとめられた（『大日本史料』第12編之24所収）。ラシャやヘルヘトワンなど輸入毛織物は大箱十一個に計六百六十五間（１２００メートル）があった。そのうち実に半分が黒、12％が赤で、イギリス人を当惑させた色の選別を反映する。

毛織物製の遺産には「ラシャの鉄砲袋三十六」「ラシャの合羽十五」や「猩猩緋の羽織八」など軍装品があった。雨や保温に強い実用性もさりながら、威圧的な武力を顕示するのが黒と赤の毛織物の役割であった。

## ◉正装の小袖は白

着物はどうかというと、家康は黒小袖というものを着なかった。『駿府御分物御道具帳』の「お召料」の項に、「御小袖」「御袷《あわせ》」など「御」の字つきで六十六点の着物が載る。「白御小袖」など真っ白のものが極端に多く四十二点を占める。家康が親しんだのは白無地着物で黒がない。私的な好みではなく、白一色が公用で人前に出るときの正規の着物であった。

気温がゆるむ時候には袷を着るが、それにも白があり「綿なし」と記される。夏の単《ひと》え十二点も白が圧倒し「白羽二重御単物《ひとえもの》、十」とある。

白い絹の着物は貴人の伝統で、改まった場ではその上に大紋・素襖や肩衣袴をつける。「いにしへは熨《の》斗目《しめ》を用いずして白無垢を用いられしものなり」と『南紀徳川史』にある。熨斗目小袖が始まる前の礼装は白小袖であった。

「染物御小袖」は十六点ある。恐らくそれは絞り染の辻が花などである。黒い着物は遺産リストに載らず、家康より後の新制度となる。強いて言うなら、黒繻子《しゅす》か黒繻珍《しゅちん》を思わせる「黒せてん」の生地が遺産にあり、「せてんの羽織」七点はもしかすると黒かもしれない。

とはいえ家康にも徳川の黒い服に責任がある。１６１５年の大阪夏の陣で豊臣方が落城した翌々月、大名らに武家諸法度を発布するころ、家康の服に変化があった。

「大御所（家康）このごろ黒絹を着したまう。これは袴を着せずといえども表着、諸人に対面したまうなり。

今度、山科侍従（言緒《ときお》）これを申しあぐという」（『駿府記』）

家康は列をなす伺候の武将や僧侶・公家に黒い絹の服で会った。対面は何日も続き、異例の服として家臣に記録された。「ここに黒絹と称せしは常服を召されるにや」と『徳川実紀』は言う。簡素な装いゆえ人目をひいたようだ。

黒を進言した山科言緒（１５７７〜１６２０）は内蔵頭《くらのかみ》として天皇の装束を調進する公家である。公家らは京都にいる家康と秀忠に恩顧を求めて祝賀に参上した。うち数人は家康に日参する昵懇《じっこん》衆となった。言緒は宮中への服の問い合わせに答えて家康に知られ、公家一団が下がったあと一人だけ呼ばれるまでになった。「禁中ならびに公家諸法度」の衣服の項の筆者は言緒である。

言緒は家康直々の依頼を受けた。「前大樹」すなわち前将軍家康は「道服を調進すべきの由、直に仰せらる。お請け申し、即あつらえ申す」（『言緒卿記』）。

道服はいくつかあったようで、家康は縮緬の生地を出して「一段のご機嫌」の日もあった。六月一日「御道服きょう調進、すなわち前大樹ご着用なり」とある。仕立ては言緒配下の宮中装束の工人による。家康は直ちにそれを着た。少し後に家康の女から、その服の裁ち縫いを教わりたいと手紙が来ている。

注文された道服は羽織と見てよい。『駿府記』の言う黒絹は羽織であり、家康はそれで武将らと会見した。故実と切れた支配者の装いがそこに誕生した。天下人となった家康が黒羽織で現れたことは、秀吉の華美の装いの対極に立って、羽織と黒を当家の流儀と宣言するに等しい。もっとも公家服制では四位以上の袍《ほう》という服を黒としていたが、その生地は紋織物で、平織の黒絹羽織は前例のないものであった。

公家に羽織はない。家康は着飾る武将らを「公家の流れのようにて弱く見ゆ」と非難したことがある。「絹木綿などの地太なるを着し、素足にわらじ……は勇々しく見ゆる」と述べる（『松のさかへ』巻一）。言緒に作らせた羽織は強く見えるものだったであろう。

威儀を正す支配者の黒は一つの発明になってゆく。家康の黒羽織には羽二重があろう。遺産に約七百反の羽二重があり、紅二百十反、浅黄百十反、紫八十二反と続き、黒は五十六反あった。羽二重を衣類の筆頭とする扱いは、早くも家康に始まり、やがてそれが徳川時代の定番の絹となる。

『毛吹草』（1638序）に「新在家の羽二重」とあることをもって、羽二重の登場を寛永年間とする説は妥当ではない。1601年の伊達政宗の所持品にも「上々五反、紫はふたい」「上一疋、白はふたい」の反物がある（「御物之帳」『仙台市博物館調査研究報告』21号）。その政宗にも「古、白はふたい裏紅梅」の白い着物があり古い習慣を示す。

輸入の羽二重もあったが、和製羽二重は必ず唐糸製であった。大白という生糸を湿して平織に織って精練する。「羽二重は京都の産、絹の最上のもので、それで御服を作る」とある（『和漢三才図会』1712序）。御服は将軍の服である。単純簡素な絹であるが、徳川家はそれを第一とし、「絹の最上」と持ち上げられる。

## ◉都を覆う黒羽織

豊臣家が二度の反抗の末に滅びる1615年、京都は徳川方の武士でごった返していた。舟木家本「洛中洛外図屏風」は二千七百人もの群像を描いて、町のざわめきを伝える。その屏風の武士に羽織が多い。丈の長短、袖のあるなし、襟《えり》の別生地、鹿革製、金箔摺り込み、袖口を縫わないもの、木綿物など、羽織はまことに多様である。形式いまだ定まらず、紋付でないところが後世と異なる。

**図22　黒い絹を買う男**

黒い絹を手に取る男客。右は黒い羽織の連れ。刀は見えないが、ひげを蓄える武士である。左に室町通の呉服屋の女主人。京都に来た武士は絹の買物を心がけた。舟木家本「洛中洛外図屏風」（東京国立博物館蔵）から。

四条河原の歌舞伎と六条三筋町の遊女屋の場面に描かれるのは三百六十八人。男は二百四十人で、うち九十七人が羽織である。色は半分が黒色に近い。その黒色には墨の黒と、鹿革製と思われる緑系墨の二種があり、京都の町を何となく暗く見せるほどである。

呉服屋に黒い絹を買う武士がいる。品定めに立ち会う連れは黒羽織である。二条城の裁判では黒羽織の町奉行が金屏風の前で訴状朗読を聞く。これらは早くも登場した黒羽二重と思われ、各藩の武士はそれを目に焼きつけたであろう。ただ、黒羽二重らしい絹の用途は羽織に限られる。黒は羽織が先行し、家紋はまだなかった。

## ◉将軍の黒衣定着

三代将軍家光は黒羽織をよく着た。その事績を描く「江戸図屏風」（国立歴史民俗博物館蔵）が一つの証拠になる。洲渡谷のイノシシ狩り、川越の乗馬訓練、三宮司や日黒の狩りなど、屏風は野に出た将軍を描く。大きな赤い傘で顔は隠されても常に紋付黒羽織である。乗馬の武士にもその例があり、羽織の紋付は家光のとき定着したことがわかる。

家光のとき黒小袖の武士も現れる。「江戸図屏風」でそれが目につく。「身の毛がよだって、あたりへ近寄りがたし」（『慶長見聞集』江戸初期稿）とか「衆人、この門を見に来る者日々多し。あざなして日暮《ひぐらし》の門とは言えり」（『徳川実紀』）とされる駿河大納言殿の屋敷の前に、

**図23　黒い紋付羽織の家光**

1640年前後に「洲渡谷」でイノシシ狩りに臨む将軍家光。将軍だけがイスに腰かける。「江戸図屏風」（国立歴史民俗博物館蔵）の一場面である。顔は畏《おそ》れ多いとして野外ではいずれも大きな赤傘で隠される。将軍が着るのは黒羽二重か黒ラシャの紋付羽織で、家紋は替え紋であろう。

黒の衣類が多い。小袖、裃、羽織のどれかを黒とする武士が上位にあるように見える。黒は地位を表わす意味を帯びる。将軍の実弟のその大納言が1633年に高崎の配所で自殺したときも、「白小袖の上に黒の御紋付を打ち掛け」ていた（前掲書）。それは家門と名誉のしるしであった。

家光は黒羽二重紋付の小袖を接見の場で着た。1643年に前へ進み出たオランダ商館長エルセラックは「黒絹の服をつけ、頭に黒い帽子をいただく、短身痩《そう》躯《く》」の家光を見た（『バタヴィア城日誌』3付録）。1647年1月にもオランダ商館長の目撃談がある。

「平伏していた安藤右京殿が、口を開け大声で、オランダ・カピタン・ウイルレムと言った。陛下は広間の正面の室に、玉座もなくまた少しも高くしていない畳の上に膝を屈して坐り、頭には冠り物もなく、着物は黒衣に青い網をかけて、他の人たちと少しも違わない。色は白く立派で、体はむしろ痩《や》せた方、丈は少し高い方、顔は長い方で、年齢は四十二歳であるが、四十より上には見えぬ」（村上直次郎訳『長崎オランダ商館の日記』第2輯）

商館長はまざまざと将軍を観察している。家光は列席の大名旗本と同じ黒羽二重の着物である。薄絹の裃が青い網と見えたのであろう。

1653年2月に商館長が見た四代将軍は「20から25フートの所に、黒い服装で直立して居られた」（前掲書）。商館長日記には黒服以外の将軍は出てこない。黒衣の将軍は家光から始まり、列席の大名らも黒衣となる。ご当家の儀式の服の流儀がそこに確立している［補注1］。

【補注1】 将軍の服について、ヴォルフガング・ミヒェル「異文化との出会い——オランダ・カピタンの『謁見』について」（洋学史研究・15号）1998がある。

## ◉護衛らの黒い塊

　フランソワ・カロンは十九歳の１６１９年に商館の料理手伝いとして来日し、日本女性との間に子をもうけ、１６３４年には商館長に代わって将軍に謁見《えっけん》するまでになる。その著書『日本大王国史』（東洋文庫４９６）によれば、外出時の将軍を囲む何百人もの護衛隊は「一様に黒い着物を着ていた」。町民が清掃して砂や水をまいた道を行列が進むとき、窓からのぞこうとする者はなく、人馬の足音のみが響く。見物せず無視もせず、人々は行列の通過を待つ。カロンを驚かせたその静かな秩序が将軍と人民の関係を示す。

　将軍は乗物の奥にあり、町人は見るのを避けている。将軍は黒色の護衛隊に囲まれる見えない中心である。「猷《ゆう》廟《びょう》（家光）のころは公儀へ御勢いを付け奉《たてまつ》らるる事なり」（『異説まちまち』18世紀後期）とある徳川の威勢、その権力の色は黒で、将軍は黒の集団に守られる。徳川家は将軍の通行をそのように演出し、江戸住人は黒の群像からご威光を感じ取っていた。

　ご威光のための消費が京都に黒羽二重の産業を興した。輸入糸による製織、上等の黒の染色技法、家紋を白く抜く技、いずれも京都の独占である。黒の「憲法染」は憲法町という町になり、二三丁の間が憲法染屋と茶染屋ばかりになった（『京雀跡追』１６７８刊）。

**図24　黒紋付の店**

浅井了意『京雀』（1665刊）に載る京都・西洞院通綾小路下ルの憲法屋の店先。看板に「けんほう」「文付《もんつけ》」とある。憲法染は黒染めで、京都に工房が集中していた。机にはコンパスが置かれ、職人が筆で紋章上絵を描く。

「黒き物の品々」という謎かけがある。答えは「ラシャの羽織」「ごろごろ（呉絽服連＝輸入毛織物）」「せてん（輸入サテン）」「無量（市松文様の繻子織）」である（『尤之双紙』１６３２刊）。いずれも当時の新知識で、それらの黒は外国から来た。徳川家が選んだから質の良い黒が多々入ってきた。

他方で唐糸が唐船・オランダ船と朝鮮から運ばれ、ベトナムなどの生糸も輸入される。それを原料として織る最大の製品は羽二重で、多くが黒羽二重となった。黒服の時代の創出を外国貿易と京都の産業が支えた。

各藩武士は徳川家に影響され、黒は武家一統の色となりゆく。徳川支配者は黒い服を見せるのが武家統治に資すると考えていた。

## ◉蘭人も黒で表敬

徳川家が黒服を命じたという文書はなさそうだ。黒服はどうやら着て見せることで制度以上のものになった。慣行の積み上げによって黒はご当家の色となり、気がつけば正規の流儀・格式となっていた。

１６９０年に長崎に来たオランダ商館医師エンゲルベルト・ケンペルに、ある観察がある（『江戸参府旅行日記』東洋文庫３０３、また今井正訳『日本誌』）。滞在二年で江戸へ二回出たこの人は、将軍綱吉の前で歌わせられたことで有名である。ケンペルが出会った二千人規模の尾張藩の大名行列は、「槍持ちなど仕着せを着た従者を除けば、みな黒一色の絹の服を着て、ざわめきも立てずに静々と進んだ」。武士は多く黒羽二重、運搬の人たちは支給された木綿着物であった。

藩の境では隣の藩の武士が「黒い絹のよい服装」で現れ、商館長らの次の案内役を務める。大阪町奉行を訪ねたオランダ人一行は、駕籠《かご》から降りて黒い絹のオーバーコートを着た。それで「日本人の礼服と同じように敬意を表すことができる」。彼らは黒羽二重の意味を理解し、江戸城へも黒のコートで臨んだ。大阪の町奉行は「黒い質素な着物の上に灰色の礼服を重ねて」会見した。灰色の服は羽織か裃《かみしも》となる。京都の町奉行二人も「黒い衣服の上に礼服」であった。ケンペルの目に黒い着物は敬意と威厳を表わしていた。

商館長は畳に頭をすりつけるように退いたので、一段高い奥の暗い部屋にいた将軍は顔も着物も見えなかった。将軍との会見は顔を見ず話もせず服もわからぬ儀式であった。将軍はそのあとすだれの奥の暗がりから、歌うオランダ人を大奥の女とともに笑って見た。

一言も発しない儀式の主、姿を見せないまま威圧する権力、外国人を見世物にして拝礼だけ求める王権をケンペルは見ていた。家康は外国人に世界情勢を率直にたずね即答もしたが、百年近く後になると異なる支配者がそこにいた。

## ◉黒服に美を見る

武家の黒は人品を語り、礼節は黒で表わされる。そうなると黒を着る女も稀に現れる。江戸商人石川六兵衛の妻が京都の女と衣装比べをした。南天の立木の刺繍をした黒羽二重の小袖に、南天の実としてサンゴ玉をつけて相手を圧倒した（『武野燭談』）。この話は１６７０年代の黒への熱中を物語る。名うての洒落女が男の黒を逆手に取り、一回限りのアッと驚かせる黒に挑んだのだろう。

金払いのよい武士客は、遊里に黒羽二重で来る。それを美服とする感じ方が遊里に定着した。客は何を着るべきかと百科全書『色道大鏡』（藤本箕山、１６７８序）は問い、黒羽二重にまさるものはないと答える。極め尽くせば黒無地が極上という美の境地を著者は力説する。

「無地の染め色は黒を最上とし、茶を次にする。黒と茶色はいくたび着しても目に立たず、見かけよし。この二色は人を嫌わず齢を嫌わざれば、男服の至極の色とする。わけても当道に用いるは茶より黒をもっぱらとする」

凡卑でない最上の雅趣が黒羽二重となる。「無地を常に着して小紋はまれに用いる」のがよく、「小袖の裏は茶と黒に限るべし」と書く。ただ、武家常服と遊里の美服は少々違っていた。常服は三寸紋などの大きな家紋だが、遊里では小さい紋所が勧められる。黒羽織は紋付を避け、「紋所なきをよしとする」。家門をひけらかさない黒が、遊里では頼もしく思われた。

高家貴人の服は京織羽二重のほかにない、と西鶴も書く（『日本永代蔵』１６８８刊）。「殊さら黒き物に定まっての五所紋、大名より末々の万人に、この似合わざるということなし」という世になってしまった。

黒一色の武士の実例がいくつかある。将軍綱吉の長男を産んだ妾《めかけ》の兄がならず者で１６８２年、無頼漢に殺された。将軍世継ぎの伯父殺しは重大事件となる。犯罪事実を伏せたまま小山田弥市郎が指名手配された。その武士の着物は次の通り黒ばかりである（『基肆養父実記』）。

「羽織、黒羽二重・紋所八葉の菊」

「小袖、黒縮緬・無紋もの」

「小袖、黒羽二重・無紋。よき裏、黒羽二重にて総へりとり」

何枚も重ねる黒ずくめである。紋章を羽織にとどめ、上の小袖を無紋にして、下の小袖の裏の胴に恐らく紅絹《もみ》の「よき裏」がつく。１６９３年に江戸で座頭を切り殺した武士は、一人が黒縮緬の羽織に黒の絹紋付着物二つを着込む。もう一人は羽織なしで黒の絹紋付二つを着る（『京都町触集成』）。黒には縮緬も地方絹もあった。

黒はフォーマルの色でありながら悪所の遊び着ともなり、その習慣はやがて町人に及ぶ。こうして今日の黒服の習慣ができた。黒羽二重の羽織に仙台平の袴なら、どこに出ても恥ずかしくないと言われる。結婚式の貸衣装の定番だし、大相撲の審判員もその羽織・着物で物言いをつけている。

## ◉王の飾りは行列

徳川家は調度什器や武具や屏風の一部を金色で飾った。けれども将軍が金銀宝石のまばゆい飾りや多彩な服を身につけることはなく、オランダ人らは拍子抜けした。将軍はどう見ても簡素で、身の飾りをわざと避け、大名や家臣の服と差がなかった。

18世紀後半に外科医として江戸に参府したスウェーデン人ツュンペリは言う。「将軍と大名はすべて国民と同じ服装と髪型をしており、王冠・宝石類や他の飾りは一切身に着けていないので、他の者と区別できない」（『江戸参府随行記』東洋文庫５８３）。飾らぬ将軍は西洋人の目には特異にすぎた。

だが、ツュンペリは将軍と大名の別の飾りを見ていた。飾りは供連れの規模にある。商館長ら三人の参府の旅さえ、駕籠を含む六十人の行列で敬意を払われて進み、ツュンペリは快適さを味わった。行列の紋章が初めは奇異に見えたが、ツュンペリはそれが家格を表わし、泥棒が盗んでも使い道がないのを知る。

位ある日本人の自己顕示は、供連れと紋章によった。将軍の行列は想像を絶する。１６１９年に二代将軍が江戸加賀邸に遊んだときは、供三百五十人、走り衆と中間《ちゅうげん》各二百人が従い、階層別に食事を供されている（『徳川実紀』）。同席した大名・高官も相応の供連れをする。実際の警護の必要によるのではなく、将軍は伝説となるほどの従者の数により自分を飾った。

１６３４年の三代家光上洛には東国の大名旗本の軍勢三十万七千騎《き》が従った。京都の十里四方は空き地を作らず守護し、留守の江戸また八万騎で固めた（前掲書）。警衛に人口の１％以上を動員している。現実の危機は何もないが、動員力が将軍「ご威光」の表れである。そこに軍事政権の一種のペシミズムないしリアリズムがある。

人々を威圧し反抗を断念させるのは、王のまばゆい飾りではない。敵を打倒する軍事力こそ見せるべきものとなる。軍装の行列は支配を人の目に焼き付け、反抗を不可能ならしめる野外劇のようなものであった。

１７７６年の将軍日光社参では約百五十キロの移動距離の間に、人足・雑兵八十五万人、馬三十万頭が従い、将軍出発の三日前に最初の行列が江戸城を出る（前掲書）。日光まで供の行列が一続きになったというのも誇張ではない。その圧倒的な光景は将軍を輝かせ、人々に永い記憶を残した。

王冠・金銀・宝石の類は私人を飾るけれども、将軍は強大な軍事力を見せて「ご威光」を示す。大行列という動く劇場が、カネをかけ細心の注意を払って組み立てられ、金銀宝石に勝る役割を果たした。

## ◉供を連れる快楽

領内のコメをカネに換えて、大名は江戸に旅立つ。江戸城では統治の報告や協議はない。月の定例日に行列を作って江戸城に臨み、お目見えする大名は名を呼ばれ平伏するが、将軍と話をせず顔も見なくなった。江戸参府は大名の負担となるが、参勤を見物人に見せることで徳川家を輝かすシステムであった。

家臣にまたそれぞれ行列がある。福沢諭吉の記す末期の例では、豊前中津藩の藩士千五百人が百余りの格式に分別され、家屋敷や乗馬や装い、さらに言葉や作法でも区切られ、供連れの位階は厳格に守られていた。

供を連れる武士遊客は17世紀の絵画でおなじみである。吉原で女を物色する刀二本の人物のわきに、そんきょの姿勢で控える供が描かれる。供は店や遊女に見せるためにいる。供たちが主人を待つ待機部屋は揚屋の階段下にあった。市井の店先でも供は買物中の主人を待った。

大名の江戸邸留守居は専用の「宝泉寺駕籠」に乗り、常裃の上級武士は自前の従者「黒鴨《くろがも》」を連れ、洒落息子は自家の「小僧」を供にする。そうでないと「とんと映らぬもの」であった（『当世杜選商』１７７８刊）。供連れは自己顕示のためであるが、同時に下の者に財をまき散らす仕組みでもあった。モノを運ぶのに人手を要したその社会では、自分でモノを運べば尊敬されず、手ぶらが上位のしるしであった。

## ◉供の無益の労働

18世紀には武家の行列を批判的に見る人が現れた。軍役のために装備万端を整えて家を出るのが本来の行列である。それがただ見栄えを競うものに変質した、と新井白石は言う。「対の挟箱」「合羽箱」「押さえ足軽」など次々に出てくるものは飾りにすぎず、本旨目的の逸脱だと指摘する。人件費をまかなえなくなって供の実態は日雇人夫となる。それではご当家万代の軍役の備えにならず、本意を見失うものだ、と批判した（『白石建議』）。

気を張った行列は家門一同の誇りのためであるが、ご当家から見れば見かけ倒しの無益の出費にすぎず、何かの役に立つものではない。

歴史の研究が進むと徳川社会は相対化される。供連れが「身分を重々しくする飾り」にすぎないことを国学者が暴く（本居宣長『秘本玉くしげ』１７８７稿）。それは徳川期の特殊な飾りとみなされる。

駕籠かきは供であり、医師がいつも駕籠を走らせるのは、患者へ急ぐ多忙な名医を気取るからである。駕籠に乗る店主夫人が手代と腰元と婆々を付き添わせるのは、歴々に近いという自負のためである。供は宣伝のメディアである。初めて黒鴨を臨時に雇った人は、町の角で後ろを振り返る。身分違いをよく知る黒鴨が真顔でついてくるか心配だからである。

身分社会の人たちは常に一つ上の身分を意識しており、そのために見かけの競争に走って財を投じ、周りを見て神経をすり減らすのが常であった。

最後に西洋事情と対比する人が現れる。王冠・宝石は職人の技の賜物であるが、供たちは有用な何かを生み出しているのか。国王の供などいたって省略する西洋では、「人を無益に使い、ただ観聴を飾り候ようの風俗はこれなく」と渡辺崋山が言う（渡辺浩『東アジアの王権と思想』）。おのれの外見を飾るために人を無益に使うのは心の痛むことではあるまいか。そういう見方が生まれる。

けれども大名の供連れに弁当持参で見物人が出る世に懐疑の深化はない。供連れは衣服よりもよくその身分社会を分節化し、秩序のシステムとなっていた。

## ◉女は黒をきらう

末代にわたる年収を保証されて、黒服の旗本は威勢がよかった。17世紀の彼らは、江戸の文化活動と影響力の中心にいた。神社祭礼は山の手の武家が見本である。「祭りに出る男はみな旗本衆に奉公いたし、山の手の奴と人のまねる男どもなり」。市谷の祭礼は武家奉公人が仕切り、男伊達が評判であった。

見物席では旗本女中がにぎやかである。「見物の桟敷、みな旗本衆より打ち（しつらえ）、御内儀、嫁子、娘子はみな乗物から直に御簾《みす》の中へ入らるれば知らず。針妙（裁縫の女）、腰元（側仕え）、端《はした》（下女）、家来の女房娘はみな徒歩にて見物の中を歩く」。上層は乗物を桟敷につけてすだれの中に消え、それ以下の女は見物人の中を歩いて衣装を誇りファッションを振りまく。

「江戸風の根本、伊達物の開山どもなり。当世はやり物、はやり言葉というも、みな旗本・山の手筋より出るなり。それを堺丁、木挽丁（芝居町）にてまねて、諸人に見せてから遠国までも知るなり」（『紫の一本』

１６８３稿）

山の手奴と旗本女中こそ江戸の伊達の発生元である。流行はそこに始まる。歌舞伎はそのまねをして諸人に広げるにすぎない。歌学者戸田茂睡がそう書く江戸の伊達の真の主人は、つまるところ徳川直参の旗本であった。

「江戸者はいかほど美しき女、見事なる若衆、結構なる小袖を着て通れども、悪口をも言わず、誉めもせず、道をよけて通す。ただし、江戸者にても日用取り・馬方などは悪口を言う」（前掲書）。

旗本は江戸最大の消費者であり町人の顧客である。恩恵にあずからない者だけが不満を口にした。

黒服の上層武士と、派手に飾り立てる妻女や若衆・奉公人ら。その二つは明らかにワンセットであった。飾る女の一団を抱えることは、旗本自身の間接的な身の飾りである。女が飾りで輝けば輝くほど、反射光の効果で男が輝く。女のわがままは男の忍耐の徳性となる。奴の一団の派手なまねは、旗本自身の代わりにやっているにすぎない。

若い女の染と刺繍のあでやかな小袖は、その意味で徳川の黒が招きよせた男の服の片割れである。女のぜいたくと華美と浪費の競争は、黒服の男自身の密やかな願望でもあった。

では女は黒をどう見たか。黒は卑しいというのが社会的裁定であった。大柄の伊達な散らし模様と同じように、黒は避けるべきだと女の教本が説いた。「若きうち黒きものは大方、人々に似合わず。染物なども黒み過ぎたるは卑し」とある（『おむなかゝみ』１６５０刊）。教本はひたすら男への従順を説く。武家女が黒をきらったのは、男が黒にあきあきして、黒では男がさっぱり喜ばなかったせいでもあろう。

# 2　家光、華美から節倹へ

## ◉金箔銀箔の異装

豊臣秀吉は外国王侯らのまばゆい錦や刺繍を贈られて喜び、自ら真っ赤な服で人前に出た。けた違いの身の飾りを恐れず、足につけるのも「金物打ったる足駄、金襴の縁とったる金剛草履」である（『宇野主水記』）。絹や麻に金箔を貼る服の流布は、秀吉からではないか。関白だった豊臣秀次は太閤に「箔の小袖」「摺箔の小袖」を献上したし、秀次も弟から「縫箔の小袖」を贈られた（『駒井日記』）。冬小袖の箔は室町故実では知られず、豊臣家が採用して女に移ったと見てよい。聚楽第から出土する金箔瓦と同じ趣味である。

家康はそれを冷ややかに見ていた。ある寒い日、小姓の持ってきた羽織に家康は顔をしかめた。秀吉から拝領したその羽織は、紅梅という玉虫色の絹に鶴の丸を刺繍する。「神君（家康）これをご覧じ顔をしわめたまい、時世なればこそそれにならいて世間並みにするものなり。何ぞやわが国にて、家風を破りてかくのごとく華美なるものを着《ちゃく》せんや。かようのものは要らぬぞ、と脱ぎ捨てたまうとかや」（『明良洪範』）。家康は自分の城では秀吉の華美を拒否した。

家康は財布のひもが固く地味な人と言われる。徳川時代の衣服が前代ほど派手でないのはそのせいだとされる。三河では「女房を持つなら、木綿をよく織る女がよい」と家康は家臣に勧めた（『武功雑記』）。「年五十歳より下は、絹紬布木綿にても、地太なるを着し、素足にわらじ」を求める（『山下立節古老物語』）。しわいとの評を気にしない人であった。

大阪の陣を終えて駿河に戻った家康は、給仕の小姓の茶宇の絹袴を見て、「乱後いくばくも経ずして、はや太平の思いに倹約を忘れ、名も知れざる衣服を着して、奢美《しゃび》に財産を費やす。数年の後なおこれより甚だしきものあらん」とぜいたくをしかり、祝宴をやめたという（『遠近旧聞略記』）。

ところが、家康の孫、三代将軍家光は話が違った。家光は派手を好む人であった。目黒、牟礼、中野、葛西などでの鷹狩りや鹿猟は、「供の者、さまざま衣装飾る」色鮮やかなイベントであった。「鉄砲頭、目付、歩行頭らみな伊達羽織を着し、馬上におのおの竹やりをもって所属の者を指揮する」（『徳川実紀』）。指揮者に特上の伊達羽織が下賜された。

軍船上の大宴会や大名邸の饗応では、将軍と老中・大名の伊達比べがある。金銀箔や刺繍で埋め尽くす異装を競い、破目をはずして大騒ぎしていた。

伊達政宗は将軍のある好みを見抜いて、１６３５年の饗応に少年二十一人の風流踊りを加えた。感極まった家光はアンコールを求め、少年らを菓子折や小袖の贈物攻めにした（前掲書）。少年の踊りはそれ以後、将軍饗応の定番となる。尾張家もその踊りを上覧に供し、少年らにきらびやかな小袖を着せた。「緋の綸子地に、一尺五六寸の片輪車を十ヶ所ほど置き、車は金箔、波は銀箔で描く」などとある（「寛永十二年跳記」『日本歌謡集成』巻6）。

１６３４年に家光は上洛祝として京都町人に銀十二万枚、一戸あたり百三十四匁を配った。江戸町人にも銀五千貫を下賜した。譜代大名に五十万両、旗本御家人に三十七万両を貸したのもそのころである。諸大名に江戸城大修築の助役を命じ、参勤交代制を確立して、徳川支配の前途を阻むものはないように見えた。

## ◉旗本の伊達狂い

伊達羽織は各級いろいろだが、襟全体を別の生地に替えて、豪勢に飾り立てる大大名級の形式があった。胴服と言い、16世紀に上杉謙信の例がある（神谷栄子ら『上杉家伝来衣装』）。「醍醐の花見図屏風」（国立歴史民俗博物館蔵）の赤や金の秀吉の羽織も同種である。

伊達政宗の１６０１年の蔵品リストには、「しじら狭織ひとえ御胴服、襟金襴」がある。襟がそっくり金襴である。政宗は「襟・袖口金襴」「襟・袖繻子」など光る襟を好んだ。蔵品に金襴三十四点や緞子・印金・錦・ビロード・しゃむろ木綿（インド更紗）、金巾嶋（インド木綿嶋）があるのは（「御物之帳」『仙台市博物館調査研究報告』第21号）、すべて羽織の替え襟にするためだったと思われる。

初め老中や大名の所用であった替え襟の伊達羽織が、家光のとき急速に広がった。未来にわたる身分と収入を確保した旗本らに、そのブームが起きた。彼らは歓楽の娯楽場となった江戸に、その羽織で現れた。

図25は１６３０年前後に市中で見かけた旗本級である。着物に大きな絵模様がある。梅鉢文を散らして裾に立浪を躍らせる。その男の刺繍と絞り染は、供の若衆ともども類を見ない派手さである［補注1］。大きな染模様は女に限る話ではなかった。編笠をかぶって袖で顔を隠す「袖屏風」は、面目もない姿ゆえ身元を隠す仕草である。

**図25　替え襟の羽織の武士**

武士の着物の裏は紅絹。女のような派手小袖は、裾に波模様を刺繍または染めで置く。羽織は黒地に小花模様、襟と袖口は黒と金色の絹織物か。黒い紐は太い。脇差は帯と平行に差す。知人に見られるのを恥じ、口元を袖で隠す。連れる若衆はいわゆる「慶長小袖」の振袖に刀を差す。絞り染と刺繍と箔押しで地を埋めている。「江戸名所図屏風」（出光美術館蔵、寛永年間）から。

その羽織は黒地に多色の小花を散らし、替え襟は金襴か金箔の生地である。広く開けた袖口にもそれがつく。連れる若衆の箔入りの振袖とともに、絵師は旗本の享楽に執着して細部を描く。屏風は江戸に心を寄せる人の注文で描かれ、状景は実在したと見るべきであろう。人目に触れにくかった遊び着の伊達羽織が、いま市中にぶらぶらと私的逸楽のために繰り出す。旗本の衣装狂いは江戸盛り場の目立つ風景となっていた。

**【補注1】** 派手な男の服として、茨城・徳川博物館蔵の「黒地葵紋散らし・はつれ雪模様・能小袖」がある。黒繻子の地に、葉に積もる雪と葵紋の大模様を刺繍で配している。形は当時の小袖のまま、裏は紅絹（『家康の遺産―駿府御分物』）。

## ◉家光の引き締め

家光は1639年ごろ豹変《ひょうへん》した。旗本の浮薄と浪費を体制の危機と見たようだ。その春、「年を追って奢侈《しゃし》の風行わる。制禁を加えても華麗のこと多し」として、諸大名に武家倹約令を求めた。配下の旗本には、法令を守り万事に倹約せよと命じた（『徳川実紀』）。最初はまだ気の迷いかと思われたが、将軍は翌年正月の狩猟で、持弓頭配下の同心二人が美麗の肩衣袴であるのを見とがめ、足軽らしくないと追放処分にした。家臣の目立つ家の前を通りかかった将軍は、壊すよう命じ、一気に緊張が走った。直後に旗本倹約令が出て、将軍の方針転換は現実となった。

奉公人の鞘《さや》をカイラギという外来の鮫皮《さめかわ》で飾らせる旗本がいる。行列の供に特大の脇差を持たせ、作りひげで大手を振って歩かせる旗本もいる。目障りな行動をやめよ、と将軍は指示した。

小袖や肩衣袴の定紋にこだわるな、という命令もある（『東京市史稿』産業編・第4）。家臣団はそのころ家格を紋付で表すことに血眼となり、借金して紋付を備える者もいた。

物見遊山にやたらに出るな、「むざと町歩き」の徘徊《はいかい》をするな。用もない寄り合い宴会を控えよ。家光はそう命じて、家計を苦しくする旗本らの行動を暴露する。戦場を駆けた飢えた兵士の子孫は、いま金銭あって功績なしの途方もない浪費家である。将軍は破滅的散財を止めようとした。

老中も金襴の替え襟を控える申し合わせをした。乗馬訓練の実地検分の際、申し合わせに違反した高官が羽織を脱がされている（『徳川実紀』大猷院殿付録）。

家光は祖父が用いた替え襟の羽織（図26）の類を断ち切ろうとした。それは家光の断固たる一撃でぷっつりと姿を消したように見える。そのことから図25の屏風の制作年代を推定できる。描かれた風俗の下限は１６４１年となる。

加賀藩が１６４４年に「襟、唐物停止のこと」と家臣に命じたのは（『藩法集』４金沢藩）、将軍家に遅まきながら追随するものであった。

**図26　家康の替え襟の羽織**

桃山時代から徳川初期まで、襟に別生地をつける羽織があった。図は家康所用の羽織。胴と袖は紫の練貫で、一つ引きというヨコ筋を染め残す。襟は白の練貫に葵《あおい》の紋の刺繍。袖口は広い。水戸家に伝来し、茨城・徳川博物館所蔵。

## ◉オランダ人緊張

江戸参府に向かうオランダ商館長は１６４１年4月、服装の新たな禁令が出て、違反者が首をはねられているとのうわさを聞いた。役人の話では、百石以下の武士と町人に綸子や花模様の絹織物が禁じられた。平戸から得た別の情報では、対象品は金襴・繻子・緞子《どんす》・ビロード・紗綾《さや》であった。

徳川政府は海外貿易から段階的に撤退するのではないか、そうなればオランダ東インド会社は深い打撃を受ける。禁令や将軍の言葉がオランダ語に訳され、メモが残るのはその警戒心のためである。

ビロードや繻子・緞子を「折り返しや襟につけてはならない」「着物も羽織も帯も常に一種類の織物でなくてはならない」という命令をオランダ人が書きとめる（『オランダ商館長日記』）。それは伊達羽織の替え襟の禁止条項そのものである。

商館長らは大阪で政策の急変を確認した。オランダ人も控えめに装い、供を少なくした方が江戸で好感される、と役人から教えられた。あらゆる外面的華美をできる限り切り捨てるのがよい、と町奉行は警告した（前掲書）。

家光の政策は替え襟の羽織に決定的な影響をもたらした。もはや大名すらそれを用いなくなり、様式そのものが根絶された。さらに図25のような男の小袖の大柄の色模様も断たれた。男の小袖から多色の具象的な模様が姿を消した。家紋以外の刺繍をすることもなくなった。家光は男の着物の基本的な方向づけ、方向転換を成し遂げ、後の世にまで大きな影響を残した。

**図27　柄物の掛け襟**

祇園参詣の後、京都四条河原の床で弁当を開き、宴をはる三人組。左の男が宴会の主で、タテ嶋の羽織の襟の上半分に別生地をかぶせている。羽織はボタン掛け。三味線を弾くのは若衆。菱川師宣画『やまとの大寄』（1682刊）から。

その後、短い掛け襟を見かけることがあった。掛け襟は首から胸までの襟に別生地をかぶせるもので、半襟と呼ばれる。襟の汚れ防止が目的で下々のものだが、図27の絵は襟に柄がありお洒落の例である。そこに豪華さはもはやない。男の柄物のその半襟は、後にほとんど見なくなる。

## ◉絹の蛇口を絞る

徳川政府はいわゆる鎖国令の一環として１６４１年、オランダ商館を松浦領の平戸から長崎出島に移し、オランダ貿易の管理と監視を始めた。輸入総額も品目も陰に陽に長崎奉行のコントロール下に移された。糸割符という新たな値決め制度により、輸入生糸を買い手主導にして売り手側のボロもうけを制限した。家康が認めたオランダ会社の自由貿易は、そこで事実上終息した。

家光は絹物供給の蛇口を絞る政策を断行して、そこでも結果を出した。武士の絹の衣料狂いがどれほど大規模であったか、その足取りはオランダ会社の貿易記録に表われる。総輸入額は１６４０年に空前絶後の頂点に達した。家光が蛇口を絞って流れを細くしてから、その額は急落した。

１６３８年の例では、オランダ船輸入額の44%が生糸類であった。その66%を中国産が占め、それゆえジャワ島バタヴィアを出た船は途中で台湾などに寄港し、台湾発の船もあった。生糸類は次いでペルシャ産が多く、トンキン・交趾《こうち》のものもあった。しかし、最大の輸入品目は中国産を中心とする絹織物で、47%を占めていた。更紗などインド木綿製品の位置はまだ微々たるものであった（表3、行武論文参照）。生糸類と織物類を合わせれば輸入額の91%となる。日本の輸入需要はほとんど衣料のみという有様であった。

福州・広東・漳州やトンキン・安南・カンボジアなどから来る唐船の寄港先は、１６３５年から長崎一港となった。オランダが得た情報によると、１６４１年には各地から唐船八十九隻が来て、縮緬・綸子など十六万二五一六反の絹織物をもたらした。その後は隻数・反数とも減少傾向にあった（『唐船輸出入品数量一覧』）。

1641年以降のオランダ貿易の後退は、産地や取引の事情に帰せられるものではなく、武士層の衣装狂いの終息を含む政府の政策の結果であった。家光の政策はカトリック教の禁教のみならず、友好的外国勢力をコントロール下に置いて、海賊行為を押さえつつ貿易額を調整し、銀の無制限の流出を避け、かつ生糸類の高騰を抑えるという多面的な目的を達成したように見える。

家光は祖父による多国間の外交と相互往来を改変し、内向きの国を作って体制を安定させることになった。出島の管理貿易は19世紀半ばまで続く長期の基本政策となった。

## ◉桟留嶋が羽織に

「ころは寛永二十年」（1643年）、ツバキの花自慢とウズラの鳴き比べが江戸で流行した。その風雅をめでる『色音論』は最初の江戸案内記である。だれの風雅かといえば、財力と時間のある旗本である。

その本に吉原の太夫と歩く二十歳の男が載る。編笠深く扇子で顔を隠し、両刀には鞘皮《さやかわ》を巻き、浅黄の小袖に紅絹裏をつけ、印籠には珊瑚《さんご》

**表3　躍進、そして急落——オランダ船貿易の輸入額**

| 年 | 輸入額（グルデン） | 換算銀額 | 隻数 |
| --- | --- | --- | --- |
| 1634～36年平均 | 1,101,896：13：7 | 3,685貫813匁 | 8.3 |
| 1637年 | 2,394,154：15：7 | 8,400貫542匁 | 12 |
| 1638年 | 3,580,856：9：12 | 12,564貫408匁 | 11 |
| 1639年 | 3,392,353：16：9 | 11,902貫995匁 | 11 |
| 1640年 | 6,178,733：5：6 | 21,679貫765匁 | 12 |
| 1641～45年平均 | 789,149：13：7 | 3,724貫737匁 | 6.4 |

1632年まで商館封鎖が続き、平戸の貿易は1634年に軌道に乗った。長崎の出島貿易となった1641年からは会計年度計算、それまでは暦年計算。1637年以降の輸出品は88.0～98.6％が銀であった。行武和博「近世日蘭貿易の数量的取引実態」（社会経済史学・72巻6号）による。

の玉、従者を連れる。珊瑚と鞘皮は外国産だし、着物の裏は赤い絹を誇るのだが、顔だけは人目をはばかる。命がけの武士が護身の赤い麻で勇を奮い起こすことはあったが、その赤が今、遊ぶ男の着物の裏となっている。

乗りかけた船の船頭に聞けば、名ある古い掛軸と、鮫皮で巻く両刀が人気である。「法華のお寺、ご門跡、上手の医《くすし》、諸白（酒）と、丹波煙草に肥後キセル、観世は仕舞、金春が謡はいまのはやり物」とある。武家消費で民も栄え、「げにありがたや君が代の久しかるべきためしなり」の当世であるが、そこに目新しい羽織の流行が現れた。

「編笠と桟留嶋の羽織こそ、夏冬かけてはやりけり」（『色音論』）

編笠流行はなぜか。遊ぶ武士が外聞をはばかるからである。言い訳のつきかねる場所をぶらつく旗本に、顔を隠す編笠は必需品である。インド木綿の桟留嶋の羽織は、表向き慎ましく木綿を着る形を作って、監視の目をやりすごす知恵を示す。

１６４３年の流行の真の理由を説明する証言はない。しかし、武士には必要が生じていた。編笠はよからぬ私行のためであり、桟留嶋は禁じられた伊達羽織に代わる新たな飾りのアイテムである。その木綿の高級品は遊び人に絹織物の代替品として用いられ、その流行は１６４３年の江戸が初めてと考えられる。

サントメはコロマンデル海岸の旧マドラスに近い古都に、ポルトガル人がつけた地名である。ポルトガル商人はそこから木綿製品を東南アジア方面へ輸送した。そのごく一部が長崎にも来たから「サントメ嶋」という名がついたのであろう。しかし、ポルトガル船の貿易は、マカオ発の生糸・絹と長崎の銀の交換で目のくらむような利益をあげていたから、個人商人が細々と運ぶインド木綿は、たまたまのことにすぎず、少量しか来なかったと思われる。

１６０９年に始まるオランダ貿易は、初め海上での略奪に依存し、奪った物が平戸に来た。その後オランダはインドで集荷の道を開き、1623年から商館帳簿に桟留嶋を示すタファセラスの語（taffaciel, taffachelasなど）、あるいは更紗という語がぽつぽつ出てくる。1638年には「算留嶋《さんとめ》」二十反を将軍に献上している。その年の高官らへの進物にも桟留嶋のほかインド更紗、小金巾（インド白綿布）があった（長崎県ネット所収の文書と行武論文）。商館は1640年に長崎へ来た上使・井上政重に桟留嶋五十反などを差し出そうとしたが、井上はそれを断っている（『オランダ商館長日記』）。

衣類になるほどの桟留嶋の安定的な輸入は、1640年のいくらか前からと思われる。江戸で1643年に桟留嶋の羽織が流行したのが、いかに早かったか。舶来の最先端の木綿優等品に、旗本らが食いついていたことになる。

桟留嶋には節倹の意味があった。時期は少し下がるが、大名らの豪勢な服を抑えたいと老中らから相談された尼崎領主青山幸利は、自ら桟留嶋の裃で江戸城に出てそれとなく上意を知らせ、三ヶ月で華麗の服をやめさせた（『青大録』「尼崎市史」第5巻）。絹への志向を妨げられた消費は、上質木綿へ向かう。徳川期固有の法則が、そこに初めて現れている。

徳川時代の様式のベクトルとなる桟留嶋が、こうして江戸武家に始まった。

## ◉衣類と身分の別

秀吉の統一政権は農民の武装を解除し、兵農を分離して武士を専業化したが、兵と農の服を分けた形跡がない。身分による衣類の規制は徳川期に始まる。

徳川家は室町武家政権と異なり、将軍一人がそびえる服制を望まず、将軍を大名と同列とした。服の秩序をめぐる混乱は、支配身分となった家臣の間でまず起きた。地位上昇の欲求のスパイラルにかられて、上中下の各層武士は一つ上のクラスの服をめざした。服制の乱れは軍事組織の障害となり、平時から服制の枠をはめておくことになった。

　家光は１６３５年に参勤交代を定めた武家諸法度とともに、家臣に対する諸士法度を定めて旗本・御家人の服を統制した。概要は表4の通りである。

　定めるのは公服の衣服素材であるが、私的装いにもそれを準用した。大名級の規定は室町故実に比べてあっけないほど簡素で、礼装のとき裃などの下に着る白絹の織り方の差だけを示す。その下の三階層の規定は、短文ながら衣料素材の区分がはっきりしている。統制の主眼はそこにあった。武士と使用人を序列化して服制の鋳型にはめ、軍事体制の内部秩序を維持する趣旨となる。各藩も当然ながらこれに追随することになった。

　それに比べて百姓町人の服をどうするかは、政府の関心も低く、永く慣習のまま放置された。身分による衣類の差の法制は徳川支配の根幹のように思われているけれども、政府の制度化の出発はゆっくりしていた。百姓の衣類の規制は、表5に示す通り武士に何年も遅れて徳川領に限って発令され、大名領を縛ることもなかった。

　規定によればいかなる百姓も武家の徒・若党より下位であるが、弓鉄砲の者とは並ぶ位置にあった。大名領では名主庄屋と平百姓の衣類の差を定め、年齢別や男女別の規定を設ける例もあったが、徳川政府の規定は「分限に応じ」とするのみで、内部の差に触れない。

　百姓に禁じられたのは絹・紬を超えるもの、すなわち輸入織物または輸入原料による絹織物となり、禁制ラインは高いレベルに設定されていた。その禁制が抑圧へと意味を

**表4　武士の衣類規制（1635年に始まり、1683年に完成）**

| 大名 | 徒《かち》・若党 | 弓鉄砲 | 小者中間《ちゅうげん》 |
|---|---|---|---|
| 公卿………白綾<br>四五位…白小袖 | 羽二重・絹・紬・布・木綿 | 絹・紬・布・木綿 | 布・木綿 |

大名の白い小袖は当時の礼服で、後に熨斗目小袖に変わる。綾羅錦繍や紫の衣類は各級とも禁じる。武家諸法度・諸士法度に規定する。

転じるのは、地場の絹の質が向上し、値が下がって出回る量が増え、下々に降りてくる場合である。そういう事態はずっと後に起きた。

町人衣類はさらに長く放置された。下された結論は百姓と同列ということである。町人は家持ちか店持ちか借家人か召使かで立場が変わるが、それも「分限に応じ」で一括された。

少なくとも初期の徳川政府は、百姓町人の衣類の規制に熱心だったとは言いがたい。年貢や上納金は体制の必須の課題であるが、百姓町人の服の逸脱は武士層を刺激するほどではなく、政府の関心の外にあったように見える。服の規制を厳しいと感じたのは、むしろ武士だったのではあるまいか。

**表 5　百姓と町人の衣類規制**

| | | |
|---|---|---|
| 百　姓 | 「絹・紬・木綿・麻布<br>分限に応じ」 | 1642年に始まり<br>1683年に完成形 |
| 町　人 | 「絹・紬・木綿・麻布<br>分限に応じ」 | 1648年に始まり<br>1683年に完成形 |

## 3　熨斗目小袖の儀礼

### ◉しじらと熨斗目

京都の上京・下京の町は豊臣秀吉に「お礼」の献上をしていた。その費用は店の間口を基準に割り当てる。献上する品は「板の物三反」「板のものいろいろ」「しじら三反」など秀吉の小袖の料である（『上下京町々古書明細記』「日本都市生活史料集成」1）。

秀吉が小田原から帰陣した１５９０年には「進上板物、紅しじらこれあり」、年末には「板物七反、このうち紅入り一反」があった。秀吉側の要請でそれらは進上され、紅入りは糸を紅花で染める別して豪華な絹であった。タテ生糸・ヨコ太い練《ねり》糸の平織の絹を練貫《ねりぬき》という。タテ糸の太さや密度を一部変えた練貫を湯につけてもむ。すると生地に凹凸の列と平滑な列がタテに並ぶ。その凹凸のあるものを「しじら」と呼ぶ。着る人を重々しく見せるその絹が秀吉の「板の物」に含まれた。

「しじら」の着物は家康も着た。遺品目録の「御召料」に「ししら御小袖一」がある。他の箱にも「しじら小袖、八」などとある（『駿府御分物御道具帳』「大日本史料」第12編之24）。ただ、家康の備蓄では「熨斗目《のしめ》小袖《こそで》」の方が多い。上等品の箱に「のしめ小袖、七」が入っているし、「のしめ単物《ひとえもの》、百六十入り」大箱が二つもある。大量の「のしめ単物」は裏地なしだが、綿入れの小袖が稀な時代だから、十分に武功を賞する下賜品たりえた。

その熨斗は火熨斗の略で、「熨斗目」はアイロンをかけたように平滑な練貫である。「熨斗目」と「しじら」の区分は古く、「宿老の人はしじらなき熨斗目の綾をも着する」（『桃花蘂葉』１４８０稿）とある。

伊達政宗の１６０１年の所蔵品に「普段召し」として「肩裾濃い紫、腰格子、裏萌黄」の古い着物があった（『御物之帳』『仙台市博物館調査研究報告』第21号）。この日用着がすでに後の熨斗目の形式である。ほかに「二十九、熨斗目えり」とあるのは、羽織の襟にする柄の熨斗目生地であろう。

徳川の世でも京都各町は江戸城に年々のお礼をした。上京・下京で三十反の熨斗目を歳末に献上する（『親町要用亀鑑録』「日本都市生活史料集成」1）。１６３８年の町方記録には「公方様、家光公の御こと、上々のしめ三十反、一反につき七十六匁七分ずつなり」とある（『上下京町々古書明細記』）。この「上々のしめ」は将軍の料で、一反の値段は金一両以上である。

その献上は徳川家の呉服所たる茶屋四郎次郎家が取り次ぎ、町々は茶屋家にも京都で銀一枚、江戸で銀六枚を届けた。家光への献上は秀吉より反数が多いけれども派手な色ではない。この献上は百年後も続き、将軍は白銀を返礼とした（『洛水一滴抄』）。

熨斗目小袖が江戸城で祝日の正装となるのは家光のときである。伊達政宗が家光を招いた１６３５年正月の宴席に、大名らは途方もない派手な衣装で臨んだが、閣老の一人だけは熨斗目小袖に長袴であった。その閣老は威儀を正して将軍の脇についた理由を、自分は宴席運営の役目を仰せつかって公務で参加しているからだと述べた（『徳川実紀』）。遊ぶ人は勝手な装いでよいが、公的な祝賀は熨斗目によるという区分ができていた。

江戸城に西の城を築く１６４８年のめでたい将軍巡視に、「今日、御供の人々はみな熨斗目、麻上下《かみしも》を着す」とある。熨斗目が式服となっている。高僧と面会した１６５０年、家光自身が熨斗目・長袴だったという記録もある（前掲書）。熨斗目小袖の上に麻裃をつける礼服は、17世紀前半に江戸城で成立していた。

「熨斗目の小袖などは、御直参のうちにても御目見えなどの衆中まで着用あらせられそうろう。諸大名の家中においても役柄次第に着用につき、熨斗目小袖着用の者はさのみ多くはこれなく」（『落穂集』１７２８稿）

徳川初期の回想記の言うところでは、熨斗目の人は限られていた。直参でもお目見えできる旗本が着るだけであった。けれども次第に広がった。江戸大火後の１６６８年には徒士侍《かちざむらい》の熨斗目小袖新調を禁止した。すでに持っている者は正月のみ着てよいが、将軍の寺社参詣についてゆく場合などは着てはならない、と命令している（『徳川実紀』）。徒士侍が体面を飾るのに躍起となっており、上位の服に手を出すのを抑える必要が生じていた。

## ◉熨斗目柄の形成

熨斗目小袖の源は室町時代の肩裾《かたすそ》である。染小袖でも腰をただ白く空けるのが流儀であった。「男は織筋の腰あけ然るべくそうろう」と古書にあるのは、ヨコに筋を太く総地を織り、腰ばかり白くするものである（『貞丈雑記』）。つまり腰を白無地とし、その上と下にヨコ筋を織るのが室町時代の風であった。

ところが戦国大名らがその流儀を変えた。彼らは配置を逆転させ、ヨコ筋の柄を腰のところにだけ置いて、肩と裾は無地とすることにした。新たに生まれたのが図28の配置である。以後はそれが一般的となる。それが染柄か織柄かはわからないが、熨斗目柄の出発を示す例となる。

17世紀後半の出版物に出てくる熨斗目型の着物は、図29のように織物の柄である。上半身の太いヨコ柄は「一引」ないし「二引」と呼ばれる。腰には二筋格子があり、タテの線は途中で切れる。つまりタテ糸の色を染め替えて織っている。絣と同じようにタテ糸を染め分ける手法は「締め切り」と呼ばれ、後の熨斗目では普通のことになる。ただ、図29では肩衣に家紋がつくけれども、着物には見えない。形式が安定する前の姿となる。

「熨斗目の変革は万治と元禄の間（１６５８～１７０４）なるべし」（『近世風俗志』）との見方は、絵画史料から見て妥当である。徳川前期の図29のような熨斗目が、そこで後の定型に落ち着く。先祖から伝わるものを着続ける武士もいたが、徐々に新型が固定化する。第一に右袖から左袖に至る肩のヨコ段の模様は消えた。第二に肩と裾は青・金茶・萌黄などの無地に限られ、腰の文様はわず

**図28　熨斗目型の着物の例**

京都の三十三間堂の通し矢は、約60メートル先の的を射る正月行事である。片肌脱いで矢をつがえる武士は、肩が緑で、袖の下部から白茶の筋になる熨斗目柄を着る。袴をはいているようだ。1605年前後の制作「通矢図屏風」（逸翁美術館蔵）から。

かに袖にかかるところまで退いた。第三に腰の文様は白地にヨコ筋か格子かヨコ絣で、稀に赤無地とするのが定式となる。第四に縫い取り織りもしくは刺繍で家紋の五所紋を入れることになった。熨斗目の下には白小袖を着ていた。

武士が表立って見せるのは濃紺花色などの無地染部分である。ヨコ筋や格子柄は腰に押し込められ、その柄は裃でほとんど隠される。公的な場では柄物を控えるのが後期の徳川流なのであろう。18世紀の前半以降は形式がほとんど動かなくなり、様式は固定化した。

## ◉服紗小袖の登場

熨斗目小袖は武家の家格の上下を分離する。着る家柄と着ない家柄の別は公的には画然としていた。しかし、私的にはそうはいかない。どの武士も婚礼では熨斗目を着たいと願い、家の格式を超える違反は後を絶たなかった。「先祖が拝領し伝来している」「主家に失礼とならないよう先祖も着ていた」などの言い訳は常にあった。それも大目に見られる傾向があった。

実益のある出世の機会がごく少なく、功績をあげる場もないとき、武士の上昇志向は家門の象徴的な格上げに向かい、熨斗目への願望が高まる。祝日には中級の者が服での地位上昇を勝ち取ろうとして、江戸城に熨斗目で

**図29　前期の熨斗目**

高位の武士が熨斗目を着てあいさつしている。上半身に太い段と細目の二本線。腰のあたりには二筋格子が見える。
この形式を「子持筋の熨斗目」と言い、西鶴の諸本にも出てくる。菱川師宣画『千代の友鶴』1682刊から

現れる。名誉をかけた論争が絶えなかった。

腰の柄は織屋が見本を作り、「御熨斗目腰本帳」を客に見せて注文を取った。その帳面はいくつか現存しており、「何方《どなた》様に渡りそうろうとも、御返し下さるべく候」と注記があるのは、口実を設けて返さない武家があったからである。腰の文様は裃の脇のすき間にわずかにのぞくだけであるが、そこが綺羅《きら》を磨く見せ所となり、文様の洗練が進んだ。武士は儀式のとき互いに腰の文様を観察し、それでヨコ筋や格子柄が磨かれ、静かなその美は今日なお説得力を失っていない。

五代将軍綱吉は18世紀初め、熨斗目の許可基準の新たな線引きをした。新規定では熨斗目を許される者が祭事ごとに違った。「かご頭《かしら》」の職の者は将軍の先祖参詣にのみ熨斗目を許され、他の場合は禁じられた。祭事の主催者が将軍か世継ぎかで対応の変わる複雑な区分が採用され、熨斗目願望は目くらましを食らう。武士は複雑化した規則にからめとられ、規則の手引書を常備しなければならなくなった。熨斗目のいさかいを鎮める組織管理の術と言える。

綱吉はまた「服紗小袖」の制度を設け、高位の人も軽い祭事では熨斗目を着なくてよいことにした（『徳川実紀』）。軽い士は常に「服紗小袖」となるが、その制度は格差の争いを緩和することになった。

「服紗小袖」は五所紋のつく黒系無地の着物と見てよい。後の記録には「地は羽二重、絹、紬の類。もっぱら黒を用いる。浅黄・空色・鼠色など妨げなしといえども正式にはあらず」（『南紀徳川史』）とある。生地は練貫を許さない。それ以外の絹の生地を自分の都合に合わせて用意できた。長い袴をつけない礼服の「服紗半袴」が広く行われた。

１７００年前後に江戸城で儒学講義や特命事項を担った新井白石は、将軍から夏に麻帷子、歳末に時服を賜った。『日記』によれば冬は黒綸子か紗綾の小袖と反物をもらっている。上級武士は輸入紋織物を黒などに染めて

「服紗小袖」にした。紋織物の時服が消えたのは八代将軍吉宗からと思われる。

白石の知人の父親は家光に仕える高官であったが、輸入の緞子の裃を一具だけ持ち、それでずっと役についた。知人はその生地で茶入れの袋を作った。それは花色の小柄の織紋の緞子で、名物裂《ぎれ》のようであった。緞子は結構に過ぎるが、久しく使ったからぜいたくではない、と白石は自伝に書いている。

熨斗目は民間に禁じられたが、服紗小袖はさほどでもない。19世紀には「男服定紋付は黒羽二重の家紋染抜きを専らとす。竜文絹これに次ぎ、武家にてもこれを用いる。これらをふくさ衣というなり」（『近世風俗志』）とあり、百姓町人の一部が礼服に用いるまでになっている。

## ◉末の世の腰あき

初めは京都が熨斗目の注文を独占していた。「段のしじら織物、東洞院通・三本木」「熨斗目織り所、東洞院通・さわら木町より北に多し」とある（『京雀跡追』１６７８刊）。『京羽二重』（１６８５刊）によれば、徳川家の呉服所・後藤縫殿助は中立売通・西洞院角に、茶屋四郎次郎は小川通・出水上ル町に屋敷を構え、両家は京都で最上の呉服発注者であった。有力大名もそれにならい、京都商人を呉服所として四軒かかえる大名もいた。呉服を扱う留守居の役人を京都に置く場合もあった。支配者らの装いが京都経済の支えであった。

江戸には熨斗目での出頭を急に命令されてあわてる武士がいた。家紋入りだから借り着できない悩みがあった。それが江戸呉服屋のビジネスチャンスとなり、18世紀半ばには三井越後屋など急場に備える店ができた。熨斗目の在庫品を持ち、注文があると刺繍で家紋をつけ、あわてる客を安心させた。もっとお手軽には、古着の熨斗目に紙に描いた家紋を糊で貼りつけたものがあった。

将軍綱吉はどこか迷信深く、「腰あき」「腰替わり」の言葉を婚儀では忌《い》むべきだ、と主張した。自分の娘の輿《こし》入れの日には練貫の「無地熨斗目」を着用するようにと家臣らに命じている。それは熨斗目から腰のヨコ筋や格子柄を取り去った地味な着物である。綱吉に敬意を表して吉宗も追随し、その制はついに徳川家の婚礼の習慣となった。

熨斗目は徳川の制であり古来の由緒によらない。「末の世に至りて、かようのこと流行り出て、法式のごとくなるなり」(『貞丈雑記』)と伊勢貞丈は吐き捨てるように言う。もし人に問われたら家伝にはないと答えよ、と子孫を戒める。「今は将軍家よりのお定めにて、侍従以上はしじらを用い、それより以下は熨斗目を用いるなり」と書く。四位以上の国持大名をしじらとする制は、徳川の新規の定めにすぎず、古い礼法の根拠はないとしている。

18世紀に熨斗目の腰の線筋文様は次第に繊細となり、文様部分の天地の幅は狭くなる。熨斗目の歴史を研究した学者は、古法の方が立派だったと主張している。

「これ段のものの遺風なれば、腰は必ず一寸ばかりの筋にすべし。今は腰にばかり筋ありて、袖にかからざる物ありといえども、袖へもかけ少しでも多くありたきものなり」(松岡辰方『熨斗目考』１７９４稿)

腰の筋は太いのがよい、その柄は袖にも少しかかるのがよい。それが昔を調べた人の感じ方であった。

江戸城に出仕すべき人物、時間と集合場所、着装と注意事項はその都度、担当の閣老からメモが各屋敷に回った。表6は19世紀の熨斗目着用の規定である。

徳川家の祖先崇拝行事は増えてゆき、紅葉山・上野・増上寺に参詣する回数が季節の御礼の登城より多くなる。歴代将軍をまつる儀礼は徳川支配に資するとして、荘重かつ多種となった。その度に礼装の出番が来る。「熨斗目着たうちは女房の茶を飲まず」(『両面鏡』１７５６刊)は、茶をこぼせば礼装が台無しになる心配を伝えている。

熨斗目小袖の腰の筋・格子の文様は、どれも一定の水準を保つ。柄は武家らしさをイメージして織屋が用意し、

**表6　江戸城での熨斗目着用の指定（『懐宝便覧』1826刊）**

| 日付 | 行事 | 指定（半は半袴、長は長袴） |
|---|---|---|
| 正月朔日、2日 | 年賀お目見え | 当番　熨斗目・半袴（ほかは装束） |
| 3日 | 〃 | 熨斗目・長袴。当番は熨斗目・半 |
| 4日 | 夜、謡初め | 熨斗目・長。当番は熨斗目・半 |
| 5日 | 年賀お目見え | 熨斗目・半 |
| 6日 | 〃 | 天主番など熨斗目・長。当番は前同 |
| 7日 | 若菜の祝儀 | 御三家、熨斗目・長。御三卿熨斗目・半 |
| 10日 | 上野・霊屋参詣 | 熨斗目・半 |
| 11日 | 具足祝い、連歌会 | 熨斗目・半 |
| 14日 | 年越し祝儀 | 熨斗目・半 |
| 15日 | 月次御礼 | 熨斗目・半 |
| 17日 | 紅葉山宮へ参詣 | 熨斗目・半 |
| 24日 | 増上寺・霊屋参詣 | 熨斗目・半 |
| 28日 | 月次御礼 | 熨斗目・半 |
| 2月朔日 | 日光御鏡（餅）頂戴 | 当番は熨斗目・半 |
| 3月3日 | 上巳御礼 | 熨斗目・長。当番は熨斗目・半 |
| 4月朔日 | 月次御礼 | 袷熨斗目・半 |
| 17日 | 紅葉山宮へ参詣 | 熨斗目・半 |
| 20日 | 上野・霊屋参詣 | 熨斗目・半 |
| 晦日 | 増上寺・霊屋参詣 | 袷熨斗目・半 |
| 5～8月は「染め帷子・麻上下」が礼服となる。9月からは裏つき上下。 | | |
| 9月8日 | 上野・霊屋参詣 | 袷熨斗目・半 |
| 9月9日 | 重陽御礼 | 花色服紗小袖、長。当番は同、半 |
| 17日 | 紅葉山宮へ参詣 | 熨斗目・半 |
| 10月5日 | 御誕生祝儀 | 熨斗目・半 |
| 玄猪の日 | 玄猪の祝儀 | 熨斗目・長。当番は熨斗目・半 |
| 14日 | 増上寺・霊屋参詣 | 熨斗目・半 |
| 12月17日 | 紅葉山宮へ参詣 | 熨斗目・半 |
| 28日 | 歳暮の月次御礼 | 熨斗目・半 |
| 俸禄の加増、官位の家督継承、初登城の御礼 | | 当人は熨斗目・長。列座は熨斗目・半 |
| せがれお目見え | | 従五位以上は熨斗目・長。父は服紗小袖<br>布衣以下は熨斗目・半。父は服紗小袖 |
| 婚姻御礼 | | 熨斗目・半 |
| 将軍の公家との対面のとき。将軍宣下、転任、兼任の大礼 | | 当番は熨斗目・半。ほかは装束 |
| 若君の山王への初参詣 | | 熨斗目・半 |

『懐宝便覧』は300部の発行で、『甲子夜話続編』42巻に収録。大名の衣装のほかに供連れの刀番の人数と衣装、羽織袴の従者までこと細かく指定があった。

あつらえる武家は家門代々の使用を前提とする。その事情が乱雑な柄になるのを防いできた。今日でも新鮮に映る柄があり、忘れられている美的遺産と言える。

二本差しや裃、武芸稽古などとともに熨斗目小袖は武家らしさの象徴となった。歌舞伎では肥大化した腰の格子柄が武士を表わした。武士へのあこがれが強い農村では、熨斗目で武家のまねをした。下野芳賀郡の名主は１７７８年、刀を差す入り婿《むこ》に熨斗目小袖と裃を着せ、鞍《くら》馬に四十人以上の家来がつく行列を仕立てた。同じ郡の別の村には密かに裃・両刀で歩く百姓がおり、その年に村で禁止の申し合わせをしている（平野哲也『江戸時代村社会の存立構造』）。

明治時代になって熨斗目小袖にまたブームが来た。男児の七五三の祝い着などに染め熨斗目の柄があふれた。武者人形や武者の幟旗が近代の端午の節句を飾るのも、農工商の民の心に武家願望が刻まれていたからである。武士が見えなくなった明治時代に、むしろ武士の理想化が進む。武家由来のものが世に広がり、熨斗目小袖に裃は市井の男の結婚衣裳にもなった。

**【補注】** 上等の熨斗目は必ず京都にあつらえ、タテには美濃生糸、ヨコには本唐白糸の極上、または近江の西山極上糸を使う時期があった。「ヨコ糸は十一～十二筋を合わせて織り申しそうろう。ぬれ貫なり」とあり、ヨコ糸は練った糸で太く、それを湿らせて織る。「織り上げ丈数は三丈三尺、幅は一尺六分。タテ生糸三拾八九、四十匁、貫練り糸九十匁余り」とされる（『呉服類名物目録』１７４８稿）。平織の織密度はタテ糸46本／センチ、ヨコ糸30本／センチぐらいである。

# 4 将軍の八丈織とその裾野

　駿府に来たポルトガル人一行は1609年、八丈島の役人と出会った。役人は家康に献上する「線の文様の絹」を携えていた（ジョアン・ロドリーゲス『日本教会史』）。その「線の文様」は恐らくヨコ筋柄で、紬地と思われる。

## ◉紬は島民の命綱

　地役人はどうして駿府に来たか。八丈島は「元来収めるべき五穀もなく、納めるべき金銭もなし」で（『八丈実記』）、貢納するものは紬しかなく、紬を売る収入がなければ穀物が不足する。紬を出すことが島の暮らしの命綱であった。家康との取り決めは細目まで島の一大事となるはずである。

　小田原の大名・北条氏政は1570年ごろ甲斐の武田信玄に「八丈嶋二十反、新田山絹百疋」を贈っている（『甲陽軍鑑』巻十三）。新田山絹は上州桐生の地絹、八丈嶋の「嶋」はとにかく紬である。北条氏が滅亡すると関八州は家康支配となり、島の紬も引き継がれた。家康が1595年に秀吉へ進上した品に、銀三千枚や唐織などの小袖百とともに「八丈島五百反」があった（『当代記』巻3）。それは上方でも知られる紬だから贈ったのであろう。

　紬は貢納の途中でしばしば役人の餌食となった。紬の横領を繰り返す北条家代官に島側は訴訟で対抗したし、徳川支配となっても1622年には渡海した奉行が「紬おびただしく御横領ならせられ」訴訟になっている（「御尋書御請控」1749稿『八丈実記』）。

　家康の遺産目録には八丈島の紬の備蓄が二千反あった。島からの貢納と買い上げ品である。目録には紬の種類も記され、多数が嶋柄とわかる。ある大箱には次のものが入っていた（『駿府御分物御道具帳』「大日本史料」第12編之24）。

「百十反…………八丈からし嶋、一箱」
「一反…………八丈黄嶋」
「三十九反…………八丈白嶋」
「十四反…………八丈すずし」

それらの「嶋」は色別に分類されている。「八丈からし嶋」を「格子」と見るわけにはゆかない。「嶋」は黄や白など色ごとにあり、別の大箱には黒嶋、梅嶋もある。「からし」はそこで「柑子《こうじ》」という色、薄いみかん色のこととなる。後の八丈織の基準色となる鳶《とび》・樺《かば》色の淡いもの、または繭の生なりの色ではないか。「からし嶋」はその地色の嶋柄のようだ。わずかな数の「すずし」は精練しない生絹の薄物である。

## ◉徳川家専用の紬

二代将軍秀忠は１６１７年に江戸加賀前田邸を公式訪問し、太刀のほかに夏の衣・ひとえ・袷《あわせ》・小袖各百に加えて「八丈嶋三百反」を贈った。前田家もまた夏用の時服と袷それぞれ百と、百巻の繻珍緞子《しゅちんどんす》を葵の紋の長持に入れて返礼した（『徳川実紀』）。進物も献上も輸入絹織物または京都の高級絹である。だが、八丈嶋三百反だけは違う。遠い流刑地の紬が結構な物になっている。

八丈の紬は将軍家の重みで輝き始めていた。直轄領の産物だから徳川家が一手に握る。官の関与なしに入手の難しい紬である。徳川家を象徴する政治価値がまとわりつき、その活用が始まる。

秀忠は１６２１年、引退する細川三斎（肥後細川の祖忠興、１５６３～１６４５）に宋時代の墨跡と白銀、それに「八丈嶋」を贈った（前掲書）。その紬は家康覇権に貢献した茶人大名をねぎらうに足る価値を帯びていた。将軍用の特上の「八丈嶋」が恐らくあったのであろう。

１６２３年に新築なった尾張家江戸邸に臨んだ秀忠は、贈物に「八丈紬三百反」を加えた。前田家のときは「嶋」と呼んでいたが、尾張家には「紬」とする。同じ反数だから恐らく同種のものである。「八丈紬」は血を分けた尾張徳川家に対して将軍のしるしとなった。

家光は１６２４年から御三家江戸屋敷を順次訪ね、いずれの場合も三百反の「八丈嶋」もしくは「八丈紬」を贈る。ひいきにした寛永寺大僧正の天海にも再三届ける（『徳川実紀』）。それはほかの紬では考えられない光背の輝きを背負った。

金閣寺住職は１６３５年暮れの日記に「仙洞より拝領あり。八条嶋三段、伽羅《きゃら》一包二両余り」と書く（『隔蓂記』）。八丈の紬は輸入香木の伽羅と並ぶ位置にのぼっている。その三反をくれたのは譲位した後水尾天皇である。どうしてそこに八丈の紬があるか。秀忠の娘和子が嫁した先だからである。仙洞御所にそれを届けたのは三代将軍家光となる。

徳川政府は１６２８年に絹紬の幅を「大工かね（曲尺《かね》）にて一尺四寸」と公布した。それは当時の上級者の生地規格で、下級者用にはそれより幅狭のものが売られていた。貢納の八丈織は徳川末期でも織幅鯨尺一尺一寸二分（曲尺一尺四寸）の前例を守り、42センチ余りの幅があった。

貢納紬の丈は１６４０年、公定規格を上回る「鯨尺三二尺」が強行された。それは曲尺四十尺となり、一反の倍の一疋では「八丈」となる。25％のその増税は島民の恨みを買う。命令した代官は１６４４年に暴風雨による海難で死亡したが、舵《かじ》をとっていっしょに死んだ船長は浜辺の祠《ほこら》に祭られ、長く島民に花を手向けられた（『八丈実記』）。どうす黒さを秘める島の紬の物語である。

１６５１年に就位した四代将軍家綱は「お勤めご苦労」と家臣らを八丈織でねぎらった。老臣や側役、奉行や大目付などに一反五反と細かく気を配る。将軍はまた尾張家へ嫁いだ姉をいたわり、小鳥一籠《かご》、伽羅、八丈織物を毎年贈った。

## ◉合糸織が始まる

姉に贈る正月の八丈織にそれまでにない名が現れる。「八丈紬二五反」「合糸織十反」と１６６１年に記され、「合糸織《あわせいとおり》」というものが登場している（『徳川実紀』）。それは貢納八丈織における画期的な出来事であった。

「合糸織」はそのころ貢納が始まった新種の織物である。間もなくそれは島に申し渡される租税の中核をなす品となる。その呼び名は収納する徳川家がつけた。島内では知れわたる租税用語となったが、本土では通用していない。しかし、「合糸織」こそ徳川の本式の八丈織となる。後の１８４１年の柄見本も「御年貢・合糸織五十番模様之雛型《ひながた》」（『八丈実記』）と題する。

数が少ない「合糸織」は市中に出ないが、将軍周辺に黒地や樺地の稀少な嶋柄があることは知られ、18世紀の京都にニセ織が出る。それは「艶美で嶋筋もいろいろ」あった（『和漢三才図会』）、「合糸織」の嶋柄は後に東日本でもニセ織を生み、黄八丈と呼ぶ一大トレンドの出発点となった。

「合糸織」は糸を合わせた織物を意味する。糸は生糸を精練した絹糸のことである。紬糸しか知らない島に、その絹糸が目新しかった。ヨコには従来の紬糸を入れ、タテを絹糸にする。新たに絹糸を紬糸に合わせ用いて織ること、それが「合糸織」の名の由来であろう。その絹糸は紬糸に合わせて太くしており、何本もの生糸を束ねる。

**図30　官物の八丈織の柄**

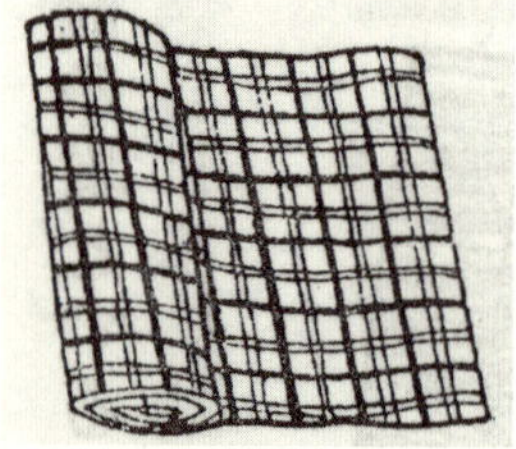

『和漢三才図会』の「八丈絹」は大柄の格子である。「官物であって商売人の手には入らない」としている。「色は黄あるいは赤褐色で、多くは黒糸の嶋」「稀有のもの」とする。

原料は初めは唐糸か国産最上の生糸となる。何本かそろえた生糸をわら灰で精練し、色を染めたものが絹糸である。そのタテ糸で絹鳴りと絹艶《つや》が出る。島の紬は素材の面で一気に高級絹へと跳躍する。東日本ではただ一つ八丈織だけが西陣織物と肩を並べる扱いを受けた。

「合糸織」の一反は、租税では黄の上平紬五反に換算された。それゆえ尊敬の念をこめて「五反掛《ごたんがけ》」と呼ばれる。織る柄は徳川家が毎年指定した。後の雛型本の示すところでは、黒地に黄色柄を置くものと、鳶地（樺とも言う）に黄色柄を置く二種類の嶋柄があった。格子柄が中心のデザインは、将軍家綱の時に大筋が固まったと推定できる。

## ◉帯織が八反掛に

将軍家綱は尾張家の姉に１６６４年、「八丈嶋十反」「帯織《おびおり》五反」を贈った。それが「帯織」というものの始まりで、後に有名になる。将軍は１６６６年にも「八丈織嶋五反」「帯織五反」を贈っている（『徳川実紀』）。織嶋である合糸織、それに帯織が、紬に代わって将軍を表すものになろうとしていた。

「帯織」は徳川家が作った用語で、地厚で帯にもなるという意味であろう。八丈島では租税の語として長く通用した。例えば１８４１年の柄見本の表題は「帯織六品嶋柄雛型」とある。租税のうえで「帯織」は黄上平紬八反に換算された。世に「八反掛《がけ》」として知られたのはこれである。とんでもない上物という意味で、敬称に似た扱いを受ける。

八反掛は「地に綾あって至って見事なる上品なり」と評される。近世の絹織物の値段は生糸の所要量にほぼ比例したが、八反掛は所要量を度外視する。「常嶋とはいかさま三反掛はあるべし」とされ、八反掛の絹の量は通常品の三倍あった。しかもそれは「糸の上品をもって」織る（『万金産業袋』１７３２序）。選別を尽くした絹糸がタテ糸に用いられ、ヨコは紬糸となる。

八反掛は平織の「合糸織」と異なり「２－１綾」の織組織となる。「合糸織」の糸二本をより合わせてタテ糸にする。それで一段と地厚になり菱型の織紋が入る。

八反掛ではタテ糸が太くなり、糸つり具の上げ下げが難しく、糸の操作を手で補う助手がついた。能率が悪く織女に苦労があり、二人がかりで一日に二寸三寸しか進まない場合もあった（『八丈裁衣織』１８１１稿「古事類苑」産業部２）。

八反掛は機台のない古い技法で織った。「機《はた》をも用いずして向こうを柱などに留め、前（筬《おさ》を通したタテ糸）は腰につけて」織り進む。また「糸をつむぐに車を用いず」手でさばいてヨリをかけた。「ただ人手の功を積むゆえ、その絹柔らかにして締まりよく、自然に麗しき艶ありて上品なり」と評価が高い（『伊豆海島風土記』１７８１稿）。腰でタテ糸を張って織りながら前へ進む「いざり機《ばた》」の古法が、将軍の力で保存され最上のものを作った。

古式と言えば、繭から「オヤリ」という糸を取り出して撚《よ》りをかける「ツム」という道具が、島では近代まで用い

**図31　八反掛の織組織**

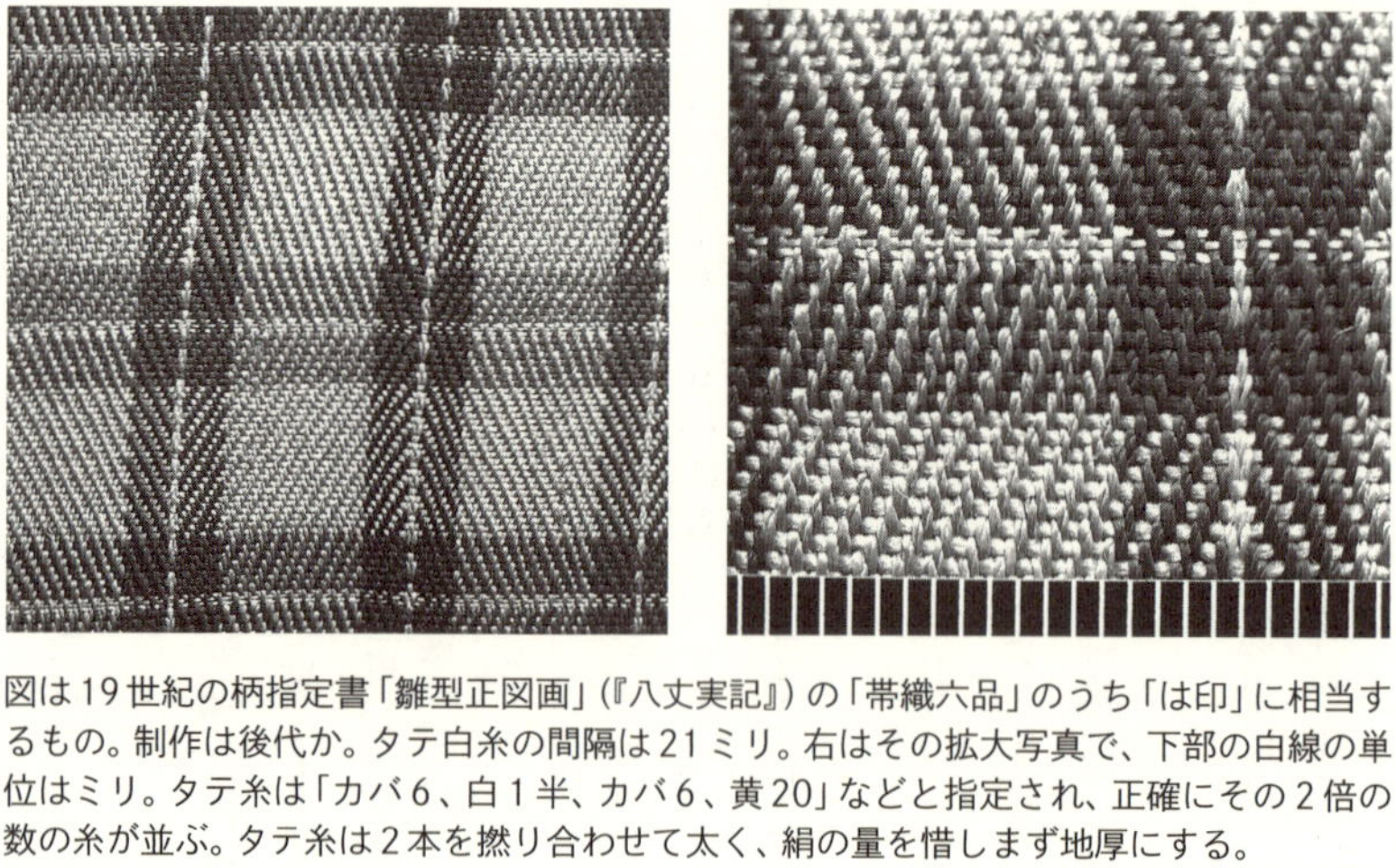

図は19世紀の柄指定書「雛型正図画」（『八丈実記』）の「帯織六品」のうち「は印」に相当するもの。制作は後代か。タテ白糸の間隔は21ミリ。右はその拡大写真で、下部の白線の単位はミリ。タテ糸は「カバ6、白1半、カバ6、黄20」などと指定され、正確にその２倍の数の糸が並ぶ。タテ糸は２本を撚り合わせて太く、絹の量を惜しまず地厚にする。

られた。それは円形の錘《おもり》に棒を挿した道具で、各地の古代遺跡から出土している。
非効率をものともせず徳川家は手間をかける八丈織を維持した。その代わり類例のない絹を得た。将軍の刻印を帯びたその絹は、八丈島の名を輝かせ、東日本でただ一つ絹布と呼ばれる高級品となった。

名産となった八丈織を島ではもっぱら「丹後」と呼んだ。平織の合糸織が「丹後」であり、綾織の八反掛が「綾丹後」である。徳川家に納めるものは「御年貢丹後」、市販に向ける品は「売り丹後」となる（『八丈実記』）。

## ◉島へ丹後嶋移植

なぜ丹後なのか。島民がその織物を丹後嶋から学んだからである。役人にして儒者の羽倉簡堂が後にそう書いている（『南汎録』）。なぜ教わったかと言えば、精度の高い絹を求めた徳川家が、島に高級絹への脱皮を求め、技術の移植を実行したからである。上質の絹は京都に学ぶしかなく、京都の丹後嶋が見本となる。けれどもその丹後が島民の難儀となり、困惑し苦労をした名残が「丹後」の名につながったのではないか。

東日本の地機ではタテ生糸の絹は織っていたが、精練して色染したタテ絹糸の織物は恐らく未経験であった。京都の織工レベルの精緻な織りが一方で求められ、他方では古来の地機の紬の味わいが要求される。その二兎を追う織物が、島民に降ってきた災難となる。絹糸の扱いの手間暇に苦しんだがゆえに、「タンゴ」の記憶はいつまでも続いたのだろう。

見本となった丹後織はどういうものか。丹後織・丹後嶋は京都の製品であった。徳川初期に大宮通で織り、「丹後織の絹紬、その品多し」とある（『毛吹草』）。家康遺産にも「丹後紬（うち十三反黒地、二反浅葱《あさぎ》）七十四反」があった（『駿府御分物御道具帳』）。

18世紀の市販の丹後嶋は「京織。幅九寸五分、丈五丈六尺ぐらい（一疋、鯨尺）」の着尺地である。「黒地多し。あるいは茶地にして、嶋糸多くは朽葉色なり。萌黄糸なども入る」とある（『万金産業袋』）。黒地に淡茶色の碁盤嶋が多かったようだ。

それゆえ黒染も丹後嶋から取り入れた可能性がある。八丈島では後にシイの樹皮を煎じて染め、最後に泥に漬けて黒を染めたが、泥の鉄分が生地を傷めるので、その黒は民用衣料になりにくかった。黒地の八丈織はもろく、伝存品が残らない。徳川家は色の耐久性に構わず深い黒を求め、その染色を島に導入したのではないか。丹後嶋の朽葉の嶋糸を黄色に替えれば、黒地の八丈柄となる。

京都の格子柄デザインがいっしょに採用され、将軍用に磨き上げたものが「徳川の八丈織」となる。それら一連のことが１６６０年ごろ島で体験した「タンゴ」であろう。

結果から見ると、八丈島の貢納絹はそこで一気に高度化し、本家本元の丹後嶋を上回る名声をもって仰ぎ見られるものになった。

将軍家の指定は黒・樺・黄・白の色合・糸数まで厳格で、役人が見本と突き合わせる検査をした。貢納八丈織は将軍自身の着るものとなり、稀少性を帯びて一点だけで輝く。京都所司代や大老らに将軍家綱が手ずから渡した「八丈織の帯、羽織」は、末代までの誉れとなる。その織物に一種のすご味のある美を見つけ出す人は、往時の感じ方に近いと言える。

## ◉将軍を示す織物

貢納八丈織は他の地の年貢とは異なり将軍に直接渡る。生産は役人に管理され他の品と混ざらない。航海を将軍が握る島での生産は独占に好都合であった。

嶋柄見本と注文反数は、御納戸という役所が翌年分を島に渡した。貢納分を超える反数は買い上げられ、不良在庫はまず生じない。紬の輸出は食糧と替えるために続いたが、市販絹嶋の輸出は18世紀前半まで微量だったようだ。

表7は1749年に八丈島から納められた八丈織各種の数量を示す。将軍家がそれをどのように扱ったか、実像が明らかになる。

徳川家中興の祖とされる吉宗は引退して大御所であった。子の家重が将軍に就き、孫の世子家治は十二歳ほどで大納言の位にあった。八丈織の収納権者は将軍と前将軍・世子のみである。その三者だけが八丈織を発注して受け取る。年貢米とは全く異なる仕組みになっていた。

八丈織のなかでも「帯織」八反掛は貴重視され、受け取るのは当代将軍一人である。「帯織」を着たり下賜したりする権利は将軍一身に属する。吉宗は実権を握る大御所であったが、さすがに権力の機微を心得ており、将軍たる息子に「帯織」では遠慮している。

八丈織を与える栄誉権は、本丸・大御所・大納言の三者のみにある。それ以外に正規の八丈織を手に入れる道はない。

**表7　八丈織の1749年の貢納状況**

（『聞伝叢書』「東京市史稿」産業編第18により作成）

| | 帯織　換算率 | 合糸織　換算率 | 上黄紬 | 上黄紬換算 |
|---|---|---|---|---|
| 御本丸⑨家重 | 20反　× 8 | 150反　× 5 | 20反 | 930反 |
| 大御所⑧吉宗 | — | 170反　× 5 | 180反 | 1030反 |
| 大納言⑩家治 | — | 35反　× 5 | 25反 | 200反 |
| 上黄紬換算計 | 160反 | 1775反 | 225反 | 2160反 |
| 島の貢納額 | | | ▲630.25反＝租税分 | |
| 過納反数 | 合糸織換算で305.95反 | | 1529.75反＝買い上げ分 | |
| 船中用米の余り53石の代価 | | ▲25反 | | |
| 隔年支給のなべ釜423個の代価 | | ▲23反 | | |
| 将軍買上げ | | 257.95反　438両余と永10貫文 | | |

「帯織」は現将軍にのみ納められる。丸囲み数字は将軍の代。収納する権利は本丸・大御所・大納言の三者だけにある。収納の総量では大御所吉宗が最も多い。納められた量は上黄紬換算で2160反。既定の租税額をはるかに超える。上黄紬換算で1500反余りが買い上げとなり、航海用の米の余りとなべ釜の代価は合糸織で払わせられる。残る過納反物は438両ほど金銭で払われる。上黄紬は色のよさと薬効で、肌着になった。

また将軍の注文量は島の貢納額に左右されない。表7によれば上黄紬六百三十反ほどの貢納額に対して、三者は三倍以上の量を取得している。貢納額を越えた分は事前に決めた値段で買い上げればよい。島民は買上金で現物支給の米の余りとなべ釜を購入し、ほかは金銭でもらうシステムになっていた。

本土との間に黒潮の急流が横たわり、船着場にこと欠く島では御用船を頼みとせざるを得ず、徳川政府が交通手段を提供した。御用船二隻の経費からしても政府は収奪一本やりではない。島民の食糧確保の面でも流刑地の安定の面でも、また織物の稀少さや栄誉の配分の面でも、八丈織は熟慮して組み立てられた支配と経済の仕組みとなる。

将軍吉宗について「黒手八丈嶋は御平生、八反掛をお召しにあそばされけり」との記事がある（馬場文耕『愚痴拾遺物語』１７５８筆、「未刊随筆百種」第9巻）。帯織の黒い着物が将軍の好みだったようだ。１７９０年代の田安家の記録でも「公方様、御普段召しは八丈嶋なり。御夜具等も八丈なり」（『幕朝故事談』）とある。将軍は八丈織を常着としているというのが、少なくとも伝説であった。

八丈織は外交上の贈品にもなる。明和年間に来訪した琉球使節は中国産縮緬のほかに、格子柄と思われる「嶋芭蕉布」、袴地らしい「畦芭蕉布」、絽織の「薄芭蕉布」、先島の苧麻製「太平布」などを将軍に贈った。将軍は返礼として白銀や金襴・羽二重とともに「八丈織五十反」を贈っている（『琉球人行粧記』１７６４稿）。それはほかのどこにもない将軍の織物となっていた。

## ◉上田藩主の絹嶋

17世紀半ば過ぎ、関東甲信地域に藩主の絹嶋が現れた。信州上田藩主の注文が大冊の二つの商家古文書に記される。

「御上ケ嶋二十二反、代金十二両」（１６６４年）

「御上げ」は藩主へ納める絹、購入品ゆえ代金があり、城下の問屋が職人に織らせている。藩主は１６８０年ごろ将軍に絹嶋を贈り、「重陽の祝儀として小袖二つ到来、歓び思し召された」との内書が老中から来ている（上田市立博物館「上田城と仙石氏」アーカイブス）。小袖とあるから絹嶋であるが、藩主の注文には「紬嶋一反」「嶋紬十五反」など紬の嶋柄もあった。

嶋柄を着る藩主の絵の摸本が信州に伝わる。豊臣方について大阪城で散った幸村の兄、大名の信之（１５６６～１６５８）が嶋柄を着て描かれる。

図32の絵を父昌幸の肖像とする説もあるが、余りに高齢の人だから、信之をしのぶ死後の絵とするほかない。松代藩主の信之の前身は上田藩の慕われた城主であった。嶋柄のデザインが表着になるのは異例だが、上田嶋だとすると遺族もよく目にしたであろう。

「御上ケ嶋」の注文は17世紀末にかけて増え、奥方の「御奥様御用嶋三反」や前藩主の「御隠居様御用嶋五十五反」の例もある。広島藩主の注文もあれば、越後高田藩主に六十二種の実物柄見本を送った記事もある。

「御上ケ嶋百三十五反」のうち「御本嶋三十五反」と書く場合は、図面ではなく「御本」つまり実物見本を渡して織らせた嶋となる。「御本嶋のきれ、残らず渡す」は、預かった見本の絹を問屋が職人に渡したことをいう。

**図32　真田信之の嶋柄着物**

肖像は真田家菩提寺の高野山蓮華定院蔵。信州上田などに模写の多い追慕の絵である。六文銭の家紋の黒い羽織を着て、右手に采配をとり、左手は脇息につく。格子柄は２段の構成。黄色地に茶色で４本の太い線を交差させ、細い２本筋を４組並べる。嶋織物の伝統を継ぐ柄である（上田市立博物館編刊『真田家史料集』から）

１６９０年に藩主へ納めた嶋は次の通りであった。

「御本嶋九十八反、ただし一反につき二分四匁五分ずつ

「なみ嶋二十五反、ただし一反につき二分三匁五分ずつ」(「原町日記」)

藩主への納入は計百二十三反。見本によらず問屋の柄で織るのが「並嶋」で、どちらでも値段に大差はなかった。

１６８７年には藩主から絹「立横嶋」の臨時注文があった。その見本を織工へ渡した問屋は、念のために見本の細片を日記に貼りつけた。図33がそれで、５ミリ角ほどの碁盤目状の嶋柄は地が濃茶、柄は白である。糸にムラはあるが光沢を発する絹のうちである。細かい柄が大名の心をとらえていたことがわかる。

藩主の注文とは別に問屋や織元が三都へ売る「上田嶋」がある。そちらは紬嶋であった。遊客の嶋の羽織は八丈嶋と飛騨嶋が有名で、「上田嶋これに次げり」(『色道大鏡』１６７８序)とある。前者が紬であるから上田も紬となる。

西鶴も上田の紬に触れる。泉州観音堂から借りたカネに年十割の利子をつけて十数年後に返す町人が「上田嶋の羽織に木綿の裏」であった。律儀の見本のようなその人は太織無地染の着物を、太閤時代のごとく袖の振りを小さく裾短かに仕立てていた(『日本永代蔵』１６８８刊)。

「町人衣服のこと、貞享年中(１６８４~88)までは冬、上田嶋紬あるいは郡内太織」とあり、町人の上田嶋は婿《むこ》入《い》りや寺参りに着て、普段は木綿紋付だったという(加藤曳尾庵『我衣』文化年間稿)。

**図33　上田藩主が1687年にあつらえた絹嶋の見本**

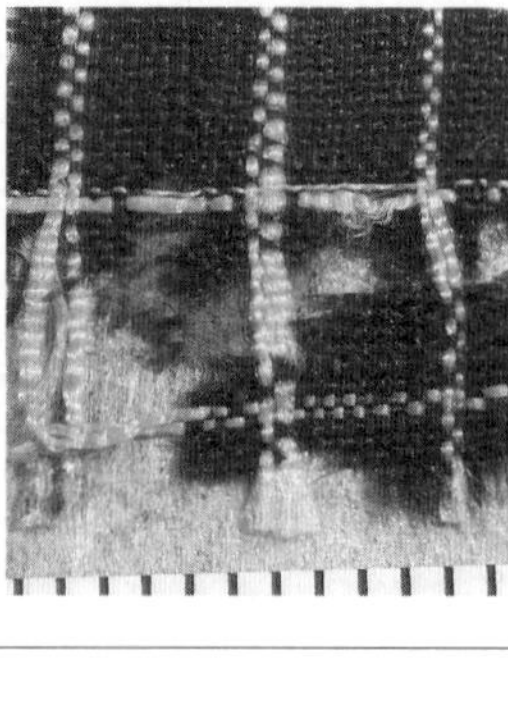

「御本嶋を立横嶋絹嶋に仰せ付けられ候。このうち一反は原町にて申し付け候。白井半右衛門さま御本御渡し候。紺屋町与四郎方へ十五日に御本嶋三太郎に持たせ遣わし候」とある。上田市立博物館蔵『原町問屋日記』貞享4年12月に貼られている。目盛はミリ。

江戸では18世紀初めに上田嶋の盗難がちょくちょくある。１７０４年には銭湯で「上田嶋布子」、１７０６年には豆腐屋が女物の「上田立嶋《たつじま》着物、うら紅」や郡内嶋着物を盗られている（南伝馬町名主高野家『日記言上之控』）。紬の上田嶋は手配書に書かかれる知名度があった。

上田嶋は藩主の絹嶋として箔をつけ、市販の紬嶋はその丈夫さで売れた。破れずしわがよらず、裏地を三回取り替えるほどだから「三裏嶋」と呼ばれた（『万金産業袋』）。上田は蚕種の産地で蛾《が》の抜けた「出がら繭」が大量に出るから、それを真綿にして紬糸を引いた。

上方では上田嶋紬を「代官嶋」と呼んだ（前掲書）。それは村に出る代官の羽織になり、俳諧にも「出来秋に代官嶋の羽織着て」とある（『ふるすだれ』１７４３刊）。京都でそれを「大官嶋」と書く。１７３２年の盗難被害届には「千筋・紺・大官嶋・海気裏」の羽織や「すす竹・大格子・大官嶋」の着物があった（『京都町触集成』）。その丈夫さを喜んだ京の町人の評価がうかがえる。

【補注】上田の「原町滝沢家日記」「海野町柳沢家日記」は『小県郡史』『信濃蚕糸業史』『上田市史』『信州上田紬』などに紹介されている。

## ◉上田のサンプル

上田藩主の絹嶋の注文は毎年のことで、「毎度仰せ付けられる絹嶋、このたび出来つかまつり候間、七反差し上げそうろう」と１７２３年に海野町問屋は書いた。そのとき柄の内容まで表８の通り記録している。

表8　1723年に藩主へ納めた絹嶋

| 名称 | 色柄の明細 | 丈と代金 |
| --- | --- | --- |
| もく嶋二反 | 地は栗色、白糸にてもく | 鯨尺三丈　一両二分四百目 |
| 立横嶋 | 地白、萌黄色にて本の通り | 同三丈四尺五寸　三分三百文 |
| 地黒嶋 | 萌黄色にて立横嶋 | 同三丈　二分一貫文 |
| 立横小嶋 | 地茶色　本あり | 同三丈 |
| 御本なし | 地茶色、白浅葱の小柄 | 同三丈　二分一貫文 |
| 〃 | 地紺、浅葱白の小柄 | 同三丈　二分一貫文 |

「もく嶋」については「もく嶋算崩嶋」という記載例がある。普通は異なる色糸を撚り合わせて作る柄を言う。本は見本のこと。『信濃蚕糸業史』中巻から。

藩主の絹は織丈が特大であった。襟の上にもう一枚かけても余りが出るほどだから、一部を何か別の用途に使ったとも考えられる。価格は面積費で算出するのが慣例とされるが、反当たり単価は徳川家の八丈織の四割ほどにすぎず、値安感がありそうだ。藩主用は農家の女の仕事ではなく、男の職人五人の名が書かれている。

その文書にはサンプルの小片まで貼られていた。今は他のものをまじえて別の台紙に貼っているので、柄名とサンプルを必ずしも照合できないが、そこに図34の絹嶋がある。

その柄は細い三筋の碁盤目状の格子と、太目の一重の碁盤目状の格子を合わせている。その構成の仕方は古典的な手法である。この種の文様は後に述べるように18世紀前半の人気柄であった。ただ、この藩主の柄は文様が

**図34　1723年の藩主注文海野の絹嶋**

現状では黒地に白の格子柄。白く見えるところが元は薄緑だったとすると、表8の「地黒嶋」となる。二種類の格子を組み合わせる柄は、当時の流行。ヨコは紬の糸と見える。（上田市立博物館蔵。幅約50ミリ）

**図35　1841年の八丈織の指定柄の一種**

「雛型」に貼られる「12番」の実物で、幅は57ミリ。黒地に黄色の柄。文様は①黄色の三筋の格子と、②太線の間に細線を挟む黄色の格子。その2種類を重ねる構成は、前図の上田嶋と同じである。柄は太く堂々として、民間のものと距離がある。

小さいうえに線が細く、印象が穏やかである。格子柄を好み六種類を注文した藩主は、小さい柄を求める繊細な人だったと思える。その絹嶋は私的に着るためにあつらえたのであろう。

それに対して八丈織の将軍指定柄はどうであったか。百年以上遅れる１８４１年の「合糸織五十番模様之雛形」(東京都公文書館蔵)に付される図35の実物がある。

徳川家の柄は文様の骨格が太い。上田嶋の例と似た種類ではあるが、堂々としておとなしくない。上田のものは問屋のデザインでも織らせたが、将軍のものは独自のデザインにより、まねのしがたい高みにあった。

## ◉将軍家と郡内嶋

甲州東部の郡内は山里で耕地に乏しく、養蚕で暮らしを支えていた。徳川初期に「郡内紬、菱紬」という紬があり(『毛吹草』)、17世紀後半には地物の生糸で織る生絹《きぎぬ》嶋が現れた。生糸はもともとニカワ質に覆われており、精練して表層を除くと初めて柔らかい絹糸になる。精練しないまま生糸を染めて織ると、硬さが残り絹艶のない生地になる。それを生絹嶋と呼び、郡内産があった。

１６８８年の記録では藩主が「献上の生絹嶋・嶋絹」を織らせている。それは生絹の嶋で、行先は徳川家となる。織機を役所で用意し、織元四軒に貸している。反物の丈は「二丈七尺五寸、鯨尺にて」、幅は「カネにて一尺三寸五分」とあり(『万覚帳』「秋元家甲州郡内治績考」)、丈幅とも並品より大きい。農家の女が織る市販品と寸法が異なるから、織道具を貸したのであろう。

郡内嶋はどうやら将軍家のひいきを得た。将軍綱吉は１６９９年に日光東照宮へ向かう高僧を招き、「八丈嶋十疋、色羽二重二十疋、郡内嶋百疋」を贈った。僧には郡内嶋と上州日野絹がしばしば下される。１７０１年には祈祷で娘の病気が治ったとして「郡内嶋十疋、日野絹十疋」を与え、自分の演能を大僧正らに見物させて「郡内嶋十五疋ずつ下さる」。経典を講じた大僧正にも「上州絹十疋、郡内嶋十反を給う」とある（以上『徳川実紀』）。

関東甲信地域の生糸と絹物に品質向上があり、将軍が下賜するに足るものができていた。生絹の類は柔らかい絹ではないが丈夫さと張りが好まれ、17世紀では夏物と限らず常用の着物であった。冬は精練した地絹の裏をつけて実用着となり、精練の甘い絹は郡内嶋の一つの特色だったようだ。

郡内嶋の柄は八丈織に似ると思われていた。旗本・久貝因幡守は１７０５年、甲州代官に「八丈模様の小柄の嶋」の郡内嶋三反を注文した。「八丈模様」だけでは色柄がわからず地元商人は困惑した。役所はそこで江戸呉服店の絹買人に依頼して、それらしいのを用意した。その色柄は「黄・茶」「こげと黒」「黒に白の小格子」であった（『古山日記』「甲斐叢書」第1巻）。

絹買人は郡内で八丈織と似る絹を調達できたし、一疋二反の単価は一両二百文ほどで値ごろである。ほかに「大上・白紺八反掛」という品名も記録にあり、八丈八反掛をまねる白と紺の独自製品があった。

武家の世界で郡内嶋は格式を意味した。薩摩種子島の領主は１７５０年に引退する重臣を慰労し、「郡内嶋一端・羽二重一疋・羽織地一端」と酒肴《さけさかな》を贈っている（『種子島家家譜』）。

## ◉徳川のトレンド

八丈島で織り出すものは初め紬であった。紬を租税として収納した領主の北条氏、次いで徳川家は、それを自分も用いたし贈物にもした。１７４９年の表7が示す通り、大御所・将軍・世継はそろってその紬を求めており、恐らく日用に欠かせない品であった。上紬の用途は肌着で、「カタジケナクモ柳営ノ御肌付ニ召サセ玉フ黄紬也」と『八丈実記』は書く。であれば大奥にも必需品である。他に勝る紬であるのに世評が稀であるのは、人目につかない肌着に特化した品であるうえに、流通範囲も限られたからであろう。

カリヤスの煎汁《せんじる》に70回漬ける八丈島の黄染は、色が落ちないしカリヤスは薬草でもある。18世紀初めには「黄の無地に墨書の小紋あり、小紋八丈とてよき物なり」（『万金産業袋』）とする例があり、女物小袖の雛形本には墨絵を描いた黄八丈と称する紬の記事が載る。その紬が八丈島産かどうかは疑わしいが、菊田摺は島で作った。

菊田摺は上層向けの一種の古式の絞り染である。「黄・樺染めに仕そうろう上を、紬品々（さまざま）に縫いすぼめ、鍋《なべ》の墨をもって摺り、その上をアシタ草の汁を絞り押さえ染め上げ」ていた（前掲「御尋書御請控」）。早い時期にすでに滅び、19世紀の天保年間にそれを知る者は、名主家の老女一人であった（『八丈実記』）。

それらと違って「合糸織」「帯織」は勢いの増すテキスタイルとなった。

八丈島の織嶋には徳川家の格式の重みがつき、陰に陽に影響が広がった。『色道大鏡』は黒と茶の無地小袖を最上としつつ、「嶋は八丈」と遊客に勧めた。羽織でも「八丈・郡内の嶋目を引きたるなど、また面白し。この色は鳶色に限る。裏は黒よし」とする。八丈織や郡内嶋の柄を羽二重に染めるくだけた装いの勧めである。

京島原では太夫職の遊女が八丈八反掛の小袖を着た（前掲書）。上位の遊女は行列を従え、座敷では上座に座り、服に自己の紋章をつける演出で敬意を払われた。身分社会の遊里は、将軍体制と同じ格式のピラミッド構造を必要とし、太夫が将軍に準じて八反掛を着る時期があった。太夫の客は当然ながら、自分が八反掛に相応するという自負と財力を持つ人である。表の制度の八反掛が、それゆえ悪所にも入る。三都の遊女の「八反掛の八丈」の衣装が「加賀絹」に変わった、と西鶴が書くのは（『諸艶大鑑』１６８４刊）、後の遊里倹約令の結果であろう。

ニセ八丈は京都から供給された。岡山藩は１６６８年に家臣へ通達して「ただ今まで国で着ている通り、田舎絹、日野紬、京八丈の類、木綿にても心しだい」と書く（『有斐録』）。「京八丈」は並の安い田舎絹になっていた。ほかに「京染の犬八丈」（『好色万金丹』１６９４刊）があり、それは染め柄の粗絹嶋で下級武士らが用いた。

　１７３０年代にはニセの上物があった。「京織に見分けがたき程のトビ嶋、黄嶋、同無地等の紛《まが》い八丈出る」（『万金産業袋』）とある。本物に似るものも似ないものも出て、まがいの八丈は一つの文化現象となっていた。「京郡内」というニセモノは「地弱くて宜しからず」とある。武家の威風に乗る関東甲信の絹の嶋類を、京都が追いかける事態となる。嶋柄と絹類では影響力の逆流が生じ、東からの流れに勢いがついた。

　上田嶋については「いま上田と言うは、相州八王子あるいは青梅村などより出る」とあり（前掲書）、まねがまねを呼んで産地の玉突きが起きた。

　将軍の八丈織は、絹と嶋類のニセモノを含む連鎖反応の頂点にあった。将軍の柄は畏れ多いとして世には異なるバージョンが出たが、そこまで意識されることからも、八丈織は徳川期を貫く嶋柄の基本トレンドとなった。八丈織は特別な感情を呼び起こす織物で、権威と秩序を見せる政治的装置となり、ニセモノの広い裾野は武士と民が将軍になびく姿のようにも見える。

# III

# 元禄・享保のシマの見方

# 1　もてる男の郡内嶋羽織

遊里では郡内嶋の羽織が人気であった。それを着るのは金銀まき散らす大尽である。「ばちばち」の擬声語は扇子をばちらす音か、あるいは手拍子か。

## ◉遊里でも町でも

「今は郡内嶋の羽織着れば大尽だいじん、ばちばち」（井原西鶴『椀久一世の物語』１６８５刊）

火事の避難先で寺小姓とちぎった江戸駒込の八百屋お七は、小姓を忘れられず風の日に放火して１６８３年に市中を引き回された。その振袖が郡内嶋であった。「肌には羽二重白小袖、その上の甲州郡内の碁盤嶋」とある（『天和笑委集』「新燕石十種」第7巻）。袖丈一尺五寸の振袖には薄青の刺繍で家紋を置き、裏地は桃色である。富家の娘の精一杯の別れの装いが郡内嶋であった。

「郡内嶋こそよけれ。お大尽風で見ようござるぞ」と１７０３年に京都の評がある（『歌舞伎評判記集成』第3巻）。盗難品にも「郡内嶋綿入れ羽織、地黒く白き小格子嶋」（１７１９年）や「郡内嶋茶格子小袖、裏浅黄羽二重」などがあった（『京都町触集成』）。

郡内嶋は三都で有名品になっていた。大阪では見かけで男を選ぶ新地の女が「こまがね（小粒銀）を取らせ京郡内の着物を取らす男のことは、さしに（二人だけで）逢うたときばかり泣いて見せ」とある（『けいせい色三味線』１７０１刊）。見栄えだけの浮世男を好いて、銀や京都製郡内の着物をくれる分限者になびかない女をくさしている。

郡内嶋は18世紀半ばでも元気である。甲斐下井尻村の有力者依田家当主は１７５３年、八十歳の祝儀に反物の郡内嶋や、その着物「裏黄から茶の小袖」三つ、「裏紅小袖」四つを配っている（『依田長安一代記』）。それは並々ならぬ心遣いであろう。

豊かな人が郡内嶋に走り、男に始まる郡内嶋を女も着る。江戸武家から三都へ、そして女へと、影響の流れができていた。

## ◉安くて丈夫な嶋

甲斐郡内では年貢が絹紬の物納で、17世紀半ばに白生地生産から織嶋へ転じたようだ。「郡内絹、絹は厚くて細やかである。多くは縦横の縞《しま》である」と『和漢三才図会』は書く。図でも格子柄の反物を載せる。

『万金産業袋』には「郡内嶋、幅九寸五分、丈五丈四尺、長尺六丈弐尺（鯨尺）」とある。取引の単位は一疋で、「模様・地色いろいろ」、嶋柄のほかに菱形などの織紋つき「八反掛」の白郡内もあった。玉虫色を見せる織色郡内や、郡内太織も知られていた。

その絹紬は一般に精練が足りず、「京の半練りよりも今少し次なり」と評される。東国ではくず糸の混ざる安い粗糸「まがひ糸の太み」をよく使い、郡内も例外ではなかった。それで絹に厚みが出て、丈夫で値は安く、新たな需要と消費者を掘り起こしてブームになった。市場を圧迫された京都西陣が、なりふり構わず追随したのが京郡内であった。

郡内では18世紀に「いずれの村も嶋絹紬を年中織り出す」。とりわけ谷村（後の都留）は嶋柄を得意とした（『甲州噺』１７３２見聞記）。江戸問屋の買付係が地元問屋や場造《ばぞう》という小商人を通じて、流行の色と柄をあつらえ三都に送った。

元禄のころの藩主の調査によれば、郡内絹紬は年間約一万七千疋を生産した。その九割以上を地絹の「本絹」、残りが「山絹」「紬」となる（『秋元家甲州郡内治績考』）。嶋柄はその「本絹」に当たり、地糸を染めて織る田舎絹である。それは市井に向けた柄物であった。

隣接する武州八王子には紬嶋があった。17世紀前半には「滝山横山紬嶋」（『毛吹草』）、18世紀には「紬嶋、八王子村より出る。五丈四尺の疋物にて白地じまなり」とある（『万金産業袋』）。それは白地に黒や藍の格子柄を織る紬である。京都に送ってそれに地染めをする。「京染めにとび色、黄茶などに染めなして、本八丈嶋の面影をとるなり」とある。地を染めれば黒っぽい格子柄が浮かび上がり、それで八丈織の雰囲気に似るものになった。

その意味で郡内嶋は、徳川家の八丈織の山脈の三都向け支脈であった。

## ◉羽織の大きな柄

17世紀の人は絹の洗濯をきらった。絹物を着るほどの人にとって、洗濯による色落ちは見苦しすぎた。西鶴はそのことをしきりに書く。

泉州堺の商人は夢にもそろばんを忘れず、見かけをきれいに暮らし、「紬嶋の羽織ひとつ三十四五年も洗濯せず」とある。汚さない心がけを全うするから洗濯は不要となる。人前を飾る羽織を汚さないのが商人の面目である。「平骨の扇は幾夏か風に合わせける」は、同じ扇子を何年も使う節倹を言う（『日本永代蔵』１６８８刊、巻四）。

万事に慎重な息子は一生のうちに釘《くぎ》の頭で袖を破ったことがない。腹を減らさぬよう火事見舞いにもゆっくり歩く。「この手織りの碁盤嶋の紬の着物は、命知らずなほど長持ちすると親が着ていたものだ」（前掲書巻一）とは、同じ着物を二代着る手ごわい人である。

昔は「一生あらい（洗濯）小袖を肌につけざりし」（『世間胸算用』1692刊、巻五）と誇る大尽長者がいた。しかし「いまどきの大尽という男」は「遊女のもてあそびを専らとし、淫酒に乱れ金銀を費やす人」である。「その形《なり》を見れば黒羽二重に三寸紋、紬の大嶋の長羽織」である（『好色盛衰記』1688刊、巻一）。着物に巨大な紋所、羽織は長く嶋柄は大型である。

今どきの大尽はどんな柄を着たか。幸いにも挿絵がある。図36は元禄のその大尽の羽織の紬嶋である。

度はずれた柄の大きさが自慢で、成り上がりの男は堂々たるところを女に見せたがる。西鶴本の挿絵では、大尽客の羽織が判で押したように大柄である。息子の大借金を払う富者、銭をまいて拾う人を見物する分銅屋、妾宅へ駕籠《かご》で行く庄屋、そのほか武家・若衆にもその羽織がある。彼らは一様に紬や郡内嶋の羽織で自己を顕示し、ステータスを主張していた。

**図36　大尽の「大嶋」の羽織**

手代から相場でのし上がって富者となり、大阪新町の遊里で遊ぶ大尽。頭には置き頭巾。「紬の大嶋の長羽織」を着る。太い線に細線を沿わせる「両子持ち筋」の格子柄。下の着物は本文では紋付黒羽二重。西鶴『好色盛衰記』から

## ◉描かれた郡内嶋

西鶴に続いた浮世草子の著者たちは、絹紬の産地を書いて挿絵を載せる。各地の嶋柄の情報がそこから得られる。「ぶたいへ上り、ゆび切る」と説明がある図37は、京都の若衆歌舞伎の舞台にのぼり、刀で小指を切って心の証を示す人である。「柔らかそうなる男の、大格子の郡内嶋に、飛紗綾の黒き帯、大脇差をいかつく差し」（江島其磧『野白内証鑑』1710刊、一之巻）という姿は、実は若衆に

ほれた男装の女であった。絵の二筋格子は男物の郡内嶋となる。

江島其磧はその柄を「大格子」と書く。西鶴のすぐ後に出た人であるが、柄の語法が違う。西鶴の「大嶋」が「大格子」に変じている。「格子」が衣類の柄の言葉となるのは17世紀末からとなろう。嶋柄を以前より詳しく示す必要が生じ、「嶋」から分離して「格子」の語が誕生したと考えられる。

次の図38も郡内嶋の柄である。1695年に大阪西成郡の畑で、舞女の三勝と大和の赤根屋半七が相対死した。金銭と義理に詰まった「三勝心中」である。検視調書によれば男は「郡内島両面綿入れ」、女は「日野すす竹小紋綿入れ」と「郡内島綿入れ」を着ていた(日本古典文学大系91「浮世草子集」附録)。

その物語は「心中茜の色揚」の外題で直ちに道頓堀の舞台に登り、百五十日間のロングランとなった。二人の郡内嶋は舞台であか抜けた衣装として評判になった。三年後の出版になるその物語の挿絵は、大阪で当時知られた郡内嶋を示す。柄は三本線による三筋格子

**図 37 小指を切る郡内嶋の人**

若衆歌舞伎の舞台に上がって脇差で指を切ったのは、若衆にほれた女人であった。編笠を深くかぶり、「大格子の郡内嶋」着物である。
2本線の伝統柄である(『野白内証鑑』)。

**図 38 三勝心中の半七の郡内嶋**

半七は生駒山暗峠《くらがりとうげ》の水茶屋で三勝の手紙を受け取る。挿絵はそれを読むところ。このあと大阪で三勝に会い、心中に至る。事件はよく知られたので、この着物は郡内嶋。西沢一風『新色五巻書』二之巻。

と言える。

## ◉飛騨にも大格子

高野山から出た旅の僧が、飛騨の宿でふと京の歌を口ずさんだ。勘当されて飛騨にいた京男は、懐かしさがこみあげる。聞けば高野聖は「ここもとの名物、嶋紬」の仕入れに来ていた。彼らは遠隔地を回る買付人で、飛騨嶋は背負われて山を降りた（西鶴『万の文反古』1696刊、巻四）。

上方では「紬嶋、飛騨のものを上とする」（『和漢三才図会』）と折り紙つきであった。その嶋に二種類がある、と後の飛騨代官が書く。

「飛騨紬、二品あり。一つは諸紬《もろ》という。縦横ともに綿《わた》糸（真綿の糸）を用い、それぞれ撚《よ》り糸。また一つは八丈紬という。縦は本糸を用い、横は綿糸なり」（長谷川忠崇『飛州志』1745ごろ稿）

諸紬は昔通りのタテヨコ紬糸。八丈紬は本場八丈織と同じタテ絹糸・ヨコ紬の織物と解釈できる。こうして飛騨嶋は徳川家の八丈織の山脈に連なる。18世紀半ばには出荷税の口役銀を払って紬は飛騨から都会へ運ばれていた。

**図39　飛騨嶋の格子柄**

このタイコ持ちは「飛騨嶋の着物」に茶宇嶋の袴。金箔を押した鞘《さや》の脇差を、わざわざ鞘尻を上げて差している。袴の下から着物の裾を引き上げ股立ちをとる。ほかのタイコ持ちは黒縮緬着物、笹に雀の墨絵の着物、紙子羽織などであった（『好色敗毒散』）。

図39は飛騨嶋の絵である。大尽客が引退して長男が遊里にデビューしたとき、上客再来とばかりタイコ持ちが若旦那への進物を手に集まった（『好色敗毒散』１７０２刊）。その一人の着物が飛騨嶋である。碁盤目状の大柄が飛騨嶋にあったことがわかる。ただ、タイコ持ちらはみな解雇され贈物はむだだったが……。

１７３２年春の京都の盗難品手配書に「飛騨嶋すす竹着物、茶裏」が載っており（『京都町触集成』）、流通したしるしとなる。

## ◉零落男の浅草嶋

浅草嶋は『毛吹草』に載る武蔵の名産であった。金閣寺住職は『隔蓂記』に「狩外記のところより浅草嶋二反の音信あり」と書く。１６３７年に徳川家御用絵師の狩野信政から浅草嶋二反が届いている。翌年暮れには「仙洞より今日拝領三色あり」、そこに「浅草嶋三反」があった。仙洞は上皇・後水尾院で和歌・連歌や源氏講釈に打ち込み、住職はその仲間であった。浅草嶋は皇后を迎えた徳川家から上皇に届いたのだろう。

１６８７年刊の『籠耳』という本に、江戸土産として「女房には浅草嶋一反」「亭主には金子一分と安倍川紙子を添える」とある。浅草嶋は恐らく浅草寺周辺の産物で、その柄も絵に残る。

図40では零落した男が、碁盤目状の浅草嶋の下に僧衣を着ている。後に

**図40　零落男の僧衣の上の浅草嶋**

その浅草嶋は「幾度か水に入り、中の綿が表へ透いて見え」、ところどころクギで裂ける。男は吉原の太夫に夫婦の起請文を返す席で、かつらを畳に置いて、片袖を脱ぎ「このていを見やれ」と下の僧衣を見せた。元色男は出家していた（江島其蹟『傾城禁短気』1711刊、一之巻）。

浅草嶋の評判はどんどん悪くなり、『万金産業袋』はタテシケ糸、ヨコ木綿で「模様、女嶋のみなり。草のものなり、強からず」とする。「草」はぞんざい粗末の意味で、破れやすいものであった。

京都の商店手代らしいのが「浅草嶋の袷羽織」と「郡内嶋の羽織」を比べて、郡内嶋の方が大尽風で見栄えがよいとする記事もある（『歌舞伎評判記集成』第3巻）。浅草嶋はやがて名前を聞かなくなる。

## ◉碁盤嶋という語

着物柄の情報は下世話な本の量に左右される。どんな人がどんな文様の絹物を着て、何をしているか、その情報は貞享元禄期（１６８４～１７０４）に急に増える。浮世草子の出版のおかげである。

浮世草子の教えるところでは、絹紬の嶋柄デザインは結局のところどれも似ている。柄自体に産地の差があるわけではない。嶋と呼ばれる銘柄は、糸質や地合や価格に差はあったけれども、柄は同種の格子状である。

同じ時期に「碁盤嶋」という語が現れた。その語は西鶴『日本永代蔵』にあるし、１６７０年代の俳諧書『下《げ》主《すの》智《ち》恵《え》』に「碁盤嶋の袷も今朝や打ちかえ手」とあるという（『日本国語大辞典』）。『けいせい色三味線』には「そのまま絹のやうなる碁盤嶋を召しました」と女郎屋のいやみの台詞が載る。浮世草子の挿絵の嶋柄はつまるところその碁盤嶋、あるいはその変化形である。

「碁盤嶋」という言葉ができた17世紀後半に、その柄は恐らく耳目を集めていて、流行が言葉を必要としたのであろう。それは正方形また長方形のマス目ないし網目の柄である。タテヨコ各一本の線で描くものが基本形となる。応用形として碁盤目の線を二筋あるいは三筋にすることができる。それを後に二筋格子・三筋格子と呼ぶ。浮世草子の挿絵では二筋格子の方が多く、そちらが一本線よりむしろ標準であった。

三筋格子の三本の真ん中だけ太くすることもできる。太い線を親と見れば細い両脇は子となり「両子持」の碁盤嶋となる。その例に図36のにわか大尽の羽織があった。

碁盤嶋の柄そのものは浮世草子の前からある。語はなくても柄は古く、図41は着物の表と裏を示すために描かれる二筋格子である。黒田如水の１６０７年の賛のある肖像（福岡市美術館蔵）で、孝高（如水）ははっきり二筋格子を着ているし、室町時代の織田敏定の肖像（図11）にもあった。

貞享元禄期の大尽羽織の柄は、源をたどれば室町後期の嶋織物に行き着く。ただ、大尽はその碁盤嶋を大きくしたところが違う。羽織で見せびらかすところも違う。大尽はそれを堂々と着ることで、カネがあり人を使う身であること、遊里で途方もない遊びをすること、栄華を生きることを語っていた。けれども大尽の思わぬ没落もまた浮世草子の欠かせないテーマである。だからその羽織にどこか覚めた目も注がれていた。

**図41　1666年の二筋格子**

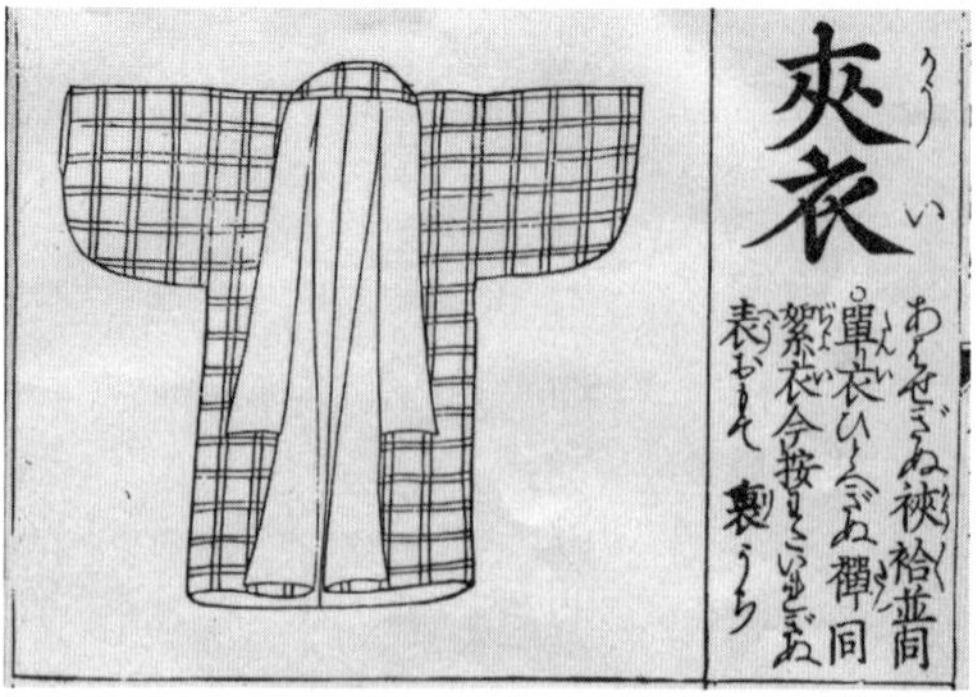


中村惕斎編『訓蒙図彙』に載る「あわせぎぬ」の格子柄。郡内嶋の類、もしくは紬嶋であろう。漢字で「夾衣」と書いて「かうい」と読み、裏地のつく「あわせ」の意とする。

## ◉碁盤嶋を重ねる

「碁盤嶋」あれこれの探究がその時期に進んだ。二つの別の碁盤嶋を重ね合わせる柄が流行し、おなじみとなる。位置をずらして重ね合わせると、二つ重ねの碁盤嶋ができる。

その柄の人気は二筋格子と並んでいた。図42がその例である。

多色の肉筆画になると巨大柄もいくらかおとなしく見える。次の図44は１７００年前後の江戸の碁盤嶋羽織で、八丈織と似て黒地に黄の柄である。二つの碁盤嶋を重ね合わせるが、線筋が細く文様の空間がすっきりしている。

一世代を経ると、もう一ひねりした柄が現れる。図44の羽織柄は、細い線の十字の交点を中心からずらしている。その置き方で遊びと軽みのデザインとなる。絵師はその趣向を見逃していない。着るのは武士で、並の二重の碁盤嶋を離れたいのであろう。

18世紀後半にはどうなるか。図45の碁盤嶋は、もっと複雑なものへ移行している。遊女に付き添う男は、遊女

**図 42　碁盤嶋の二つ重ね**

遊里の客が、下に顔だけ見える女と揚げ弓をしている。着物は小紋柄、羽織が碁盤嶋の二つ重ね。太い碁盤嶋の間に二筋格子が入る。絵師大森善清が『しだれ柳』（1700刊）に描いた京都島原の風俗。

**図 43　人形浄瑠璃座主の羽織**

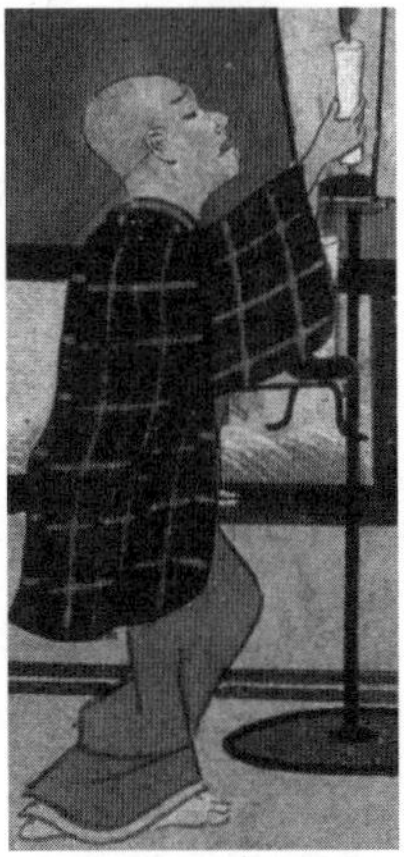

武家屋敷に招かれた一座が若殿の前で上演中、座主らしい人物がろうそくを取り替えている。羽織は黒地に黄嶋。太目の一筋と細い二筋の柄。英一蝶の三宅島流罪中（1698 ～ 1709）の作品「四季日待図巻」（出光美術館蔵）から。

を飾るために目立つ木綿嶋を着る。太い線筋でつくる格子の空間に、小さな格子柄を詰め込んでいる。柄は小さくなる方向へ動き、18世紀末にはさらに縮めて、味噌《みそ》の塊を砕くザルに見立てて「味噌こし嶋」と呼ぶことになる。

## ◉女の紅の碁盤嶋

深窓の娘の外出には供の女や年かさの下男がつき、下の着物・中の着物の上に、模様染の振袖が決まった衣装であった。その娘に嶋柄の小袖はない。

けれども西鶴が京都で見た元禄の美しい娘は、密かに碁盤嶋をつけていた。表側に嶋柄は見えないが、裏地があでやかな紅の格子柄であった。

**図44　二重碁盤嶋の中心をずらす**

宮川長亀「吉原格子先の図」（太田記念美術館蔵）から。この客は羽織の裾を内にたくし込んで、袴の紐にはさむ。その着方が享保期の流行であろう。絵では省略しているが、草履取りを蹲踞《そんきょ》の姿勢で従わせる.

**図45　遊女従者の木綿格子嶋**

男は尻をからげてすねを出し、柄の長い傘を手に遊女に従う。薄茶地に紺と濃い茶の嶋柄。柄を多色にする。磯田湖龍斎の「おいらん道中図」（奈良県立美術館蔵）。1770年代の作。

「下には茶色に碁盤の紅嶋つけ、中には瑠璃《るり》紺に同じ紅嶋の裏つけ、上に薄玉子色に同じ紅嶋の裏つけ」とある（『俗つれづれ』1695刊、巻四）。三つ重ねの着物の地色はさまざまであるが、裏地はすべて紅白の碁盤嶋となる。碁盤嶋の格別のバリエーションが展開されていた。その見逃せない碁盤嶋のお洒落を書きとめ、西鶴は図46の絵を載せている。

絵の娘は寺詣での途中であった。振袖の柄は「肩より一尺ほど青々と御簾《みす》の模様……紅《くれない》の房をさげ」と本文にあり、絵と一致している。「帯は黒き天鵞絨《びろうど》に大《おお》紋の石畳」と、これもそっくりの絵である。帯の下から裾へ細長い三角形の絹裏地がのぞく。そこが「碁盤の紅嶋」で、太細の線が何本か走る。これが西鶴をとらえた女の好ましい嶋柄であった。娘は裏地を見せるべく裾をはねて歩いたのではないか。

元禄をまたぐ何十年か、私行武士と一部町人男女はつまるところ郡内嶋など絹紬に走り、柄では碁盤嶋にこだわり、大柄バージョンに熱を上げた。京都の絹にも派手な紅の碁盤嶋があった。

**図46 碁盤嶋の紅の裏地**

京都千本通で見かけた美人の衣装。左手はひじを体につけ袖口を上げる。着物の前側をつまんで引き上げ、帯にはさむ。裾にはおもりを入れる。うつむき加減で格好がよい、と説明がつく。西鶴『俗つれづれ』から。

# 2 嶋と言えば……何を思う?

元禄のころの都会人は「嶋」と言えば「あっ、あの暖簾《のれん》がそうだ」と思った。だれしも思いつくものに「のれん」があった。

## ◉「のれん」を連想

『当流俳諧小傘付合指南』は次の連想関係を主張する。

「嶋、また織物の嶋………暖簾」

略して『俳諧小傘《こがらかさ》』というその付合辞書は、元禄の１６９２年に京・江戸で出版された。千二百七十八の見出し語を収録し、百年後まで版を重ねている（影印本『俳諧小傘』「近世文学資料集成」参考文献編13）。

編者はその本で古い用語感覚を離れ、三都で現に通用する言葉と連想のつながりを選んだとされる。江戸の語がいくらか顔を出し、その点で現代人にもわかりやすい辞書である。「嶋」の語はこの用語集で、①水辺の地形と、②テキスタイルに二分される。双方は全く異なる語で、分離して扱うべきだとの考えに立つ。水辺の地形の「嶋」には「霞」や「潮風」「泉水」の付合語があり、その連想は今でも通用しそうである。

テキスタイルの嶋はどうして「のれん」とつながるか。商店街の絵はままあるが、店の軒下の「のれん」は屋号や業種を知らせるのみで、嶋柄のものはまず見ない。では「嶋」と「のれん」の結合関係は疑わしいか。街頭でながめれば嶋はないが、店に関連して「嶋」と「のれん」の画証が見つかる。

図47ののれんの位置に注意したい。それは家の中にあり、巾着師はその前にいる。袋物師の店内には客から離

れてのれんがある。作業場と商品はのれんの前方となる。それで事情がのみ込める。のれんは客が出入りする店内の空間と、家族のいる奥の私的空間を区切っている。のれんは奥を他人の目から守る。客は奥を見ず音も聞こえないふりをする。のれんはその区分のしるしであった。

絵では二軒とも「嶋ののれん」をつける。客と店の間に約束ごとの了解がある。入口ののれんは通行人に家職を知らせ、店内の麻のれんは私的ゾーンを知らせる。街頭から見えないものは絵画になりにくい。店の奥の嶋のれんは、営業の空間を区切る記号である。『小傘』の付合語はその慣習を教えている。「嶋」の語からのれんを連想するのは、ごく当然のことであった。そして思い浮かぶその柄は、結局のところ碁盤嶋であった。

『小傘』は「織物の嶋」の連想語に「朽木《くつき》」をあげる。「朽木嶋」は近江朽木村の嶋の粗麻布である（『万金産業袋』）。奈良晒や高宮布より値が安く、上方で丁稚の帷子《かたびら》になったし、のれんにもしたのではないか。

## ◉役者や田舎伯父

『小傘』の言うところでは、嶋になじむ職種や年齢あるいは性別・出身地があった。「嶋」と言えばまずその人たちが思われた。

「嶋、また織物の嶋………役者、端《はし》女郎、鄙伯父《いなかおじ》、年季者」

「年季者」は有期の勤め人で、奉公人よりいくらか下という語感もある。彼らは正月に木綿の仕着せを、夏に麻の帷子《かたびら》をもらう。商店の仕着せの木綿嶋や麻嶋は、恐らく17世紀後半に三都で見かけるものとなった。丁稚が青年になると木綿嶋も上等になる。『日本永代蔵』（巻二）の挿絵の、天秤《てんびん》で銀貨を量る藤市の手代は、二筋格子の碁盤嶋を着ており、柄は図47の袋物師の店ののれんと同種である。年季者が着ている柄の現実が、俳諧の言葉の連想につながると見なければならない。

「端女郎」は庄内酒田の蓮葉女に木綿タテ嶋の例がある（前掲書）。女らはマンツーマンで宿の商客の世話に当たり、下に着るのは田舎絹の着物、上が木綿嶋であった。商用の客は京・大阪では問屋に宿泊し、そこに雇われた女が客室係としてよろずの用をたした。蓮葉女・端女郎という世話係の女が木綿嶋で働く姿を知らぬ人はなく、それで語の連想関係ができている。

田舎者の女郎買い入門の「さもしき」いでたちは「木綿嶋の着る物」である（『諸艶大鑑』）。西鶴がそう書く人が「田舎伯父」に当たる。木綿嶋のまま女郎屋に行く都会風でない姿が、「嶋」の語から思われている。町で見かけてオヤと思う風姿の嶋柄が、言葉の連想を招き寄せ付合語になる。思われるのは図48のごとき碁盤嶋であった。ついでに触れれば、珍しい働く女の嶋柄に図49がある。

「役者」の「嶋」は絹物である。菱川師宣（1694没）の「歌舞伎図屏風」（東京国立博物館蔵）では、化粧を落とし髪を結う役者が楽屋で嶋柄を着ている。芝居茶屋の方では、紫の野郎帽子に嶋柄着物の若衆が、客の宴には

**図47　店内にある嶋柄のれん**

左の巾着師は輸入した「唐革」を縫う。前に並ぶのは商品の巾着である。右は茶入れ袋物師で、両刀差しの武士から茶入れ袋を依頼されている。店主の後ろに作った袋物が並ぶ。のれんは両方とも大きな格子柄で、それを当時はただ「嶋」と呼んだ。『小傘』より2年早い『人倫訓蒙図彙』（1690刊）から。

べる。その種の風俗はよく知られ、それで「嶋」と「役者」の語が結合するのであろう。

付合語ではないが「嶋の財布」はほめ言葉であった。

「物の香を吹きつけらるる矢大臣
嶋の財布と歌いかけられ」（『江戸筏』１７１６刊）

矢大臣は神社の神像で、いま縁日の屋台からいい匂いを吹きかけられている。参詣人に「嶋の財布さん」と歌うように売り子の声がかかる。その財布は懐の豊かな人を表わしていた。

**図 48 漁師の碁盤嶋**

漁網の綱を修理する「浦人」が、木綿か麻の嶋柄を着る。郡内嶋羽織などと同じ碁盤嶋である。それが絹紬以外の素材でも織られていた。田舎伯父の柄はこういうものであろう。
菱川師宣の『和国諸職絵づくし』(1685序) から。

**図 49　女も大柄**

住吉具慶「都鄙図巻」の綿繰図。17 世紀後半の木綿嶋である。村の女の嶋柄の絵は珍しい (興福院蔵)

## ◉中着に嶋がある

『小傘』の連想語はもう一つ難関を残す。編者の言葉の感覚は並ではない。連想語は事実にあうとの前提に立って考えなければならない。

「嶋、また織物の嶋……………中着」

着物を三枚も重ねるのは豊かな人であった。肌着の上に着る最も内側の着物を下着と言い、今日の下着の意味とは違っていた。外側の着物は上着（表着）と呼ばれた。中着は三枚の真ん中に着る物、表着のすぐ下の着物で、間着《あいぎ》とも言う。ぜいたくに着物を三枚も着る人の代表と思われるのは高級遊女である。彼女らには中着がつきものであった。

「嶋」と「中着」を結びつける画証があるはずである。表着のすぐ下の着物が嶋柄となる例を探すと、18世紀前

**図 50　高級遊女は嶋柄の中着を着ていた（図は部分、嶋柄は襟に見える）**

東川堂里風「立姿美人図」
正徳・享保ごろ、出光美術館蔵

菱川友房「聞香美人図」
元禄・宝永か、出光美術館蔵

宮川長亀「二人の遊女と禿」
享保ごろ、東京国立博物館蔵

半の遊女の絵にいくらでも見つかる。画題になるのが遊女ばかりだったという事情もある。中着に限ってとにかく嶋柄が多い。それが世に観察される事実だったから、絵画になるし付合語になる。

図50はどれも遊女の中着の嶋柄である。表着の下に隠れている中着の柄は、胸元の襟と裾にだけ現れる。絵師はその嶋柄をしっかり見せようとして描いている。表着の裾がはねた瞬間をとらえ、足元にたっぷり嶋柄を描くことがある。表着の襟をはだけて肩に中着を見せる場合もある。全部が嶋柄というわけではないが、絵師は中着の柄から目を離さない。カラー口絵2は、その中着の裏地まで裾で見せている。

中着の嶋柄を意識する絵は、肉筆画には思いのほか多い。菱川派、懐月堂派、西川派、宮川派、鳥居派や奥村政信らが軒並み手がけている。絵の遊女は上着の染物の振袖に帯を結ぶ。その下の中着の嶋は、見せ所だから描き込む筆が細かい。

遊女の中着の嶋柄は碁盤嶋とヨコ筋に尽きる。色はほとんどが茶系と黒系である。嶋柄は表着の振袖とは不釣合いなほど地味でくすんでいる。その色合いにより郡内嶋・丹後嶋や紬嶋の類とわかる。男の絹紬の色と柄がほとんどそのまま女に移っている。中着の嶋が異類の取り合わせのように見えるのは、恐らく男から来たためである。ただ、嶋柄の中着は18世紀半ばに絵から消える。

**図 51　中着でくつろぐ**

山崎女龍「文読む遊女」（ボストン美術館蔵）。郡内嶋など織嶋の着物に、刺繍で紋章が入る。18世紀前半の作品。

18世紀初めに武家女の着物が変わった。遊女らの中着に並行して、武家女中の嶋柄や紋付着物が始まった。女中らが嶋柄で外出する姿を、享保のころ『むかしむかし物語』が書く。

## ◉武家の女の嶋柄

「近きころは十四五歳の振袖も、十七八ばかりも卅四五も老女も、みなみな郡内嶋かあるいは八丈嶋かまたは丹後嶋。また紋所物、さては無地」（『むかしむかし物語』、別名『八十翁疇昔話』）。

その出来事は年寄りには悲しく見えた。昔はちょっとした家老の妻までも刺繍や金箔で埋め尽くす「地なし」の「縫箔光る小袖」を持ち、老若で染模様が違っていた。だから年格好や位が遠くからわかった。今の嶋類や無地染は「位の目立たぬ小袖」である。そんな小袖で「どたどたと身品もなく歩き」、どれが老女か見分けもつかない。昔の着物が表わした人ごとの差が消えて、女中らの姿が均《なら》される悲哀がそこにあった。

その筆者の見るところ、武家女らは「器量もなく人まね」をし、遊女や市井の風にならう。昔は二三百石の旗本の妻も常に駕籠に乗り、歩く姿を見せなかった。駕籠かきは家中専属で日雇いなどはいなかった。親類一同を集めて正月には盛大な宴を開いたし、節句には大勢と祝儀を取り交わした。新年の参詣には家来や子も裃《かみしも》だったが、今は主人すら袴だけである。下々の行くうどん・そば屋を中級武士まで利用する。筆者は下賤の風が武家に及ぶ数々の例を書いて、女中の嶋類流行もその一つとしている。

そこに起きた変化は何なのか。単なる流行や人まねであろうか。駕籠をやめて歩くのも専属使用人を減らすのも、節句の宴会や贈物をやめ、礼服を簡素化しそば屋を利用するのも、一つのことに起因する。武家の金欠が次第につのっていたのだ。風俗習慣がそこで変わったのは、好んでしたことではなく、武家が出費に耐え難くなったからで、家計の困難の結果である。人の考えは現実に合わせて変わる。

衣料の簡素化はこうして男から女へ及ばざるをえなかった。嶋類も無地染も紋付も、衣料費減らしにつながる。

「位の目立たぬ小袖」は、位がどうのと言っておれなくなったから採用された。
百姓町人に許される絹紬の方へ武家女が転がり込んできたことになる。少なくとも一部の武家女の衣服素材は、かつての「八百屋お七」の郡内嶋のレベルに降りて横並びとなる。遊女の中着となる地味柄が、武家女の表着となる。つける家紋がわずかに身分と位を伝える。お高くとまっていた武家が町人の風に近づき、違和感は昔を知る老人のものになりゆく。

徳川家の万一の備えである武家の家計悪化は、奢《おご》りや華美の抑制を唱える享保改革の主要な背景事情であった。武家の暮らしの簡素化は改革政治の目標であった。武家女中が郡内嶋や無地染を着て徒歩で外に出る新風は、こうして改革政治につながる。その結果、武家と町人との間の従来の格差は狭まった。「武家は綺羅《きら》を元として勤むる身」ゆえ（『日本永代蔵』巻二）、出で立ちで敬意を払われたい。だが、費用の面から18世紀前半に衣服はいくらか平準化する。次の田沼時代の士民を巻き込むモードの前提条件がそうして準備された。

徳川初期の武家は「華美をこととし、綾羅錦繍を身にまとえり。郎従等、分際々々に外見を飾り形相をつくろい、領納する知行をばみな衣裳に換えつくせり」という威勢のよさであった（『慶長見聞集』１６１４序）。だが、百年を経る享保の武家は慎ましくなった。米は増産で継続的な相場安となり、俸禄の実質的下降が止まらず、支出削減を重ねざるをえない局面に立たされていた。

その結果が武家女の郡内嶋などの絹紬であり、碁盤嶋とヨコ筋柄であり、無地紋付の着物であった。

## ◉タテ嶋が現れる

最後に武家女のはっきりした立派なタテ嶋の着物を紹介しなければならない。
儒者山崎闇斎（１６１８～82）は神道家また教育者で門人六千人と言われた。土佐光起に依頼した図52の両親像は、写生による肖像画である。母親は明るくくっきりしたタテ嶋着物を着る。

母は襟をきちんと重ねるが、裾を広げる着方は打掛であろう。タテ嶋は嶋繻子のような明快な柄で、家の中ではあるが旧例格式や因習を抜け出した姿である。地位のある人の独自の例で時期も早い。

格子柄は昔からありタテ・ストライプを織りうる技術はあった。しかし、日本史ではタテ嶋の衣類がほとんど知られていない。例外は室町時代の将軍夫人クラスの女の紋織物「織物小袖」くらいである。だからタテ嶋の定着は近世の出来事となる。近世とそれ以前はそれで画然と分かれる。

山崎闇斎は絵で母のタテ嶋を是認し、それを老女にふさわしい趣味と見ている。闇斎は絵で近世の柄の見方や思考・感じ方を提示している。それは徳川の世が従来と違う社会に移ることの証左ともなる。

徳川初期の「江戸図屏風」や「洛中洛外図屏風」には、何千もの人のうちにタテ嶋が全くないわけではなく、男の羽織と女の着物にわずかに描かれている。それは近世のタテ嶋の兆しかもせれないが、図52は名前までわかる人のタテ嶋として特筆すべき例となる。

**図52　山崎闇斎の母のタテ嶋**

1669年に両親像を土佐光起に描かせたと「山崎家譜」にあり、母は77歳であった。
上は打掛のようで黄色地に扇面散らし、紅裏。その下に黒白緑黄の鮮やかなタテ線筋の着物。襟にのぞく中着は白と茶の段のように見える。子猫をひざに抱いて、帯は見えない。（佐賀県美術館編刊『近世の肖像画』から）

# 3　村々へ木綿と碁盤嶋

綿花を栽培して原綿から糸をひき、木綿の布を作る技術は、長い時間をかけて導入され、16世紀にようやく西日本で自給可能になった。室町時代には木綿布を仏典とともに朝鮮に頼っていた。

## ◉初期の嶋の記録

木綿嶋の登場はさらに新しく、近世の入口にかかるころである。嶋柄は恐らく麻布から写した。九州豊後の大友家の木付右馬允統次が、伊勢神宮の御師に「しまもめん一反」を贈った記録は、時期が１５９０年代まで下がるかと思われる（「朝見八幡文書」『大分県史料』11）。産量はわずかとはいえ、そのころ九州で嶋木綿を織ったようだ。

仙台伊達政宗の１６０１年の財産目録に、「木綿嶋の御胴服、裏みる茶」があるけれども、大名の羽織だからそれはインド産となろう。「八反、唐木綿」「唐木綿の裏うち袴」も輸入木綿である。ほかに「六反、しま木綿」があり、それは和製であろう（『仙台市博物館調査研究報告』第21号）。

家康（１６１６年没）の遺産に「嶋木綿百二十三反」があった（『駿府御分物御道具帳』）。「ただし、四尋《ひろ》物、五尋物」と規格がまちまちで、「田舎木綿八百六反」と比べれば少なく、それは和製の嶋木綿となる。遺産の「唐木綿」は千反あったが、インド産は少なく「おらんと（オランダ）嶋木綿十一反」であった。

近世初期の原綿と白綿布の産地は、ほぼ近畿と九州に限られた。木綿嶋を出すのは、摂津の「川崎嶋木綿」と武蔵の「木綿嶋」、それに京都ぐらいである（『毛吹草』１６３８序）。川崎村に近い天満郷では後にも嶋木綿を織り、木綿問屋が七軒あった（『難波雀』１６７９刊）。

着物の裏地が一様に白木綿という地域が多かった。１６３５年に桑名から伊予松山に入った新領主がそれを見ており、桑名と松山の住民はそこで区別がついた。前領主の士官はみな綿服で、納戸茶染であった。町人百姓の木綿着物は薄青と紺に限られ、身分で色を分けていた。まれに女に太い嶋柄があったが、桑名と違って男に嶋柄がなかった（『垂憲録拾遺』「伊予史談会双書」第12集）。

京や江戸を知る新領主から見て、松山は古風であった。身分による色の決まりがあり、木綿嶋は太く女にしかない。それが古い地方色というものであった。

## ◉河内木綿の図巻

ベルリンにある絵巻物「河内木綿製織図巻」（国立アジア美術館蔵）は、木綿の栽培から収穫、綿繰り、紡績、織り、晒しまでの作業を取り上げる。土佐派系の画風と衣装・所作から17世紀半ばごろまでの作品とされる。絵巻の晒

図 53　木綿を川原で晒す

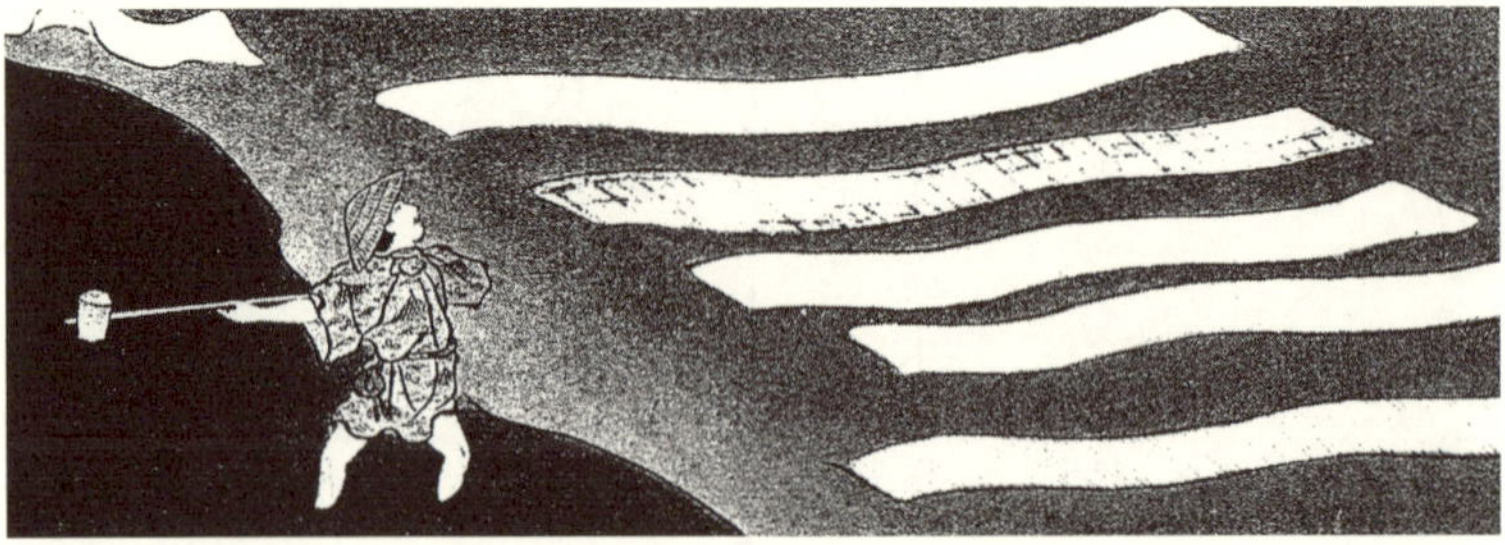

広げて干す綿布に川の水をかける。奥の方に白地に藍の碁盤嶋、手前の一枚はヨコ筋である（「河内木綿製織図巻」）。

しの場面に図53・54の粗い格子や横筋の織柄が出てくる［補注1］。

平織の嶋柄は単純素朴で、人物と対比して柄は大きく、恐らく麻布の織柄を写して織っている。17世紀前半の大阪近辺、河内または摂津に木綿晒し場があり、大柄の碁盤嶋とヨコ筋の二種類の木綿嶋を干していた。白地に藍色の嶋は、地色を別に染めて用いるのであろう。

大阪落城の１６１５年ごろの舟木家本「洛中洛外図屏風」には士農工商二千七百余人が描かれる。馬の口取り・やり持ち・挟み箱持ちなどが太いヨコ筋の木綿らしい着物を着ている。洗濯女のヨコ筋着物も、袋を担ぐ町人の格子柄着物も木綿となる。ただ、嶋柄の人はパーセントで数える域に届かない。

１６３０年代までの作とされる「江戸名所図屏風」（出光美術館蔵）でも、二千二百余人の登場人物の九割以上は、無地染か中柄の文様染を着ている。嶋柄は少なく、男性千八百余人のうち絹も含めた数で九十四人、４％にすぎない。碁盤嶋や二筋格子がほとんどで、芝居の三味線師・番人と観客、ケンカする武家使用人、銭売り、湯屋の客、若衆、大工、天秤棒の人などが着る。けれども数が少なく、衣類の柄として一人前とは言い難い。

**図54　白木綿にヨコ筋柄（「河内木綿製織図巻」）**

布干し場の中段にかすかなヨコ筋。男の担ぐのはヨコ筋風呂敷。

川ですすぐ綿布に、まばらなヨコ筋柄。

木綿嶋はまだ圧倒的な染柄の陰に隠れ、着物柄の定番の域には遠かった。

**【補注１】**「河内木綿製織図巻」が原題かどうかはわからない。絵巻の人物像は①素襖に烏帽子の武家、②南蛮風の曲芸、③小さいたもと、④市女笠、⑤大型染紋——などから余りにも古風である。

## ◉繰綿と綿布の旅

原綿から種子を除いた繰綿の輸送路が東日本へ延びた。摂津や河内、和泉、大和、紀伊、伊勢が出発地となる。繰綿と綿布は船で消費都市江戸へ向かう。そこから陸の輸送路が北へ延びる。綿作のない東北地方が終点となる。

常陸の城下町真壁は中継交易で栄えた。真壁の問屋は江戸経由の繰綿を馬に積んで仙台方面に運んだ。下館、真岡、結城、下妻などで織る地場の綿布も同じく馬の背に乗った。

真壁町の中村作右衛門家の「店卸」帳簿に１６６７年の資金の投下先が記される。「大和へ上せ金、七十両」は、奈良宛の繰綿買付金である。「江戸へ預け金、利息とも二百十二両」は、繰綿代金を江戸問屋に預けている額。「しろものにてあり、八十両」は繰綿の在庫量である。「白河へ繰綿にてあり・十両」は奥州白河への売掛金。「繰綿小貸し・七十五両」は地元の織女に貸す繰綿代となる。「繰綿俵かけ・百両」は輸送待ち商品在庫額である。「仙台木綿売り金・五十両」は仙台に販売した綿布の金額である（林玲子『江戸問屋仲間の研究』）。

「嶋にてあり・三十五両」。近郊で織ったそれだけの木綿嶋が手元にあった。「仙台へ嶋一駄、買いこし申しそうろう、二十三両」（『真壁町史料』近世編２）。仙台で売れた馬一頭分の木綿嶋が二十三両となる。１６８１年の取引では「嶋三百十二反あり、三十一両二分」だから、その比率で計算すれば馬一駄の木綿嶋は二百反、重さ百五十キロほどとなる。

１６９０年の町の「差出帳」に「嶋木綿を買う問屋は十三軒。総額で七千両ほど買っています。これは奥州の仙台ほかの市場から注文のカネが来て、買って送るものです。問屋のほかに小口買いをしている商人がたくさんいます」（前掲書近世編１）、と真壁の繁栄が記される。福島などには屋号真壁屋の店が何軒もあった。真壁は繰綿を中継し、注文の綿布を織る先進地であった。

真壁商人は後には江戸商売に手を伸ばす。生木綿は「木綿」、晒した白木綿を「白」と帳面に書く。上等の染木綿には白く晒した生地が要る。真壁はその技術で江戸市場に食い込む。「三州下地」は三河産綿布のことで、それを真壁で晒していた。

真壁からどんな嶋柄を送り出したか、それはわからないけれども帳簿に「白嶋」とあるのは白地の格子柄、「貫嶋」はヨコ筋柄、「大嶋才味貫」はヨコ麻交じりの大柄嶋を思わせる。それは先の絵巻物の木綿嶋に似る柄ではないか。１７２０年代からは「大嶋木綿」がひんぱんに扱われ、大柄を得意としたことがわかる。

## ◉会津の村の古着

会津には藩と名主の間に「検断」という役があった。その簗田家に御用留書帳が残った。盗難があれば被害品リスト、犯罪があれば人相書の回覧がある。失跡を「欠落《かけおち》」と言い、逃亡・発病・事故・犯罪・放浪など理由はさまざまだが重い罪となり、人相や衣類を知らせる事務があった。その記録から衣類の状態が断片的にわかる。

簗田家文書の手配記録は、延宝年間の１６７４年末から四十一ヶ月間の密度が高い。書類を忘れずに綴じたようだ。失跡の届けがあった男二十四人、女十三人、子供二人の衣類が書かれ（『御用・公用日記――簗田家文書』第一巻）、着ていたものが浮かび上がる。会津は綿花栽培に向かなかったが、表９のように木綿衣類は麻帷子の二倍の量があった。もちろんその割合では木綿衣類が足りない実情にある。

裏なしの木綿ひとえや麻帷子を夏物とするのは後のことで、会津では冬にも着ていた。暖かくなれば着るものを一枚一枚脱いでゆき、寒くなれば着る数を足してゆく。裏なしのものを夏冬ともに着る衣生活が続いていた。六十歳ほどの山伏は、黒柿色の麻羽織に麻帷子一枚、麻の帯をしめ、米二合と大麦一升を入れた麻袋を置いて倒れていた。冬ではなかったが、山伏は木綿以前の時代を抜け出しにくい職業の一つであった。

木綿の乏しさは裏地でわかる。表は新しい木綿だとしても、裏地までは手が回りかねる。裏地の半分以上に古着を使っていた。洗濯して都会から来るものの再利用である。「裏は島つき合申候」とあるのは、裏に木綿嶋をつけるお洒落ではない。古い木綿嶋などの断片を「継ぎ合わせ」、ようやく一枚の裏地としていた。「裏藍嶋立小嶋」とあるのは、藍色の小柄タテ嶋の裏で古木綿である。

男女とも裏地に白木綿をつける例がある。少し前の伊予松山と同じである。木綿着物の裏を染木綿とする定式は、京都でも18世紀からと思われ、それまでは新古の白木綿を裏につける例があった［補注2］。

木綿古着をそのまま着る人ももちろんいた。1675年の「碁盤嶋の破れ物、ところどころ継ぎ当たり」の木綿ひとえは、碁盤嶋の古い語例であるとともに都会の碁盤嶋の末路である。会津の村々でも、届ける人と村役

**表9　会津の失跡者の木綿と麻――1674年末から41ヶ月間**

| | 衣類の種類 | 点数 | 表地の加工 | うち五所紋 | 裏地の種類 | |
|---|---|---|---|---|---|---|
| 男4人 | 木綿ひとえ | 11点 | 小紋形付、無地ほか | 1 | | |
| | 木綿布子・袷 | 19点 | 〃 | 9 | 綿古着8 | 白木綿4 |
| | 麻細美帷子 | 17点 | 〃 | 6 | | |
| 女13人 | 木綿ひとえ | 4点 | 形付 | 1 | | |
| | 木綿袷 | 16点 | 形付、ちらし、無地 | 5 | 綿古着9 | 白木綿1 |
| | 麻細美帷子 | 9点 | 形付、ちらし | 1 | | |

簗田家文書『御用・公用日記―簗田家文書』第1巻から作成（日記は福島県指定重要文化財）。絹紬の男1点、女2点は表では省略。羽織・じゅばん・胴服・たっつけなどを除き、着物の類のみ数える。形付は型紙による染。散らしはまばらな染め抜き柄。細美は粗い麻布。男の木綿布子・袷にタテ嶋1点があるが、都会から来た古着であろう。

人が碁盤嶋の名と柄を知っており、それで手配書に書かれる。

母とともに失跡した七歳の女児の木綿布子は「古物、色々のきれにて継ぎ集め」ていた。その子は「よこ嶋の古物」の麻帷子、「麻の丸くけ帯、色は浅黄古物」、手に麻布袋を持っていた。麻にははっきりヨコ嶋があった。

1696年に失跡した人に「古横指一つ」があった。それは地織の大麻粗布を重ねて刺し縫いをした「麻のヨコ刺しの古い仕事着」であろう。旧暦十月の寒さを、ほかに古い麻帷子一枚、麻股引、ねずみ色木綿ひとえ一つでしのいでいた。木綿以前の時代がいまだ去りやらぬ状景である。

**【補注2】** 1693年の犯人手配書に「木綿・萌黄・算崩し嶋、裏白き木綿の布子」があり、翌年の盗品に「木綿着物、更紗、白裏」がある（『京都町触集成』）。

## ◉五所紋と嶋の帯

何かの事情で姿を消した会津の人にも、装飾への執念があった。彼らは五所紋《いつところもん》の紋付にこだわった。胸に二つ背に三つの記号は、麻であろうと木綿であろうと、男でも女でも、ぜひとも欲しいものであった。表9にあるように、五所紋をつける割合は男の木綿布子で最も高い。彼らはその記号によって自分の服と他人の服を分け、記号が服の多様性を作り出していた。

記号のほとんどは藍地に白抜きで表される。それは家紋より古式のもので、中世の絵で武家使用人らがつける素朴な目印、釘貫《くぎぬき》、巴《ともえ》、井桁《いげた》、梅鉢《うめばち》、日月、目結《めゆい》などである。図55のような記号は一人に一つ、一家に一つというものではない。他人の女房と失跡した二十七歳の下男の例では「ききょう」「四つ目結」「丸に二つ山」と、着物ごとに記号が違っていた。記号は普段着についており、五所紋の着物で農作業をしたり荷を担いだりした。隣人らは無地染着物のその記号を覚えていて、村役人らに伝えた。着物の記号は、失跡者個人を識別する必須の情報であった。

会津から遠い四国にも同じころ五所紋がある。土佐の安田新町から1665年に逃げた百姓三右衛門の娘の木綿着物が手配書に残る。着物は地紺のひとえ、そこに「ともえ」の五所紋が「黒紅鹿《か》の子くくし」の絞りで染めてあった（『皆山集』第四巻）。凝った染め方は五所紋の大切さを示唆する。

会津の人のもう一つのこだわりは帯であった。手配書の記載例は表10のように少ないが、男女とも半分ほどがタテ嶋木綿の帯を締めている。帯は一幅を平たくたたんで縫い合わせる。人の最も目立つ柄が、恐らくそれであった。木綿嶋には地白浅黄、紺タテ嶋、柿と紺のタテ嶋などがあり、人それぞれの違いがそれで表わされた。帯の木綿タテ嶋はぜひとも欲しいものの一つで、関東の真壁の先にはそのような需要が控えていた。

1680年に五十六歳となった川越の富商は、二十歳から肌に絹紬、その上は木綿着物で通したが、十年前まで「帯は奥嶋の落とし」であった（『榎本弥左衛門覚書』）。落としは余り布である。その後は竜紋の絹帯に換えたが、渡り桟留嶋が町人の帯にあり、嶋柄帯は会津だけではなかった。

**図55　会津の着物の記号の例（丹羽基二『日本家紋大事典』から）**

**表10　帯の素材と模様——延宝年間の会津の失跡者**

| | 木綿タテ嶋（多くは藍系） | 染木綿（多くは浅黄） | 黒無地 絹・紬 | 浅黄の麻（丸くけ） |
|---|---|---|---|---|
| 男 | 9点 | 5 | 3 | 1 |
| 女・女児 | 6点 | 3 | 2 | 1 |

『御用・公用日記』の表9と期間は同一。麻の丸くけ帯は古来の流儀。1676年に失跡した19歳の女の帯は「木綿嶋、京桟留」で、珍しく上等であった。

木綿嶋を襟に掛けた例も会津にある。１６７４年に失跡した武家使用人は、木綿羽織に「算崩しの古い半襟」をつけていた。「半襟に碁盤嶋柿色」「立嶋の襟」の布子もあり、それらは襟を保護するし飾りでもあった。

木綿嶋の半襟は信州上田にも見る。酒造問屋の日雇いの男が盗り逃げの二年後に見つかり、１６７５年に所持品の衣類を提出して追放された。差し出したのは「嶋の襟刺し木綿布子、表は小紋、裏は浅黄」であった（尾崎行也「近世前期上田領内盗難考」『信濃』６０３号）。襟に嶋木綿をかぶせ、刺し子にしている。１７０４年に越前の村で牢を破った男の布子は「碁盤嶋の半襟これあり」であった（『元禄期越前の幕府領大庄屋日記』一）。たとえどんな境遇にあるとしても、半襟などのわずかな木綿嶋は、その人に欠かせない装飾であった。

こうして17世紀農村の乏しい木綿嶋が薄っすら見えてくる。目につく知られた柄は碁盤嶋であった。それに加わるのがヨコ筋である。タテ嶋は帯になった。

# 4　大きな木綿碁盤嶋の世

### ◉職人らの巨大柄

その嶋柄はいくらなんでも大きすぎる。木綿一幅に格子柄のマス目が一つしかない。タテの線は織幅に二本だけである。それは絵師が誇張して描いた柄ではないか——図56

の挿絵で木綿屋が手にする格子柄はそうとも見える。

けれども巨大柄の木綿嶋は実際にあった。京都や江戸の職人たちが、図57・58の大きな柄で仕事をしている。

京都の足袋屋の大きな嶋柄は普段の仕事着で、いま足袋の形を切り抜いたところである。買物案内記のこの挿絵は二筋格子をていねいに描き、柄の大きさは図56の木嶋に近い。その本に載る嶋柄着物は一割ほどであるが、市井の商人職人が大柄の碁盤嶋を着たことは疑いようがない。

着た姿でわかるように、着物を仕立てたときタテの線が等間隔となるように柄は設計される。大柄の糸数の設計は、長く決まりがあったのではないか。

図57の江戸包丁人の大柄は、町の魚屋などでよく見たのであろう。

版画の格子柄の描き方にはある流儀があり、木綿屋と足袋屋の柄は、タテとヨコの線が竹かご状に上をまたいだり下をくぐったりしている。線を押し通して版木を彫ると、交差するところで摺《す》りがきたなくなるからではないか。

大柄を裏付ける記録がある。１６９４年の京都の盗難品に「木綿紺・大格子嶋の浴衣」「手ぬぐい、一つは大格子嶋」、また「長手ぬぐい、紺浅黄の段筋」、木綿財布の「大かうし」が出てくる（『京都町触集成』）。これは「格子嶋」という語の早い使用例となる。「立つ大嶋」「横大筋嶋」という木綿柄もあり、大きい嶋柄が見栄えがよい

**図56　大嶋の丈を測る**

木綿屋は物差しで反物の丈を計る。碁盤嶋の柄は特大で、一幅にタテ線は二つ、太線細線の二筋格子である。本文に「木綿は河内に産し、嶋は紀州などから来る」とある。格子の線は交互に上になったり下になったりしている（『人倫訓蒙図彙』１６９０刊）。

とされていたようだ。

19世紀の喜田川守貞は「いにしえは太筋多し。近年は……太嶋……など稀なり」と言う。「いにしえ」とはこの場合「大略百五六十年より前」で、ちょうど貞享元禄のころとなる。「これ筆労を省くのみにあらず、およそ織り筋などもみな大嶋なれば、模様も大型を用いしならむ」（『近世風俗志』）としている。

都会の人の木綿嶋は17世紀初めではまだ少なく、無地染や型染散らし模様の木綿着物の方が優勢であった。町の嶋柄の中心は碁盤嶋で、柄はどう見ても大きかった。商人職人らの大嶋は享保（1716～36）ごろまでは続いた。その後に時代の切れ目が来る。その世紀の後半には明らかに嶋柄の人が増えた。徳川時代を嶋柄で分類するなら、大きな碁盤嶋が普通だった享保までが前期となる。

## ◉嶋は設計される

図59は漫画の描き方で、嶋柄は大きくまばらである。登場するのは仕事中の江戸職人で、三人とも太さと空間の似た嶋柄を着ている。線の間隔が開き過ぎて、無造作に間延びがひどい柄とも見えるが、

**図 57　京都の足袋屋**

綾小路の足袋屋の嶋木綿。織幅に格子二つと見える（『京雀』1665刊）。

**図 58　江戸の包丁人**

職人の嶋木綿はやはり大柄。菱川師宣の絵本『貞徳狂歌集』（1682刊）から

なぜそうなるのであろうか。

嶋柄の基本を格子と見ていた西鶴の視点からすれば、タテ嶋とヨコ嶋は格子柄を作る部品となる。そう考えるとタテ嶋とヨコ嶋は、それぞれ勝手ではなく、合わせたとき格子柄となるようあらかじめ折り合いがついている。図59のタテ嶋の人とヨコ嶋の人の柄を合わせれば、実際に左の人の碁盤嶋となる。三者の間にその関係が潜在している。一見したところ間隔が空き過ぎのタテ・ヨコの柄は、碁盤格子を作る合理的計算を元にしており、単なる間延びではないことになる。

着物は生地四幅を横につないで仕立て、織幅に置く嶋文様の数によって、タテ糸の色別の数が計算される。碁盤嶋はそのタテの糸数の秩序に合わせて、ヨコ糸を入れて作られる。

絵本『今様職人尽百人一首』は「小倉百人一首」をもじって職人をよむ。その狂歌に絵が添えられ、絵師・近藤清春の手になる大柄の嶋は、当時の感じ方では違和感がなかったとしなければならない。

図60のあんま師のタテ嶋を検討してみる。仕事柄から着物は木綿で、これは布幅に両子持の線筋を二〜三本並べた柄である。空白の間合いは異様とも見えるが、このタテ嶋に同じ間隔でヨコ嶋を入れると碁盤嶋になる。タテ嶋の間隔は想定される設計上の碁盤嶋に導

**図59　江戸職人の木綿嶋――『今様職人尽百人一首』（享保ごろ刊）から**

棒屋の大柄碁盤嶋　　鞍《くら》具師の大柄ヨコ嶋　　揚げ弓師の大柄タテ嶋

**図60　あんま師のタテ嶋**

医師や小児科と並んで記され、目立つ着物柄である。図36のにわか大尽と同じ両子持ちの織柄だが、こちらは木綿嶋である（『人倫訓蒙図彙』）。

かれており、碁盤嶋から説明できる。そう理解すれば、普通の柄ともなる。

あんま師の柄を織った人は、いきなりタテ嶋を構想するのではなく、碁盤嶋を経由してタテ嶋を作ったから、そのタテ嶋は碁盤嶋の性格を引き継いで、不思議な間合いに行き着くのであろう。

模様の大きさの当時の通念は、後の世と違っていた。男模様は女模様より小柄であるべしという常識は、18世紀後半以降のものとなる。

## ◉大絞りの浴衣嶋

江戸南伝馬町の木綿店で１７０４年、木綿四十三反を盗まれた。被害品に白木綿・晒木綿のほか「染嶋五反」「明衣嶋七反」があった（『日記言上之控』）。「明衣」は「浴衣《ゆかた》」だと『和漢三才図会』にある。常陸の真岡晒、河内の小晒、摂津北野の浴衣嶋は、みな浴衣になるとしている。「染嶋」は藍の型染、浴衣嶋は嶋柄の絞り染であろう。京都の盗難でも１６９４年に「もめん紺大かうし嶋のゆかた」、１７２６年に「浴衣嶋、一反」がある（『京都町触集成』）。

藍絞りの大型の格子嶋の人が実際にいた。図61の絵が絞り嶋の例となる。絵の武士は逸脱の人ではなく、大きな柄が自慢で物怖じしないで着ている。世間もまた大柄の装いを認め、感じ方のおおらかな時代であった。

大柄の嶋が盛んな時期にそれを批判する人が現れた。貝原益軒は新しい見方を提案した。

## ◉貝原益軒の戒め

「大なる形、大もん、大筋。すべて人の目に立ちてけざやかに、また妖しく異ようなる染色の服を着たるは、だれもその身に似げなくして、むげに人に見落されるものなり。自ら重んじる人は下着にもすべからず」（『大和俗訓』１７０８稿）

大嶋や染の大模様は、はっきり目立って妖《あや》しげで異様である。本当はだれにも似合わず、卑しく見苦しいと見下されるであろう。衣服は人の心の外への表われである。目に立つ服は心の欠乏を見透かされ、身の災いを招くだろう。益軒はそう警告した。大名の供侍の付けひげがはやされる豪儀の気風の世に、着物柄の見方では屈折が生じた。

益軒は実地に立つ説を重んじた人で、本草学や教育論を平易な言葉で書いて大きな影響を与えた。上位の立場から浪費や華美や分限を問うのではなく、衣服を心のあり方からながめ、大柄は内心の欠乏から来るものだと説いた。衣服が内心を表わすという議論は、各種の教本に採用されて版を重ねた。人のあり方と模様柄をつなぐその教説は、世の風潮となってゆく。

福岡藩は藩儒益軒なきあと衣服の禁令を連発した。「花

**図61　絞りの浴衣嶋**

着流しの武士が懐手をして町を行く。派手な洒落着で柄が大きい。二重の碁盤嶋は白地に青と茶の二色で表わされ、型染ではなく絞り染である。藍と柿色の浴衣嶋だったと考えられる（住吉具慶「都鄙図巻」、興福院蔵、17世紀後半）

織」の木綿博多帯の製造を１７２５年に禁じる。民用品の木綿帯に織紋は無用だとする。１７３７年には絹の博多織帯の「花織」を禁じる。博多帯は仏具独鈷《とっこ》などの浮紋で知られるが、織紋は献上品など高貴のためのもので、物好きでつけるのは不遜《ふそん》だとする。織紋はそこで貴賤を分ける指標となる。１７４３年には「目に立つ大嶋の羽織」と「若輩の紅絹裏」を禁止する（『博多津要録』）。藩は大嶋や紅色を抑えにかかった。その法令は少なくとも一時的には守られたであろう。

薩摩藩も１７４５年の武士「衣服定」で、麻や木綿の衣類の大きな紋所や大きな型染とともに、紅裏や「大島」つまり大きな嶋柄を禁じた。「染色等、目立たざるように致すべし」と、目立ちたい輩を抑えにかかる（『薩摩藩法令史料集』３）。下士の妻女の派手な模様染を抑えるために１７５２年、「紋付無地染・嶋類を用いよ」と命じる（前掲書）。派手な染柄より織嶋の方がまだおとなしいと見ていた。

大嶋など目をむく柄は禍の元だと、談義本が益軒の跡を継ぐ。「必々派手なる模様、浴衣染め大嶋類、一切ご着用あるまじく候。ことのほか人柄悪くあい見え申すものにてござ候」（『教訓続下手談義』１７５３刊、巻２）。人を大きく見せた浴衣嶋が、いま逆転して人柄を低く見せるものとなる。談義本は社会風潮の移りを反映していた。

「目に立つ大嶋」はよろしからざる柄となって後退していった。それでも大嶋を着る者はいた。世のはみ出し者、勇み

**図62　競い組の大嶋**

大柄の格子の末路である。妻に「たたっ殺すぞ」とすごむ勇み肌の男。棒で殴りかからんばかりだが、妻も負けてはいない。そんな夫婦をからかう笑話にこの挿絵がつく（『聞上手』1773刊）。

立つ任侠・競《きお》い組など、母親泣かせのしるしが大嶋となる。「肩から先、筋交いに歩く」人、片肌脱げば大きな刺青があり、大型の煙草入を腰に提げる輩が「木綿縮みの大嶋のひとえ」であった（『侠者方言』１７７１序）。18世紀の前半と後半の間に、それだけの感じ方の落差が生じた。堅気の職業人が見捨てる大嶋を、どういう種類の人が着るか、図62の絵が伝えている。

着物の碁盤嶋はどんどん小さくなっていったが、大嶋自体は生き残った。木綿布団の大柄嶋は19世紀にも盛んであった。布団や夜着の柄はタテ嶋でも格子嶋でも、ストライプの主題を布幅に二つ並べるのが標準である。布団は普通四幅をつないで柄が等間隔となること、着物と同じである。その大嶋は古法が生き続けた姿のようにも見える。

## 5　タテ嶋を着るのはだれか

### ◉目立ちたい町奴

元禄享保期にタテ嶋は稀であった。そういう世の中で一体だれがタテ嶋を着ているか、その人はどういう立場かをたずねてみる。タテ嶋の着物を探すには絵を見るしかない。文章に載る例はごく少ないからである。

どんな人の着物にもわずかな差はあるが、稀に度を超えた衣装があり、それにも利益がないわけではない。無理難題を吹っ掛けるアウトローは、装いですごみを利かせる。菱川師宣の図63の絵は、仲間と連れ立って吉原に来たタテ嶋の町奴《やっこ》である。

町奴はけんかっ早い無頼の輩で、争い事を起こしてカネをせびる。「今の男伊達は船頭のあがり、職人の（青）二歳、あるいは中間《ちゅうげん》奉公、役者の上がりなどが力みを出し、ぶらぶら奴となれども、その風悪しくて良きことを知らず」と本文にある。下っ端の町奴は帯の下方から長脇差を突っ込み、鞘尻《さやじり》を異様な高さに突き上げる。タテ嶋はオレ様が目に入らんかと言っている。絵では吉原格子先に町奴四人がたむろし、うち二人がタテ嶋。それは自己顕示の一つの型であった。

町では嫌われ者の町奴が、演劇では威勢を張るヒーローとなる。歌舞伎では勇み立つ幡随院長兵衛や花川戸助六が代表的な人気者である。図64は１７３７年の市村座初演「今昔俤《おもかげ》曽我」に出た沢村宗十郎の嶋の勘左衛門である（立川焉馬『歌舞伎年代記』巻二）。大タテ嶋の着物に大脇差、手ぬぐいに下駄、裾をまくって大碁盤嶋の間着を見せる。その命知らずの「嶋づくし」の台詞が大当たりをとった。

「さあ切ってみろ」と嶋勘は片肌脱ぐ。「少し小太りに太織《ふとり》嶋、その強いことは弁慶嶋にも劣らぬ」とすごむ。

**図63**
**町奴のタテ嶋**

これ見よがしに大きな刀を差して、吉原の格子の前を町奴が浮かれ歩く。左の男は散らし模様、ふところ手、上と下の着物の襟を一つに重ねる。右のタテ嶋の男は刀を逆に差して鞘尻をはねあげ、手鏡と房の楊枝を持つ。裾の短い木綿着物で手下のようである（菱川師宣画『絵本このころ草』1682刊、）。

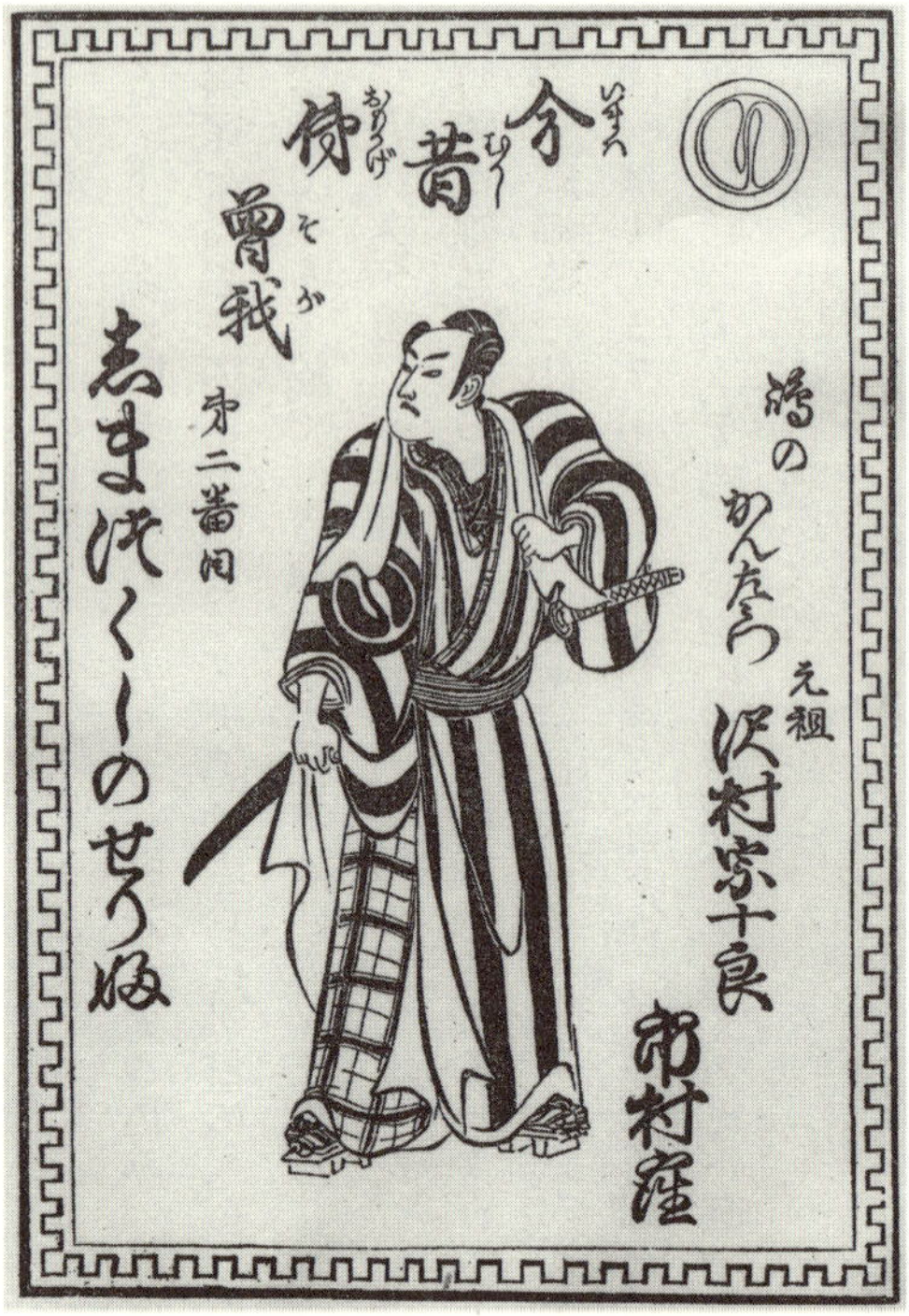


図64　「嶋づくし」の台詞の沢村宗十郎

「親兄弟は力を落とし、手足もなえて郡内嶋になっている」はグンニャリの駄洒落。「この騒動の大木綿嶋」は「大もめ」。ほかに紬嶋、京嶋、格子嶋、びろうど嶋、碁盤嶋、算崩嶋《さんくずし》を織り込んで、腰抜け侍に負けず敵を討つと力む。おかしみのある町奴であった

元禄の京都の嶋勘もしくは勘十郎は古筆見を業とし、家の造作や調度から衣類・食べ物まで嶋柄にした人である。その嶋狂いを「タワケにした」のが歌舞伎の勘左衛門で、「足袋、下駄まで」つまり鼻緒《はなお》まで嶋柄になっている（『歌舞伎年表』）。

「嶋づくし」の台詞は恐らく嶋柄の流行を反映する。耳新しかった嶋柄の名を折り込む大げさな言い方がおかしかったのであろう。嶋柄の名はその台詞で一層知られることになった。

## ◉タイコ持ちの印

境遇も年齢も違う遊女と客は、宴を気詰まりにしない仲立ちを必要とした。客を持ち上げ女を笑わせて、座を盛り上げる職業の人をタイコ持ち、幇間《ほうかん》、末社、江戸神などと言う。

京都の遊びを教える『都風俗鑑』（１６８１刊）は大尽の作法を説き、タイコ持ちを必ず連れるものとする。草履《ぞうり》取りにはビロードの半襟の着物を着せ、編笠や竹杖《たけづえ》を持たせ、大尽羽織を肩にかけさせるスタイルがあった。大尽の長羽織は裏地に思惑があり、綿を厚く入れて裾をふくらませ、繻子の裏返しなど凝った裏側を表へ折り返して見せていた。

タイコの羽織は図65のようにタテ嶋とし、大尽の碁盤嶋の羽織と区別する。ヨコ筋は町人も着たがタテ嶋は数も少なく、タイコを特定する目印であった。大尽羽織はだいたい格子の紬嶋である。二流の大尽は臨時雇いの草履取りを連れ、節句には遊里に来ず、女の借金肩代わりをする気もなく、タイコにも後ろ指を指される。大尽は「露を打つ」つまりカネをまくが、まき方にも作法があった。

仙台嶋紬のタテ嶋の例もある。「仙台より出るものはタテに絹糸を用い、ヨコに紬を用いて、はなはだ美しい」（『和漢三才図会』）と評され、本来は官物で藩主の贈品に用いられた。地元に次の記録がある。

「仙台紬は筋紬《しまつむぎ》と言い、金山村から出る。五色の糸を格子柄のタテヨコとし、その良き物の値は高く、他藩に贈り物として献呈する。人はこれを仙台紬と呼んで賞している」（『奥羽観蹟聞老志』１７１９成立）

**図65　タテ嶋のタイコ持ち**

右の武士が大尽で、編み笠をかぶり刀は二本差し。着物は裾の両端を引き上げるように着る。左の草履取りは裾を腰にからげ、大尽羽織をかつぎ、竹杖と草履を持つ。中央が商売道具の羽織を着るタイコ持ち。遊里へ行く「ぞめき大尽」一行（『都風俗鑑』）。

仙台紬は貢納八丈織の影響下にあり、同じくタテ絹ヨコ紬で格子柄を織った。色数の多いのが特色で、大名らに喜ばれた。大阪の大尽が図66の仙台紬で京の遊里に来た。連れのタイコ持ちを九州の大尽に仕立て、自分はタイコになって地位逆転の遊びをする。大尽はそれでタイコのタテ嶋であった。

碁盤嶋には重みがあり、タテ嶋は軽く見えていた。末社は大豆を目でかめと言われれば、かんで見せる人である。だから碁盤嶋とタテ嶋には、上下関係がひそんでいた。タイコのタテ嶋は京都では定番で、格下の柄と思われていた。

「仙台嶋の羽織」は一時期「いかにももっともらしい大尽の姿」（『野白内証鑑』１７１０刊、五之巻）であったが、18世紀半ばに評価が下がり、田舎侍の紬がほとんどとなる。

## ◉小姓若衆の振袖

室町時代末期に小姓と呼ぶ少年が武将に抱えられ、身辺につかえ宴席の給仕をした。小姓が酒注ぎを持つ姿は、１５２４年の土佐光信筆「真如堂縁起」（真正極楽寺蔵）や「酒飯論絵」絵巻に載る。いずれも赤い小袖に、緑や青・黄など多色の太いタテ嶋の肩衣長袴をつける。美少年と太いタテ嶋のつながりはそこから始まるようだ。

**図66　タテ嶋を着てタイコ持ちのふりをする**

大尽は連れのタイコを大尽に仕立て、自分はそのタイコと称してタテ嶋の羽織であった。「それそこに仙台嶋着てござるお方が、末社らしうてござれど本の大尽じゃ」と、家来が遊女に教えて地位は元に戻った（『野白内証鑑』）。

**図67　若衆の振袖**

思う男に会うため、江戸上野の花見に出た十七八歳の若衆。「空色の小袖に、黒繻子の袴股立とりて、つかみ差しの大小、浮世笠にて顔を隠し、羽織は小者に持たせ」とある。小者は手に主人の羽織と草履を持つ（西鶴『懐硯』1687序、巻五）。

徳川期に小姓は役名となり、代わりに若衆《わかしゅ》が生じて、歌舞伎や宴席で美少年がもてはやされた。若衆は女の着物で芸や色を売る。女の装いの見本ともされたが、振袖は女よりも長く、刀や袴をつけた。男とも女ともつかぬその異装に、タテ嶋の振袖が多い。図67のタテ嶋は色鮮やかな絹となろう。

若衆の際立つタテ嶋は、人に思われる男の度を越えた境遇を語る。女よりもなまめかしい美少年は、人の心をかきたて日常性から引き離す。タテ嶋は並外れる奇抜さゆえに振袖となる。

図68の若衆は外来柄のタテ嶋を着る。盆踊りの輪の真ん中にいる若衆の色香は抜きん出る。野郎頭巾によってかろうじて男とわかる。

尾張藩主を主題とする珍しい芝居絵がある。異端の藩主宗春の

**図68　インド更紗柄**

頭に紫の絹を置く若衆が、男女の輪の中で三味線を弾く。着物は赤白緑白のインド更紗の有平嶋の柄。渡り更紗か絹の和更紗（川又常行筆「盆踊図」18世紀前半）。

図69 尾張藩の小姓

尾張藩主・宗春をモデルにした京歌舞伎「傾城夫《つま》恋桜」の絵番付。宗春の事跡を書く『享保尾事』（徳川林政史研究所蔵）にこれが挟まれていた。
寺社参詣の宗春は、女のような前帯で牛に乗る。少年3人がタテ嶋の振袖。太刀をかつぐ手前の少年は、袖口を縫わず子供仕立。帯の下の房は長い柄の御幣飾り。

往時をしのぶ実録『夢の跡』（また『遊女濃安都《ゆめのあと》』）の描写と近い。図69で連れているのは小姓である。小姓が若衆のようなタテ嶋の振袖である。

宗春役が乗るのは１７３１年に近江で見つけた白牛に相当し、買う役目の家臣に金２００疋のほうびが出たという。奇妙な帽子はべっ甲製で、波打つ縁《へり》にまだら模様がある。緋羅紗《ひらしゃ》の羽織には波と千鳥の色違いの切りばめ。実録はそう書き、絵もよく似る。宗春は五尺の長煙管の先を奥茶道衆に担がせて進んだが、絵では煙管を担ぐ人は見えない。

名古屋人の度肝を抜いた宗春の晴れ姿は、紀伊藩から出た八代将軍の享保改革に背く政治宣言となる。藩主は歌舞伎と遊里を認めて名古屋を繁盛させ、町人に称えられたが、財政赤字から家臣の離反を招き、結局は生涯にわたる自宅軟禁を将軍に命ぜられた。タテ嶋の小姓を連れて、吉原太夫のようなあで姿の藩主の逸脱を、体制は許さなかった。

## ◉遊女の供の少女

高級遊女には十代前半の少女が仕える。それが「かぶろ」また「かむろ」で、内々に「子ども」と呼ばれた。遊女に付き添い、手紙の用を足し、羽根つきやカルタで遊び、居眠りする姿が絵によく描かれる。

遊女の手紙を届ける図70のかぶろは、柄の単純明快さで遊女と区別される。遊女を目立たせる引立役である。西鶴『好色一代女』（１６８６刊）の挿絵にも同様の振袖がある。

宮川派はかぶろのタテ縞を好んで描いた。宮川長亀の「吉原格子先の図」（ＭＯＡ美術館蔵）、宮川一笑の「吉原歳旦の図」（出光美術館、太田記念美術館蔵）のほか宮川春水も手がけている。タテ縞の振袖は18世紀半ば近くまで吉原にあり、その中心は図71のような白赤緑のインド更紗の太い柄だったようだ。

『古今吉原大全』（１７６８刊）に「かぶろの衣服はさらし木綿に若松の染模様、あるひは更紗染などを着せり」とあり、図71はその木綿の更紗染である。

**図70　手紙を持つかぶろ**

遊女より小さく描かれ、手紙を届けるかぶろである。白黒のストライプに緑・青・黄の梅花の柄が入り、インド更紗とも見える。袖幅は短い。寛永年間（１６２４～４４）ごろの作とされる「舞妓図」（ボストン美術館蔵）。

**図71　かぶろの有平嶋**

これも遊女より小さく描かれるかぶろ。左袖がひるがえり振袖である。白地に赤と緑を交互に置くタテ嶋で、有平嶋更紗とよく似る。「花街風俗絵巻」（たばこと塩の博物館蔵）。

### ◉市井の女の登場

18世紀後半に世は変わり、「男伊達などという馬鹿らしき事は今はなし」（『下手談義聴聞集』1754刊「志道軒全書」）となる。代わって侠者・競い組が出てくるが、大脇差などは消えて、「ただ木っ端《こっぱ》競《きおい》という者がたくさんにて、難しくなると逃げて歩く」と、命を惜しむ男になっていた。

若衆・小姓・稚児の文化も下火になる。男の同性愛は「享保まで衰えずに続いた」のだが、1740年前後の「元文になって著しく廃れた」（『三田村鳶魚全集』第12巻）。陰間茶屋は残ったが、表に出る風俗ではなくなり、武士は普通の男になった。

それに吉原では最上位の遊女の太夫職が欠けることになる。

目立つきついタテ嶋の人たちは、こうして去っていった。

その後には遊女・役者や奴やらではなく、市井の人のタテ嶋ファッションが芽生えていた。図72の「嶋のおか

**図72　三味線指南「嶋のおかむ」**

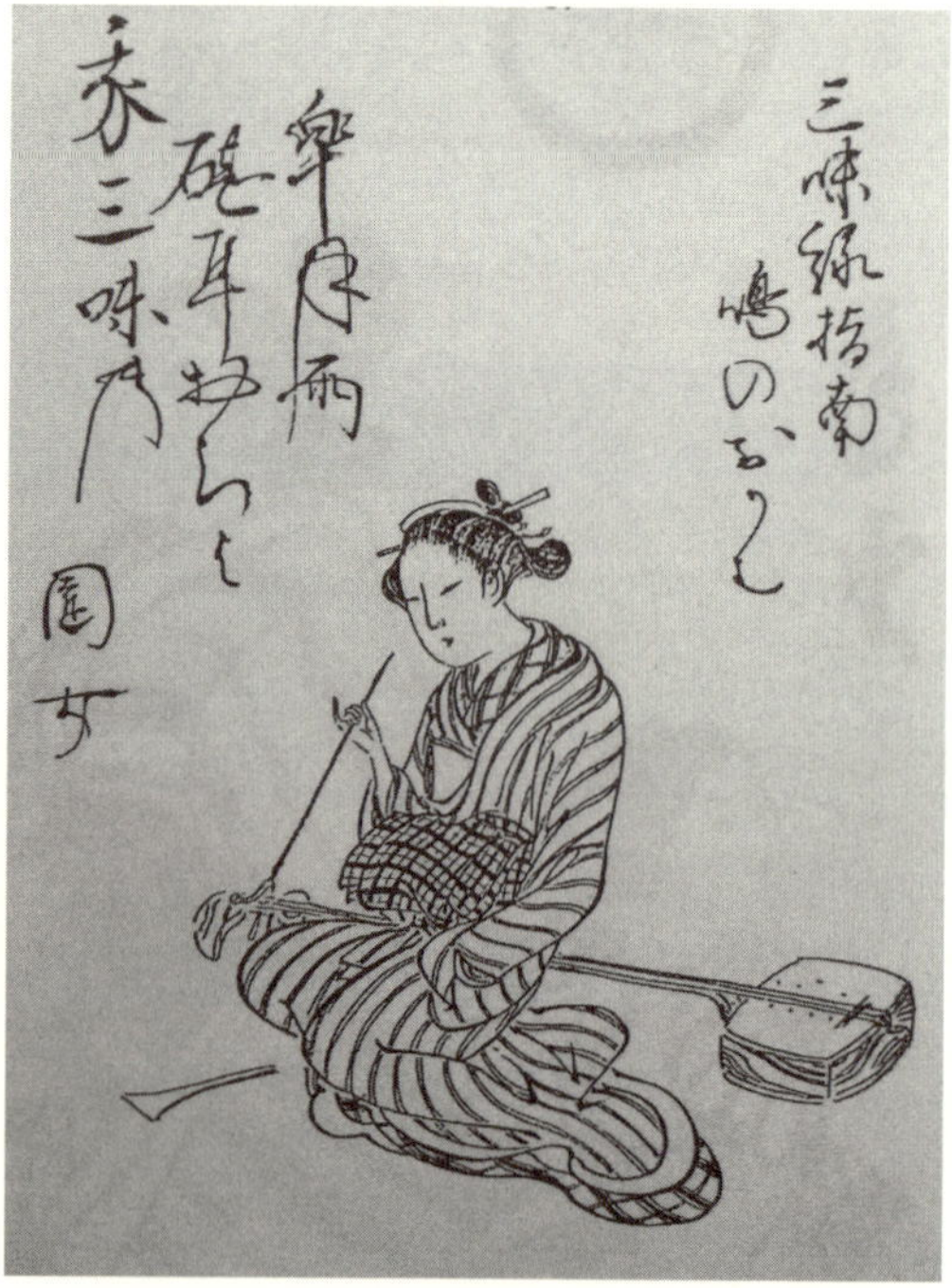

江戸の三味線師匠「おかむ」は嶋柄を好んだ。下の着物は裾で格子織と見え、帯は碁盤嶋。松尾芭蕉の門人・斯波園女《そのめ》の句「わが三味の碪《きぬた》におちよ皐月《さつき》雨」が載る。砧《きぬた》は河東節の一つ、砧を打って心を慰める女が夫を待ち焦がれて死ぬ物語を歌う。俳諧書『名挙集』（1757稿）から。

む」は三味線の師匠で、世間にいる人である。自分の柄にこだわる嶋好きが、江戸の一部で知られて絵になった。町風にくだけて、柄を好みで決めるところが新しく、「おかむ」の嶋柄はその人柄を映す。個人の人と装いに価値を認めて、市井の女を描くこと自体が新しい出来事であった。

# 6　江戸奉公人と店主の木綿

## ◉働いて絹を持つ

江戸南伝馬町の名主が届出の文例集を失った。それがないと仕事にならないので、名主は過去に提出した文書を町年寄から借りて筆写した。そうして手元に置いたのが南伝馬町名主・高野家の『日記言上之控』（東京都編刊）である。「言上」は上に差し出したことを言う。

南伝馬町は日本橋につらなり、表通りは問屋街、裏側に職人親方の工房があった。奉公人や徒弟が失跡すると店主親方は盗難品とともに名主へ届け、名主は文書を作って町年寄に差し出す。町年寄は必要ならその文書を他の町名主に知らせる。そういう行政事務連絡のシステムがあった。

１７００（元禄13）年から１７１１年に至るその記録には、失跡のほか縁切り、訴訟、盗難、喧嘩《けんか》、失火や刑罰から、捨て子、自殺、行き倒れ、落し物、上下水道補修や祭礼など九百二十八件が載る。数が多いのは奉公人が逃亡する欠落《かけおち》と、金品を持ち去る取逃げ、借財などによる家財没収であった。

会津の欠落は村人に年貢の負担を残す。失跡手配に真剣味があり、衣類をこと細かく文書にした。年貢のない江戸では発見をあきらめているのか、逃げた人の衣類を文書に載せない。取逃げ被害品だけは文書にするが、「傍輩の木綿布子一つ、布帷子《かたびら》二つ」などと表現がそっけない。

江戸の徒弟や奉公人は貧しさ一色ではない。絹を持つ人がいた。湯屋の下男は「黒絹帯二筋」「黒竜門帯」と着物四点を持ち去られた。二十九歳の奉公人は店の金五両と「傍輩の絹の着物三つ」を取逃げし、十八歳の見習い大工も「傍輩の絹の着物と木綿袷《あわせ》」を盗って逃げた（１７０７年）。彼らは地絹の着物を買えるくらいの給金はもらっていた。１７０５年には木綿袷二つ、同羽織と、すす竹色小紋の奈良麻帷子を持つ二十二歳の大工徒弟が調べられたが、収入で無実とわかった。

「木綿嶋の破れ袷」を脱ぎ捨て、大工親方の服に着替えて逃げた徒弟がいる一方、倉庫に預けた衣装箱に入れる黒紋付の絹・紬四点、嶋木綿の袷や帷子四点、桟留たっつけ、俳諧本・色紙掛軸をごっそり盗られた番頭がいる。

泥棒がねらうのは店主・親方の家である。盗難手配書によれば、ある大工棟梁《とうりょう》は紋付など四点の紬衣類、別の棟梁は紬のあわせと小紋の晒し帷子を盗られる。植木屋親方は武家からの預かり品かもしれないが、黒羽二重紋付、郡内嶋の着物、裃二組、袖《そで》に金三両を入れた黒革羽織をやられる。

豆腐屋主人は絹紬や郡内嶋の着物・羽織を十二点盗まれた。たんすに入れた縮緬や羽二重の紅絹《もみ》裏の女物小袖を七点やられた店主もいる。店主親方の半分は羽織を持ち、舶来「カピタンあわせ羽織」の盗難もある。昼盗人も夜盗もそういう家に入り、換金しやすい服を選んで盗んでいた。

女物の被害リストには「梅の折枝の刺繍紋付の白綸子着物」や「黒縮緬・紅絹裏」「黒紗綾・紅絹裏」「嶋染め

羽二重着物」が載る。禁制品をたんすに蓄えるのは違法ではなく、盗難届けに支障はなかった。

地方の富の多くが江戸で消費され、その供給を担う店主親方層と、多数を占める木綿だけの人々との間に格差があった。ただ、社会的上昇の機会をいくらか残すところが救いであった。

## ◉上等の黒い木綿

南伝馬町には「栈留」という木綿があり、店主親方が盗まれている。栈留は木綿着物の盗難の二割を占め、泥棒が価値を認める品であった。

栈留嶋という名高い渡来の嶋木綿があるが、盗まれた「栈留」はどうも嶋柄ではない。１７０８年に大工棟梁が「私の所持する栈留の黒い袷、紋所は鷹の羽、裏は萌黄」を徒弟に盗り逃げされた。素直に読めばそれは木綿の黒無地紋付である。同じ年に家持店主が召使に「私の所持する黒栈留あわせ羽織」をやられ、翌年には「黒栈留、紋所・角のうちに橘の袷羽織」を別の店主が盗られる。

どの「栈留」も色が黒である。そのうえ紋付がある。

絹類に目を転じれば、やはり黒の紋付がある。菓子屋の盗難品「びんろうじ色紬小袖、紋付」もあれば、「私衣類の黒郡内紋付着物、二つ」、「私衣類、黒絹羽織」などもある。製材所親方は「びんろうじ紋付絹の表」「木綿びんろうじあわせ、二」をやられている。どれもが紬・郡内・地絹の黒無地で、店主親方はそれにのめり込み、盗む方も同じであった。

そこまでの黒へのこだわりは、どこから来たか。徳川家の黒、武家の黒羽二重紋付の威風に店主親方が取り込まれたからである。町人も儀礼や作法を学んで、羽二重ではないが黒紋付で仲間や武家の前に出る。しかるべき人の黒と紋所にひかれて、彼らは格式の黒服で自らを軽輩から引き離す。

店主親方は高級絹に遠慮して絹紬や木綿「桟留」の黒染に走る。「桟留」はそれゆえ絹紬に次ぐ木綿生地となる。それは国産の上等の木綿地であり、並木綿の黒紋付の上に立つ。

江戸で需要が生じた「桟留」という上質木綿は、多数は京都から供給された。京都では紀州の細綿糸で「京桟留嶋」という外来風の嶋柄がすでに織られていた。会津藩は１６８９年の倹約令で、並の町人に対し京織木綿の着物を禁止し、帯と襟と袖縁にだけ使うのを認めた（『御用・公用日記』）。精細な京都の木綿は輝いて見え、並品とは一目でわかる格差があり、農村ではぜいたく品であった。

比丘尼という江戸売女が「黒桟留」を目印にしていた。

「元禄ころより黒桟留頭巾を着す。菅笠、手覆、文庫を持つ」（加藤曳尾庵『我衣』）

木綿布子の売女が、頭巾だけは気張って黒の桟留木綿であった。「黒桟留」はやがて江戸の女の掛け襟・袖口となり、18世紀後半にいよいよ増える。幅の狭い平滑な生地が半襟専用に出回り、武蔵五日市の産が知られた。ずっと後に「黒木綿、京坂にてはビンロウジ木綿と言う。江戸にては黒桟留と言う」（『近世風俗志』）との証言がある。

## ◉多数派は染木綿

南伝馬町には１７００年から十二年間に、五十件の木綿衣類の被害届が残る。十八件は泥棒によるもの、三十二件は使用人などの持ち去りである。どういう木綿が何点盗まれたかを表11に示す。

多いのは染木綿で、無地染と型染・小紋染があった。桟留の着物は一点だけ「微塵」の織嶋であるが、残る十点は無地染の生地となろう。

嶋木綿など嶋柄のものは、着物では二割に届かない。奉公人が持ち逃げした「傍輩」の衣類十八点を見ても、嶋らしきものは麻を含め二点である。18世紀初めの江戸では木綿嶋の着物は少数派であった。町人の多くは、とにかく染木綿の着物に目を向けていた。

ただ、木綿嶋好きの泥棒はいた。１７０７年に逮捕された髪結いの男は、金百両余りと衣類三十点を持ち、その中に表12の木綿嶋があった。

羽織について言えば、着るのは店主ら旦那衆に限られた。彼らは小倉嶋やカピタン嶋を持ち、どこか武士と似る。「カピタン」はタテ野蚕ヨコ木綿のインド産ベンガラ嶋のことである。ほかにインド産「唐更紗風呂敷」や、中国産「唐木綿風呂敷」の盗難もあり、西鶴が書く通り外来品を持つ町人がいた。

**表 11　1700 ～ 11 年　南伝馬町の木綿盗難品**

| 布子・あわせ | | 羽織 | |
|---|---|---|---|
| 染木綿 | 32 点 | 染木綿あわせ・ひとえ | 9 点 |
| 桟留 | 11 | 小倉嶋 | 4 |
| 嶋木綿 | 3 | 桟留 | 2 |
| 木綿八丈 | 2 | かぴたんあわせ | 3 |
| 伊勢嶋 | 1 | | |

『日記言上之控』から作成。布子の桟留に嶋柄「微塵桟留」1点がある。

**表 12　木綿嶋好きの男の盗品**

| | | | |
|---|---|---|---|
| 微塵桟留布子 | 1 | 木綿ヨコ嶋布子 | 1 |
| 伊勢嶋木綿 | 3 反 | 木綿嶋かるさん | 1 |
| 木綿嶋ひとえ物 | 1 | | |

木綿類15件のうち上の5件が嶋柄。『日記言上之控』1707年5月の項。

## ◉仕着せの伊勢嶋

親方の作業場には働く子供がいて、手伝いをしながら読み書き算盤を習った。江戸大店では「コドモーシ」（子供衆）と呼べば「ヘーイー」と丁稚《でっち》が駆けつける。給金は薄いが寝床と食事がつき、盆暮れに仕着せがもらえた。

次の図73で江戸仏師は大きな木を削る。弟子は小さな仏像を彫る。丁稚はかしこまって部品をそろえる。幅狭で長いたもとのタテ嶋着物は仕着せであろう。

伊勢嶋は初め店主親方層が着た。本石町の問屋街で身代を築いた店主に「朝暮れ伊勢嶋の木綿着る物の女房」がいた。その着物にあきた亭主が吉原のひまな女郎に入れあげる（『新吉原常々草』１６８９刊）。商人の堅実な妻には伊勢嶋がふさわしかった。南伝馬町の親方にも「伊勢嶋布子」があった（『日記言上之控』）。

奉公人の伊勢嶋は後に知れわたる。「手を打ちにけり手を打ちにけり、伊勢嶋の夜着へ娘の抜け参り」（『雨の落葉』１７３３刊）と古川柳がはやす。店主の娘が年頃で、二階の奉公人の伊勢嶋の寝床へ通う。無断の伊勢参りと同じで親は止められず、家業を継ぐ者がそれで決まりとなる。伊勢嶋イコール奉公人というイメージができている。

木綿は「伊勢松阪のものを上となし、河内・摂津これに次ぐ」（『和漢三才図会』）とある。伊勢はもともと白木綿の産地で、「伊勢には太物（木綿）問屋あり、近郷より買い集めて、京大阪・江戸等へ出す。白生地は細口にて糸細に美しく、染め付きもよし」と（『万金産業袋』）、染生地の評価が高かった。

松坂の長谷川家は集荷した原綿を農家に渡し、そこで織る綿布を江戸に送る商店であった。元禄前後には尾張・三河の白木綿も扱った。江戸長谷川店は１６９２年に綿布三六七四反を自店で小売し、三一三

**図73　仏師の丁稚の木綿嶋**

親方や弟子に言いつかった仕事をする丁稚が左下にいる。その男児の木綿着物はタテ嶋で、それは子供柄の一つであった（師宣画『増補江戸惣鹿子名所大全』1690刊）。

二反を他の店に卸した。白木綿の「久揃《そろい》」「柳揃」という等級に対応する少量の「久嶋」「柳嶋」という商品は、嶋木綿とも考えられる（『長谷川家文書』「松阪市史」史料編第12巻）。

江戸店は１７０４年に伊勢木綿を他店へ二九四〇反売り、自店小売で一八〇六反をさばいた。店で客に見せて売った嶋に次の二件があった。

「六反、嶋、九十五匁替え」…………単価九匁五分

「十五反、揃嶋、九十八匁替え」………単価九匁八分

木綿嶋は十反一包みで取引し、「替え」は「十反当り」単価を言う。反数がはんぱなこの嶋柄二種は、注文品か試売品となる。白木綿の小売平均単価の銀六匁五分より五割高かった。１７２３年の長谷川家文書によると、伊勢木綿三五〇〇反余りの平均卸単価が六匁四分であるのに対して、尾張三河木綿六六〇〇反余りの単価は四匁五分とはるかに安い。伊勢木綿は価格競争で尾張三河に対抗できず、生産の軸を木綿嶋に移したのではないか。上には京都の上級品があったから、伊勢嶋は二番手の奉公人向け市場をめざした可能性がある。

江戸長谷川店は１７３７年の「掟法帳」で、中級までの奉公人は伊勢嶋に限ると自ら指定した（北島正元編『江戸商業と伊勢店』）。柄の情報力と生産力をつけ、伊勢嶋はそのころ江戸市場を抑えたと思われる。

伊勢には別に絹木綿交ぜ織りの嶋柄もあった。

「松坂よりいずる菅嶋《すがしま》は、本紺地に白・赤の菅糸（絹糸）入りて、立つ嶋、乱格子嶋、碁盤、千筋など、よき文様の嶋柄。多くは女文様なり。よって二丈八尺ものもあり、これを長尺と言う」（『万金産業袋』）

菅嶋は紺の木綿糸で地を作り、白や赤の絹糸で嶋柄を織り出し、長袖にできる女物であった。１７５０年代の記事には「松坂嶋、菅糸入り嶋、もっぱら道者に売れる」とあり（『宝暦咄し』「松阪市史」第9巻）、伊勢参りの土産品でもあった。

## ◉絹糸入り青梅嶋

青梅嶋は木綿と絹の二兎を追う商品である。大部分は木綿の糸によるが、タテまたヨコ糸に絹糸を交えて、布味が変わる。軽く柔らかく薄手になり、嶋柄も細やかで上等品と見せかける。

多くは紺地で、嶋柄は「練り絹糸」で表わされる。「巻いた布は生地に奥口がなく上物である」とされた（『万金産業袋』）。奥口は巻反物の奥に品質の劣る部分を隠すことを言う。青梅嶋は別名「野毛嶋」、京都ではその名で通った。質屋への盗品手配に１７３２年「千筋・紺・野毛嶋袷」、１７４１年に「野毛嶋」羽織地一反などの例がある（『京都町触集成』）。

青梅嶋は安くはなかった。真壁の中村作右衛門店が１７５０年に贈答品として買ったものは、一反金一分三百二十四文で綿布の倍値である（『真壁町史料』近世編2）。木綿より上位にあり、並品にあきたりない層が求め、一種のファッション商品として遊客にも知られた。

１７１１年の武州多摩郡下師岡村の明細帳には「百姓の妻子の稼ぎは、夏の間、蚕を飼って、八月九月から紬嶋や木綿嶋を織り出し、金納の年貢上納の助けとしております」とある。１７５４年の明細帳でようやく「絹糸入り木綿嶋、ただいま青梅嶋と申す嶋」の生産を報告する（『青梅縞資料集』）。名産品の生産規模をもはや隠せなくなっていた。

「少々ずつ織り出し」「生活の足しに」「その稼ぎで年貢を上納し」などは、明細帳の決まり文句である。農間余業をぼちぼちと書くのは、役人を安心させる手口であるが、18世紀半ばの青梅嶋は優に産業であった。

１７４０年代に江戸町人男児の正月祝い着の記事がある。「町人年礼の服……小児は松坂嶋、桟留、青梅嶋に限る。……男小児は相応の身分の人の子は振袖なり」とする（『寛保延享江府《こうふ》風俗志』）。松坂嶋の上に京製の桟留木綿、その上に青梅があった。

## ◉大阪は嶋の本場

大阪は木綿嶋の先進地で、東横堀や天満に何軒か店があった（『難波雀』１６７９刊）。紀伊でも嶋屋株仲間が１６７８年に始まり、「嶋毛綿」を織り出した（『和歌山市史』第５巻）。１７３５年ごろ九州熊本に到来した木綿は「紀州木綿ごくごく白くして地細く」、「河内木綿、少し黒みあり糸太くして丈夫なり」と区別され、赤く染めた綿布を紀州茜、河内茜と呼んでいた（『番太日記』「日本都市生活史料集成」３）。

１７３６年に和泉・紀伊・京都などから三万二千七百六十三反の嶋木綿が大阪へ流入したが、白木綿百十七万反に比べれば量は少ない（『大阪市史』第１巻）。大阪自体が嶋木綿の産地で、上本町や玉造に織屋があり、紺屋型染や木綿更紗染も産業となっていた（『難波丸綱目』１７４８刊）。

そうなると木綿嶋の人はどの程度いたか。大阪の街頭や祭事・行商人・職人を描く『絵本御伽品鏡』（１７３０刊）が類推の手がかりとなる。その絵本で画家・長谷川光信は市井のさまにこだわり、狂歌を添えて風俗を伝え、衣類の模様もていねいに描き分けている。

人数も嶋柄も少ない女子供や芸能者を除くと、武士を含む百十一人の男の服が残る。その衣類をまとめると表13になる。

大阪男も羽織を着たがり、その黒染を好んだようだ。着物では型染・無地染が多数派である。嶋柄着物の比率は18世紀初頭の南伝馬町よりは高いが、必ずしも多くはない。大阪の読者に違和感のない絵という前提に立っての推論であるが、ヨコ筋の多さは大阪のはっきりした特色であった。

**表 13　大阪男の服の柄――『絵本御伽品鏡』1730 年刊**

| | |
|---|---|
| 羽織 | 34 人 (31%) |
| 　黒地 | 14 (41%) |
| 　散らし・小紋・紋付 | 10 (29%) |
| 　嶋柄ほか | 10 (29%) |
| 着物 | 111 人 |
| 　散らし・小紋 | 51 (46%) |
| 　無地・無地紋付 | 31 (28%) |
| 　嶋柄 | 25 (23%) |
| 　不明 | 4 (4%) |

絹と木綿、武士と町人の区別は絵では判別困難であるから、合わせて数えた。ベタ黒の衣類を黒とした。羽織を着るのは三割ほどで、黒無地が最も多い。着物は散らし染、小紋の型染が多数を占め、無地・無地紋付がそれに次ぐ。嶋柄の数はそれを下回る。判明する嶋の柄はヨコ筋17、格子 4 で、ヨコ筋が圧倒的であった。

図74　大阪町人の木綿嶋──『絵本御伽品鏡』から

瓦屋弟子（タテ嶋）　もぐさ屋と弟子（格子嶋）　小間物屋（ヨコ嶋）

大阪の絵本に女の嶋柄はなかったが、上方の女が木綿嶋を上手に着たことは西川祐信の『百人女郎品定』（１７２３刊）で確かめられる。図75の荷を運ぶ下女と機織の女の着物は、どう見ても木綿製で、ゆったりした柄の木綿嶋が女の労働着の一類型であった。

人の顔と対比して嶋柄は大き目である。格子柄はいずれも伝統を引き継ぐ碁盤嶋である。けれども18世紀初めの男の大柄と比べれば、女たちは細線のおとなしい柄である。

図75　働く京女の木綿嶋着物
（西川祐信画『百人女郎品定』から）

すわい……反物の売買人に従う下女。頭に荷を乗せる。

機織……高機《たかはた》に腰かけ、黒帯、たすき掛けの碁盤嶋の女。

# 7　享保改革と着物の京桟留嶋

「江戸では真かうそか、異類異形のものを見せる」とあるように、１６６０年代は道化・見世物・音曲・演芸など各種興業が盛んであった。ひげの武家使用人やら被衣《かづき》の上級女中らが詰めかけ、武家見物人は江戸の特筆すべき状景であった。そこに「奥嶋の羽織」の上級武士もいた（浅井了意『東海道名所記』）。

## ◉上客の奥嶋羽織

京都の島原の手前では、染物屋の息子が配下の者を連れ、知り合いに会わないように「奥嶋の道服（羽織）」を頭からかぶり、目ばかり出して歩いていた（前掲書）。息子は仕草まで武士のまねをする。

奥嶋はしばしば遊び人の私行の羽織となり、西鶴『好色一代男』（１６８２刊）にも「羽織男は本奥嶋のはやりで」とある。本奥嶋は舶来の本物であって、京都摸製奥嶋と区別する言い方である。

カラー口絵3は遊客の奥嶋（東日本では唐桟留）の羽織が、18世紀半ばの吉原で生きていることを示す。細身の刀を二本差す武士は、もはや以前のように編笠や頭巾や扇子で顔を隠さない。従者が控えており、奥嶋はそういう階層の私行ファッションであった。吉原絵を得意とした宮川一笑は、羽織のその柄にこだわり、いくつもの絵に登場させている。

## ◉武士の袴の奥嶋

奥嶋は武士の公的な装いでは袴になった。西鶴作品にある図76の奥嶋袴は、まさしく武士のしるしである。「梅の庭の忍び返しに、奥嶋に片色の裏つきたる袴」が引っ掛かっている。裏地の片色は練貫の絹である。

１６６０年代に始まる大阪のからくり芝居で、座長が黒羽二重の小袖に奥嶋の裃で口上を述べる例がある（『あすならふ拾遺』「大阪市史史料」24輯）。座長の装いは武家にならった。

ニセ武士になるには袴が要る。家持町人が吉原で見かけた近所の若者は、「毛とろめんの羽織」「紬の白小袖」「桟留の袴」に脇差と、みな借り物であった。「では借り物でないのは一物だけか」と問えば「いや、これも馬からの借り物です」と、落とし話にある（『鹿の巻筆』１６８６刊、巻五）。

奥嶋は上方語で、同じものを江戸では桟留嶋また唐桟留と呼んだ。江戸城外郭の初巡覧のとき、八代将軍吉宗がその袴で出た。将軍は「桟留の袴に、御衣《おんぞ》ただ一つ」、肩衣もつけず木綿袴で現れ、その質素が家臣を驚かせた。吉宗は「捩《もじ》の御肩衣、桟留嶋の御袴」を好んだと伝えられる（『徳川実紀』）。捩は麻のもじ織の粗布で、肩衣と袴の生地を違えるその継ぎ裃も、吉宗が広めた。

儒者室鳩巣が１７１６年の手紙で吉宗を語る。「御帷子は太きちゞみ（越後）をお好みあそばされそうろう

**図76　忍び返しに奥嶋の袴**

美男の武士が殿に横恋慕され、断ってたくらみにあう。寝ている間に奥嶋の袴を忍び返しの上に置かれた。武士は殿の女部屋の塀を越えたとして処断される（『武道伝来記』１６８７刊、巻五）。

由。晒し（奈良）にても至極太布《ふとぬの》の由。御布上下《ぬのかみしも》もその通りにござそうろう由」（『兼山秘策』）。麻は糸が細いと評価が上がるが、吉宗はその逆を突いて糸の太いのを着る。それが自制心の伝説へと将軍を高める。家臣は親玉に頭を垂れて従うほかなかった。

吉宗は絹物でも紗綾・縮緬を退け、質実を押し通した。配色も表は黒、裏は茶色で地味を貫いた。葵《あおい》紋付のときは座っても仮にも足を伸ばしたりせず、徳川の家督を重んじた。鷹狩りに出るときは、木綿の羽織に小倉木綿の馬乗袴であった（『徳川実紀』付録の項）。

節倹に追随する家臣は絹物の袴を去り、木綿袴へといやいやでも移る。将軍の自覚的な質素は、奥嶋桟留を一層ありがたいものにした。

江戸呉服屋仲間は「古来より仲間にて売買してきた品々」に「桟留羽織地・袴地類」をあげる（『諸問屋記録――白木屋文書』１７１９年の届け）。奥嶋桟留嶋はもっぱら羽織と袴にする特異な木綿であった。それは着物にはならない。他の用途としては、財布や草履取りに持たせる風呂敷もあげている。

## ◉舶来と和製の差

奥嶋桟留嶋は優れた綿布である。「普通の織物は筬《おさ》の目（歯ともいう）に糸二本を入れて織るが、奥嶋は糸四本を入れている」と『和漢三才図会』が書く。織機《はた》の筬はタテ糸を整える道具で、普通の平織は筬の目一つにタテ糸二本を入れ、交互に上下させてヨコ糸を挿入する。奥嶋桟留嶋は極細の綿糸二本を引きそろえた双糸を上下させて織り、ヨコにも双糸を入れる。

砧《きぬた》で打つと、それは平滑この上ない、柔らかい絹や紙のような布になる。しかも絹に比べて丈夫で長く使え、型の崩れも目立たない。

渡来品の精細さは和製を圧倒していた。インド製品には幅1センチに三十二組のタテ糸を配するものがあり、糸数は六十四本となる。並品でも二十八組ほどあり、薄く平滑で軽い。和製の綿花ではどうしても糸が太くなり、1センチ二十三〜四本の織密度が限度となる。インド木綿の細密さは、機械紡績糸ができるまで世界の驚異であった。京都製の奥嶋が一目で「真物とは似ていない」（前掲書）とわかるのも、糸の彼我の差からして当然であった。

それでも和製は作られ続けた。京奥嶋ないし京桟留は群を抜くブランドであった。早い例では１６５９年に名古屋で「京桟留袴、紺立嶋、裏は浅草嶋」が盗まれている（『町中諸事御仕置帳』『名古屋叢書』第3巻）。白木屋では人気の「京織り桟留類」の江戸商いを、１６８５年に始めている（『諸問屋記録』）。

１７４０年代の武士は「冬は桟留の裏つき裃」であるが、「もっとも唐桟留は上向きなり。このころの渡り、はなはだ見事にて」（『寛保延享江府風俗志』）とあり、優れたものが渡って来た。けれども数では京桟留が勝った。

その事情が名称をわずらわしくする。西日本では渡来の「奥嶋」は「本奥嶋」となり、まま「本奥」と略される。「京奥嶋」は「京奥」、京都では「地奥」である。東日本では渡来の「桟留嶋」は「唐桟留嶋」となり、やがて江戸語で「唐桟」となる。和製の「京桟留嶋」は「和桟留」とも言い、普及して圧倒的に多くなった後は、振り出しに戻ってただ「桟留嶋」と呼ばれた。「桟留嶋」は当初は舶来の名であるが、18世紀には高位の人の場合を除いてほぼ和製の名となる。吉宗の「桟留嶋の御袴」は例外的な位の高さから舶来である。

## ◉桟留嶋のブーム

その京桟留嶋に躍進のときが来る。「桟留の着尺」がブームとなった（『万金産業袋』１７３２序）。着尺は幅も丈も着物の規格で織る。西陣の京桟留嶋が着物地として世に迎えられた。もはや羽織・袴にとどまるものではない。

渡りの奥嶋唐桟留にならう従来の「和桟留」というものも、西陣で引き続き織った。そちらは幅1メートル余り、着尺三幅の幅広物で、「嶋模様は唐渡りに」織り、規格も柄もインド製品にならう代用品である。

「桟留の着尺」は着物幅で織る新型で、模様には「御本手という紺地に赤筋の立つしま」などがあった。それは紺地に赤三筋の入るタテ嶋である。紺地に薄青を入れるものは「青手」と呼んだ（前掲書）。

「御本手の桟留嶋」は享保のころ武家の肩衣袴になった（越智久為『反古染』）。「御本」の「御」は将軍、「本」は示される見本、それに基づく品である。例えば「御本手茶碗」は、将軍の命により対馬藩が見本を渡し、朝鮮釜山窯で享保のころまで作られた陶器である。「御本手は茶碗のみにあらず桟留嶋にあり」と『嬉遊笑覧』が言う。御本手の桟留嶋はいずれかの時期に、将軍家がオランダ東インド会社に見本を渡してあつらえた柄となりそうだ。オランダ会社はそれを繰り返し輸入したので、その柄（図77）は標準品として武士の裃になった。

**図 77　御本手・三筋立ての唐桟留嶋**

目盛の単位は１ミリ。紺地に赤の三筋の文様。双糸で織るが、ところどころ一本になったりしている。紅三筋とも。右は拡大。

将軍に由来する御本手の桟留嶋が、いま西陣で着物用に織られ、売り出されて市井の着物になる。京桟留の用途の前提がそこで変わった。「桟留の着尺」は市井の着物に渡来嶋の柄を注入した。その柄は木綿着物の従来にないメニューとなった。

御本手のほかにも「赤と藍の小算崩し」「赤藍の小格子」などの渡来柄が、着尺になる。それは細かい柄を愛でる木綿嶋の新たなトレンドの始まりであった。目立つ大嶋とは反対の方向、小柄の着物へと舵《かじ》を切り替える動きである。

「桟留の着尺」はインドの柄の域を超えて進んだ。「藍の千筋」という細かいタテ嶋もあれば、恐らく細かい「藍の碁盤」もあった。「素海松茶《すみるちゃ》」「鼠地《ねずじ》」「すす竹」「樺地《かばじ》」（『万金産業袋』）などインドにない色が嶋柄に導入された。絹物の柄と色も大胆に木綿嶋へ転用される。そのうえ新種新柄が次々と出てくる。木綿嶋が面目を一新して色柄ともに高度化する出来事であった。

西陣にはほかに桟留の男女の帯があり、小倉嶋や木綿真田帯も織った。仏光寺通新町あたりでは菅大臣嶋《かんだいじんしま》が名を上げ、一官町の木綿嶋もあった。そちらでは色替わりに力を入れ、絣入りなど一層多様なメニューを競った。ほかに絹糸入り「糸桟留」もあった。それらも「桟留の着尺」の騒ぎの一環である。

京都での「桟留」の語は、外来を含む新奇の江戸向き流行柄を言うかのごとくである。「白桟留は美しきものなり」とあるのは、白地に紺嶋を織った生地をトビ色や黄茶に染めて、本八丈織の味わいを出すものであった。「桟留の夜着嶋」は大格子・大タテ嶋に赤絹糸や萌黄の糸を入れ「見事に華やか」（前掲書）であった。誇張されたインド柄もあるし、インドの面影すらないものもある。

「桟留」には上等も下等も便乗もあり、色柄は多様で、木綿嶋に生命を吹き込んで更新した。それが享保の「桟留ブーム」というものであった。

他方で大柄の碁盤嶋は、「桟留」に押されて昔風となりゆく。碁盤嶋には地と柄の区別があり、窓枠を通して向こうを見るような空間性を持つ柄である。柄にどこか奥行きを見る感じ方も、また去ってゆく。
江戸市中には高荷を背負う木綿売りが18世紀半ばでも出ていた（『塵塚談』）。その古い状景の一方で、「嶋柄を見て反のまま肩にあて」（「川柳評万句合」宝暦七年十二月）という嶋柄好みが市井で身近になろうとしていた。

## ◉政治のブレーキ

堅物の将軍吉宗の下で、なぜ「桟留の着尺」が騒がれたか。ぜいたくを抑える享保改革が、木綿物のモードの変革を招くという逆説が成り立つのか。

紀伊藩主から将軍となった吉宗は、コメ経済の難関と財政難に直面した。コメの収納確保に成果も上げたが、コメが出回れば相場は下がり、現金化の過程で打撃を受ける。他の消費材の価格水準がコメを上回り「米価安、諸色高」は常態化していた。安いコメは石に頭をぶつけるように、コメの俸禄に頼る武家を弱らせ、政府の財源安定を損ない、農民を困らせる。

その対策は公私両面の節約となり、吉宗は自制心を発揮して緊縮政策を貫いた。最大の消費団体である政府の資金吸い上げは、長期デフレ不況を招く。「享保三年（１７１８）御公儀ご倹約きびしく仰せ出られ、これにより自然と公儀へお金納まりて出ず、下々自然と金銀逼迫《ひっぱく》して、諸商いも薄く年々迫り」（『我衣』文化年間稿）という不景気が続いた。

中層以下の武士は「放さじと思えど例の質屋まで降り行くものは衣装なりけり」の売り食いになる（『享保世話』）。武士を救うために政府は物価値下げに挑み、強権的調査や刑事摘発を繰り返した。１７２１年の「新規のこと御停止」では、呉服、諸道具、書物、菓子にわたる新型製品を製造禁止にした。それは商工業の頭を抑えて武士の誘惑のタネを断つ試みであった。

吉宗は市中男女の衣服に目を凝らした。「この間に別して結構になり、下着にまで心をかけていると聞くが不届きである」として、美麗結構の衣類・下着の者を見つけ次第召し取る、と１７１８年に布告した。その結果、表面は目立たない装いで、「人の目の及ばぬところに念を入れるこそ当世」となり、染模様や刺繍を隠してつける女が京都ではびこった（『軽口瓢金苗』１７４７刊）。

他方で市井の服は摘発の恐れのない素材へと転換が進んだ。遊客すら「客のなりは日々貧になり……青梅、桟留」（『袂案内』宝暦年間・京都刊）となった。江戸でも「客のなりは今では……青梅桟留で昼夜三（金三分の上級遊女）も買われる世の中」（『ものはなし』１７５８刊）である。金持客が木綿を着て遊里に行く。

ことのもう一面として、木綿着物を高度化する需要が出てくる。衣類の上昇志向は、道徳的説教と警察力により木綿へと押し込まれながらも、生地も柄も上等の木綿に出口を見つける。京都の「桟留の着尺」は、上層消費者の出口を探す需要に応えた結果であろう。改革政治に誘導されるかのように、政府の意図しない上質化が出現したことになる。

前近代の経済成長のばねとなる高級絹織物は、奢り批判の号令で消費が後退し、西陣の不況は避けられない。そこへ「結構美麗」に当たらない上等木綿の需要がわき出し、西陣は西機・二枚機と呼ばれる木綿織で息をつなぐ。デザインや染色の力は木綿に向けられ、図式的に言えば業態を少し変える。享保改革と「桟留の着尺」はこのように連動したのではないか。

## ◉地絹と綿を促す

経済情勢が行き詰まったところで、吉宗は意に染まない政策に打って出た。１７３６年に金百両の品位を落として新金百六十五両と交換する「元文金銀」を発行した。このマネー・サプライの拡大は、たったそれだけで取引を活発化させ商工業活動にプラスとなった。

三井越後屋の京本店の仕入高は、時流に乗り停滞を脱している。表14は１７２９年から１７４３年に至る五年ごとの年平均仕入高を示す。京本店の総仕入高はこの間にほぼ二倍に拡大している。しかし、仕入れ商品は昔日と変わっていた。京都本店で西陣絹織物を仕入れ、江戸店で売る三井越後屋の呉服商売は、ビジネスの基軸を動かさなければならなかった。

木綿嶋の仕入れは、一貫して成長した。木綿嶋類は織屋が手広く製造し、越後屋は相手先を定めず商品を選んで仕入れた。武士の熨斗目地などは織屋七〜十軒と特約したが、民用品の京郡内や京八丈は特約不要であった。

好況の１７４０年、木綿の値段は高止まりしていた。「御大名様方ご倹約もっぱらにて、近年は木綿の類等、数なく」（『江戸三井木綿店新設献策』「東京市史稿」産業編15）という品不足が生じた。領主の倹約令により家臣の需要は絹物から木綿へと移動し、品質のよい木綿反物が品薄となり高騰する。三井越後屋は倹約令のメカニズムに商機を見出し、桟留嶋などの扱いを増やしたことになる。

京都仕入で木綿物とともにシェアを伸ばしたのは地方絹であった（『三井事業史』本篇第１巻）。加賀や丹後の絹の仕入高は表14のように伸びた。それらは買い手を求めて京都の問屋に集まってくる安い商品であった。

**表 14　越後屋京本店の木綿嶋と地方絹の年平均仕入高**

| 西暦 | 1729 〜 33 | 1734 〜 38 | 1739 〜 43 |
|---|---|---|---|
| 地方絹・加賀・丹後 | 1,409 (100) | 2,251 (160) | 3,321 (236) |
| 木綿嶋類 | 186 (100) | 297 (160) | 431 (232) |
| 総仕入高の指数 | (100) | (146) | (209) |

『三井事業史』本篇第１巻3—11表から作成。単位銀貫目、カッコ内は指数。

京本店の営業数値は一事業所の実績にとどまるが、そこに政治が招いた消費の変質が表れている。改革政治は高級絹織物の消費を抑え、需要の軸をいくらか地方絹へシフトさせた。巨視的に見て安くて品質の低い絹物の消費が促された。絹物消費層の一部は木綿に手を伸ばした。そこで品位の高い木綿への需要が生じた。政策はそのように需要動向を変化させ、三井越後屋は先を見越して即応力で対応した。

「元文金銀」という新しい発想にもかかわらず、吉宗はコメ増徴や衣服規制の政策を変えなかった。隠居直前の１７４４年にも町人衣類を牽制《けんせい》し、絹紬木綿麻布のほかを禁じる原則を繰り返し、過分の衣類の者を見つけた場合は召し捕るとの法令を出した。その三ヶ月後には見回り同心の出動を指示し、次いで通行中の町人男女二人を逮捕し、禁止の衣類を取り上げている（『正宝事録』）。派手なまねはしない方がよいとする政府のもとで、着物の京桟留嶋の方はじわじわと底堅い需要を伸ばした。

# IV

# シマ柄が開花した田沼時代

# 1　春信の浮世絵のタテ嶋

## ◉タテ嶋柄の突出

鈴木春信は歴史の分水嶺をいくつか越えた人である。何といっても売れっ子になった最初の錦絵師である。版木と絵具を七～八種類も使って精密に刷りあげる「吾妻（東）錦絵」「江戸絵」。それがこの人に始まり全盛期を迎える。絵師と彫師と摺師と出版者が手を組んで、浮世絵に制作販売のシステムが生まれた。

嶋柄の歴史でも春信は異例の人である。登場人物のタテ嶋にこだわって突進した。春信の男女の着物にヨコ筋柄は極端に少なく、消えたと言ってもいい。伝統だった格子柄も減ってタテ嶋が圧倒する。タテ嶋本位の世への移行に、春信の影響は決定的と見える。

タテ嶋柄の多さをざっと数えるのに、知られる作品の苦心の収録であった『春信全集』（吉田暎二編、１９４２刊）を取り上げてみよう。その本は明和（１７６４～70）の前期三百七十八図、後期二百二十三図を収める。その後の研究で春信作でないと判定された作品もあるし、新発見は百以上もある。けれども、着物柄の特異さの大筋は表15で知ることができる。

売出しから死去まで五年という短期間に、次から次へと作品を送り出した春信は、タテ嶋への偏愛を押し通し、後期では男の31％がその着物である。女は男より着物の種類が多いけれども、それでも10～15％がタテ嶋である。

春信が手本ともした絵師西川祐信の京女の着物はどうか。祐信の絵本四種に載る女の嶋柄を分類してみると、

表16になる。祐信ではそもそも嶋柄着物が少ないが、年とともに格子嶋に対してヨコ嶋が増えている。ただ、ヨコ嶋はあってもタテ嶋はないに等しい。春信がいかにタテ嶋に走ったか、この対比ではっきりする。

春信は市井で見るタテ嶋の数を反映しているか。そうではなさそうだ。もし春信の描くほどタテ嶋があふれたなら、そのころだと日記や随筆や文芸本に書かれるはずだが、それがない。春信に続いた浮世絵師らもそこまでタテ嶋に熱心ではなく、春信は独り突出していた。彼は世にある着物柄の範囲を超えてタテ嶋に走ったように見える。とすると、春信一派のタテ嶋への熱中はなぜかという問題が浮上してくる。

### ◉笠森お仙の人気

遊女や役者は遠くにいる知名人である。町娘は近くの無名の人である。遊女らは売り絵になるが、町娘は単独では画題にならなかった。だが1767年ごろ谷中・笠森稲荷の水茶屋鍵《かぎ》屋にお仙が出て、事情が変わった。評判娘をはやして見

**表 15 春信の絵のタテ嶋と格子嶋（『春信全集』による）**

| | 明和前期 | | 明和後期 | |
|---|---|---|---|---|
| | 全数 | 嶋の人 | 全数 | 嶋の人 |
| 男　タテ嶋<br>格子嶋 | 152 人 | 38 人　(25%)<br>5 人　( 4%) | 150 人 | 46 人　(31%)<br>3 人　( 2%) |
| 女　タテ嶋<br>格子嶋 | 535 人 | 52 人　(10%)<br>14 人　( 3%) | 312 人 | 46 人　(15%)<br>4 人　( 1%) |

**表 16　西川祐信の絵本に見る女の嶋柄**

| 書名 | 刊行 | 巻 | 登場数 | 格子柄 | ヨコ嶋 | タテ嶋 |
|---|---|---|---|---|---|---|
| 『百人女郎品定』 | 1723 | 上下 | 191 人 | 11 | 14 | — |
| 『絵本常盤草』 | 1730 | 上中下 | 145 人 | 4 | 9 | — |
| 『絵本浅香山』 | 1739 | | 29 人 | 1 | — | — |
| 『絵本十寸鏡』 | 1748 | 上中下 | 168 人 | 3 | 12 | 1 |
| 合　計 | | | 533 人 | 19 (3.6%) | 35 (6.6%) | 1 |

『絵本十寸鏡』のタテ嶋着物１人は七夕の精霊流しをする子供である。

に行くブームが起きた。浅草参道の蔦《つた》屋およし、楊枝店柳屋おふじらがお仙と並んでスターになる。娘評判記という出版物が急にわきだし、町娘が遊女や役者と並ぶ有名人に押し上げられた。

浮世絵は評判娘をはやすメディアとなった。春信はそれで名をなし、その後に喜多川歌麿もまた傑作を残す。春信は絵に娘の名を書いたが、歌麿は名を判じ絵で表わさねばならなかった。評判娘の騒ぎに官憲が介入したからである。

笠森お仙は錦絵のほか絵草紙、双六、読売になった。人形が稲荷社開帳に奉納され、姿が手ぬぐいに染められる。歌舞伎の台詞でも「笠森稲荷に水茶屋お仙」と宣伝し、お仙ものの上演は大当たりをとった（『半日閑話』）。

「去年の春信から、またぐっと評判づいて、誰一人知らぬ人はござりませぬ」（『江戸評判娘揃』１７６９刊）。お仙人気は春信の絵で一段と盛り上がり、お仙で銭もうけした筆頭は春信だという。

錦絵工房は売れ筋に走る事業である。春信はお仙を描きまくり、『春信全集』に載るだけで十六作品ある。お仙をどういうシーンに置けば売れるか、春信は知恵をしぼる。人気俳

**図78　男と笠森お仙ともにタテ嶋**

胸にお守袋をのぞかせ男の髪をすくお仙。若い男は間着に黒半襟の町人で、片袖脱ぐ。ともにタテ嶋着物、たっぷり裾を見せる。看板に「御休所かぎや」。ジェノヴァ東洋美術館蔵。

優と語るお仙あり、白いふくらはぎを見せるお仙がある。お仙は猫とたわむれ、本を読み、楊枝屋のおふじやランの鉢と並べられる。

春信は手を替え品を替えて虚構の場面のお仙を描き、それが売れた。見たいという需要が春信を支える。顧客の願望がお仙の売れそうなシーンを作る。春信の絵の軽みと浮遊感はそこから来ている。

お仙にいい男をそえて理想の仲を見せる着想が、「若衆の髪を結う」図78の絵を生み出す。髪を結われながら三味線を弾くのは男の望みである。けれども実際のお仙は、武家養女になる形を踏んで徳川家御家人に嫁いだ。そこでお仙の不在が騒ぎになる。男と駆け落ちしたとのうわさが飛ぶ。すると春信は、男に背負われて暗闇を逃げるお仙を描く。それで人々の見たい願望に応えた。

お仙のいない笠森稲荷では、お仙の父が茶や団子を客に運んだ。それが「とんだ茶釜が薬缶に化けた」という流行語になった（『半日閑話』）。「とんだ茶釜」とは「とんでもない水茶屋美人にとんだこと」という意味のようである。春信派の一筆斎文調に、その「とんだ茶釜と薬缶」の絵がある（早稲田大学演劇博物館蔵など）。茶釜に羽が生え飛んでゆくナンセンスものであるが、そこまで絵にするほど浮世絵師はたくましかった。

町娘の評判はその時なぜ高まったのだろうか。古典文学の詩情と同じものが、当世世俗の日常の内にもあるという視点。市井の娘たち、若い母と子、若い男も美を担いうるという観点。そういう見方や感じ方が江戸に生まれたという背景がある。理想は彼岸にあるのではなく、市井の俗人にも高尚な心や美の瞬間がありうる。身分や財力とは別の、人の洗練や香気の価値が共感を得る。それで錦絵というメディアができたとも解釈できる。絵は手ごろな江戸土産になり、地方に文化的インパクトをもたらした。

人々は参詣を口実に出歩き、その途中で評判娘を見た。娘らは町人の子で人前に出て働く。絵に武家への対抗心などはない。武家は錦絵事業の支援者だったし顧客でもあった。

「若衆の髪を結う」絵には市井の片隅の情景を肯定する強いメッセージがある。人は昔よりも清潔になり、髪を手入れし、音曲をたしなみくつろぐ。それがいま手の届く近さにある。遊女や役者ではなく、春信はすぐ近くにありうる情景を描いて見せた。

## ◉着物の裾への目

春信派の一筆斎文調にも笠森お仙の絵がある。図79の版画と肉筆画があり、版画の方は身振りの派手な女で、実像に近いのは盆を持つ肉筆画の方であろう。

絵は両方ともお仙を横からとらえ、腰から裾《すそ》までの着物の線にこだわる。版画のお仙は裾を弓なりにたわませて後方へはねる線が鋭い。肉筆画のお仙も両ひざを細くしぼり、ひざと下駄で三角形を作って、やはり裾のたわみを強調する。お仙は両ひざを離さず、ひざから下で歩き、後ろの裾にふくらみを作る。絵はその動作と着方の提案になっている。

**図79　一筆斎文調の二つの「笠森お仙」**

版画「かぎやおせん」（平木浮世絵美術館蔵）。体の動きをタテ嶋で強調する。帯は絣入り。

肉筆画「笠森稲荷社頭図」（出光美術館蔵）。お仙は白地に紺絞の着物で、団子を運ぶ。前掛けをつける。

駒下駄は三角形の二つの頂点である。黒い塗下駄は当時の流行で、文調の絵はひざと裾と下駄の見せ方を探るものとなっている。

一体何が起きていたのか。着物の着方が変わる時期であった。部屋にいるとき腰上げをしないで着物の裾を引きずる習慣は、18世紀半ばすぎに恐らく江戸の女に広がった。裾の綿をいくらか厚くして、上と下の着物の裾を二つそろえて見せることになる。裾を重ね合わせる見せ方を屋外で行うには、裾を地面から離す駒下駄が必要となる。下駄にかぶさるような裾の重なりをどう見せ、かかとを隠す裾をいかに作るか、そこが目の行き場になっていたのであろう。

塗下駄は裾長をもたらし、裾長は着方や歩き方を変えつつあった。厚い下駄の歯は、その分だけ町に出る女の身長を伸ばした。その転換期が春信派の活動と重なったのではないか。

図80の北尾重政のお仙は、幅広の黒半襟、前掛けをつけ、かいがいしく働くが、画家はやはり足元に注意を払い、ひざから下に三角形を作っている。

お仙の絵はブロマイドを兼ねつつ、着方を見たいという需要に応えたのではないか。それは実際を写すというより、好ましい着姿の探究と提示となる。春信のタテ嶋柄も、必ずしも市井の現実の反映とは言えなくなる。タテ嶋は裾へのラインを見せるのに都合がよい柄である。だから春信は、上手な着方を見せるためにタテ嶋を描いたのではないか。

**図80　北尾重政のお仙**

ひざから下の動きはややぎこちないが、分厚い裾でかかとを隠す着方に変わりはない。表着と間着の襟を一つに重ね、前垂れをつける（「かぎやおせん」東京国立博物館蔵）。

## ◉男も裾を下げる

長くなった裾と後ろの見え方が、どれほど気になるか。町に出る男も同じであった。「おのれが面《つら》にほれたる大虚気者《おおうつけ》」が、目一杯に裾を下げて表着と下の着物の裾を二つながら見せる。「上田八丈の下着は下駄の歯を隠し」、裾は下駄の面より下がっている。「はやり言葉を使い」「正しき眼には愚人と見るべきか」という男が「肩を振って、歩くたびに形振《なりふり》を返りみる」（『風俗八色談』１７５６刊）。それが一時期の洒落男の風体であった。

彼はなぜ振り返るか。長い裾が形よく重なって後ろへ伸びているか、見え方が気になるからである。前へ歩きながら心は後ろの裾に向かい、かかとに当たる裾を感じている。長い裾が登場して、その着こなしが今お洒落のポイントである。

女の裾長は春信派の芸術になったが、男の裾長はバカ者扱いされて記事に残る。春信の画作の直前のころ、江戸武士が実際に長着物の吉原遊客を見て次のように言う。

「丹後のタテ嶋、地を引きずる程の長小袖。歩くたび女の如く裾をひっくり返り」（『隣の疝気』１７６３成立）その長小袖の裾はほとんど地面につきかねない。男の自慢する裾は、一歩ごとに後ろへ折れるように映る。綿を入れた裾をフキと言う。歩くときにそれが綿の重さでもっこりはねる。裾の端を底厚の草履《ぞうり》がカバーしていた。「近年は心のおごりは昔に百倍せしゆえ、桟留、紬、絹羽織にては何とやらみすぼらしく見らるるゆえ、我知らず綺羅を磨く」（前掲書）。著者は同時に身ぎれいになりゆく人々を見ていた。絹を丈長の着物に仕立て、裾を厚くして格好をつける。江戸では人の見栄えがよくなる時期が来ていた。

春信の錦絵デビューから十年たつと、江戸市中はタテ嶋柄の多い世になっていた。北尾重政の風俗絵本『絵本世都之時』（１７７５刊）がそれを証明する。絵は当時の人々を写しており、それ以降、タテ嶋の着物は浮世絵や絵本で普通の姿になる。

その風俗絵本に図81のタテ嶋の男が載る。黒羽織の連れとぶらぶら水茶屋に来た武士のようだ。羽織は小紋の洒落者である。目を下へ転じれば裾が長く、裾のフキは女のように太く、中の綿でふくらむ。下の着物のフキにも厚みがある。かかとは見事に隠され、草履さえ見えない。それに襟《えり》周りもきちんと重ねる。髪型も細身の刀も軟弱に垢《あか》抜けている。それが田沼意次の時代の江戸者の新風であった。

**図81　水茶屋に来た洒落男二人**

男も後ろの見え方を気にする。左の男はタテ嶋の絹着物。裾の先は厚く、上と下の裾が重なる。襟でも服の重なりを見せる。細身の長刀で武士であろう。昼間から暇で水茶屋に寄る。『絵本世都之時』から。

春信派の予言はここに的中している。江戸のタテ嶋は、自分の見え方への執着、背側にあびる視線の意識、つまりは着姿への高揚感とともに現れたことになる。それを苦々しく見る人も、次第にバカ者とは言いにくくなる。

春信のタテ嶋偏愛は、事業家の視点でながめると理解しやすい。彼は江戸人の柄への好奇の目を予感し、タテ嶋が一つの回答になると見た。それを描いて売り出すと、目新しい絵はよく売れた。売れる事実が春信を励ます。柄はついに春信のブランドとなる。町の事実よりも一歩先を歩むのが春信の真骨頂だったのではあるまいか。

同じ時期の『浪花のながめ』（1778刊）は、肩のこらない絵つきの大阪名所案内であるが、町人にヨコ筋柄が多い。荷物を担ぐ農民も、商店丁稚《でっち》も、若い徒弟も旅の人も木綿ヨコ筋で、それは労働を示す記号でもあった。羽織の人のタテ嶋着物も稀で、タテ嶋のファッションが大阪へ届くのはいくらか後になった。

# 2　白木屋お駒の黄八丈

## ◉お駒の大当たり

１７７５（安永４）年、江戸で人形浄瑠璃「恋娘昔八丈」が大当たりを取った。あまりの好評につき外記座上演は翌年まで延長となった。これにあやかろうと歌舞伎の中村座が同じ題目の公演をぶち上げ、これまた大盛況であった（『半日閑話』）。女主人公の白木屋お駒が髪結の才三郎に迫る台詞は、爆発的な人気を呼んで子供も知るほどとなった。

お駒は家の困窮からやむなく恋人の才三郎と別れ、持参金つきの男と結婚する気になる。不実を責める才三郎に、涙にかきくれてお駒は言う。

「思いがけない今宵の様子、聞きしゃんしたら腹が立とう。さぞ憎かろう。さりながら、そりゃ聞こえませぬ、才三さん。お前と私がその仲は、昨日や今日のことかいな」

心を打ち割って「サイダさん」と才三郎にすがりつくお駒。中村座でお駒を演じた瀬川菊之丞は三代目で、「さのみ器量はよくなかりしが、真に女の如し」（『賎のをだ巻』１７９９稿）という迫真の演技であった。そのお駒になりきって夜道を歩く人たちがいた。「暗闇でお駒におこま突き当たり」と川柳（『絵兄弟』１７９４刊）が言う。夜道では義太夫なり何なり大声を出して歩くのが、当時の習いであった。お駒の台詞の人がこちらから行けば、向こうから来る人も「そりゃ聞こえませぬ……」とやっていた。

外題は別ながら森田座も「お駒才三もの」を打った。その両年は「お駒才三」なしには語れず、インフルエンザは「お駒風邪」となり、着物でも「才三格子嶋」「お駒染め」が売り出された。全盛期の浄瑠璃と歌舞伎にはそれだけの力があった。「買わぬお方は聞こえませぬ。才三さんではないかいな」と売り歩く「お駒アメ」の行商は、頭髪の上にトンボを飾り、その後二十年ほど行楽地に出た。

「お駒才三」の芝居は実際の事件をモデルとする。芝居の白木屋また城木屋お駒は、実録の白子屋お熊である(『近世江都著聞集』巻三、四、「燕石十種」第5巻)。

富豪の材木問屋の娘お熊は、下女の手引きで店の手代と密通し、邪魔になった養子の夫を出入りの按摩《あんま》に毒殺させようとした。お熊の母もまた養子との離縁をたくらみ、寝床の養子を下女に襲わせた。養子と下女の心中事件を装い、持参金五百両を返さぬまま別れさせるたくらみであった。

これが発覚して、町奉行・大岡越前守忠相の裁きを受けた。判決は厳しく下女二人死罪、手代さらし首、母は島流し、按摩は江戸追放、お熊は引廻しのうえ浅草でさらし首となった。１７２７年、縄をかけられ裸馬に乗せられたお熊が、群衆の前を通った。その着物は黄八丈、下に白無垢の中着、首に数珠をかけ法華経を唱える。死に際を飾って散るお熊に見物人はショックを受けた。

お熊の黄八丈は狂った女の気味悪さのしるしとなった。白子屋を襲った異様な事件の罪を黄八丈が着せられた、と講談師馬場文耕は書く。

「お熊が着たりと人々言いけるゆえ、自然と女房・子供は不吉なりとて着る人少なく、ついに廃りたり」(『愚痴拾遺物語』１７５８筆「未刊随筆百種」第16巻)

「あ、お熊の着物だ」と言われては、着る気も失せる。質入れした黄八丈を、着られないからと客が取りに来ない。俳諧がそう書くさびれ方となった。

「昔は女の衣裳に黄八丈といふ嶋をめでたきものと、尊も賎も着しけり。男も諸侯・太夫方とも中着または羽織などにして着たまひしが、三十年来、黄八丈廃りける」（前掲書）。お熊の記憶は黄八丈を忌避させ、事件の三十年後にして女は着ない。ただ、官物の八丈織はそもそも気安く黄八丈とは呼ばず、話は別だったと思われる。

## ◉黄八丈の大逆転

事件から五十年近くを経た演劇「恋娘昔八丈」のお駒に、かつての罪の影はない。物語は換骨奪胎されて恋の至情をうたい、無垢の娘に思わぬハッピーエンドが訪れる。お駒は共感の涙で迎えられる主人公となっていた。

そこで不思議なことが起こった。黄八丈の境遇が逆転した。舞台のお駒が着た黄八丈が流行の先端に立った。

「黄八丈き殺しにしたおしい事」（「川柳評万句合」安永五年満印）

黄八丈を着たまま死ぬとは、五十年前は何ともったいないことをしたか、川柳があきれている。

「この義太夫節より世上、黄八丈を着用する。いかなることにや」（『我衣』）。著者加藤曳尾庵は上演のとき十二歳ぐらいで、大人の騒ぎを見たのだろう。浄瑠璃が黄八丈の評価を一変させるとはマカ不思議な世ではないか。けれども前の黄八丈が戻ってきたのではない。黄八丈はどうやら別の物になっていた。著者は鋭くその点に触れる。

「先年の流行と今とは違うにて、当世は派手なる嶋柄に候」（前掲書）

**図82　八丈という柄**

家事の実用手引書『秘事思案袋』にある「八丈嶋織りよう」の図。ヨコ筋柄の紬が八丈織をまねる手織品となる。（『妙術博物筌』1729刊に合冊。『秘事思案袋』の成立はもっと古いとされる）

その黄八丈ブームは古いものの単純な復活ではなかった。文様は当世風に「派手なる嶋柄」へと変わっていた。その派手な柄は以前とどう違うか。そもそも古風の黄八丈と呼ぶものは、どういうものであったか。

１７２０年前後生まれの別の著者が昔を回想して、「享保のころは八丈織はなはだ払底にて、たまたまありても、黄八丈は無地、また横嶋ばかりのようなり」と言う（越智久為『反古染』）。確かに染見本『ひなかた都商人』（１７１５刊）では、黄八丈は黄染の紬である。しかし、黄八丈と呼ぶもののもう一つはヨコ嶋であった。それはいくつかの絵画に出てくる。

家事教本に八丈織の柄が載る。古風のものは図82のようなヨコ筋であった。それは八丈島産ではない。しかし18世紀前半にはその柄が八丈嶋と呼ばれていた。染め色は「嶋筋の糸は黒く染め」「地の色は黄なりとも鳶《とび》色なりとも好みに従いて染め」とあり、八丈島風の色づかいである。

儒者荻生徂徠の肖像はいつも黄八丈の服に紋付の羽織で描かれる。町人から広島藩儒者となった頼春水がそう書いている。「紋は丸に矢の違ひたるなり。八丈嶋拝賜のことありたる故に、人必ず八丈を描くとなり」とある（『霞関掌録』１８０２稿か）。柄は図83でも、後の『先哲像伝』（１８４４刊）でもヨコ筋である。下賜品がヨコ嶋となるのは、将軍の格子嶋と似るのを避けたのかもしれない。

実録の白子屋お熊は事件の十年ほど後に、歌舞伎の舞台に一度のぼった。そのときの「おくま」を写す芝居絵が残っている。図84の通り「おくま」はヨコ筋大柄の黄八丈を着ていた。

**図 83　荻生徂徠像**

古い絵の模写で、机に向かう図。着物の柄は両子持ちヨコ筋の八丈嶋。羽織には矢の羽の交差する家紋。『視聴草』第6巻8集に載る肖像。

二つのパターンを繰り返すヨコ筋は、家事教本の柄と似ている。刑場へ引かれた実録のお熊の黄八丈も、ヨコ筋と見て間違いないだろう。

### ◉お駒はタテ嶋柄

では、1776年の舞台の黄八丈はどんな柄であったか。幸いにもお駒が「そりゃ聞こえませぬ」とやっている場面の浮世絵が残る。お駒才三の芝居は幕末まで何度も繰り返されたから、早稲田大学演劇博物館には現に二十種類以上のお駒の絵が残る。図85はたった一つ見つかる初演のものである。お駒はそこでタテ嶋の黄八丈を着ている。

図84　「おくま」のヨコ柄

鳥居清倍《きよます》の芝居絵「瀬川菊次郎の志ろきやおくま」。外題は「百遊ビ紋日の抱取《かいどり》」、1737年に中村座で上演。「この所、まりの歌、大でけ」とあり、手まり歌が評判だった。ホノルル美術館蔵。

図85　タテ嶋のお駒

勝川春好の浮世絵「お駒才三」。1776年、森田座上演を写す。男は片袖を脱いで、肩に手ぬぐいを掛ける髪結才三。「才三格子嶋」（『半日閑話』）である。お駒は鳶色に黄のタテ嶋の黄八丈。突き放されたお駒が「そりゃ聞こえませぬ」と迫る。胸の「丸に稲の字」は芳沢いろはの役者紋。壁面の「福帳」は「大福帳」（ベルギー王立美術館蔵）。

お駒の振袖のタテ嶋は鳶色地に黄の二筋を走らせる。町人女のしるしである黒半襟を掛ける。タテ嶋の袖と裾を精一杯くねらせて、情念の見せ場を作る。

同じ黄八丈の柄は少し遅れて鳥居清長らの浮世絵に出てくる。舞台衣装から市井の女へと移ったのであろう。タテ嶋の黄八丈は、こうして鳴り物入りで姿を現す。お駒の興奮とともにタテ嶋が町の評判になる。それは将軍貢納品とは別の市井の黄八丈が世に出る文様史上の出来事であった。五十年前のヨコ柄は古くさくなり、一気に更新される。昔は富豪の娘に限られたが、今はもっと広い層が着る。江戸に絹紬のタテ嶋の時代が到来する。

## ◉替わり嶋の実体

かんざしでも買いなと男が女に三両を投げる。「上着もいまは黄八のこったよ。間着も更紗・縮緬がよい。それ十両」とまた投げる。手紙を書きだしたのでそりゃ何だと男が聞けば、「切れ文さ」と女（『いかのぼり』１７８１序）。女は小判に目がくらみ、男を取り替えて妾《めかけ》になる。

黄八という略語に江戸者の親しみがこもる。流行に食いつきの早い女として妾はよく知られた。川柳に「新模様いっち早いが妾なり」もあれば「越後屋の蔵じゅう妾かき回し」（『誹風柳多留』二十二編）もある。

男の黄八を欲しがる女郎もいる。女「おめえいつかじゅう着てきた八丈を、わっちがこの無垢と取りけえてくんなんしな。店着にしんさアナ」。男「とうに曲げてあらア」、もう質入れしたと。女「それでも玉とやらが落ちなんしたら、出されなんすだろうネ」。俸禄が出たら質屋から出すのでしょ。男「マアそうは虎ノ門の金毘羅《こんぴら》だ」とごまかす（『傾城買四十八手』１７９０刊）。男は世知辛い御家人であった。黄八丈はその層まで広がっている。

黄八丈はほとんどの場合に「替わり嶋」「替わり八丈」であった。「替わり」は徳川家へ行く八丈織と異なるという意味になる。上級の遊客が「黒羽二重の小袖」、間着は「黒手の替わり八丈」、その下に「古渡り更紗」であった（『契情買虎之巻』１７７8刊）。「何一つ言い分のない息子株」もやはり「黒羽二重」の着物に「替わり八丈の下着」で、雨宿りして女に色道を教わる（『風流仙婦伝』１７８０刊）。

「替わり八丈」は徳川家の本式の柄とどこが違うか。図86の絵が答えとなる。タイコ持ちが旦那からもらった「替わり八丈」は、着物も羽織もタテ嶋である。それでうれしくなって扇子を手に踊っている。

図87は町人女が「本八丈の替わり嶋」を手に持つ絵である。訪問販売の呉服屋手代から渡された本場八丈産のタテ嶋を見ている。豊かな女がそれを着たことがわかる。

江戸の男女が望んだのは黄八丈のタテ嶋であった。「替わり嶋」は官物の威厳から抜け出し、いかめしさを脱力する新しい柄であった。お駒とタテ嶋の黄八丈から読み取るべきは、田沼意次の時代の市井の文化の新しさである。立ち姿を本位とする着物への転換が、タテ嶋を後押しした。着姿を

**図 86　タイコ持ちの替わり八丈**

大尽客の供をして景気のよいタイコ持ち。「替わり八丈ずくめ、決まり決まり」と喜ぶ。八丈羽織の時は無地小袖が決まりで、この着方は軽薄であった（『都鄙談語』三編、１７７３刊）。

**図 87　本八丈の品定め**

文に「縮緬の板締めと本八丈の替わり嶋を見せて下せえ」とある。2点のタテ嶋柄が本八丈。町人の座敷の風景である。「こりゃあ嶋柄はよいが、あんまり地が悪い」と、右の女が呉服屋手代に言う（『世諺口紺屋雛形』1799刊）。

意識して出歩く人が流行を振りまき、町はにぎやかになった。

## ◉ニセ八丈の出番

黄八丈の流行は本当に「お駒」の劇の後か。そうとも言えない。男の替わり八丈はお駒の前にすでにあった。『辰巳之園』（１７７０刊）の深川遊客は、黒紬の着物の下に「八丈替わり嶋」の間着である。お駒の劇の数年前にそれは世に出て、男が着ていた。

黄八ブームが起きたとき、黄八は直ちに供給された。それが可能だったのは男物があったからである。歌舞伎の興行主は事情を承知していたのではないか。ただ八丈島の黄八丈は値も高く量産もきかない。ブームに応えるには量産される安い品が必要である。一体それはどこからわくように現れたか。

「中着に召したその鳶八《とびはち》というヤツは、上州から出るヒヨコ嶋だ」と、女郎買いの師匠が初心の武士客をしかった。けなされるのは上州産のニセ鳶八丈である。トビに及ばぬヒヨコみたいな着物では、女郎にもてないと言っている。「それに下着はまがい八丈。……これはもう気の毒だぞ」と続く（『傾城買指南所』１７７８序）。上州産より下がる紛《まが》い八丈が出回っていた。

別の武士客は「上州の鳶八丈の小袖、黒紗綾の半襟」で女郎屋に来た。半襟は町人と見せるためである。その武士の長唄・声色の持ち芸はたいしたもので女郎を感心させた（『客衆肝照子《きゃくしゅきもかがみ》』１７８５序）。

吉原をのぞきに来てまごつく田舎侍も「上州鳶八丈の羽織」である。夫思いの妻が、寒くないように綿をしこたま入れて仕立てていた（『文選臥坐目《もんぜんござめ》』１７９０刊）。道具屋を表看板にする茶屋で、女郎は縮緬の着物に「上州八丈」を打ち掛け、お高くとまって武士客を見下ろしていた（『大通契語』１８００序）。

駕籠《かご》で重《おも》た増し料金を取られそうな太った武士客が、布団に腹ばいで女郎を待つ。「赤トビの田中八丈、裏襟なしの、肩のあたり少し油で汚れた下着」の姿であった（『傾城買四十八手』）。田中八丈は下野《しもつけ》足利の田中村から出る「田中嶋」であろう（荒川宗四郎『足利織物沿革誌』１９０２刊）。江戸で名が知られたことがわかる。

桐生・足利の事業家は黄八丈の需要に目をつけ、工房を設けて男女の奉公人を雇い、デザインでも生産販売でも力をつけ、上州八丈を盛んに織った。「八丈のしまを海なき国で似せ」（『誹風柳多留』四十九編）はそのことを言う。黄八丈の多くは海ではなく北から江戸に来た。お駒による需要は上州から供給された。

伊豆代官一行の１７９６年の八丈島見聞記に「武蔵の八王子、上毛の桐生あたりより八丈織とて織り出す。よく八丈島の産に似たれども、染めよう異なるゆえ、一年を待たずして色変わる。八丈島のごとく日を費やすべき暇なければ、染め出すこと難《かた》かるべし」（『伊豆日記』また『七島日記』など）とある。ニセ八丈は桐生方面と八王子が一大産地であった。本場物に比べて色は早くさめたが、江戸の需要はさめることがなかった。

## 3　通り者の黒と八丈仕立

### ◉きらわれる助六

花川戸助六は今なお江戸歌舞伎の人気者である。奪われた宝刀を探して吉原で侠客に身をやつし、けんかを売っては相手に刀を抜かせる。宝刀の持ち主はなじみの遊女に横恋慕する男とわかる。助六は男を斬って宝刀を奪い返す。武士に負けない江戸っ子とされている。荒くれ者を片っ端からやっつける腕力。遊女がほれる男っぷりのよさ。悪にたじろがない豪儀。町奴の男伊達に観客は興奮し芝居は当たり続ける。

　助六の装いが半世紀近くかけて完成するのは１７４９年ごろとされる。図88のように黒羽二重の着物の裾に裏地の紅絹《もみ》が大きく折り返され、袖にも紅絹がびらびらし、襟にじゅばんの赤がある。それは一昔前の武士の姿である。「小袖の裏を紅にし、あるいは紅の肌着を袖口長にして、腕をまとうばかりにひらめかす者多く見ゆ」と儒者太宰春台（１６８０～１７４７）が書いている（『独語』）。元禄忠臣蔵の討ち入り集団も、小袖の紅裏を目印にしたと伝えられる（『一話一言』）。黒と赤は武士の色であった。

　助六の大仰ななりに町人由来の要素はどうも見当たらない。曽我氏の出の助六は、町人に身をやつしていたのだし、宝刀を探すのも刀を抜くのも武士の事柄である。武家身分に対抗する意図があれば、桟敷の常連の武家客が拍手したであろうか。助六が町人の心意気や反抗心を本領とするという見方は、近代に作られたものではないか。

　18世紀後半の出版物では、助六風は力みかえる滑稽者とされる。丹後タテ嶋の長小袖、下に緋縮緬、羽織なしの長脇差の屋敷者らしい男を見て、「助六と思う出立、おかし」と江戸与力がからかっている（『隣の疝気』）。洒落本は助六の形姿をあげつらう。「オラあ羽織はビラシャラしてきらいだ」、泥道でも「下駄で歩くとまず踏み込んでもよし」、「夜は犬が吠《ほ》えねいでいいぞえ」と助六風に言わせる（『大通秘密論』１７７８刊）。それらはすべて当世とずれていた。

　「黒羽二重に杏葉牡丹はお定まりの紋所」で、さあどうだと「悪口きき」の乱暴な言葉づかい、「女郎にすごみを見知らせねば」と勇む助六風は、遊里で相手にされない（『古今吉原大全』１７６８刊）。

『遊子方言』（1770刊）の半可通氏は、薄汚れた紋所の黒羽二重着物に「色のさめた緋縮緬のじゅばん」で、若い知人を「助六がように作り直さねばならぬ」と意気込むが、文中でさんざんからかわれ女郎に振られて帰る。もはや時流に合わない人であった。

舞台で喜ばれる侠客が、町では通用しない。遊里で称賛するのはスマートでわきまえのある都会型の人であった。18世紀半ばに江戸遊里の遊び方が変わった。一昔前は「権柄がましく、遊女に対し歌え舞えと言いて、いかつ」な客が多く、遊女らは「イカイギセイ」（大層な義勢）とそしっていた（『異本洞房語園』1720序）。だが、遊客は女の自発性を問い始め、深川などは服従や使役でない男女交際の場に近づく。「女郎の誠」なんて「四角な卵」や「晦日《みそか》の月」と同じくあるはずもないと自嘲しながら、瞬時の誠を探る遊び方が遊里文芸の本筋になる。万事垢抜けた遊び人が現れ、その人を「通り者」と呼んだ。

## ◉通り者が見本に

身分の別には形が伴う。江戸ではその形がいささか崩れた。「歴々のこま回し、町人の生花。侍の短か刀、町人の長脇差」が流行する（『続談

**図88　助六の定番衣装**

五渡亭国貞画「揚巻の助六・市川団十郎（7代目）」（1819年の公演、東京都立中央図書館蔵）。蛇の目の唐傘と歯の厚い下駄、背中の尺八、紫の鉢巻、黒羽二重の着物、赤・緑染め杏葉《ぎょうよう》牡丹《ぼたん》の紋、胸元と裾の紅絹、鮫鞘《さめざや》の大脇差——これらが定型である。紋所は巨大、裾は長く厚く、表着と間着の襟を一つに重ねる。

海』１７６９落書)。上と下が逆さまである。武士の町人のまねは「士道廃頽《はいたい》」とされ、切れもしない細身の長脇差を町人が差すのは「僭称《せんしょう》」の極みのはずである。

しかし「武士の武士めきたるぞ、野夫《やぼ》に見ゆれ。町人めきたるこそ良けれ」（『当世左様候』１７７６序）の世となり、町人言葉を自慢する旗本も出てくる。「左様しかれば」「貴公」「恐れ入る」などの武家語は女郎にもてない。武家の「かたじけない」は、女郎言葉では「おかたじけ」であった。身分の形の崩れは特に女郎に関連して起きた。

遊里の「通り者」は装い・言葉・物腰・作法の洗練の見本となった。「屋敷者にも通り者あり」とされ（『隣の疝気』）、その洗練は身分によらず武家町人にわたる個人に起きたことであった。

「カネあり、こわい親なく、主を思う家来なく、悋気《りんき》せぬ女房をもち、家業ひまあり」ならよい遊客になれる（『大通伝』１７７７刊）。「諸芸に達して、男つきよく、一座の興となり、おうよう、しつこからず、間男を調べず」はみな女の都合であるが、それを満たせば身分を問わず上々吉の客となれた。

女郎買い安心集などの本が書くのは全部ウソで、女郎の実を得たければ女郎に実を尽くす以外にない（『無頼通《いかんつう》説法《せっぽう》』１７７９刊）。そう書いたのは小石川春日町の武士恋川春町であった。

「すべて女郎は十に七八は、武家は余り好まぬものなり」（『魂胆総勘定』１７５４刊）とされる。で「硬みはぐっとお流しなさい」と先生が勧める。袴や大小の刀、三つ指をつく作法は禁物で、所在なく扇子を鳴らせば、「その扇ばちばちも女郎の方では野暮らしい符丁の一つにしております」ときつい言葉が飛ぶ（『傾城買指南所』）。武士は硬みを捨てて「通り者」にならなければならない。

「明和・安永（１７６４〜81）には色男の着るものに時代を画する大きな変動があった」（『助六の成立とその変形』『山口剛著作集』第6巻）。先導役は「屋敷の留守居など、またはよろしき町人の小息子（若い息子）」らの遊び人である（『袂《たもと》案内』宝暦期刊）。それに士民とも大勢の志願者が続いた。
「世の人、惰弱怠慢にして、放逸遊戯にふけり、弓矢を取らずして三弦をにぎり」、男らしさの脱力が生じた。遊舟に女と乗りたがり、長羽織に細い脇差、神社で富札、屋敷で賭博、市中繁華に浮かれている。長羽織を後ろから見れば女の打掛のごとくである。自分の容色に気をとられ、色恋で頭を一杯にした男が身を飾る（『江戸風俗総まくり』「江戸叢書」巻8）。飾る願望は士民の男に広がり、「通り者」はその象徴であった。

飾り立てる男は外国の歴史にもある。フランス宮廷が作られた16世紀に、男とも女ともつかない格好の貴族が現れた。その連中は「先祖が持った男らしさや力はなく」「ただ軽薄移り気で、遊びと浪費しか頭になく」「見てくれには躍起となり」「優雅を増すのに細心たること、女をしのぐ」とシュリー公に酷評される（ゾンバルト『恋愛と贅沢《ぜいたく》と資本主義』）。財力は段違いにしても、江戸の遊び人はその貴族とどこか似て、後に触れるように同じく商工業を活性化した。

地方のカネを江戸にまく田舎武士が犠牲者となった。彼らは江戸者の風俗更新に乗り遅れ、「武左」「新五左」「国家《くにけ》衆」などとそしられ野暮の代表となる。田舎侍を言う「浅黄裏」の語は１７６５年から川柳に出る（『江戸学事典』）。「浅黄裏ろじで引ッつり引っぱられ」は、時間制の遊所の路地で身をこわばらせる田舎侍を言う。江戸者の変化が急であったから、身の処し方に差ができていた。

男が変われば女も変わる。「地女（素人女）の風俗も、今の目にては昔のは見られず。……今は少しも渋皮むける女に野暮はまれなる浮世なり。それゆえ昔より不義も多かりしこそ嘆かわしけれ」（『隣壁夜話』１７８０刊）。著者の見るところ、男も女も身を飾れば密通が増えるのはやむをえなかった。

## ◉黒を選別する目

「着物は何でも上着は黒さ。常着には粋な嶋や小紋などもよけれども、どうも黒ほどには人が見えぬ」(『傾城買指南所』)。黒は「通り者」が人品を見せる色であった。遊里は嶋柄や小紋の町の流行柄では通らない場である。

小紋羽織の浪花男が小走りになり、黒羽織を取り出して手品のようにそれに着替える。すると歩き方が急に変わって気取った風になる(『粋宇瑠璃』１７８５刊)。人は見かけを作って行動のモードを変える。

男の黒の見分け方がやかましくなった。古びた黒は赤みを生じ、やがて黄色味を帯びる。富沢町や柳原の古着屋には疲れた黒があふれていた。色のさめ方で人品がわかる。「羊かん色の頭巾」や「赤くなってもその昔は黒縮緬の頭巾」(『息子部屋』１７８５刊)はいけない品だ。黒を見分ける言葉が日用語になる。

「昼過ぎ」「ちょっと来た」……………盛期を通り過ぎた黒色

「七つ時分」「七つ半過ぎ」……………夕方、とっくに処分すべき黒

「縮緬の三年半ぐらいなやつ」「板締めののろま色になった細帯」「羊かん色な羽織」と遊里文芸の言葉がきついのは、黒への世の感受性が高まったからである。文芸は実生活の疲れた黒からの脱却を説き、口を酸っぱくして絹や黒を見る目を教えた。「通り者」はその黒の洗練の模範であった。その上に「大通」という人物像もあったが、常軌を逸した突飛な行動は、滑稽の域を出るものではなかった。

そのころ江戸の黒染がついに京都を超えた。京染の「黒く染めたるものは艶なくして、江戸にて染めたるには劣りたり」という判定がある(『譚海』１７９５稿)。江戸者の黒を見る目が高いランクの染色を求め、江戸の染屋が色艶の勝る新たな黒を生み出していた。

選別の目は生地にも向かう。紀州藩は「古き絹布たりとも下着にも無用たるべし」と家臣に羽二重を禁じながら、「ただし、いかにも古きは苦しかるまじき事」とする(『南紀徳川史』)。廃棄寸前の羽二重を着る武士は実際に

おり、江戸ではそれもまた問われていた。

## ◉下に着る黄八丈

富商の養子となった金々先生は、家では黒羽二重づくめで過ごした。吉原へ行くとき図89の「きんきん」衣装に替える。絵で真っ黒の羽織は、本文では八丈八反掛である。黒い目ばかり頭巾は、事情あって人目を忍ぶ見てくれである。落とし差しの長脇差は楊枝《ようじ》にたとえられる。上着と間着の襟を前で一つに重ね、裾をはねて下の柄を見せる。胸高に締める帯と、ボタンがけ羽織紐も、「通り者」のファッションである。

異風頭巾はしばしば武家地から現れ、『金々先生』刊行の前年に江戸町奉行の取締令がある。市中見廻りの者が顔を隠す頭巾を見つけた場合「屋敷にても」脱がせ、名を質すことになった（『半日閑話』）。屋敷地は町奉行の管轄外だから異例の触れである。

「向こうに黒羽二重仕立の客がいれば、こっちも負けず八丈仕立連が……」（『玉菊燈籠辨』１７８０刊）。「通り者」の羽織は、黒と八丈仕立が競り合っていた。

八丈織にしてもニセ八丈にしても、「通り者」は羽織にはするが、上の着物にはしなかった。黄八丈は申し合わせたように、表着の下の間着ないし下の着物になった。表立ったところでは、上は黒小袖、黄八丈はその下になる。浅草にいた美男子は「黒羽二重の上着にトビ色八丈の下着」であった。連れの俳諧宗匠も「黒縮緬の小袖、黒手八丈の下着」である（『能似画』１７７９刊）。二人はいずれも八丈柄を下に着る。吉原へ行く別のいい男も「八丈嶋の間着、トビ色縮緬の小袖」（『娼註銚子戯語』１７８０刊）である。

下に着る男の八丈柄は、チラリと見せるだけである。黒い絹の首巻で襟元の八丈柄を隠す。男が八丈柄を見せようとするときは、着物の褄《つま》を手でつまむ。そのポーズも流行した。

「きつい八丈好き」のある男は羽織、上着、下着、じゅばん、帯、足袋まで八丈で、家も玄関が八畳、次の間も八畳、座敷も八畳であったが（『再成餅』１７７３刊）、笑い話だからそうなる。「唐更紗の間着」に「八丈嶋の小袖」の派手男もいるにはいたが、アウトローである（『金錦三調伝』１７８３刊）。

奥の深い男の習いは、やはり黒小袖であった。黄八丈を下に着て、「通り者」はある種の品格を表わした。田沼時代のそういう文化は、19世紀の化政文化の「卑陋《ひろう》俗悪」（辻善之助『日本文化史』）とは異なるものであった。

## ◉通り者の黒と嶋

官物の八丈織に揺らぎはない。平戸藩松浦家大名はあるとき政府の老中ら三人に「八丈嶋十五反ずつ」、奥祐筆組頭に「八丈嶋十反」を贈った。何万両かの土木工事の命令を回避する「お手伝い逃れ」の謝礼のつもりであった。本当にその命令が下る寸前だったかどうか、それとも高官の策謀か、真偽には疑問が残った（『甲子夜話続篇』巻85）。

杉田玄白と『解体新書』を翻訳した将軍医官桂川甫周は１７８５

図89　吉原へ行く金々先生

目だけ出す亀屋頭巾は、人前に顔をさらさぬ重い人物と見せる。着物は嶋縮緬でタテ嶋。左の「源」印は手代「源四郎」、右の「八」印はタイコ持ち「万八」、後ろの顔は座頭の「五市」。取巻き連中である。「ダンナのお姿、すごい」と持ち上げる「万八」は、万に八つしか真実がない男。恋川春町『金々先生栄華夢』（1775刊）。

年、前長崎商館長イサーク・ティツィングからの医書に返礼をした。オランダ語で礼状を書き、日本式の柄《え》のつく銚子《ちょうし》と八丈嶋織物を贈った。手紙には「八反掛という八丈嶋織物一反も贈ります。これは将軍だけが用いるものです」と書いた（『オランダ商館長の見た日本—ティツィング往復書翰集』）。

表17は堅い商人の八丈替わり嶋を含む着方である。武家客といっしょに遊里に来たその人は、稼ぎも人柄もよく女にもてた。

その商人は着る順番に細心の注意を払う。羽織は紬の黒染、着物は木綿の舶来唐桟、裏地も地方絹の無地染で、高価だとしても下々の禁制を守る。問題はそれから下である。「八丈替わり嶋」は本場産だと両論がありうるが、その下の縮緬・白羽二重は禁制品だから、首巻きで包んで外に見せない。

田沼期の町奉行は脱がせる検査をせず、大っぴらな違反でない限り摘発しなかったようだ。下の着物すら問題視した前の時代とそこが異なる。その安心感が消費の規制緩和となり、お洒落と流行を招き寄せ、繊維の商工業を盛んにした。流行は商業重視政策の一つの表われだったと見ることができる

カラー口絵4の絵は、黒羽二重と八丈織が作る理想のお洒落である。前にも後にも、若い男がこれほど美しく装う絵はなさそうに見える。おっとりして何一つ不自由ない良家の息子がそこにいる。羽織の八丈八反掛の斜めの織り線は、黒黄鳶色とも細筆を極め、描き尽くそうとする気迫がこもる。脇差は極細、武威の影はない。あごを前に、小さい袖口、小ぶりの指、みな当時の上品さである。

息子株は「およそ頭頂よりかかとに至るまで、心を用い気をつけて」装う（『浮世

**表17　商人の模範的な着方『婦美車紫鹿子』1774刊**

○は許されるもの、●は禁制の絹

| | | |
|---|---|---|
| 羽織 | 黒の郡内紬の袷。紋付……………○ | 紬は下位 |
| 小袖 | 唐桟。裏は空色の絹……………○ | 輸入木綿 |
| 間着 | 八丈の替わり嶋……………………？ | 上位の絹 |
| 下着 | 縮緬の空色小紋、同じ裏…………● | 上位の絹 |
| 襦袢 | 白羽二重…………………………● | 上位の絹 |

草』１７７９稿、「鼠璞十種」上巻）。装い全体の洗練が問われ、絵の若衆はその理想像である。「当世男女衣体《えたい》すがた、頭より足下に至るまでを論ず」（『たとへづくし』１７８６序）、そういう時代となった。「通り者」のこだわりは、衣類の変革が進むその時代には洗練の見本となり、世人はそこから学ぼうとしていた。

武威に始まる黒と八丈織は、こうして豊かな士民のお洒落アイテムとなった。「通り者」の像は武士町人にまたがる江戸の都会型文化の結晶であった。けれども、この理想像は軟弱・浮薄・奢侈・華美として次の政府に蹴散らされることになる。

## ◉八丈島の産業化

江戸の繊維需要は八丈島に商品生産を促した。島は市場をめざす産地となる。「黄八丈……だんだん流行《はやり》出し、竪嶋、横嶋、格子嶋、鳶色、黒手、好みに随い織り渡す」（『反古染』）。「好みに随い」は市場に合わせてという意味になる。流行を追って島の市販織物が多様化した。

貢納八丈織の規格は幅鯨一尺一寸五分、長さ三丈二尺と定められていたが、市販用の黄八丈「着料丹後」の規格は、幅一尺、長さ二丈八尺などがあった（『八丈実記』）。

八丈島に賃労働が生まれた。他家と自家の提供する労働量が見合うなら古来の相互扶助制度でよいが、黄八丈の生産によりその労働交換制度は崩れる。織女に「仕事賃」が生まれ、麦を基準に対価を払った。「天明度（１７８１〜89）、三根村高橋氏シキリニ反物織リ立テシニヨリテ、賃料ヲ定メ、織女ヲ楽シマシメ」（前掲書）とある。島の女は仕事賃を渡来物資に換えて、家庭内の地位を上げた。次いで末吉村に、内地の呉服問屋から預かった生糸を賃織に出す事業家が現れる。賃仕事は喜びとなり、貧しさによるのでもないし、手抜きも起きないことが知れわたった。

政府の見方では、食糧貸与や航海費用により島との財政収支はマイナスであった。それをプラスに転じるには、穀物輸入をまかなう額まで島の輸出を増やすしかない。田沼政府は１７８６年、浅草河岸に八丈島荷物会所を設け、島の産物を江戸問屋に売ることにした。黄八丈ブームを当て込むその政策は、田沼の失脚でついえたが、１７９６年に鉄砲洲の伊豆七島嶋方会所として再興された。本場産反物に１７９８年から印鑑を押して出荷したのは（『半日閑話』）、会所の製品をニセモノから守るためである。

１７９６年に伊豆代官一行が島を訪れた見聞記が、八丈織に触れる。昔は尊い織物で着る人も少なかったが「今は値卑しくなりて、力の及ぶままに我もわれも八丈織を着ることを願う」。織物の質は下がり「おごりの種」がまかれると書く（『伊豆日記』また『七島日記』など）。支配層から見れば黄八丈は下々のおごりを招くばかりで、質も昔ほどでない。けれども値は競争で安くなり、買う人はどんどん増え、黄八丈は江戸人の喜びの種となった。

## 4　隠居大名の郡内嶋と縮緬

### ◉郡内嶋は野暮に

将軍吉宗が１７５１年に死去するまでは郡内嶋の全盛であった。町人女児は「嶋はおおかた郡内嶋ぐらい」、町人女の単物は「絹（地絹）、郡内嶋等にて、縮緬などはかつてなきこと」であった（『寛保延享江府《こうふ》風俗志』）。

母は昔風に育てられたから郡内嶋だった、と娘が語る。「春の二重《ふたえ》着は、郡内・丹後の類の嶋に紅裏の、短き振袖なり。その頃より袖も次第に長く、裾模様などもはやりだしたるに、ごく昔風にて、ただ人柄のよきことのみ長《た》けきこととしてお育ちなされしとぞ」（只野真葛『むかしばなし』１８１８筆、東洋文庫４３３）。人柄第一のその武家では振袖も短く、流行遅れの品のハメ所にされていた、と語る。

吉宗亡き後、郡内嶋は急速に昔風となりゆく。女郎買いの先生が警告する。「小袖も……郡内嶋は決してご無用。そのお小袖もちと綿が厚い。袖口もぐっと細く、紋所も細輪にしてもちっと小さく」（『傾城買指南所』）。「郡内嶋、短羽織、太い袖口の類は、傾城はなはだこれを賤しむ」（『契情買虎之巻』）、と遊里できらわれる。

郡内嶋の古いのはもういけない。「これご覧じませ、郡内嶋の七つ半時すぎと申す小袖、……野暮なやつでございます」（『弁蒙《いつわり》通人講釈』１７８０刊）と自嘲するしかない。場末の売女「ケコロ」に来た数珠を手にする雲水（行脚僧）が「萌黄のばっち、郡内嶋の小袖」であった（『山下珍作』１７８２刊）。難波新地に出る売女は「郡内嶋のはげた衣裳」である（『浪花花街今今八卦』１７８４刊）。

昔の郡内嶋の人気は見る影もない。「今の小身の者の次三男さへ、郡内着る人は一人もなし。竜紋、羽二重、縮緬のほかは着せず。今は無禄《ろく》の人も縮緬を着るなり」（『賎のをだ巻』）。俸給のない武家次三男や傍系親族の寄食者・居候・厄介さえ、郡内嶋を去って縮緬に移った。

後の商品案内に郡内嶋は「地生《ぢき》、薄きものなり」（『商売往来絵字引』）とある。昔の「丸すずし」は表裏とも精練なしの袷《あわせ》着物であったが、絹物の主流は精練した柔らかい絹へと急速に移った。「生」の郡内嶋には不利な世となった。

## ◉隠居大名の遊覧

十五万石余りの大和郡山の大名柳沢信鴻《のぶとき》は１７７３年、江戸城に出るのをやめた。病気と称して屋敷にこもり、保養のため染井の下屋敷六義園に引っ越し、密かに工作して将軍に隠居を許される。

信鴻は代替わりの正月から日記を書き、62歳で１７８５年に出家するまで一日も欠かさず続けた。題して『宴遊日記』という（『日本庶民文化史料集成』第13巻）。大名はなぜ引退したか。二十八年もの公務の疲れや、家督を譲って安心したい気持もあろうが、その後の行動が心を語る。

隠居した前大名はせきを切ったように市中へ出た。沼のようなぬかるみも恐れず履物を替えて進む。寺社や店を回り茶屋で休み、人込みを歩き「人にもまれ」る。家来数人を同道して、手品やコマ回しや音曲の大道芸に見とれ、水茶屋の看板娘を訪ね、そばや田楽をつついて、土産を手に提灯をともして帰る。

芝居茶屋に役者グッズや刷物を集めさせ、役者に贈物をし、妻女や家来を芝居見物に連れてゆく。庭に舞台を設け、面をつけた御殿女中に自作劇の素人芝居をさせる。後に松平定信が「芝居物真似などいう賤しき者の業をなしたまう……嘆かわしき風俗なり」（『燈前漫筆』）と批判した行為そのものである。

前大名は家中で源氏を講じ、船で漢詩を詠み、書をよくする人であった。ほとんど毎日、六義園の庭の手入れをした。点取り俳諧では米翁の名で、一枚摺り彫師や摺師を抱えて一派をなした。

それらの行動すべてが隠居の動機となる。大名をやめてフルタイムの高級文化人・米翁に転身し、江戸市中の楽しみに家来ともども身を投じる。荻生徂徠は昔、店をたたんで利子で遊び暮らす商人「しもうた屋」を世の害毒とののしったが（『政談』）、前大名は今それである。

隠居前の信鴻は一年分の「黒羽二重、八重ね」を正月に郡山から受け取った。下に白羽二重の小袖を重ねて年間八着が当主の料である。着古したら御殿女中や供に下げ、郡山へ帰任する武士への餞別にもした。

大名時代の信鴻がよく下げ渡したのは郡内嶋であった。そもそも自分の普段羽織が郡内嶋である。正月には郡内嶋を上級家臣に取らせる。出入りの祈祷《きとう》師や前にいた女中らが年賀に来れば、帰りに郡内嶋着物をしばしば持たせる。縁者の武士にも郡内や丹後嶋を贈る。

ところが隠居後の大名は郡内嶋を使わなくなる。格式旧例は大名家でこそ守られたが、隠居はそれを無用とした。

## ◉縮緬の世となる

隠居で信鴻の衣類はがらりと変わった。替え紋の剣かたばみの紋付黒羽織や、嶋縮緬の羽織を仕立てさせる。輸入インド木綿の金巾《かなきん》を「けんけら糖」菓子にちなむ「けんけら染」の羽織にする。枕絵をその染屋からもらう。小間物屋から紙入れ・提げ煙草入れ・煙管袋をたくさん買う。役者紋の紙による邸内の賭博「紋付け」に八丈織帯を出し、女中の「貝福」の博打にも衣類を渡す。画家・宋紫石の山水画を裏につける背割羽織を作り、母からもらった「更紗染加賀表」を下に着込み、「かなきん合羽」も作る。

隠居大名が人に配るのはもっぱら縮緬となった。自分の息子が変化の源となる。高家六角家へ養子に出した三男に「縮緬算崩し間着」を渡す。二十歳の二男が吉原衣装に縮緬を望むと、「嶋縮緬」の着物と「紋縮緬の間着」「藤色縮緬」を用立てる。二男は紋型紙をそえて、洒落紋の紋付黒縮緬をねだったし、タテ嶋の「玉子（色）棒嶋帷子」「棒嶋木綿浴衣」も着た。長兄に「葵ご紋の熨斗目」をもらってうれしがる。二男は流行に敏感な息子株となっていた。そこから世の風が大名屋敷に入ったし、流行は屋敷から町へも振りまかれた。

隠居翌年の前大名は、家臣への餞別に「御召茶縮緬羽織」など縮緬類ばかり用い、縮緬三尺手ぬぐいまで用意した。側室お隆の四十歳の賀に「蓬萊《ほうらい》州浜・藤色縮緬・鶴模様服」を贈った。そのお隆もお手つきを含む御殿女中らに何かにつけ縮緬着物を下げ渡した。

お隆は1775年、高崎侯夫人から「八丈嶋」をもらった。「恋娘昔八丈」の大当たりの最中で、黄八丈の流行が大名家の妻女を巻き込んでいたことがわかる。いや彼女らこそ流行をまき散らす側だったかもしれない。

隠居大名と親族や御殿女中、その親、家臣や出入り商人らは、贈答のネットワークで結ばれ、食品や菓子を入手するシステムが動いていた。御殿女中の外出は必ず魚貝や菓子の土産をもたらし、口を肥やす仕組みでもあった。

前大名の一団は歌舞伎・俳諧・漢詩・園芸・遊覧・菓子・モードなど都市文化の中におり、有力な一翼を担うリーダーでもあった。日記には「利金十二丸来る、八丸お隆へ」「他に三十丸返る」などと記され、貸金の元利が十二両、三十両と入っていた。武家の窮乏化は一般論ではそうだが、貸す側に回れば定期収入が約束されていた。

図90は同じ時期の細川家大名。八丈八反掛の綿入れを暖かそうに着る側近の写生画である。賛は江戸俳諧師の谷口鶏口、大名辞世の句が載る。大名は江戸座点取り俳

**図90　八丈八反掛の大名**

普段着の熊本藩主・細川重賢（1721〜85）である。側用人が写生した絵。黄と樺のタテ柄には斜めの細線が描かれ、八丈八反掛とわかる。袖口の細い綿入れ着物。手あぶりに三筋と二筋の碁盤嶋の紬をかぶせる。重賢は財政再建のため、はぜ蠟の藩直営工場を作って大阪へ輸出し、専売利益をあげた。田沼時代ならではである。

諧になじみ、華裡雨の俳号で町人らと付き合った。熊本へ鶏口を同道したこともある。大名が俳諧の一角を担い、着るものが「通り者」と通じるのは、郡山の隠居大名と全く同じである。屋敷は超然として見えたが、一皮むけば大名は江戸文化にどっぷりつかる受益者であり、同時に力のある発信者であった。

## ◉堅い人の郡内嶋

農村には郡内嶋の固い需要が残った。美濃厚見郡下佐波村の豊かな農家は１７７８年、娘の婚礼に緋縮緬振袖など一生一度の料を調えたが、その購入記録に男たちの郡内嶋の着物地がある（『岐阜県史』史料編・近世8）。

三十五匁五分　郡内嶋一反
十九匁五分　郡内嶋小裁　一つ（子供用の衣料）
七十匁　郡内嶋一疋（二反）

男たちの精一杯の晴れ着が郡内嶋で、しっかりした家格を示すのにそれが必要であった。銀匁のその値段は上等木綿の三倍以上となる。

大名もまた定式として引き続き郡内の絹嶋を求めた。平戸松浦藩主は１７８２年に京都の呉服商から次の価格を提示された。競争相手による「京都猪飼仕出」というメモにそれが残される［補注］。

郡内嶋壱疋、代百目
御召八丈嶋御表壱反、代百目
御熨斗目壱反、代九拾八匁

郡内嶋は一反では銀五十匁となり、美濃での三十五匁の例より高いが、八丈嶋織や熨斗目地と比べれば半値である。一口に郡内嶋といっても上下の種類があり、その違いごとに異なる人々のしきたりが付きまとっていた。郡内嶋が流行からすべり落ちたのは江戸の遊興階層においてで、格式を求める階層の旧習が消えたわけではなかった。

【補注】松浦史料博物館所蔵「織物方関係書類」、松田清「国宝『松浦屏風』の由来」『洋学史・文化交渉史研究ノート』12。

## 5　江戸へ向かう桐生織物

### ◉黒紗綾帯の人気

上州桐生は天領・大名領・旗本領の入り組む土地である。複数の領主をいただく村もある。その細切れ統治が事業家には幸いした。繊維産業の多くは領主の支援や統制を受けたが、桐生の五十四ヶ村の織物業には上からの干渉が行き渡りにくく、資本主義に似た歩みが生まれた。京都西陣から１７３８年に紗綾《さや》織が伝わったときも、実際には新ビジネスに挑戦する事業家の意欲の結果であった。

紗綾は絹の平織の地に稲妻形の綾紋を織る。明国製にならい西陣で織り始めたのは16世紀末であろうか。輸入生糸で織って絹布に分類され、一般町人らの着ることならぬものであった。紗綾は高位の武士の着物・帯・袴になった。

西陣が紗綾の生産を独占していたが、たまたま西陣織工二人がそれぞれ別に東都へ旅立ち、桐生の事業家と出会った。織工といっても機台を設計する力があり、機道具の知識に通じ、織り方にも熟練する上級技術者であった。それほどの二人がなぜ西陣を抜けて旅に出たか。享保改革による機業不振もあろうし、織機三千台余りを失った１７３０年の「西陣焼け」で、行き詰まっての離散もあろう。

桐生の一事業家が紗綾の生産を準備すると、それを聞いたもう一組の事業家が別の西陣技術者を見つけて生産に着手する。西陣のギルド同業組合の株仲間が桐生にはない。輸入糸の配分に由来する新規参入排除の仕組みがないから、参入も撤退も勝手次第となる。そこは徳川日本の例外的な土地柄であった。

桐生では逆に技術の秘密が守りにくい。もうかるとなれば工房がたちまちできて生産が増える。利点は養蚕地帯の原料安と奉公人の工賃安にある。上州紗綾はそこで京都に安値攻勢をかける。１７４４年には独占の破れた西陣側の請願で、前年水準を超える移入の停止が命令される。１７５６年の京都への登《のぼ》せ高は三万一千疋と定められた（『桐生織物史』上巻）。

当初の桐生の目論見は、西陣に価格競争を挑んで京都でシェアを築くことであった。しかし、江戸呉服店が安い紗綾に目をつけ、競って仕入れたことにより江戸直接販売が増える。

18世紀後半には「男の帯に黒きとび紗綾の帯よりよき帯は少なし」（『一話一言』）というブームが江戸で起きた。軽井沢の女郎探訪に出た町人の襦袢《じゅばん》の襟が「黒紗綾」である（『道中粋語録《すごろく》』安永期成立）。その襟は下に着る絹の目隠しとして広がる。細い男帯や半襟の黒紗綾は、当局も黙認していた。

桐生製の安い品が出て、紗綾は高級感を失うまでになる。立派な両刀の西国武士が「紋付大きく」「紗綾の小袖」で遊里に来たが、冷ややかにあしらわれた（『公大無多言《むたごと》』１７８１刊）。紗綾を誇るのも大型の紋所も、江戸では古風とすら見えた。

売女の夜鷹を冷やかす木綿着物の男が「黒紗綾の帯」を締める。肩に手ぬぐいをかける奴風の人である（『卯地《うじ》臭意《しゅうい》』１７８３刊）。木綿着物に紗綾帯となれば、もはや仰ぎ見るものではない。

上州紗綾は「全体、絹づら卑し。白みも凍らず」（『絹布重宝記』１７８９刊）と評される。西陣製の高みを追わず、桐生は広い階層の顧客を開拓した。やがて博多織帯に押されるが、紗綾帯は田沼時代の江戸市井で常に見るものとなった。

## ◉上州縮緬の躍進

縮緬にはシボというわずかな凹凸があり、光を吸収し柔らかい感触が好まれる。無地染や友禅染の染生地となり、着物・帯・襟から風呂敷まで使い道が広い。明朝末期の16世紀後半に製法が伝わって、西陣が製造加工の中心地となる。供給は長く輸入と西陣を頼みとした。

18世紀前半まで縮緬は高級品である。「縮緬は至って上向きなり。町などはまれなり。もっとも福者は縮緬小紋の羽織用ひしなり」とある（『寛保延享江府風俗志』）。縮緬の女は奥座敷におり、羽織も武士・富者にしかない。「延享（１７４４～48）の初めころ黒縮緬はやり、豊後節大夫着用したにより、武士町人もはやりしことなり」（前掲書）とあるが、広がりは知れていた。

１７７０年代になると、江戸では縮緬をいつも見かけた。晒しの手ぬぐい肩にかけ、肩から先へ筋交いに歩く競い肌の客が、帷子《かたびら》の上に「浅黄小紋の縮緬ひとえ羽織」である（『侠者方言』１７７１序）。天明年間（１７８１～89）の江戸の尾張屋敷では、ごく軽い士も縮緬羽織をこしらえた（『諸家随筆集』「鼠璞十種」上巻）。

縮緬なしでは女の稼ぎがしにくい世となる。元利を払って縮緬の借り着をして、何食わぬ顔で出る女郎がいた（『通人いろはたんか』１７８３刊）。大阪の女郎屋が嘆く。「昔は客の襟につくと言いしが、近ごろは縮緬の襟もあてにならず。それよりはさっぱりとした糸入り布子、小紋の羽織、随分、粋気のない客がまだ茶屋方の油なるべし」（『徒然睟《すい》か《が》川《かわ》』１７８３刊）。カネのない見栄坊が縮緬を着て、縮緬男の所持金が当てにできない。洒落っ気のない客の方がまだもうけさせてくれる、と言っている。

下の階層が縮緬に食らいついて、ひどい品質のものが出回る。１７７３年の落書にあるテレン国武士の「細かき網《あみ》のごとき縮緬のじゅばん」は、生地が透け透けである。落書はまた「次第に下がる」は「絹布の値段」、「次第に長くなる」は「振袖の尺」と言う（斎藤隆三『江戸のすがた』）。つまるところ縮緬に勢いをつけたのは、値段と品質の大幅引き下げであった。下々にも古着なら行く。

その縮緬はどこの産か。金銭に細かい御家人が、三味線で何か弾きながら女郎を待ったが、その上着は「上州縮緬の藍びろうど色」「こび茶紗綾の裏襟と袖口」である（『傾城買四十八手』）。縮緬は上州桐生から来ていたし、紗綾も同じである。相手の女郎は「富沢町仕入れのこび茶縮緬の色入りの裾模様に、紋所ばかりあつらえて縫わせた昼過ぎの小袖」をはおる。その疲れの出た縮緬も恐らく桐生製であって、紋所だけ刺繍でやり替えていた。

桐生の縮緬は江戸の着物の風景を一変させた、と言っていい。その生産は１７４３年に始まる。これまた不思議にも、西陣の縮緬製法を知る旅の人がたまたま桐生の事業家と出会い、織り出したと伝えられる（『桐生織物史』上巻）。

## ◉京都と桐生の差

縮緬はタテ生糸の平織で、強く撚《よ》った生糸をヨコ糸にする。精練し湯の中で撚りを戻してシボを出す。機業家が糊づけした撚り糸を渡せば、農業の合間に女手で織れる。桐生は糸を強く撚る紡ぎ車の技術を手に入れ、新町などの道路には水路が引かれ水車が並んでいた。道の両側の織屋は綱で動力を家に伝えて糸車を回していた。１７７５年の見聞記がそう書く。

桐生は「紗綾・縮緬・綸子・緞子・竜紋・七々子絹機等多く出るをもって繁華にして、……上方の人多く入り込むゆえ上ミの風をも少し交ゆ」という土地になっていた（高山彦九郎『忍山湯旅の記』）。機織の女は畑に出ないので色艶がよく、身なりもむさ苦しくなかった。江戸と上方から仕入人が来ていた。

１７８３年には何本もの糸を一括して水車で動かす「水力八丁撚車」が稼働している。地絹の「桐生絹」から離陸して、桐生は付加価値を高めた絹の機業地にのしあがった（『桐生織物史』上巻）。縮緬こそ跳躍の原動力となった。

並品では丹後地方、中級品は岐阜と近江長浜で、同じころ藩の支援により縮緬生産が始まった。京都は高級品の製造と、他産地の縮緬の加工を担った。

桐生製は昔の縮緬とは違う。『絹布重宝記』は上州縮緬を「全体、野物《やすもの》なり」と決めつける。「地の薄きに、糸の撚り強きゆえ、ざんぐりとしてシボの高きもの」とあり、とにかく薄手である。生糸の量を減らしてコストを下げている。表面のシボは目立たせ「粗品の小紋羽織」に向いていた。「頭巾地に多くつぶす」とあり、武家女中の目ばかり出す奇特帽子や、男の首巻「黒縮首《くろちりくび》」は桐生製の薄さゆえのモードであった。ただ、「糸の撚り弱く、着用して毛むく立つ」（前掲書）とののしられる丹後縮緬に比べれば、桐生製はまだ上であった。

「木綿のじゅばんに縮緬の襟・袖口を取りたる」（『こんたん手引草』１７８２刊）、つまり襟や袖の縁取りに縮緬をつける木綿着物が、広く普及した。「縮緬張り」は粗絹に特殊な小紋を染めて縮緬に似せるが、そんな縮緬まで江戸人は手にした。

ごくごく稀に京都の本縮緬の女がいる。深川の十八歳の女郎の小袖は、「ごりごりする紫縮緬の折鶴《おりづる》の裾模様」で、生糸を惜しまず地厚であった。それに長襦袢は「陽にかざしても見えぬような緋縮緬」である（『意妓口《いきのくち》』）。太糸を密に織って光を通さないのが、西陣のさすがと言える高級品であった。

## ◉嶋縮緬が出回る

嶋縮緬は17世紀末に西陣で織り、西鶴の本にも載る。『和漢三才図会』には「黒糸で碁盤の目のようになったものが多い」とあり、恐らく色染めして着たが、上層のものであった。

洒落者が嶋縮緬で現れるのは１７７０年代である。図91の上層町人の息子は、嶋縮緬の着物に黒羽二重の羽織、連れる小僧の風呂敷は多くは赤色となる。

上等の息子株は柔和である。欧州産毛織物の「黒呉呂の袷羽織」や「丸角か越川の呉呂煙草入れ」、モスクワ渡来しぼ革の「むすこびやもの巾着」など外来素材を好む。三味線の芸達者がいるその下の中等息子は、白紺染め分け手ぬぐいを頭にかぶり、絹パッチをはいて着物の裾をからげ、嶋縮緬の羽織もあった（『当世風俗通』１７７３刊）。

「藍微塵嶋縮緬の上着」は藍色系の微細の格子嶋である。その客は「同鼠嶋の下着」とともに嶋縮緬を重ね着していた（『深淵情』１７７９稿か）。男の浮気を責める妾が「本八丈（本場産）と嶋ちり（縮緬）を買ってくれなければ気が治まらない」とねだる（『江戸生艶色樺焼《うわきのかばやき》』１７８５刊）。この場合の嶋ちりは、本八丈と並ぶのだから上級品となる。『金々先生栄花夢』の主人公の「嶋縮緬の小袖」も立派な品となる。

図91　嶋縮緬の上等息子

「すこぶる柔和にして行き過ぎなし」の上等息子。羽織は黒羽二重の五所紋の袷。着物は黒羽二重、嶋縮緬、八丈八反掛、小紋染縮緬があり、絵は模様から嶋縮緬となる。「腰帯を胸高に、猫背の気味に姿をなす」力の入らない着方である。細身の「楊枝脇差」を落とし差し。恋川春町『当世風俗通』から。

他方に安っぽい嶋縮緬があった。やたら駄洒落を言いまくる人の嶋縮緬着物は「酒かび表れ」、女郎に振られる（『当世気とり草』１７７３刊）。岡場所へチョンノマに来た僧の嶋縮緬ひとえ着物は、職を隠す安物となろう（『広街一寸間遊』１７７８刊）。「羽織は嶋縮緬か。くそというなりだ」（『傾城買指南所』）と先生が酷評する品もある。洒落本類はそんな風に着物の見方を教えていた。

精練して色染めした絹糸を用いる嶋縮緬の技術は、１７６０代に桐生から足利に伝わった。足利は色柄のよさで知られ、市川源蔵という人の「川源嶋」「源蔵嶋」はブランド品となった。織屋は大丸や越後屋と直接取引するまでになり（『足利織物沿革誌』１９０２刊）、上級品でも下物でも江戸の柄需要に食いついていた。

## ◉博多や絽も上州

「上州博多のたぐいは当世の粋にあらず」（『契情買虎之巻』）と説く人がいた。博多は博多織帯のことで、これまた桐生製があった。「いまだに浅葱裏、まがい八丈、上州博多、扇ばちばちの煩悩心。われながら浅ましや」と恥じる高僧がいる（『無頼通説法』）。上州八丈や上州博多は遊ぶ男の目印のアイテムであった。

「たとえ本の博多でも、今はケチな野郎までが締めるから、もう博多もなりにくい」（『傾城買指南所』）と女郎買いの先生。上州博多帯の広がりは本博多の価値を下げるほどであった。

博多織帯はタテ糸を密にして太いヨコ畝《うね》を織り出し、タテ嶋に仏具の独鈷《とっこ》の織紋などを入れる。長く使って伸びない丈夫な絹帯である。福岡黒田藩は機屋を十二軒に限り、将軍への献上を習わしとした。それを定格献上、献上博多と呼ぶ。18世紀に朝鮮経由のシナ白糸が乏しくなった博多のすきを突いて、まず西陣が模織を出した。それを追いかけたのが桐生・足利である。織物史は上州の博多織導入を文化文政期とするが、戯作類の証言により生産は半世紀さかのぼる。

献上博多帯は禁制品となるが、並の博多帯に摘発はなかった。絹艶を消し糸ムラを残すごまかしは桐生の得意芸である。桐生は価格で勝負した。後の記録に本博多金一両二～三分、京都と甲州産三分に対し、上州一～二分とある（『近世風俗志』）。桐生製には実に本物の六分の一の値段まであった。

絹の絽は18世紀半ばまで滅相もないものであった。「絽の小紋羽織などは町人はなはだ稀なることなり。いわんや黒絽などは武家の歴々ならではなし。町方は能役者、医師のみなり」（『寛保延享江府風俗志』）とある。しかし「宝暦のころ（１７５０年代）……上州絽はやり出し」、夏羽織や武士の肩衣になる（『反古染』）。

絽は平織の絹にすき間の列を入れ、下の着物を透かせて見せる夏向き生地である。かつて西陣でのみ織った黒絽の羽織が、わき出すように町に出てきた。浴衣の裾を片手でめくって緋縮緬のふんどしを見せる江戸男が「黒の絽の羽織」をたたんで手に持つ。脇差の立派さを見せびらかす男も「黒絽の羽織」である（『にゃんの事だ』１７８１刊）。江戸でそれを「薄羽織」と呼んだ。

「諸事見てくれを専らとし」「頭から爪先まで心を尽くす」大阪の男も、横町の風呂屋で着替え、「黒い絽の羽織、懐へたくし込んで夜歩き」に出る（『徒然睟か川』）。女郎屋の少し手前で羽織を取り出して鼻歌《はなうた》うたう算段である。

桐生の絽織は「粗の品で、目のすきに気をつけるべし。京都の絽ほどすっぱりしない」（『絹布重宝記』）と下物扱いされるが、品質に思い至らない人たちこそ桐生の絽の消費者となり、その羽織に浮き上がる喜びを味わっていた。

## ◉まがい物に弾圧

ある男が「欲しいもの帳」をこしらえ、女房が欲しい、なじみ女郎や妾も欲しいと、帳面に浮世絵美人を貼っていた。欲しい衣類は「八丈羽織、上着は黒縮緬五所紋、下着は八丈島、唐更紗、帯は博多織」。帳面にその絵を描いて友人と見せあう（『無事志有意』１７９８刊）。願望する絹物のすべてが桐生・足利で作られている。輸入木綿の唐更紗（インド更紗）だけが例外である。桐生織物業はそこまで都会人に食い込んで、需要を生み出し、産業として成長した。

江戸では一般町人や場末の女郎にまで桐生製品の消費が広がり、「通り者」の上物は氷山のほんの一角となる。需要拡大の動因は低価格コピー品の提供であって、「お駒」以降の上州ニセ八丈にしても事情は同じであった。

１７４０年代には「八丈などもはなはだ高値にてありし。本八反掛などは着丈にて十四五両」であったが（『寛保延享江府風俗志』）、桐生はそれを一挙に安くした。糸の質や量を落とし、薄手になって丈夫さに欠け、桐生製品は八丈織などの名を拡大解釈した新製品に近い。けれども安い絹こそ消費の風景を変えた。ぜいたく品でない絹紬の本格的な繊維産業が桐生で離陸し、農業社会を抜け出そうとしていた。

だが、その産業的成功は逆境に突き落とされる。士民の奢《おご》りと遊興を批判する勢力が政治闘争を制し、田沼政治を倒して寛政改革が始まる。「紗綾・縮緬はめさせたまわず」（『徳川実紀』有徳院付録）という将軍吉宗型の古風が生き返り、縮緬狂いは断ち切られる。絹をきらう支配者の登場で、江戸消費者は買い控えに走って様子をうかがう。呉服問屋は仕入を中止せざるをえず、桐生織物業は見通しが立たなくなる。

桐生の事業家を代表する絹買行事は１７９０年、改革政府に求められて相場値段書を提出した。そのなかで営業内容を説明し、織物業継続を願って次のように書く。

「種々工夫しそうろうて、当時、まがい紗綾、まがい縮緬、まがい絽、まがい八丈、竜紋絹の類、織り出し、江戸表問屋方へ買い送り申しそうろう」（『桐生織物史』上巻）

自分たちは工夫に工夫を重ねて今ニセモノを織っている。紗綾も縮緬も絽も八丈も、すべてまがい物である。華美おごりの西陣絹織物とは異なるものであって、絹布禁制にかからない品のはずである。本物に到底届くものではないから、大目に見てほしいという嘆願である。竜紋絹は太糸の実用本位のもので、もともと問題ないという立場をとる。

その嘆願文書は家康への献上や事業家の上納金にも触れたが、寛政改革の政府は認めなかった。

桐生の絹の産物は、何とか格好をつけた低価格の普及品であったが、製品の名称は西陣の高級品や輸入品と同じであった。実質は新規新型の商品に近いが、禁制の絹布の名前で売られ、その名で世間に通用した。それは徳川祖法の絹布禁制の想定しない事態であった。けれども当局は、名称の同一性で事を判断した。商工業をよからぬものと見下していたし、何十年も前の吉宗の統治を理想化し、絹物の古風の位置への復古を望んでいたからである。

## 6　関東生絹という大型商品

### ◉きぬとケンの差

絹は音で「ケン」、訓で「きぬ」。その「ケン」と「きぬ」に大差があった。格式語「ケン」なら貴く由緒正しく、「きぬ」は卑俗となる。「ケン」に麻の「布」を加えた「絹布《けんぷ》」の語は木綿のない昔を思わせるが、徳川期に法令語となる。「絹布」は上位の武士に許すもの、並の百姓町人に許さないものとなった。

百姓町人に許すものは「絹紬」で、「きぬ・つむぎ」と読み、絹と紬を意味した。町人着物は絹紬以下および木綿・麻に限る、と１６４８年に明文化されている。「百姓の分は布木綿たるべし。ただし、名主そのほか百姓女房は紬の着物までは苦しからず」（『東武実録』１６２８法令）とする一時期もあったが、百姓はやがて町人と同文になった。その分類は徳川期の服に途方もない影響を与えた。人はみだりに「絹布」に手を出さず、禁制は身分秩序とともに大筋で守られた。「ケン」と「きぬ」の見分けは暮らしに不可欠で、だれもが知っていた。

禁制の「絹布」とは何であろうか。織紋のある金襴・緞子《どんす》や綸子《りんず》・紋縮緬、滑らかで光のある繻子、それらはきらびやかで高級感があり、禁制となる理由が目に見える。しかし、平織の場合はそうはいかない。

「絹布」の具体像は17世紀半ばの状態に戻して考えなければならない。それは第一に原料生糸の差による分類であった。渡来シナ白糸は均一で輝きがあり、織って精練すれば、艶を発して均整平滑な絹となる。輸入糸で主に京都西陣で織るものが「絹布」となった。それに対して和製糸はとかく品質が雑で、量も多くはなく、糸による織物の差は歴然として、識別は困難ではなかった。

羽二重は単純な平織の絹であるが、輸入生糸で織るから「絹布」となる。それは西陣で男の職工が織った。堺や加賀の撰糸絹、つまり和糸の優等品を選んだ絹がそれに続く。その下に地方ごとの「きぬ」があり、絹物の序列は糸の差で作られた。

和糸の「きぬ」、つまり地方絹（田舎絹）は、太細など糸ムラが生地に現れる。国産繭は不揃いで糸性もまちまち、汚れすらあった。農家がそこから引き出す地糸は、つなぎの乱れやふし（節）のムラを残し、粗い糸は織物を粗くし見栄えを損なった。それで羽二重とは見た目で大差があった。

「絹布」と「絹紬」は第二に、明・清朝渡来の絹織物を模範とするか、しないかの差であった。西陣の上等の絹は幅・丈の規格や織密度、目方、織紋、色柄まで唐物に準じ、それゆえ「絹布」となる。ただ、唐物でも柞蚕糸による幅狭の「絹紬《けんちゅう》」など紬類は「きぬ」になる。

表18は平織絹の「ケン」と「きぬ」の差を示す。国産生糸の質がいくらかよくなった18世紀前半での比較であるが、京羽二重はいかにも高位にあり、地方絹は丈夫さしか評価されない。両者は織幅も丈も違い、地の厚みや平滑さ色艶にも段差があった。それゆえ「唐の大和の繻子・縮緬・紗綾・綸子・羽二重等、はるかに劣りて絹紬」(『天和笑委集』「新燕石十種」第7巻)と言われた。雲泥の差があるという見方は17世紀では常識であった。

## ◉生絹のふし取り

地方絹は「生絹《きぎぬ》」とも呼ばれる。土地の生糸で織る固い地の生絹は、練屋で精練して柔らかい絹にする。17世紀には生絹のまま売買され、精練の手配は買手側がしていた。買った人は生絹を練屋と染屋に出して、戻ってきたものを衣類に仕立てる。地方絹の処理には手間も時間もかかり、余裕のある人でなければ使えない。実は練屋に出す前にもう一仕事があった。上州日野絹の処理を西鶴が次のように書く。「御物師は日野絹のふしを一日仕事ほど取りける」(『世間胸算用』巻2、1692刊)。

**表18　平織絹の「ケン」と「きぬ」の差　『万金産業袋』(1732序)**

| 「絹布」の京羽二重 | 「絹紬」の地方絹 |
|---|---|
| **羽二重**＝広いのは幅一尺三寸、丈六丈五尺より七丈まで。上品にして草なるは少なし。上物は唐糸の吉水をもって織るゆえ染めての艶よし。近年、和糸のなかにて随分上糸を選び、半分混ぜて織り出す。 | **上州絹**＝日野絹とも。幅九寸、丈五丈四尺。<br>**秩父絹**＝根古屋から出る。太口、強し。<br>**山　絹**＝高崎・伊勢崎から出る。地薄。<br>**加賀絹**＝京都で練加工。丸岡絹は目軽し。<br>**丹後絹**＝糸に撚りありて強し。太織あり。<br>**福島絹**＝真綿のなじみ悪しくぶわつく。 |

羽二重は振袖にもなり丈長く幅も広い。18世紀前半でも半分はシナ生糸による。価格は地方絹と大差になる。寸法は鯨尺。そのほかの各地の絹や紬の生地はすべて絹紬に分類される。

裁縫奉公人の御物師は、買った生絹の糸のふしを一日かけて取っていた。指でふしをむしり、針で引っ張って切る。それに一日かけないと使えない生絹が流通していた。半製品である生絹は、買う人の側の加工を前提としており、こぶ状の糸玉を取るのに、先を平らにした図92のような「ふし取りはさみ」があった。

地方から京都に来る生糸を「登《のぼ》せ糸」という。その糸も西陣の織屋を困らせた。京都の糸屋には糸のふしを取る仕事があった。七十歳を超えた糸屋の親父は「眼鏡をかけ、はさみを持って糸の節《ふし》を取って、若いころに変わらぬありさま」であった。調べると親父は店の女工６人に手をつけ、そっちの方も元気で、実直な息子を驚かせた（『浮世親仁形気』１７２０刊）。

唐織物や西陣織物に対して、糸質の差が地方絹を隔てていた。だから「絹布」の均質とまばゆい艶や光は、人の身分と尊卑の差を表わした。

しかし、事態は少しずつ変わる。輸入生糸による金銀流失に耐えかねた政府は、18世紀初め和糸奨励政策を打ち出し、輸入を減らすために西陣に和糸を勧めた。京都の糸屋は安くて質の良い生糸を求めて地方を回り、技術改善を促した。農家は糸質の彼我の差を教えられて、そこに現金収入のチャンスを見た。村に品質競争が起きて登せ糸は西陣で使えるものとなり、入荷量が増える。生糸の輸入量は急速に減り、極上の和糸なら京羽二重すら織れることになった。

先の表18に「近年、和糸のなかにて随分上糸を選び、半分混ぜて織り出す」とあり、京羽二重はそのとき半分は登せ糸を使った。当然ながら値段も下がった。「ケン」と「きぬ」の格差は、掘り崩される方向にあった。

**図92　ふし取りはさみ**

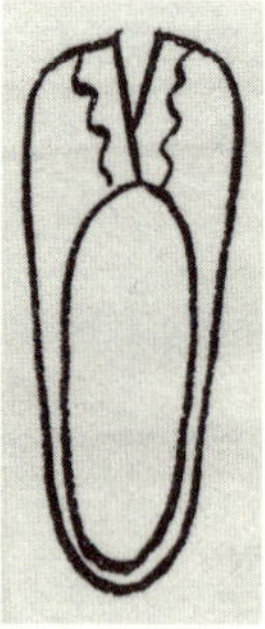

糸切りばさみに似るが、ほかの糸を切らないように、先端が平らであるところが違う。『万金産業袋』から。

## ◉関東生絹の躍進

18世紀半ばに和糸は面目を一新したと言ってよい。「三四十年来このかた日本出来の糸、格別にすぐれ、舶来の糸にも勝る」（『絹布重宝記』）と、京都の織物屋が驚いている。「お蚕さん」へのたゆみない努力の末に、地場の養蚕と製糸技術が上がった。当時の座繰り製糸の糸は柔らかく、後の機械製糸のように糸を強く引きすぎて針金糸となるような欠陥は、もちろんなかった。

京羽二重の材料は急速に和糸ばかりとなった、質がよくなった地場の生糸は、地方絹の品質をも改善し、それでいて値段は上がらなかった。呉服商は競って地方絹を買い、普及に勢いがついた。「ケン」と「きぬ」の差は実質的に縮んだ。

呉服店白木屋はすでに１６８５年に小規模ながら「関東織絹物類」を扱った。関東生絹は18世紀半ばに呉服屋の有力商品となる。上州・武州の絹市に江戸大店の手代が出張し、絹の目利きをして大量買い付けをする。代理店の地元絹宿も「太地の絹は為登《のぼせ》（京都送り）に向け、細地の絹は江戸回しなどと向き向きへ世話」をする（『伊勢崎町新古日記』１７５９文書、「伊勢崎市史」資料編２）。生絹の加工は呉服店が手がけ、商品の完成度も増した。都会のカネが農村に回って絹生産を促す経済循環が始まる。

三井越後屋、白木屋、大丸屋などの江戸呉服店は関東絹を扱うことで資本蓄積を果たし、18世紀後半に客層を広げて巨大化している。

表19の大丸屋の数字が示す通り、その世紀の半ばに関東生絹は躍進の軌道に乗る。享保改革を主導した将軍吉宗が１７４５年に隠居するのを待ったかのような動きである。米作の乏しい関東平野西側の山間地は、養蚕と地絹の主産地となり、やがて19世紀半ばに国際的にも指折りの養蚕製糸地帯となる。

「慶長元和のころより正徳享保の頃までおよそ百年の間に、諸国糸の産物およそ一倍に増し、また享保の頃より文化年中の今を見れば、四層倍にも増したること、十目の見るところなり。しかるに糸の価は豊凶平均

にして昔も今も変わることなし」（成田重兵衛『蚕飼絹篩《こがいきぬぶるい》大成』１８１３稿）

徳川時代の最初の百余年は絹の自給にこぎつけようとした期間である。次の享保から文化年中までの百年に、生糸と絹製品の生産は五倍にも達した。近江の養蚕指導者が「十目の見るところ」と書く数字は堅いであろう。そのめざましい生産量に加えて、地場生糸と地方絹は品質も向上していた。古い着物を修理のためにほどいて寸法を測った研究者が言う。「近世中期までは縫い代が少なく、わずかに二〜四ミリであった」と（堀越すみ『資料日本衣服裁縫史』）。だから裁縫に慎重を要し針も替えていた。縫い代を無理のない幅に広げた要因は、地方絹の出回りを除いてほかにはない。

市井の女が家の中で着物の裾を引きずる風も18世紀半ばからである。裾を伸ばすには摩耗しやすい裏絹の供給が不可欠である。関東絹は都会の女の望みを満たし、着物の風習すら変えたことになる。こうして羽二重はありがたみの薄れる方向へ、地方絹はますます重宝がられる方向へ動いた。

「秩父領など山方なれども、田畑のほかに物成《ものなり》運上物（換金商品）多く、格別よろしき所なり。これらの所には人知れず富裕の者あるものなり」（『地《じ》方《かた》落穂集』１７６３編）。都会の懐豊かな人々の絹物への欲望が、ゆくゆく関東山地に一面桑畑の風景を作りあげてゆき、そこで作る繭が都会人の欲望をさらに広げる。その過程が始まっていた。

**表 19　大丸屋の地絹仕入量（年平均）**

| | 上州絹（桐生織物を除く） | 加賀絹、郡内絹、信濃紬（73年から結城紬含む） |
|---|---|---|
| 1736 ～ 45年（元文→延享） | 5,841疋 | 3,452疋 |
| 1746 ～ 55年（延享→宝暦） | 15,164疋 | 8,345疋 |
| 1756 ～ 65年（宝暦→明和） | 24,214疋 | 11,326疋 |
| 1766 ～ 75年（明和→安永） | 25,327疋 | 12,163疋 |
| 1776 ～ 81年（安永→天明） | 29,635疋 | 13,374疋 |

地絹は18世紀半ばから大型商品となる。越後屋京都本店の仕入金額でも、全体の27％だった地絹扱い高が、同じ期間に40％程度まで上昇する（データは林玲子『江戸問屋仲間の研究』）。

関東甲信の村々と呉服店を栄えさせた地方絹の需要は、いつ・どこで・だれに・どのようにわき出したのであろうか。

## ◉需要が噴き出す

その昔は絹をたくさん着て胸元が厚ければ「襟つきの厚い上大尽」となった（『傾城禁短気』１７１１刊）。武家へ年賀に行く１７４０年代の江戸町人に「間着などというものはなかった」。しかし、ほどなく麻上下の下に地絹・紬の着物を三枚重ねで着るようになった（『寛保延享江戸府風俗志』）。遊客の着物も二つ重ねにとどまっていたのが（『風俗八色談』１７５６刊）、「三枚袷《あわせ》着るほどになくては、奥深には見えず」となりゆく（『本草妓要』１７５４刊か）。

17世紀末の武士の黒縮緬の着物は、ほぼひとえであった。田沼時代の江戸では裏をつけ綿を入れた袷が広がった。その時期に田舎武士がたまたまひとえ着物だと、三枚におろして塩辛にしたか、と笑う世になっている（『神代余波《なごり》』１８４７序）。江戸人は自分らのひとえ着物の時代をすでに忘れていた。だから田舎人の服は、魚を両身と骨に切り分けて片身だけ着るように見えた。まるで二つの時代が出会うかのような風景である。

袷三枚の襟をそろえる着姿は、18世紀半ばすぎに江戸で標準となった。襟が重なれば、絹消費は格段に増える。上と下のひとえ着物が上・間・下の三枚の袷になると、絹消費は三倍となり、丈長になった分もそれに加わる。関東生絹は都会のしかるべき階層の着物を一変させ、田舎との段差を急にした。女郎の三枚重ねにこだわる客がいるので、一つの着物に襟と裾を三つつける見せ掛けの「お化け仕立」も現れた（『道中粋語録』１７７０年代稿）。

１７４０年代の商人は外向きの用にのみ羽織を着た。１７８０年代には小商人や手代まで羽織の店着となった（『寛保延享江戸府風俗志』）。同じく「町人が絹股引をはくことは一向なかった」（前掲書）のに、「パッチというものは、明和の初めより用いる」（『明和誌』、「鼠璞十種」中巻）と、絹製が出てきた。

「やわらか裏」は木綿着物の裏地にする地方絹である（『寸南破良意《すなはらい》』１７７５序）。ぼかした言い方にうれしさが隠れている。猫も杓子《しゃくし》もとまでは行かなくても、猫ぐらいまでは絹類に手が届いた。

将軍吉宗のときは「男の風俗しゃんとしてありがたきことなりしが、近年おかしくなりゆきけり」と１７５８年、馬場文耕が書く（『愚痴拾遺物語』「未完随筆百種」第9巻）。文耕にとって絹物は、男を軟弱にしてしまうものであった。

地絹は地方へ少しずつ渡った。鳥取藩は18世紀後半、村三役や年貢完納者らに、下に着る着物と帯の地絹を認めた（『藩法集』2鳥取藩）。表着となるのを慎重に避けつつ、地絹の特典で納税を励ます措置である。紀州和歌山の質店の妻は暇を見つけては「シケ」を織ったが、それは粗い生絹で、地糸の流通を物語る。縮緬は京都の工房へ送って染め、天候にもよるが二週間ほどで戻った、と１７９１年の日記に書いている（『日知録』「和歌山市史」第5巻）。

地絹の流入に立ちはだかる領主もいた。久留米藩の農村の女たちは「襟・袖口・裾回りばかりを木綿にて包みそうろう絹の下着」を発明した（『久留米藩農政・農民史料集』）。外から見える部分を木綿で覆い、摘発を逃れる工夫である。

一生一度なら話は別という例もある。尾張の中島郡吉藤村は庄屋以下百七十三人が連署し、１７８２年に「村中箇略条目」の申し合わせをした。絹ひとえ羽織をみだりに着るなとしつつ、「嫁取りならびに婿養子等の節、絹布類あい用い候儀、当日ばかり着用すべきこと」とある（『鄙事要録』「日本農民史料聚粋」第2巻）。婚儀の当日だけは領主の禁令を解除したが、普段はどうであったか。

地絹に吸い寄せられた消費は、あっという間に文様へ向かい、小紋染着物のトレンドが起動した。絹には木綿や麻より精緻な文様が染まる。武士の肩衣袴や羽織にあった小紋の細密柄が、地絹とともに町人着物に降りてくる。

## ◉町に出る絹小紋

『聞上手』という落語本を書いた薬種屋小松屋百亀は、１７４０年代にすでに小紋羽織を所持した。しかし、地元の元飯田町に一人も持つ人がおらず、羽織を着ずに家を出て町を離れたところで着なければならなかった（『奴師労之《やっこだこ》』）。

状況は一変し、小紋の騒ぎを川柳が伝える。「良い小紋着て紺屋まで引きずられ」（『誹風柳多留』初編、１７６５刊）。同じ柄を染めたい友人に紺屋へ連れて行かれた人がいた。「おふくろは拝まれて出す小紋無垢」（前掲書六編、１７７１刊）。今回ばかりはお願いこの通り、とドラ息子が手を合わせれば、母は大事な表裏小紋の着物を手放す。江戸市井の小紋着物はそのころよく知られた。

江戸詰めの国家《くにけ》衆が「通しあられ小紋の絹ひとえ」（『広街一寸間遊』１７７８刊）で遊びに出た。あられが直角に並ぶ通し柄は昔の武士柄で、遊びにはどうかと非難されている。吉原の土手を行く三人連れの武士のうち「ちと軽いと見える」新五左衛門は、「秩父絹の目引き小紋」の着物である（『北遊穴《ほくゆうあな》知鳥《ちどり》』１７７８刊）。前の色がさめたので染め直している。「女郎にかわいがられぬやつ」となる。

「中着は新型の小紋の類」、羽織は「羽二重の粋な小紋さ」と遊里指南の先生が説く（『傾城買指南所』）。遊客の小紋は武家型ではまずく、新型か流行柄に限るとしている。「小紋は自分好みの形ならでは無用なり。折節は良き小紋の、はやらぬ先を心がけて染めさすべし」（『間似合早粋』１７６９刊）と、大阪の洒落本も柄にうるさい。肩衣袴の武家柄から、遊客の小紋が分化してゆく。

小紋柄の「あられ」は昔からだが、「遠山」（図93）「蔵前」「井戸側」「墨河（吉原扇屋の亭主）」「江市（両国江市屋が作った格子戸の柄)」「菊」「明星」「九曜」などの新柄が洒落本に出てくる。昔を抜け出して柄の革新があり、その情報が求められていた。

深川の客に「青茶(色名)返しの小紋の上着」や「空色返しの小紋の羽織」(『美地《みち》の蛎殻《かきがら》』１７７９序)があり、それは二度染め二色柄かと思える。深川女郎には古着屋の着物を染め直す「古手返しの小袖」があった。「藍返しの三重染」(『大通俗一騎夜行《いっきやぎょう》』１７８０刊)は濃淡三色の藍染であろう。

人の目が肥えて両面染が現れる。「(以前は)単物《ひとえ》地などは多く片面染にて、今のような両面染は少なし。天明年中より猫も杓子も片面染は着ないようになる」(『宝暦現来集』)。裏までくっきり模様を染め抜くのが普通になった。

富者は自分専用の染型紙を彫らせる。「羽織は根古屋秩父に、染め賃ばかりも二十匁から出したという微塵あられ」もあった(十返舎一九『埜良玉子《やろうのたまご》』１８０１刊)。根古屋は秩父絹の最上で、染柄は細密を極めた。

山東京伝の図案集『小紋裁《こもんだち》』(１７８４刊)は神社の鳥居を並べて「小便無用」柄とする面白本だが、二年後には二百近い新柄を紹介して『当世雛形小紋新法』を出した。新種を加えて１７９０年には『小紋雅話《がわ》』の出版となる(後藤捷一『日本染織文献総覧』)。その本にネズミ・ウサギ・魚などの卑近で大胆な文様が載るが、そこからやがて着物の定番の柄が形成される。

小紋染とともに色染、洗い張り、しみ抜き、染め替えなど地絹加工の商売が増えた。「このころ(明和)までは呉服店いまのようにはなし」(『明和誌』)とあり、江戸市中の京染店は恐らく１７７０年代からである。

**図 93　遠山小紋の柄**

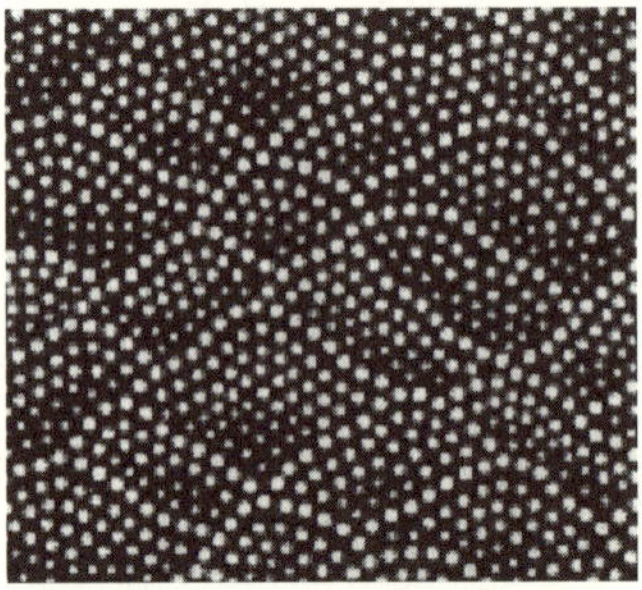

洒落本『古今三通伝』(1782刊)は「遠山小紋はひきがいるの腹のごとく」とからかう。江戸語ではイとエが入れ替わり、カエルはカイルとなる(図は『EPS文様図鑑』小紋1)。

## ◉地絹の嶋柄産地

高崎藩主が徳川家に関東絹を献上したことがある。その「嶋五十疋、白五十疋」を三井越後屋の手代が上州で見つけた。藩主は厚く礼をしておけと１７１０年に高崎へ手紙を書いた（『高崎史料集間部家文書』）。絹買いは地絹の見分けのプロで、稀には羽二重に近い上州絹を拾い上げた。

同じころ「日野柳条《しま》」があり、「地は白で黒糸の小模様」であった（『和漢三才図会』）。恐らくは上州の碁盤嶋で、１７２２年暮れの京都の盗難記録にも「白い日野嶋の着物」が載る（『京都町触集成』）。ただ、18世紀半ばになると上州は生絹の生産に専念し、絹嶋からは撤退してしまったようだ。

大型商品の関東絹に検査機関を設けて検印を押し、検印料から公儀へ運上金を払う計画があった。取引税導入ともいえるその計画は農民一揆でつぶれたが、その資料に１７８０年ごろの生絹・絹嶋の年間取引量の推計が載る。

上州の二十一市場は表20のように生絹だけ扱い、絹嶋の取引はない。秩父など武州北部十六市場も同じで、双方の生産量は年三十七万疋余りとなる。それに対して武州中部九市場では、絹嶋だけ取引した。産量は約十万疋である。

表20　上州・武州の生絹と絹嶋の取引量（1780年、単位：疋）

| | 現都県 | 生絹 | 絹嶋 |
|---|---|---|---|
| 上州21市場小計 | 群馬 | 198,500 | — |
| 武州北部16市場小計 | 埼玉 | 179,000 | — |
| 武州中部9市場小計 | 東京近郊 | — | 103,000 |
| 内訳　川越 | 埼玉 | — | 15,000 |
| 扇町屋 | 埼玉 | — | 10,000 |
| 八王子 | 東京 | — | 18,000 |
| 青梅 | 東京 | — | 20,000 |
| 青梅新町 | 東京 | — | 15,000 |
| 五日市 | 東京 | — | 10,000 |
| 拝島 | 東京 | — | 5,000 |
| 伊南村 | 東京 | — | 5,000 |
| 平井 | 東京 | — | 5,000 |
| 合　　計 | | 377,500 | 103,000 |

「武州上州・市場御領主様ならびに郡附」柿原謙一編『秩父地域絹織物史料集』1995刊による

産地の住み分けが表から読み取れる。上州と武州北部は恐らく養蚕製糸と生絹の生産で手一杯となり、圧倒的な競争力により利益を出した。嶋柄には加工技術と情報力が要る。江戸に近い武州中部がそれを担ったと考えられる。

## ◉遊び人の関東嶋

年産十万疋とされる武州の絹嶋は江戸でどう迎えられたか。江戸語に「絹嶋」はなく、符合するのは「かんとう嶋」だと思われる。それはほとんどの場合に平仮名で書き、稀に漢字で「関東嶋」となる（『自惚鏡』『辰巳婦言』など）。

川柳に「真田帯、関東嶋にしめにくし」（『誹風柳多留』百六十編）とある。徳川秀忠の軍勢が信州真田攻めに苦しんだのを想起しつつ、絹嶋の着物に木綿太糸の真田帯は似合わないと言っている。そこで以下「関東嶋」と漢字にする。

正月の吉原で上客が宴会を開き、福引の景品に縮緬など反物をばらまいて遊女らをキャーキャー言わせる。その男の表着は黒羽二重、間着は黒手替わり八丈嶋の定番で、「その下に重ねしは関東嶋に古渡り更紗」であった（『契情買虎之巻』1778

**図 94　打敷で残る関東嶋（1791 年の銘）**

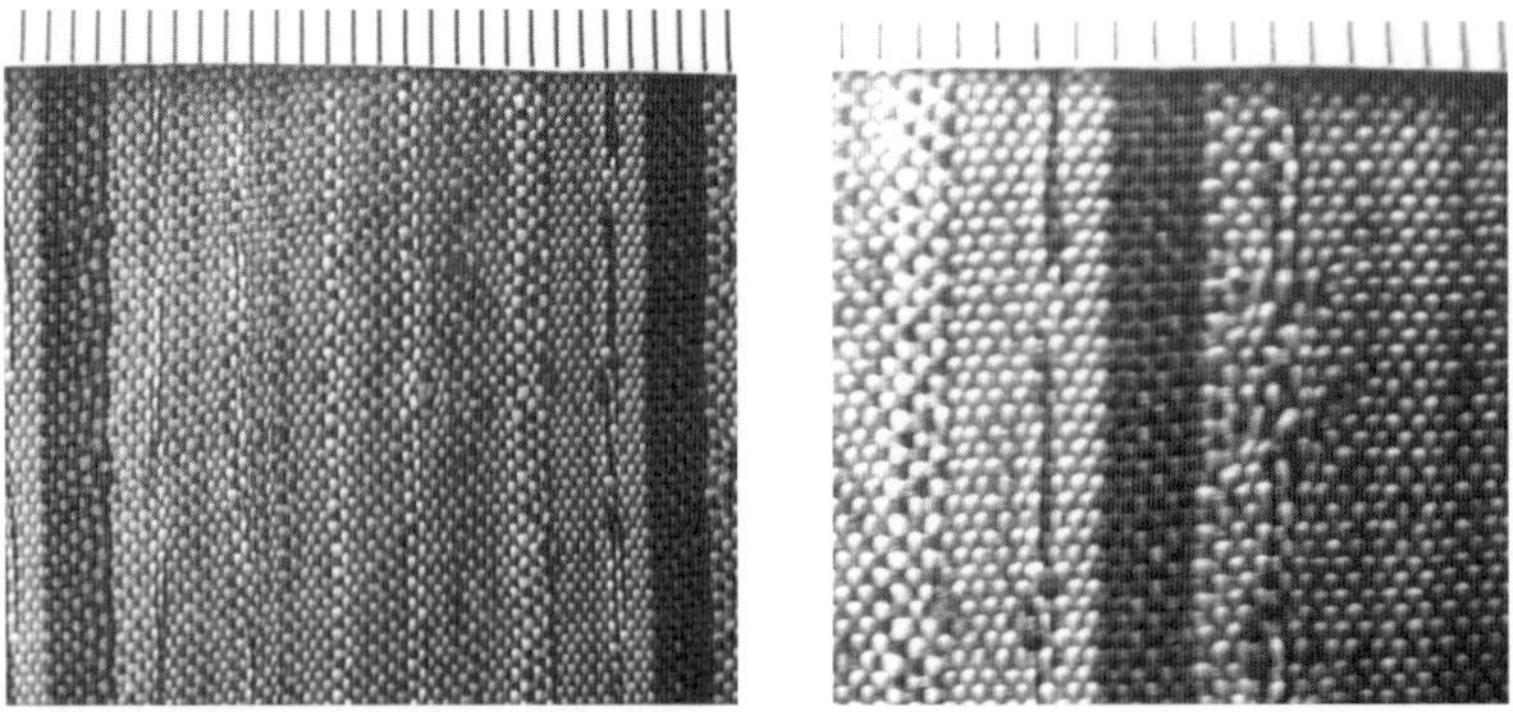

木綿裏地に「寛政三辛亥八月十一日、法名釈宗真」の銘、寺に納めた絹嶋の男の間着となる。2本撚り合わせた糸や、太細のタテ糸の茶系多色柄である。右は拡大写真。目盛はミリ。

刊）。その着物は胴部に古渡りインド更紗を置き、関東嶋を外側にめぐらせる「額仕立」「ぐるりの下着」の類かと思われる。それに黒襟がかかり、富裕の「通り者」の町人となる。

「少し変わったものでは琉球紬小袖、関東嶋の下着」というのもある（『客衆肝照子』１７８６序）。黒羽二重の下に「三ツ対に関東嶋の下着」の息子株は吉原でもてている（『自惚鏡』１７８９刊）。三つ重ねる下の着物がどれも関東嶋である。別の町人も黄染八丈紬に黒小紋を置く表着、その下に「三つ対に嶋関東の下着」で吉原をうならせる（『総籬《そうまがき》』１７８７刊）。見せ所にする三つの嶋柄すべてに黒の裏襟をつけて、襟を裏返せば嶋柄を隠すことができた。

これらの関東嶋はどれも上物である。洒落者はそれを表着にも羽織にもせず、もっぱら下に着込んだ。表着にできないのは、光る絹嶋で目立ち過ぎとなり、丈夫さもないからであろう。襟を隠すのは慎みを示すためである。芝居桟敷の深川女郎は「関東嶋のかます（袋物）より楊枝を出して、くわえながら見物する」（『龍虎問答』１７７９序）。下女の「関東嶋まがいの前垂れ」（『仕懸文庫』１７９１刊）は、ニセモノが作られたことを示す。

岡場所に来た「少し憎みな仕立てを好む」客が「捨てられもせぬ嶋関東の間着」（『格子戯語』１７９０刊）で、流行が過ぎたのを着ていた。関東嶋のモードは寛政改革期に下火となり、遊里本の記事が減るようだ。ただ、糸ムラのある地味な地絹の嶋は、日用の下の着物として生き残った。その断片が継ぎだらけの襦袢になって残る例がある。糸ムラを見せる絹嶋は絹布禁制を反映している。

名古屋には地絹の曾代絹に対して曾代嶋、川島絹に対して川嶋があった（『廓《さと》の池好』１７９６成立）。「川しま」は川島絹の略であるが、「川じま」は川島嶋の略だろう。地絹と地絹嶋のあること江戸と同じであった。

繭や生糸の量産は大量の廃棄物を生み出す。農家にたまる廃棄物はそのまま買われ、再生されて有用物に変わった。繭の副産物は生糸の重量の三割とされ、次の種類があった。

## ◉実用には太織嶋

**玉繭・玉糸**…………二頭の蚕が一粒の繭を作るのを玉繭また同巧繭と言う。繭の一割ほどがそうなり、糸が絡んで上質生糸にならない。玉繭からはムラやふしのある玉糸がとれ、紬糸にもなった。

**キビソ・熨斗《のし》糸**………繭から生糸を引き出すとき、蚕が最初に吐き出した繭の外側の綿状の部分を取り除く。このクズを集めて指で引き伸ばしたのがキビソ・熨斗糸である。繭のかすもへばりついて均一の糸ではないが、精練すれば柔らかくなり光沢も出る。

**蛹はだ・つまみ糸**……糸を引いて繭の内側に進むと、蛹《さなぎ》の肌を覆う薄皮の膜に達する。蛹を取り出して膜で作るのをツマミ糸・ビス糸と呼ぶ。

汚れ繭や、蛹が蛾《が》となって出た繭、ネズミにかじられた繭も副産物となる。クズ繭クズ糸を買い取る商人が村を回り、養蚕農家の副収入を増やした［補注1］。それらは暖かく軽く丈夫で染めやすい太織の材料となった。

太織の糸は土地ごとに違う。「郡内太織」は「白の紬糸にて織たるもの」で「艶よく染めてよし」と『万金産業袋』が評価する。甲州鶴川・殿上、武州八王子のものは、クズ繭のシケ糸を使い「かさのみ高くしてよろしからず」と評される。伊勢崎の太織はタテ糸に太細のある玉糸、ヨコ糸に熨斗糸を用いる決まりであった（『伊勢崎織物史』）

太織の嶋柄は生産統計にもある。表21は表20の続きで、１７８０年の上州・武州の太織と紬の取引量を示す。上州と武州北部は染生地となる太織を生産した。武州中部には太織嶋の数字だけがある。太織嶋という柄商品は、江戸近郊が得意としたようだ。精練と染色とデザインの負担が産地を分けている［補注2］。

江戸では１７４０年代に太織が目についた。「男の単物晴れ着、太織紬、太織茶嶋、黒紬はやりしなり。然れども大方木綿にてすませしこととなり」とある（『寛保延享江府風俗志』）。太織紬や太織嶋にはよからぬ連中が手を出した。「女衒《ぜげん》嶋、黒紬、このころばくち打ちもっぱら着たる故、常人は着ず」とされ、「太織茶嶋」には「ぜげん嶋」と振り仮名がつく（前掲書）。それは言葉巧みに娘をかどわかす「女衒」が着るもので、堅実な人は木綿であった。

田沼時代になると場末の遊所に太織をよく見る。「お国衆と見え青茶太織に紋所の綿入れ、お定まりの浅黄裏」は、本所で女郎に呼び止められた田舎侍である（『奴通』天明年間刊）。「仙台紬の綿入れ羽織、花色太織に浅黄裏、……大小をかんぬき差し」も芝飯倉で振られる田舎侍である（『真女意題《しんめいだい》』１７８１刊）。上野山下の私娼ケコロは、古着屋で買ったか「茶返し太織の紋付」間着、その客も「青茶太織の紋付の小袖」であった（『山下珍作』１７８２刊）。

太織嶋は日用着となり、寛政改革でも生き残る。品川の女郎屋に来た御家人は、下の着物が「茶微塵本場太織」である（『津国毛及《しんこくもうぎゅう》』１７９８序）。深川土橋の苦みばしった中年客の

**表 21　1780 年　上州と武州の太織と紬の取引量（単位：疋）**

| | 太織 | 太織嶋 | 紬 | 紬嶋 | 絹平 |
|---|---|---|---|---|---|
| 上州21市場小計 | 7,100 | — | — | — | — |
| 武州北部16市場小計 | 3,800 | — | — | — | — |
| 武州南部市場小計 | — | 9,000 | 3,600 | 3,000 | 15,000 |
| 内訳　川越（埼玉） | — | — | — | — | 15,000 |
| 扇町屋（埼玉） | — | 2,000 | — | — | — |
| 八王子 | — | — | 1,000 | 3,000 | — |
| 青梅 | — | 2,000 | 1,000 | — | — |
| 青梅新町 | — | 2,000 | 1,000 | — | — |
| 五日市 | — | 1,000 | 300 | — | — |
| 拝島 | — | 1,000 | — | — | — |
| 伊南村 | — | 500 | 300 | — | — |
| 平井 | — | 500 | — | — | — |

表20と同じ資料により作成。川越の「絹平」は袴地で武家用。

下着も「本場太織の黄色な大嶋」である（『嘉和美多理《かわびたり》』１８０１刊）。「苦みばしった」は懐さびしい御家人を言い、太織嶋は彼らが下に着る実用着であった。

表着にする人ももちろんいる。深川では女郎が「本場太織のせいらす嶋の上着に、関東嶋の前垂れ」で、はしごを上がって座敷に来た（『船頭深話』１８０６刊）。「本場太織」の語が再三出てくるのは、余程の粗悪品が出回っていたからである。新宿の女郎屋では町人風の客が「上着も下着も太織嶋」で、連れの武士と洒落を言い合っていた（『甲駅雪折笹』１８０３刊）。

洒落本には木綿太織というものも出ており、木綿糸を混ぜる生地もあった［補注３］。太織は18世紀後半になくてならぬ品となっていた。

【補注1】**ソクザ師**　養蚕農家を回ってクズ繭や糸の副産物を買い取る小商人を、武州では「ソクザ師」と言い、目方で買って即金で決済した（『青梅縞資料集』）。

【補注2】**太織の規格**　現青梅市の旧・上長渕村『村鏡』によれば、太織一反は生で三丈、練った後で二丈九尺、幅九寸五分であった。江戸末の秩父絹の重さは、ふしのないもの一疋百三十五～四十匁、ふしのあるもの百五十～六十六匁で、太織は二百二十五～九十匁と重かった。忍藩の武家用に「地細太織」もあった。（松村家文書＝柿原謙一編『秩父地域絹織物史料集』）

【補注3】**木綿太織**　芝居の声色をする男の「どぶねずみに紋付の木綿太織」、浄瑠璃稽古所の男の「木綿太織をのろま色（青黒い色）に染め」（『相合傘』１８１０年代刊）など、木綿太織が19世紀に出て来た。

## ◉かさばった岸嶋

郡内嶋の仕入れ商人が甲州路の相模川の岸で川和嶋を買った。川和は津久井郡中野村の里であるが、売る場所が岸で「岸嶋」と呼ばれた。「隣の村里はこれにならい多く織り出し」（『新編相模国風土記稿』）、岸嶋は１７７０年代に江戸はおろか上方でも知られた。

初めは農家自製の生糸をタテ、玉繭糸をヨコとして岸嶋を織った。人気が出て相模愛甲郡一帯に生産が広がり、糸不足からくず糸を使い精良を欠くに至った（『日本染織工業発達史』１９４３刊）。タテ細生糸、ヨコ太くず糸でヨコ筋柄を織る粗い絹物が後期の岸嶋となろう。

岡場所の霊岸島の女は「岸嶋のかいどりもどきに、丸ぐけ（帯）」であった（『寸南破良意』）。かさばって夜着のようだと思われている。数年後の霊岸島では、つんとしてすれた女が「古岸嶋の小袖」であった（『風俗砂払伝』１７８０序）。

深川女郎は岸嶋に黒半襟を掛けた。「かの黒き半襟を掛くるも、岸嶋・紬嶋の類へ油と白粉しっかり半分について見苦しきとき、これを紛らわす」とある（『龍虎問答』）。岸嶋と紬嶋が似ていたことがわかる。

岸嶋にあこがれる女もいたが、皮肉っぽくイヤミな男の目がある。

「心なきもの………稽古ざらえの娘の、今日を晴れの岸嶋に油べったり」

「奢って見える物……汚れ布子もいつか絹裏、下着も上田、岸嶋と、ゆすりの驕《おご》り心めったに他を見下し」

（『粋庖丁』１７９５刊）

京都の女郎が客にねだるのは「眉刷毛《まゆはけ》ぐらいから言い出し、後は岸嶋の単物」となる（『戯言浮世瓢箪《ひょうたん》』１７９７刊）。岸嶋は手ごろで男も着た。芝飯倉では小紋の羽織に「岸嶋の小袖さっぱりと」という男が女郎にもてた（『真女意題』）。

「女の業《わざ》にて紬嶋織り出す。土地で最寄り商人へ売り渡し、それより武州八王子宿へ売りさばき候」と１８３７年の村文書がある（『神奈川県史』資料編７）。地元の見方では岸嶋は紬嶋であり、八王子が集散地であった。

名古屋の商人が１８０２年に長崎見物に旅立ち、見聞記『筑紫紀行』を書いた。京都の芸子舞妓は縮緬の模様染がほとんどで、ビロードなどの帯をしどけなく結び下げていた。下関の四十歳ばかりの芸子は紬嶋の袷、三十歳ほどのは黒紬の袷で、帯は共に黒紗綾、古女房のようで興ざめと書く。長崎の芸子は一人が「岸嶋の袷」、もう一人は「郡内嶋の太筋なるに秩父裏の袷」であった。

関東の絹類は江戸人の嶋柄とともに、水がしみ込むように思いのほか早く遠くへ伝わった。それらは人の気持にずしりと響くからこそ伝えられた。江戸勤番武士や商人や旅行者が地方へ絹類と情報を運んだが、芸子らもまた見逃せぬ一役を担った。

さらに時がたつと、今度は関東絹の原料がもっと遠くへ渡った。１８５９年の安政開港で横浜に来た西洋人ブローカーは、生糸を大量に買いつけて欧米に輸送した。その量は価格の暴騰と品不足で国内の織物業を困らせるほどであった。生糸は最大の輸出品目となり、後に明治政府は、その外貨収入のおかげで近代化の輸入をまかなうことができた。

## 7　三都の木綿嶋に外来柄

### ◉明和という画期

失跡者が出ると、京都ではていねいな手配書が各町を回った。当人の衣類を覚えている人がいて、「欠落《かけおち》」の届けに着物の種類や色柄を書く。そこは江戸と大違いであった。

失跡した人はどんな木綿着物だったか、嶋柄はどの程度あったか、手配書から追跡できる。嶋柄が多くなる時期がそこで判明する。

１７６０年を過ぎた時点で、木綿の嶋柄着物がはっきり多くなる。嶋柄の失跡者がほぼ半数に届く。明和初年の分岐点で、麻の加賀嶋、布帷子の嶋柄も出てくる。市井一般の嶋柄の比率が、京都ではそのころ変化した。

サンプル数は少ないけれども、表22は１７６２～65年の嶋柄の比率を示す。着物の総点数に対して嶋柄は半分程度に達する。この時期の前ではデータが散発的だが嶋柄の比率は低そうである。この時期のあとでは常に半分ほどを数える。京都の木綿嶋の時代がそこで始まったと考えられる。嶋柄は様式・トレンドの主流に躍り出たのではないか。

表23は表22に続く１７６６～68年の明和三年間を取り上げる。失跡者三十九人の衣類はほとんど木綿で、ほかに絹糸入り木綿と麻類がわずかに

**表 22　1762 ～ 65 年　京都の失跡者に嶋柄が増える**

| | | |
|---|---|---|
| 人数　45 人 | 木綿着物総数　53 点 | 麻帷子総数　6 点 |
| | うち嶋柄　29 | うち嶋柄　3 |

羽織、半天を含み、じゅばんを除く。着物点数は人数より多い。木綿に絹糸を混ぜた野毛嶋 1 点は木綿に分類、絹着物はない。『京都町触集成』から作成。

**表 23　1766（明和 3）～ 68　京都失跡者の着物柄**

| | 男 | | | 女 | | | 計 |
|---|---|---|---|---|---|---|---|
| | 16歳以下 | 17~50歳 | 51歳以上 | 16歳以下 | 17~50歳 | 51歳以上 | |
| 染物　無地染、小紋、藍目引き | 5 | 6 | 9 | 1 | 0 | 9 | 30 |
| 染嶋　**目引き嶋、嶋目引き** | **2** | **1** | **2** | **0** | **1** | **1** | **7** |
| 織嶋　**木綿嶋、格子・弁慶・蛇形** | **3** | **7** | **4** | **3** | **1** | **2** | **20** |
| 点数 | 10 | 14 | 15 | 4 | 2 | 12 | 57 |
| **うち嶋柄** | **5** | **8** | **5** | **3** | **2** | **3** | **27** |
| 人数 | 7 | 9 | 11 | 3 | 2 | 7 | 39 |

着物と羽織の点数。ヨコ紬の貫紬、糸入り木綿嶋を含む。「つぎつぎ」1 点と上田嶋 1 点を嶋に算入。太字が嶋柄、外来「こんてれき」が 1 点ある。『京都町触集成』から作成。

ある。その柄を無地などの染物と、嶋柄に分けてみる。総点数に対する嶋柄の比率は半分程度である。けれども性差と年齢層による差が激しい。そこから読み取れることがいくつかある。

着物のなかで圧倒的に多いのは紺糸の無地染で、全点数の四割にも及ぶ。けれども世代別にみたとき様相が変わる。無地染の比率が高いのは、男女とも五十一歳以上の層である。とりわけ女の年配者はほとんどが無地で、文様柄が少なかった。

五十歳までの男では織嶋が多数派である。この時期に木綿嶋を着たのは、五十歳以下の男たちであったことがわかる。男でも年配者は無地染が多く、恐らく昔風を変えず中年以下と差がついたのではないか。男の新世代が嶋柄に走り、その世代が先導して嶋柄の時代になった——そういう展開が予想できる。

年配者の無地染は長い習慣で、「長老無地」という言葉は「無紋の染木綿を言う」（『たとへづくし』１７８６序）。中年以下が嶋柄へ動いても、年配者は動かなかったのか、あるいは元の無地染に戻ってしまったのか。

明和当時の嶋柄は格子嶋が圧倒的であった。京都の失跡者にタテ嶋が目立ってくるのは寛政改革の１７８９年以降となり、江戸より遅かった。

## ◉継々と目引き嶋

京都では捨て子の届けが年数件ある。その衣類のほぼ半分は木綿継ぎ合わせ「つぎつぎ」であった。明和年間（１７６４～72）より前では木綿無地や型染がその素材となるが、明和以後は木綿嶋の継ぎが多くなろう。ただ、それは記録に出ない。

生地の小片をつなぐ子供着は昔からある。１７４０年代の常陸の村では、正月や節句に老人は紺・柿色の無地木綿、若いのは型染を着た。子供には「大人の着衣の破れたのを切り抜き、黒茶などに染め直して」着せた。十五歳くらいまでは「嶋木綿の織り端」や「大人の衣類仕立ての余りぎれを縫い集めて」着た。村人はこれを見て「面白く取り合わせた」などと誉め合っていた（『延享常陸民間旧事』『日本農民史料聚粋』第2巻）。

前期川柳の「着るものの有りたけ知れる数珠《じゅず》袋」（『川柳評万句合』宝暦十二年智印）も、その継ぎ合わせを言う。常陸の「縫い集め」は京都の「つぎつぎ（継々）」、「染め直し」は「目引き染」に当たる。「目引き染」は色補修である。紬を初めは空色か浅黄に染め、色が落ちれば濃い藍の花色を上にかける。それで生地も丈夫になって一代は破れない、と「目引き」の効能が説かれる（『立身大福帳』１７０３刊）。

「目引き」は木綿全体に新しい色をかける。１７８８年の六歳女児は「菅大臣《かんだいじん》・三筋竪横嶋・蘇芳《すおう》目引・布子」であった。それは菅大臣嶋の三筋格子の柄に、蘇芳の赤を一面にかけた着物である。しかし、「目引き嶋」というものが着物にあり、「目引き格子嶋」もある。それは二度目の染めを粗い格子状に置くものではなかったか。１７６２年の失跡少女の「糸入り千筋目引き嶋帯」は、絹交じり千筋嶋に他の色を嶋状にかけたものか。「木綿竪横目引嶋ひとえ」などの書き方は［補注］、古い生地に二度染で嶋柄を染めたものかと思われる。

染め直しは盛んに行われた。木綿地の染色の持ちは悪く、酷使されて色あせる。それではいかにも粗末だから、嶋柄でも色が落ちれば別の色をかける。「目引き」は色の混合で暗い色調になるが、ひるむ人はいなかった。

【補注】失跡者の衣類一覧は、森田登代子「『京都町触集成』からみた庶民の衣料生活の実態」『風俗』34巻4号にある。

## ◉蛇形嶋とは何か

京都の失跡者の着物に「蛇形嶋」がある。六十一歳の女の家出人が１７５５年、「蛇形嶋」を藍で染め直して着ていた。女のその柄は珍しい。「蛇形嶋」の表記は『京都町触集成』では「しゃが嶋」「じゃか嶋」「蛇が嶋」「じかた嶋」「地形嶋」「地方嶋」などと大いに揺れる。が、読み方は

「ジャガ嶋」「ジャガタ嶋」の二通りだったと思われる。その語は関西で徳川末期まで通用した。

蛇形嶋は男の年配者が好んだ。「青梅しゃか嶋綿入れ羽織」は、綿絹交ぜ織り青梅嶋の織文様が「しゃか嶋」だとわかる。「蛇形・花色・目引嶋・木綿・袷《あわせ》」と複雑なものもある（前掲書）。それは紺地の蛇形嶋の織柄が古くなり、その上に藍を嶋状に染めた裏つき着物らしい。

蛇形嶋はもっと前からあった。衮龍は竜の文様を織り出す天子の礼服である。雲上人にそれがあれば、下々には蛇の形の嶋柄がある。古川柳が対比を面白がっている。

「雲の上は衮龍《こんりゅう》、下々は蛇形嶋」（『民の秋』１７２６序）

「享保二十（１７３５）年の時分は………じゃ形嶋、これは袷、袷羽織になる」と『番太日記』にある（『日本都市生活資料集成』３）。熊本城下では蛇形嶋を武士が着ていた。羽織の襟や袖口にバフタと蛇形嶋を好んだとも書く。バフタはインドの「サラタ国ブローチャという所より織り出す」白綿布である（「阿蘭陀人日本渡海発端」『続海事史料叢書』第1巻）。

「蛇形」の字はヘビの曲線を思わせるが、「地形」とも書くから、漢字の意味を捨てて音《おん》でとらえるべきである。蛇形嶋の元は『和漢三才図会』（１７１２序）の「咬𠺕吧柳条（原注ジャガタラシマ）」しかない。漢字はカラバと読み、ジャガタラの地の古名で、振り仮名だけを替えるご都合主義の表記である。ジャガタラは現都市名ジャカルタであるが、ポルトガル人がなまってジャガタラと呼び、日本語もそうなった。

もともとは「ジャガタラ嶋」であった。それがジャガタ嶋やジャガ嶋に詰められたのであろう。だからといって驚くこともない。南米原産のポテトはいったんジャガタライモとなり、ジャガイモ、おジャガと変じている。

そのジャガタラ嶋は「紺と浅黄のタテ・ヨコとも細かい柳条《しま》木綿である」と『和漢三才図会』は書く。それは紺と薄青の細密な格子柄の渡来木綿であった。その輸入嶋をなぞったのが和製「蛇形嶋」となる。

上方の遊び人が１７８０年前後にその柄を好んだ。払いに詰まって「トビ色の紋付」を質入れした京男は、「白蛇形の青梅の布子」を次の質草にするつもりであった（『徒然睟か川』）。大阪の遊客の着物に「紬の茶じゃが嶋の袷」があり、じゅばんはインド渡来の「唐更紗」であった（『十界和尚話《いかいおせわ》』１７９８刊）。名古屋の洒落本でも色男が「じゃが」「じゃがた」と騒いでいた。

では江戸はどうか。江戸にその語はなく、出版物に何も載らない。蛇形嶋の流行は名古屋以西に限られ、江戸は無縁であった。

そこで疑問がわく。江戸と上方の遊客の流行に、それほどの違いがありえたか。疑わしいのは用語の差である。東の桟留が西で奥嶋となるように、同じ柄が別の語だったのではないか。

上方の蛇形嶋に相当する江戸語を探すには、江戸の人気柄で上方では通用しない語を探し出せばよい。それは即座に見つかる。江戸の「微塵《みじん》嶋」がそれで、名古屋以西に名が見当たらない。

## ◉江戸では微塵嶋

江戸の微塵嶋の語は18世紀初めに現れる。１７０７年に逮捕された髪結いの盗品の中に「みぢん桟留布子一つ」があった。桟留は西陣製の木綿、柄が微塵である。１７１１年には入質品「桟留みぢん嶋の袷一つ」が、金一分の高値で処分されている（『日記言上之控』）。

奥州出身の武家雑用係の青年が１７１９年に京都で失跡し、同僚の「京桟留みぢん嶋」布子を持ち去った（『月堂見聞集』巻之十一）。京都の武家手配書は江戸語で書かれたと見なければならない。

微塵嶋は京桟留にそれほど多かったが、上方出版の『万金産業袋』は全く触れない。けれども同書は桟留の柄名として「蛇形羅《じゃがたら》」を載せる。東の「微塵嶋」が上方のジャガタラだった可能性を示す。両方の語はともに18世紀初めに現れたし、田沼期がともに流行の盛期で各種絹物に写され、二つをつなげる状況証拠はたくさんある。

江戸で微塵嶋が盛んなことは、上方の「蛇形嶋」に劣らない。旗本が弓道の相弟子の昔の吉原衣装を、「郡内の紺の微塵嶋の羽織と小袖を、対にこしらへて着たり。そのころの遊山の晴着なりけり」と書く（『賎のをだ巻』）。それは「はなはだ世上流行にて、遊客はみな伊達着にしたり」とある。１７４０年代に「郡内微塵嶋衣類はやる」（『武江年表』）と別の記事もある。

田沼期の遊び人は絹物の微塵嶋を喜んだ。岡場所で振られる男が「微塵上田に同じような羽織」（『青楼楽美種《たのしみぐさ》』１７７５刊）。黒羽二重の羽織で深川に来た町人は「微塵嶋の七々子の上着」である（『美地の蛎殻』１７７９序）。七々子はタテヨコとも二本以上の糸の平織、魚卵の並ぶような織り目を見せる絹である。縮緬ふんどしの吉原の客は「藍・微塵嶋・縮緬の上衣」であった（『深淵情』）。

「山門へ十六日の微塵嶋」（『百合の花』１７８１刊）

薮入りの正月十六日、閻魔《えんま》堂山門に丁稚小僧が群がる。遠望すれば彼らの木綿着物が微塵嶋のごとく細かく見える。江戸川柳がそう見立てるほど微塵嶋は市井によく溶け込んでいた。

## ◉外国柄をはやす

微塵嶋は「タテ・ヨコともに各二糸なる」嶋柄。その明快な定義が後の『近世風俗志』に載る。微塵嶋はタテ糸ヨコ糸とも二本ごとに色を違える平織の格子柄となる。

この定義により、それはよく見かけるものとわかる。図95左の「微塵嶋」は木綿嶋見本帳にいくつもあり、息長く続いた地味なデザインである。しかし、その柄は直ちに別のものにつながる。インド木綿にその織柄がある。図95右の拡大写真はその一例で、糸の配列は微塵嶋の定義を満たす。それをここでは『和漢三才図会』の言う18

世紀初めのジャガタラ嶋としたい。

微塵嶋の定義は、実はもっと古い稀少な布にさかのぼって適用できる。茶道で「木綿間道」「利休間道」と呼ぶ名物裂《ぎれ》は、インドで織られた微塵嶋となる。その間道の袋は大名物の茶入れ「松屋肩衝」(根津美術館蔵)に現に付属し、織柄を見ることができる。細糸と精緻な織りはどう見てもインド製品で、東南アジア方面への輸出品が桃山時代にまぎれて渡来したことになる。

さらに「紹鴎間道」という木綿の名物裂も、糸質は違うようだが柄の構成は同じである。大阪の茶人はそれを何と「白紺木綿シャガシマ」と説明している(『茶道筌蹄』１８１６稿)。その間道は大阪で言うところの蛇形嶋であった。それゆえ図95右をジャガタラ嶋と確認することができる。

木綿間道・ジャガタラ嶋・蛇形嶋と江戸の微塵嶋は、織柄において一列につながる。木綿間道は古く渡来して茶入れの袋となり、オランダ船が招来した「ジャガタラ嶋」は衣類にもなった。その織り方が絹・紬や木綿に移され、18世紀後半の都会に普及した。京都の家出人の「蛇形嶋」のぼろは、インド渡来の嶋柄が都会の底辺に行き着いた姿と

**図95　和製の木綿微塵嶋とインド製ジャガタラ嶋**

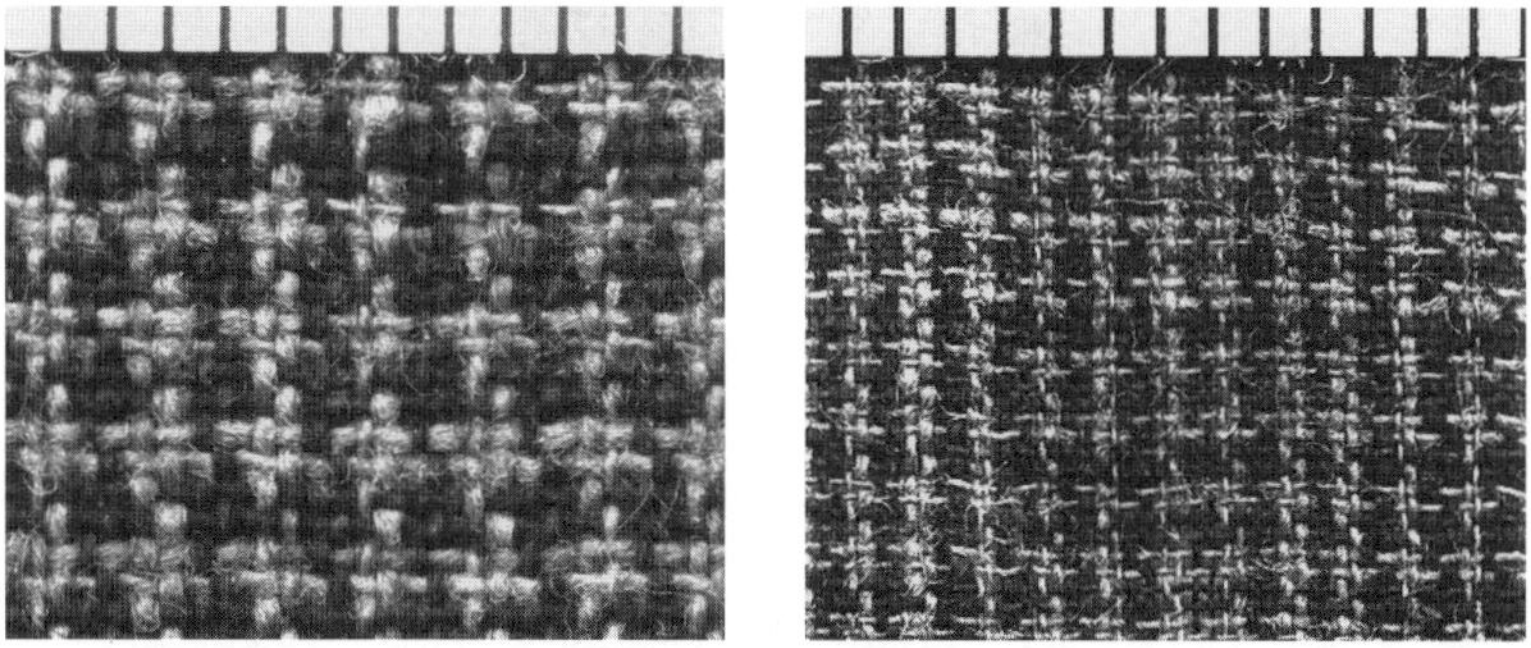

国産「木綿微塵嶋」――江戸時代後期の見本帳「志満天保武」から。色は紺と茶である。

渡来「ジャガタラ嶋」――インド木綿の紺と白の細密格子柄。茶入れの袋を解いたもの。

タテ・ヨコ糸二本で色を替える格子柄。目盛はミリ。右の渡来「ジャガタラ嶋」と同種のものを、『鐘紡コレクション5・名物裂帖』は「利休間道」と書く。

なる。茶人の愛でた異国柄が、いつの間にか日用衣類で繰り返される柄となり、もはや異国を思うこともなくなっていた。

18世紀後半の木綿嶋は、このようにインド柄を採り入れて広がった。綿布の粗さや色はその起源を見分けがたくしたけれども、外来柄は都会の木綿嶋を構成する中核的要素の一つとなった。蛇形・微塵嶋の柄は今日でも生きており「千鳥格子」と呼ばれている。

## ◉せいらす嶋とは

外来「せいらす嶋」も和の木綿嶋の中に溶け込んだ。１７６５年暮れの京都の家出少年は、小紋染の古布子に「せいらす」の半天であった。その大晦日に失跡した別の男は、無地貫紬《ぬきつむぎ》（タテ木綿、ヨコ紬）の布子に「藍せいらす嶋木綿」の股引「ぱっち」をはく（『京都町触集成』）。

江戸でも「せいらづ、せいらつ嶋」を少し後によく見る。江戸言葉では「す」を「つ」「づ」となまる。品川の女郎屋へ行く職人が「せいらづ、さん留の袷。同じ羽織」である（『津国毛及』１７９８序）。それは「せいらす嶋」柄の和製桟留嶋である。深川の力みある女郎の間着は「嶋縮緬のせいらつ」であった（『辰巳婦言』１７９８序）。「せいらす嶋」は紬や嶋縮緬でも織られ、遊里文芸がはやした。

『和漢三才図会』に「錫蘭山柳条《せいらすしま》」の記事がある。「錫蘭」は漢語でセイロンである。しかし、セイロン島は古来インド木綿の一方的輸入地であった。「錫蘭山」は漢字の意味に引っ張られず、単に「せいらす」の音《おん》の用字と解するのがよい。

「せいらす」はインド木綿の貿易用語であった。バタヴィア発シャム経由で１６４３年８月に長崎に着いた蘭船ズヴァーン号の積荷に「Ｃｈｅｌａｓ五二〇反、コロマンデル産、元値一一七〇グルデン」があった。それは秋までに二七二二グルデンの粗利益をあげた（『オランダ商館長日記』）。コロマンデル海岸産の「セラス」「チェラス」が、イスラム教徒やインド人の船でインドネシア方面へ運ばれるのを、ヨーロッパ人の少なからぬ航海者が目撃し記録している。

「せいらす」はどんなものか。「茜《あかね》と白とのタテヨコが篩目《とおしめ》のようになった小柄の柳条《しま》木綿である」と『和漢三才図会』が書く。色は茜赤と白、篩《ふるい》の網目のような細格子柄である。図96に示す綿布が稀に茶道の袋物や包み布に残っており、それが小片でも鮮やかな赤の「せいらす嶋」である。その細かさの魅惑を思うと次の俳諧は理解しやすい。

「橘の小島が先を渡り者、せいらす・じゃがたら・晒す細布」（西鶴編『物種集《ものだねしゅう》』１６７８刊）

「橘の小島」は宇治川の平等院前の中洲、源頼朝側の武将佐々木高綱が先陣を切って川を渡った古戦場である。馬上のその勇将を思わせておいて、渡り物の嶋柄に向きを換える。遠くで晒す麻布の風景が「せいらす」「じゃがたら」の柄のように小さく見える、と場面をさらりと転じている。

「せいらす」を「白地に赤き糸にてタテヨコを織り、ここにて言う小豆《あずき》嶋」（『譚海』１７９５稿）とする記事もある。別名は小豆嶋であった。

「疱瘡《ほうそう》お伽とて袴にも小豆嶋」（俳書『広原海《わたつうみ》』１７０３刊）

疱瘡から子を守る身代わり人形の袴を、疱瘡よけの赤を入れて小さい柄で仕立てている。

「いま江戸、ヨコタテのシマをセイラツジマなりと言う」（『俚言集覧』18世紀末成立）とあるごとく、江戸では色に構わずすべての細かい格子嶋をそう呼んだ。文化年間の１８１０年代に「せいらつ格子嶋は廃れ果てたり」（『武江年表』）とついに終末を迎える。あらゆる素材にさまざまな色で導入され、色柄とも拡散しすぎて特色を失い、元のインド輸入品の面影は消えうせていた。図96右は和の「せいらす」の基本柄を示す。

## ◉長く続く算崩嶋

算崩《さんくずし》嶋は今も必ずしも死語ではない。それはタテヨコとも糸一本ごとに色を違えて、糸数の秩序を崩した細密格子柄である。徳川時代の初めからあり、末期にいよいよ盛んであった。

　算崩嶋の残欠は正倉院にもあるが、いったん途絶えた。ポルトガル船などが招来したインド木綿により再発見されている。豊臣社の社僧が１５９６年に「サンクツシ木綿一反」の返礼をしたと書く（『舜旧記』）。１６１０年代の舟木家本「洛中洛外図屏風」では、三条大橋西詰をゆく馬上の男が算崩嶋を着ている。

　オランダ船時代になるとインド木綿の輸入が安定し、「セステインス」が算崩嶋と訳された（『明安調方記』）。織組織は奥嶋唐桟と同じで、17～18世紀には上級武士の袴地になった。稀に断片が残り、図97はその一例である。

　西鶴のころ富商の質素な遺産に「手織りの算くずし木綿あわせ一つ」があった（『日本永代蔵』１６８８刊、五・三）。「算くずしの布子」の零落した町人もいた。女郎買いの町人も「算くずしの紬嶋に黒い半襟をかけて」とある（『諸艶大鑑』１６８４刊）。１６９３年の京都の人相書にも、黒い絹着物の下に「萌黄（緑色）算崩し嶋、裏は白き木綿の布子」の武士が載る（『京都町触

**図96　インド製（左）と和製のせいらす嶋**

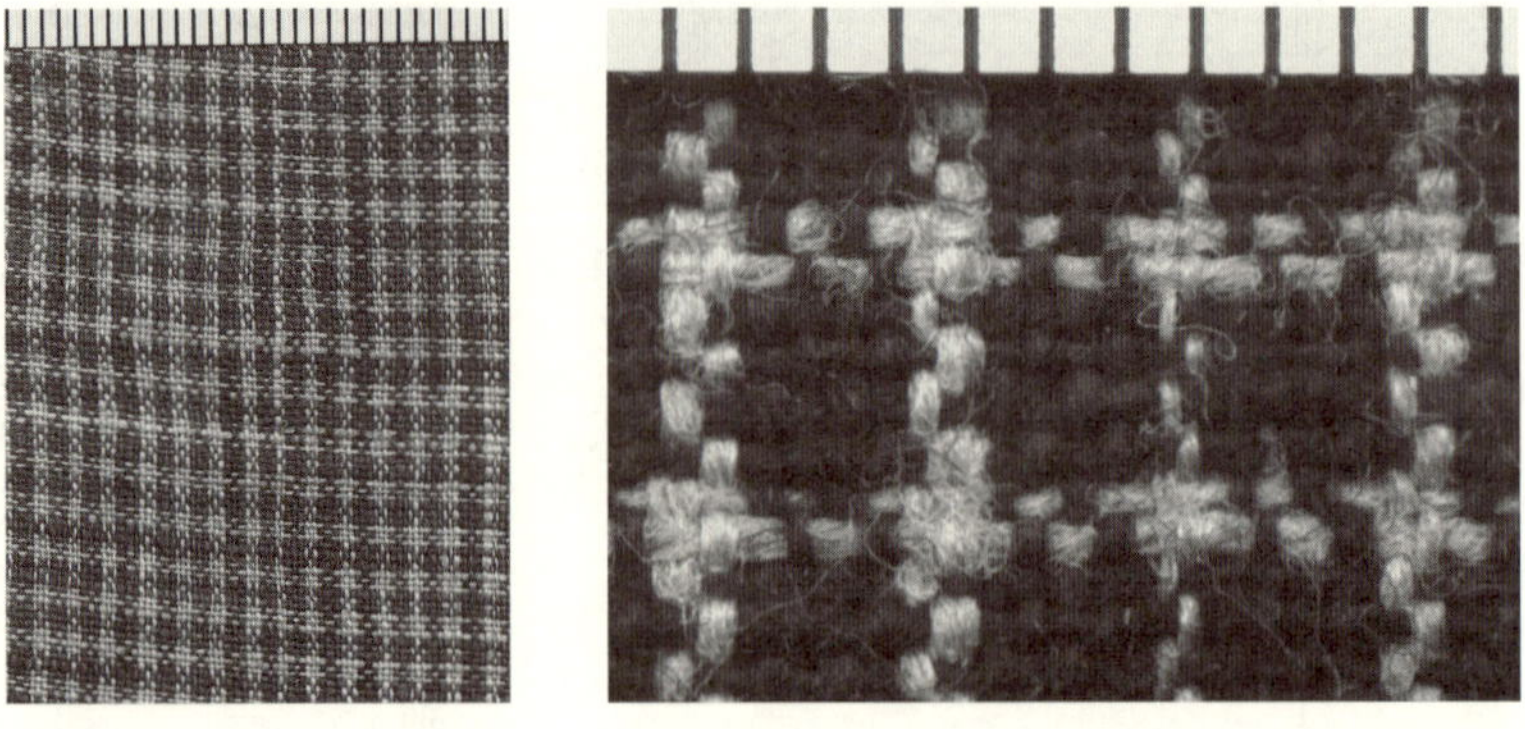

色は茜と白。タテヨコ各３本の糸による格子柄である。

ふるいの目の細格子を白２本、紺４本のタテヨコで構成。「志満天保武」から。目盛はいずれもミリ。

集成』）。

図98は京都遊女屋のやり手である。女郎と客をつないで切り盛りするその女は、男柄だった算崩嶋を大きな柄に染めている。

図99の浴衣の絵は、細密のはずの算崩嶋をさらに巨大化して染める。そんな針小棒大な話があるかと、あきれさせてうれしがる趣向である。田沼期の江戸のデザイン探求は、ふざけ半分も含めて自由かつ大胆であった。おおらかな気風に他の時期と違う特色

**図 97　唐桟織の算崩嶋**

タテヨコ各2本の木綿双糸による平織。赤と紺と薄青の三色で細かい柄を織る。柄の名は「もみじ」、武士の袴地になった。インド渡り、18世紀。目盛はミリ。

**図 98 やり手の算崩嶋**

算崩嶋の文様を拡大した染めの着物である。黒半襟、前帯、赤前垂れは遊女屋やり手の定型である。（西川祐信『絵本常盤草』下、1730刊）

**図 99　浴衣の巨大な算崩嶋**

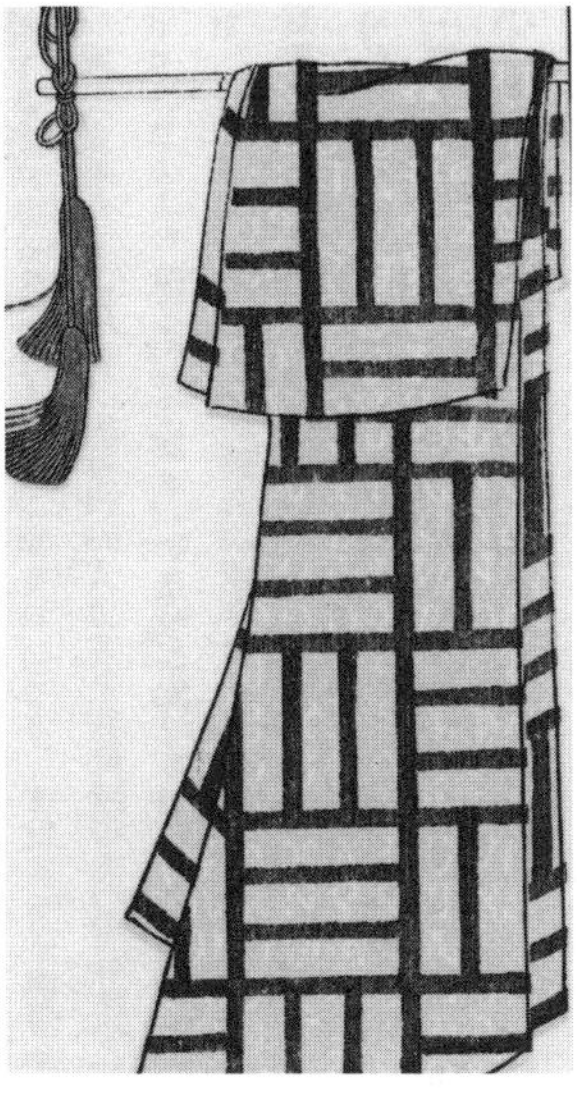

元の小さい柄を大きく染めて楽しむ。浴衣にはこんな染柄も面白い、と勧めている。（『浴衣合』天明初年刊）

がある。
18世紀後半には京都家出人の「木綿三崩嶋」もあれば、吉原女郎に「下着は算崩しの八丈」もある（『孔雀ぞめ記』寛政年間刊）。よく着られる柄となり、19世紀には越後ちぢみの地元の雛型本が、あくなき算崩嶋の追求を伝えている。農家の木綿嶋の見本帳でも、その柄は定番の一つとなった。算崩嶋は17世紀後半から絶え間なく織られ、年代が進むにつれていよいよ盛んになり、元はインド渡来だとしても国内に居ついた柄となった。

## ◉唐桟の語の登場

「唐桟」という語は１７７０年前後の江戸に始まる。舶来品を「唐桟留」（『万金産業袋』）と呼んでいたのが略され、洒落本などがはやして新語を使い始める。

「唐桟をほめるはやり手実儀也」（『錦江評万句合』１７６６刊）――チョチョラのお上手ばかりのやり手婆が、唐桟だけは「いいお召物で」と本気で誉める。カネをまく上客にくっつく魂胆と見ている。「唐桟留に甘みあり。黒羽二重に辛味あり」（『論語町』明和ごろ刊）も女郎屋の見方で、唐桟留の町人客だと店も女もいい目に合えるが、黒羽二重の武士客らは見かけ倒しで、払いが辛い、と言っている。唐桟留と唐桟の語は併走し、やがて後者が優勢になる。

霊岸嶋の女郎に通う上客は「番頭株、唐桟着物、羅紗《らしゃ》の鍵袋」で（『寸南破良意』１７７５刊）、江戸店の鍵を預かる人であった。「目に立たぬ金目な唐桟留」の客は奉公上がりの通人で、「上々吉」にランクされる（『客者評判記』１７８０刊）。江戸住み「お店者《たなもの》」の経営管理層が地位を上げ、自分の力を唐桟の着物に語らしめる。

「唐桟ンの一ツ身を着るいい男」（『柳籠裏《やなぎごり》』三編、１７８６刊）

唐桟に格別の仕立てがある。一つ身は赤子の衣類で、背側は縫い目なしの一枚布である。唐桟原反は幅三尺三

～四寸、着尺で三幅となり（『明安調方記』）、背縫いなしで着物が仕立てられる。背の縫い目がなくツルッとするのが「いい男」の仕立であった。

個々の例は遊び人の羅列《られつ》にすぎないが、店主や上級奉公人が財力と自信をつけた社会変化が読み取れる。彼らの地味を気取った自己主張が唐桟着物であり、絹より高値の舶来品を誇らしく着ていた。

ブームに乗った唐桟は、個々の柄の名までが出版物に載る。「うちの旦那も胡麻がら屋嶋右衛門というほどあって、きつい立嶋好きじゃて」と奉公人が仲間に自慢する（『立春噺《はなし》大集《おおよせ》』１７７６刊）。「胡麻がら」（図１００）を知らなければ話に乗れない。それは唐桟のうち最も知られた嶋柄である。

「胡麻がら」はロングセラーの唐桟柄であった。宮川一笑「吉原歳旦図」（カラー口絵３）の上層武士客の羽織もその柄である。田沼期にそれが富裕町人の着物になる。明治時代に洗濯屋が作ったサンプル帳（東京国立博物館蔵）に、その柄はいくつも貼られる。胡麻の実をとった後のサヤが胡麻がらである。その細密柄は和製のあらゆる繊維素材に展開された。

将軍由来の「御本手」の柄も遊び人が着た。吉原で人柄のよ

**図 100　渡り唐桟の「胡麻がら嶋」**

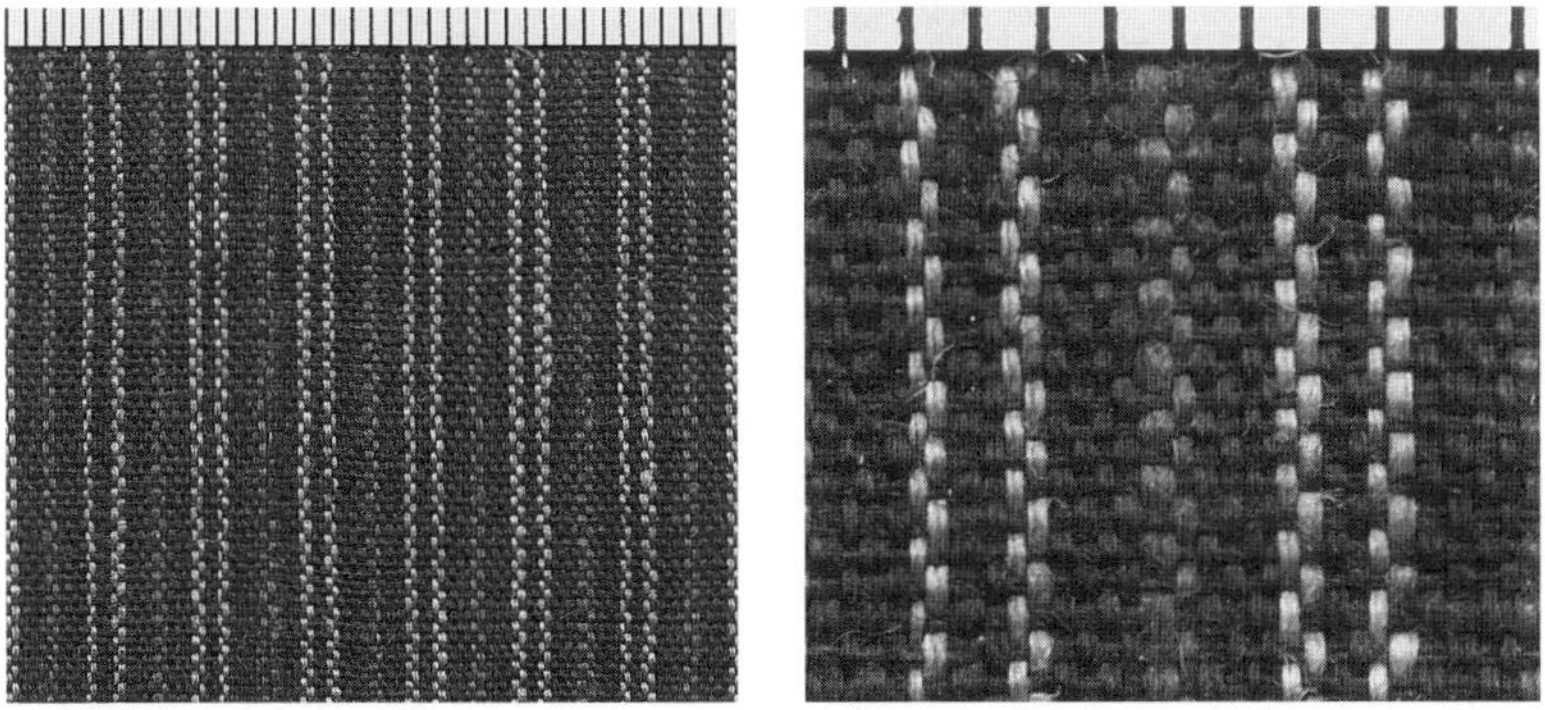

目盛の単位はミリ、右は拡大。紺地に赤一筋、黄二筋の文様。タテヨコ双糸、ヨコ糸の打ち込みがややゆるい例である。

さそうな息子が、黒羽二重の羽織に「小ほんて」の唐桟小袖であった。「かんざしを盗んでいきんした」（『こんたん手引草』）とあり、油断ならない息子であった。

江戸の武士は唐桟柄の裏つき裃を欲した。「安永・天明のころ糸入り桟留、渡り紛い、手を尽くす」とあり（『反古染』）、本場物と似るものに需要がわいた。

若い奉公人の羽織も和製ながら桟留となった。「遊輩と見えて、青梅嶋の綿入れに桟留の羽織」（『当世左様候』１７７６序）があり、浅草で通行人の服を論評する連中がまさに「青梅の綿入れ」「桟留の袷羽織」である（『当世真似山気登里』１７８０序）。彼らは店着でそっと出て、裏店に預けた衣類に着替えて女郎屋へ繰り込む（『通人三国師』１７８１刊）。そのための桟留の羽織であった。

## ◉感受性が変わる

「嶋と嶋ひそかに寄ってことができ」（『川柳評万句合』安永八年天印）と言われるほど、木綿嶋は江戸の若い男女に広がった。「伊勢嶋で昼間は堅い息子なり」（前掲書、天明八年十月）であるが、夕暮れともなれば息子は着替えて出てゆき、その先に稽古あり俳諧・学問の会あり女郎屋もある。

木綿嶋の多様なメニューが田沼期にそろった。デザインへの欲求の背後に恐らく生活感覚の更新があった。柄は人の耳目を集め、柄を意識する人を増やし、人を表わすものになる。雇い主がくれる仕着せの木綿嶋さえ気になる。「気に入らぬ嶋とは乳母のほたへすぎ」（『誹風柳多留』三編、１７６８刊）は、乳母の甘えをとがめるが、嶋柄は前より大切なものになっていた。

図１０１の歌麿作品は嶋柄デザインの洗練を示しており、組み合わせにすごみさえある。下に着る斜め格子の浴衣は、明るく涼しげな染嶋である。木綿手ぬぐいの豆絞りは、間合いをゆったり取って並でない。肩に掛ける着

物は二重の碁盤嶋の紬となる。赤い帯を加えたまとまりは、感じ方のレベルの高さを見せる。嶋柄への関心は歌麿のような画家によって磨かれた。

木綿嶋はこうして都会の日用衣類の文様となった。それは昔風の嶋柄を乗り越えインド渡来の柄を採り入れて作られた。人はそれで以前にもましてデザインと意味を着ることになった。柄と色こそは人々のものの感じ方を細やかにした。

**図 101　染嶋の洗練—斜め格子と豆絞り**

顔を洗った女が手をふきながら、ふと朝顔の花に目を止める。その瞬間をとらえた絵。豆絞りを持つ町家の若妻の浴衣は、七本の線を斜めに組む藍の染柄。染嶋の洗練は驚くばかりである。　着物は恐らく紬製で茶地。黒の碁盤嶋に赤二筋の升目。歌麿「洗顔美人図」（大英博物館蔵）。

# 8　江戸近郊農村の木綿嶋

いま東京自由が丘に近い旧奥沢村は、麦や豆の畑と雑木林の里であった。伐り出した薪《まき》を十キロ余り先の江戸に売り、後にコナラを植えていた。その村の年寄役の原家に1736年以降の家計出納簿が残り、衣類の支出をたどることができる（『世田谷区史料叢書』11，12巻）。

## ◉木綿を尺で買う

18世紀前半の近郊農家の衣料は、見事なほど木綿ばかりであった。そもそも木綿の一反買いは稀で、尺寸の単位で買っていた。白木綿二尺五寸だけ、子供の着物地に一丈四尺など必要量しか買わない。木綿に一尺の単価があり、「十六文切《きれ》」は一尺が銭十六文で、生地の種類を表わしていた。

帳簿の白木綿の所要量と単価・支払額は、しかし整合しない。支払額は常に所要量をいくらか超え、買う時は一尺未満の範囲で多く支払っている。客の望み通り切り売りしてゆくと、売り手に最後の半端が残り、そのコストが生じる。同じ単価の生地を二分割か三分割して買い、売り手が客の所要量に一尺未満のプラスをつけることにすれば、半端のコストは生じない。帳簿を解読すると、無駄を省くその取引慣行に行き着く。木綿の計り売りには恐らくその不文律の取引ルールがあった。

農家は生地のムダを出さないよう、仕立て寸法を細かく計算した。事前の分量計算なしに木綿は買えなかった。裁縫では生地の半端をどこで接ぐか算段する。それは貧しさというより、村は金銭が希少ですむ社会であった。木綿行商は江戸にも出ていた。行商人は「木綿切れまけると太刀に手をかける」（『川柳評万句合』明和八礼印）。「木綿をくわえ短刀を抜き放し」（前掲天明三宮印）、「木綿売、顔を断ち割るように切り」（前掲明和五礼印）となる。短刀を手前に引いて口を放せば布は真っ二つ。手の平やひじで測る名人芸も軒先で見られた。

### ◉引き解きを買う

原家の家族は当主・妻・子二人と母の五人と思われるが、買う衣類は少なかった。1739～40年の生地購入は表24の通り年八点ほどにすぎない。ほかに自家手織があろうが出納簿には載らない。

手ごろなのは古着をほどいて洗った「引き解き」である。原家は染木綿や岩槻太織の引き解きで家族の着るものを仕立てた。都会の古着は村の衣料の支えとなり、家紋を気にせず中古紋付生地を買うこともあった。

子供のためには新品の地物の格子嶋を買った。伊勢嶋は別の年に「二十三文ぎれ」とあり高い。半襟にする黒桟留一尺七寸は、女のたしなみである。

大人の着物の多くは無地染の地味な世界である。購入品の小紋染の新品はその時期ではまだ柄が大きく、丈も一反に届かず値も安く、子供用か短衣になる。

**表24　1739～40年　旧奥沢村の原家の購入生地**
（『世田谷区史料叢書』11巻から作成）

| | | | |
|---|---|---|---|
| 嶋柄新品 | 萌黄・格子嶋（木綿）　＝子供 | 1丈2尺5寸 | 258文 |
| 〃 | 格子嶋（木綿）　＝幼児<br>裏・白木綿 | 9尺5寸<br>〃 | 194文<br>143文 |
| 木綿新品 | 小紋木綿　白木綿 | 1丈9尺5寸<br>〃 | 363文<br>314文 |
| 古着再生 | 浅黄単え物、みる茶引き解き | | 830文 |
| 木綿小物 | 黒桟留（半襟にする黒木綿） | 1尺7寸 | 39文 |
| 1739年合計 | 7点 | | 2貫141文 |
| 嶋柄新品 | 格子嶋（木綿）　@「21文ぎれ」<br>裏・白木綿　@「16文ぎれ」 | 2丈1尺<br>〃 | 809文 |
| 木綿新品 | 粗木綿<br>白木綿　@「17文ぎれ」<br>羽織の表<br>ヨコ嶋帯 | 1反<br>2丈4尺<br>二重周り | 315文<br>408文<br>232文<br>100文 |
| 古着再生 | 岩槻太織・引き解き<br>木綿・引き解き | | 520文<br>280文 |
| 1740年合計 | 8点 | | 2貫664文 |

同じころ甲州の大農家は木綿を歳暮に渡した。山梨郡の依田長安家は１７５０年に歳暮を百人以上に配る。使用人男女九人には、一反銀四匁一分の白木綿表地と同三匁三分の白木綿裏地を渡した。それに次ぐ男四人には地場の四匁の木綿嶋に白木綿の裏をつけて出し、さらに籾《もみ》取りや祈祷《きとう》をした男ら十人余りにその地嶋の表地を渡す。地嶋は白木綿より値の安い粗い木綿嶋で、助産婦ら女七人に地嶋の帯地一丈を出す（『依田長安一代記』の「午歳暮帳」）。ローカルの地嶋は男で布子、女で帯になっていた。

### ◉絹嶋小袖の用途

二十年後の奥沢村原家には絹の嶋小袖があった。着たわけではなく、それは急場の支払いのための資産である。

近郊農家が江戸から買う下肥は一方的な売り手市場であった。原家は武家屋敷などと役銭前払いで契約し、金一分を年二回払った。下肥契約のある七月と十二月に原家は借入れをする。絹の嶋小袖は金融の担保になる。金額から見てそれは地絹の関東嶋であろう。嶋小袖の出入りはひんぱんで、帳簿の記載を整理すると表25のやり取りとなる。

**表 25　原家と質屋の「嶋小袖」のやりとり**

| 年月 | 大塚権左衛門 | ←—→ | 原家 |
|---|---|---|---|
| 1759.7 | 金１分 | ——→ | 借り入れ・肥料役銭 |
| | 嶋小袖 | ←…… | 質入れ |
| .8 | 金１分と利子 | ←…… | 元利払い |
| | （嶋小袖 | ——→ | 質請け） |
| 1760.4 | 金１分 | ——→ | 借り入れ・返済に充当 |
| | 嶋小袖 | ←…… | 質入れ |
| .6 | 利子 100 文 | ←…… | ６月分まで利払い |
| .8 | 利子 100 文 | ←…… | ９月分まで利払い |
| .10 | 金１分 | ←…… | 元本払い |
| | （嶋小袖 | ——→ | 質請け） |
| 1760.12 | 金１分 | ——→ | 借り入れ・肥料役銭 |
| | 嶋小袖 | ←…… | 質入れ |
| 1761.4 | 金１分 | ←…… | 元本払い |
| | （嶋小袖 | ——→ | 質請け） |
| .6 | 利子 164 文 | ←…… | 利払い |

＜注＞『世田谷区史料叢書』11巻旧奥沢村・原家文書による。質入れは担保物件を質屋に預けること、質請けは借金を返して質物を取り戻すこと。「金銭出入り覚え帳」は質請けを当然のこととして記載せず、カッコ内の質請けは推定。

原家はほかに「黒紋付小袖」を何回も質入れした。新品の「新青梅嶋袷」や「桟留の羽織」「表は大嶋、裏は萌黄の夜着」も急な金策では出番となる。１７６１年には質屋の大塚権左衛門から「ねず縮緬模様の金縫小袖」を金二分で買っている。その金糸刺繍入り友禅染の縮緬小袖は、着るのは禁制だが、資金対策に欠かせないから所有は問題とならず、預金と同じ役割を果たした。

## ◉微塵桟留を買う

それからさらに二十年経つと、原家は米麦豆や菜種を商い、杉や竹材を売り、馬のえさの米ヌカや付木にも手を出し、小作料や貸金収入も得ていた。自家の自力調達に依存する消費分野が、不得手なものから次第に買うものへと転じ、村でも金銭収入が不可欠となりゆく。原家はもはや田畑だけで暮らす人ではなく、商品を仕入れて売る商人兼農家である。恐らく商業に寛容な政策のもとで、近郊農村にさまざまな収入の道が開け、原家は経営を拡大して江戸との距離を縮めている。

１７８１年の衣類購入の金額と点数は昔日の比ではない（表26）。原家は藍微塵桟留嶋の新品を一反買いしている。上級木綿が村に及んで、当主の外出着が江戸男並みとなる。少し前まで伊勢嶋・松坂嶋がせいぜいであった家に、前掛けの寸法の桟留嶋もあるし、浅黄嶋の一反買いもある。赤色木綿嶋が娘の着物になり、購入先も江戸の店が多くなる

木綿嶋と張り合うのは色数が増えた染木綿や木綿小紋である。仕立済みの股引やじゅばんを買うのも、仕立賃を払うのも新風である。絹は少ないとはいえ、八丈嶋帯や小紋じゅばん、桐生の黒紗綾の袖口などがある。村の金銭経済化は、江戸風とともに嶋柄と小紋と少々の絹をもたらした。

その三年後には絹糸交じりの「昼ごろのもの（中古）、見甚《みじん》青梅布子」や「見進《みじん》青梅一反」を買う。微塵柄は流

行していて質草にもなった。

原家が表26にある衣料を買った１７８１（天明元）年、戸数百軒四百五十人ほどの奥沢村に四軒の商売屋ができた。一軒は酢や醤油や紙の店商売、三軒は飴《あめ》・乾物・醤油などの「かつぎ」行商人であった。村には門前そば屋や行商など以前から商売人六軒があったが、それが一気に四軒増えている。四軒開業は異例で、恐らくはもぐりの商売を代官所の裁量で表に出したのであろう。それが近郊の村の田沼時代だったのではないか。

商売人の数を書くのは、寛政改革期の１７９４年に代官所に提出した村の農間副業調書である（『世田谷区史料』第4集）。時の政府は「百姓の余業の商いは不らち」との立場になっていた。

農民の内々の商売は、村で必要とする現実があった。加賀藩は同じ１７８１年に田沼政治型の措置をとる。酒屋・紺屋・質屋・鍛冶・豆腐屋については百姓の商売を認め、「商売役」の課税をすると通達した（『富山県史』資料編3）。商売への課税は目新しい考えであった。

武州多摩郡本宿村（現府中市）の医師によれば、田沼期

**表26　奥沢村に入る嶋と小紋――原家の1781年の衣料品購入**

| 種類 | 品目 | 量 | 金額 |
|---|---|---|---|
| 嶋柄 | 立嶋帯 | 6尺5寸 | 155文 |
| 〃 | 藍微塵桟留嶋<br>桟留嶋<br>桟留嶋きれ | 1反<br>7尺<br>1尺5寸 | 1貫596文<br>441文<br>84文 |
| 〃 | 浅黄嶋<br>赤嶋 | 1反<br>2丈2尺5寸 | 1貫249文<br>1貫　71文 |
| 袖口 | 黒桟留の袖口・半襟、桟留袖口<br>紗綾袖口、絹袖口 | 7寸など<br>8寸 | 177文<br>208文 |
| 染物など | 空色小紋襦袢、千種・萌黄・茜・織色・藍返し・小紋の各木綿、紺股引2、仕立賃2件、染め賃、小風呂敷、白晒など4点 | | 8貫384文 |
| 古着 | 空色小紋の古い単え物<br>八丈嶋帯（古物か） | 三重周り | 484文<br>741文 |
| 合計 | 30点 | | 14貫590文 |

金額はこのころから金・銀・銭建て併用だが、森家帳面記載の両替数値により銭建てで表記。『世田谷区史料叢書』12巻から作成。

は変化の時代であった。家の棟が高くなり二階家を生じ、天井のつく部屋を設け、磨き板や畳の床が現れた。村の有力者は操り人形や歌舞伎を赤字にかまわず興行し、自ら座頭と唱えて自慢していた（『避暑漫筆』「多摩市史」資料編２）。

とはいえ変わらない村は多い。１７８３年に九州を旅した古川古松軒は、日向の山村の女が紺染木綿の下帯（腰巻）だけで裸をさらしているのを見た。薩摩の地つき武士のふくらはぎの見える短い袴は、古画のようであった（『西遊雑記』）。１７８８年の奥羽への旅では、会津田島あたりの女が紺木綿の裾短の振袖で手ぬぐいをかぶる姿を見た。庄内の海辺の村の女たちは昔風の総模様の服で、手ぬぐいを頭から垂らしていた（『東遊雑記』）。三都の風など及ばない村は多かった。奥沢村の原家の衣服の変化は江戸近郊でありえたことで、都会風の嶋柄が農村部に移るのは一般には19世紀のことになる。

# 9　江戸の麻のアップダウン

### ◉晒売りの長い声

「呼び声や御代にひかれて奈良晒《さら》し」（『俳諧江戸弁慶』１６８０刊）。奈良から来る晒しの行商は江戸の夏の風物詩であった。長く伸びる売り声が知られ、徳川の世をことほぐように聞こえた。

晒売りは1740年ごろまで来た。「そのころは奈良より晒し売り来たりて、両がけのつづらにて、出入りの得意へ来たり。土産に奈良団扇《うちわ》持ち来たり、八月ごろ帰る」と回想される（『寛保延享江府風俗志』）。売るのは白い苧麻《ちょま》布の「晒し」と、「帷子《かたびら》も大方は浅黄・薄柿の紋付、または小紋等」であった。「男子、越後縮《ちぢみ》布ははなはだ稀なり。大方、晒し嶋に限りしことなり」（前掲書）とあり、嶋柄でも奈良麻が一般的であった。

「麻の最上と言うは南都なり」と定評があり、白布は上物の染生地になる。織嶋にはよく晒した「嶋晒し」、半分晒した「半晒し嶋」、晒さない「生平嶋」があった（『万金産業袋』1732序）。「生平嶋」には苧麻固有の薄茶の地色があり、「平」は麻を績《う》んでつないだ撚《よ》らない糸である。

布を灰汁で煮て陽にあてて晒す。晴天数十日を経て最後に布を臼でつけば、雪の白さの平滑な布になる。それが絹にたとえられる白い奈良晒であった。

「極上御召」という苧麻布は、糸が細くて夜間は織れず、一疋織るのに一ヶ月を要した。「うね晒」は太糸のゾーンの間に細糸ゾーンを織り入れて、しわの寄りにくい袴地になる。「春日野」という銘柄はタテが苧麻、ヨコは色染生糸で、「嶋にても織る」品であった（『呉

**図102　嶋麻布を晒す**

『人倫訓蒙図彙』（1690刊）の晒職人。嶋柄の麻布を横長につるし、手桶の灰汁をかける。下は布をつく臼。京都では五条河原で晒すが、「今は奈良をもって第一とす」とある。

服類名物目録』1748稿)。奈良麻は品種も多く広い需要に応えた。

　奈良晒は木綿より値が張る。伊勢木綿問屋長谷川家の江戸店の報告では、1692年に木綿の上等品は一反銀四匁三分三厘で売ったが、奈良晒は平均一反十三匁五分、木綿の三倍の値段であった(『松阪市史』第12巻)。

　18世紀半ばを過ぎると世の中が変わり、奈良晒は江戸遊里で話題にのぼらず、洒落着をはやす戯作に載らない。着る人が御殿女中など旧来の層に限られたようだ。『江府風俗志』の回想に晒売りが登場したのは、江戸市井ですでに忘れかけていたからである。

## ◉麻の銘柄の交代

　江戸士民が奈良晒の代わりに取り付いたのは越後ちぢみであった。それは「平」ではなく「より」、強く撚った苧麻をヨコ糸にする。織ったものを湯の中でもむと、撚りが戻って微細な凹凸のシボができる。布が縮んで縮緬のような味わいになる。

　越後ちぢみの生産は表27のように、田沼時代の明和・安永に上昇軌道に乗り、天明期にピークに達する。寛政年間に山が崩れて産量は激減し、文化文政期に二回目のピークを迎えるものの、天明期を超えることはなかった。その後は緩やかに後退してゆく。

　頂上へ昇ったかと思うと、真っ逆さまに転落し、またはいあがって回復軌道に乗る。越後ちぢみの生産と消費は、ジェットコースターのような上昇と下降の異常な軌跡をたどった。

**表27　越後ちぢみの年生産高の推移**

| | |
|---|---|
| 1652年　(慶安5) | 白布5,607反 |
| 1721年　(享保6) | 30,000反 |
| 1764年　(明和元) | 40,000反 |
| 1780年代(天明ごろ) | 200,000反 |
| 1794年　(寛政6) | 61,000反 |
| 1801年　(享和元) | 66,000反 |
| 1804~30(化政期) | 150,000反 |

児玉彰三郎「越後ちぢみの歴史」(西脇新次郎編『越後のちぢみ』)による。

田沼時代の越後ちぢみのブームは、大丸屋の仕入量でも裏付けられる。１７４０年前後にまだ小規模だった大丸屋は、１７８０年ごろ支配的な大型呉服店にのしあがる。麻布の需要は伸び悩んでいたが、大丸屋は取引に参入して不屈の商略でシェアを築いた。

江戸ではそのころ帷子の好みに変化があり、「安永・天明のころ嶋類・嶋染、手を尽くす」（『反古染』天明期成立）とある。絹や木綿で起きた生地とデザインの高度化は、夏物の麻とて例外ではなく、江戸人の熱気は越後ちぢみに集中した。大丸屋は麻のファッション化を手がけ、嶋柄と染加工で販売量を増やし、宣伝や品ぞろえの豊かさで力をつける。麻の扱いがその時期に呉服店へ移ったようだ。

奈良晒は表28のようにじりじりと後退した。大丸屋の三倍半という拡大率は平均伸び率を下回り、奈良麻は相対的にみて主力商品の座から滑り落ちている。近江晒はいくらか元気を増している。奈良に対して価格競争を挑み、中級以下の製品でのし上がったと思われる。主役に躍り出るのは越後ちぢみで、10倍以上の伸び率となる。仕入量は五年平均の数字で表わされるが、越後ちぢみだけは前年を下回る年が一回もなく、１７８０年代に上り詰めている。

**表 28　大丸屋の麻布の年仕入量の推移（5 年間の平均）**

| | 1736 ～ 40 年 | 1777 ～ 81 年 | 伸び率 |
|---|---|---|---|
| 奈良晒 | 3960 疋　（58%） | 14008 疋　（38%） | 3.5 倍 |
| 近江晒 | 1680 疋　（25%） | 10460 疋　（28%） | 6.2 倍 |
| 越後ちぢみ | 1138 反　（17%） | 12448 反　（34%） | 10.9 倍 |

林玲子『関東の醤油と織物』56表により作成。傾向をつかむため5年間を平均した仕入量と伸び率を示す。八講、加賀嶋、越前晒の数字もあるが、数量が少ないので省略。カッコ内は三者の相対比率。

奈良の斜陽化、越後の上昇は、物産志にも書かれる。「麻の最上は南都なり」と１７５４年刊の『日本山海名物図会』は『万金産業袋』と同じことを書く。ところが１７９８年序『日本山海名産図会』は越後を筆頭に掲げて奈良・近江より上に置く。「越後を名産とし……苧麻の性質よく紡績の精工なりとす」とし、雪深い越後の山村は気質も質素で、工巧は精細を極めると紹介している。千手（長岡市）は絣嶋、塩沢町は紺絣、十日町は替わり嶋と地域分けも記す。生地の質と柄の両面で麻の名声は逆転した。嶋柄と絣がそれに寄与した。

## ◉越後は都会向け

麻の銘柄品の生産は18世紀から下り坂であるが、越後ちぢみはその中で伸びた。一体そこで何が起きたのか。天明期の越後ちぢみの突出はどういう現象か。需要はどこに発生してどう喚起されたか。なぜまたそれは瓦解するのか。

理由の一端は生地にあろう。奈良晒の上物は着ればしわが寄る。本式に着るには着替えを持つわずらわしさがあった。多くの証言によれば、越後ちぢみは汗をはじき、べたつかず丈夫でしわが目立たない。絹物で縮緬が広がったように、越後の伸びには高温多湿のしのぎやすさという側面がある。

越後は奈良晒より値が張る。原料の青苧《あおそ》を寒地の会津や最上・米沢に求め、農家の女が苧《お》を績《う》み、細かく裂いた麻をつないで糸にする。そこまでは奈良も同じだが、越後では糸撚りの工程が加わる。織機は奈良の「高く居て織る上機《かみ》」（『奈良曝布古今俚諺集』１７４８稿）に対し、越後は効率の劣る腰機であった。

奈良一帯では並品一疋（二反）を七～十日で織り、一冬では十五疋にもなるが、越後の上ちぢみの絣は、糸績みから始めて織り上げまでに一反二ヶ月を要した。上手な人で一冬に上ちぢみ三反程度を織り上げ、雪晒しにも一ヶ月かけた（『東頚城郡誌』）。越後ちぢみは「雪中にこもりおる婦女の手を空しくしないためだけの営み」（『北越雪譜』）とまで言われる。女たちは現金収入をめざし、

**図 103 『和漢三才図会』の越後ちゞみ**

「たえずヨコ糸を紡いで(撚って) 織ればちぢみとなる」と書く。
挿絵の格子嶋は 18 世紀初めの素朴な柄で、二筋格子の間にタテ一筋が入る。ちぢみのシボも描かれる。

また労賃の損得を問わず品質の競争をした（『北越機業史』）。

越後の優位の大きな理由は織柄と色であった。１７２３年８月の京都盗品手配書に「越後ちぢみ帷子、赤筋入り立嶋」がある。紅のタテ嶋の帷子は人目を引く上物で、高級品の被害一式に含まれていた。１７７３年に家出した役者の弟子は「桔梗《ききょう》嶋・越後縮み帷子」であった（『京都町触集成』）。紫のその嶋柄は鮮麗な色となる。「女模様、紅入り桔梗入り等はみな振袖地なれば長尺なり。御召地というものはセミの羽のごとく美しい」（『万金産業袋』）とある。加えて「男嶋しなじな」もある。紅や紫の柄は、上位の階層の需要をつかんだ。

名声は遠くまで伝わった。長崎遊女町の１７５４年の盗難衣類二十四点のなかに「越後嶋帷子」「嶋越後帷子、ただし立横嶋」がある。遊女屋でオランダ人は日本人の何倍も払わされたが、遊女へのプレゼントにも熱心で、「越後嶋帷子」をしばしば贈って役所に申告されている（『寄合町諸事書上控帳』「日本都市生活史料集成」６、７所収）。

田沼時代になると江戸に上物を求める需要がわきだし、越後ちぢみは主に藍色系の嶋と絣デザインを売る商品となった。木綿を上回るモード化を果たし、暑い季節に麻が木綿を押し返す局面を切り開いた。

江戸の俳優・初代富十郎は１７７０年代のあるとき大名家の客となり、目を見張る帷子で現れた。富十郎によると下は奈良白晒、中着は緋の縮緬、表着は越後から最上の苧麻糸を取り寄せ、京都へ送って染めて織らせた嶋ちぢみの帷子であった。同席した経世家工藤平助がその話を娘に伝えている（只野真葛『むかしばなし』）。

江戸の流行のさまは、次の川柳でわかる。

「越後から雪の肌《はだえ》を嫁は見せ」（『柳多留』二十七編）

雪国越後のちぢみを着た嫁は、雪のような肌をのぞかせ、男にはまぶしく見えた。越後の嶋や絣は夏姿を生き生きとさせ、人を引き立てる布として支持された。感じ方の鋭敏な江戸人がファッション化を招き寄せ、それゆえ越後は都会に偏した商品となり農村に波及しなかった。

江戸の財力と好尚が、安くはない越後に名声を与え、旧式の生産手段をそのまま生き延びさせて、テキスタイル技術史の例外を作った。

## ◉ちぢみへの抑圧

越後ちぢみの江戸への流入は、地方領主に警戒心を抱かせた。麻の布は勝手次第という建前に反し、福山藩は１７６９年、村々に奈良の「半晒嶋」や紅紫以外の「晒染」を認めつつ、「越後ちゞみ」「絹ちゞみ」を禁じた（『広島県史』近世資料編4）。

東北の八戸藩は１７８１年、「奈良嶋、半晒、太布（地元産の麻布）の類を着用。ちぢみ等の類、すべて目立ちそうろう品、停止の事」と百姓町人に命じた（『新編八戸市史』近世資料編1）。越後ちぢみは地方では目立ちすぎるものであった。着る欲望がいずれ家計を圧迫し、通貨が他領へ流出する。領主はそれを恐れた。

津軽では終始、越後ちぢみをぜいたく品として百姓町人に禁じた。伊予の今治藩は天保改革の１８４２年に庄屋を呼び出して「越後帷子、天明嶋紺かすり、桔梗嶋の類停止の事」を命じる（『国府叢書』巻4）。越後の紫の嶋や紺絣は、天明期の江戸の突出したぜいたくだと、幕末でも見なされていた。越後ちぢみを禁止する規定は、東北や九州にいくらでもある。それに対して武家の麻裃《かみしも》は、糸に撚りをかけない「平」のままであった。

江戸の巨戸もまた似ていた。伊勢商人の長谷川家は１７８３年の「掟法帳」で奉公人を三つの層に分け、「支配人・支配脇は奈良晒嶋、三番より末は粗相なる奈良嶋、末々は越前嶋の類にいたすべきこと」（『三重県史』資料編近世4上）と定める。越後ちぢみは支配人すらもってのほかであった。末席は越前嶋などとなり、それらは京阪のほか各地へ来ていたようだ。

奉公人の絣を恐れる店もあった。「夏物とても絣または薩摩嶋など決してご無用。奉公いたす身分の者、着用すべき品にこれなく」と小津商店の規定にある（『中央区旧家所蔵文書』）。薩摩嶋は宮古上布のことで、絣ともに恐れられていた。

越後ちぢみの寛政期の急落の理由は、もはや明らかである。寛政改革政府のぜいたくや華美・遊興への抑圧政策により、高級絹の後退と同じことが、越後ちぢみに起きる。縮緬と同じように越後ちぢみは自発的に遠慮すべきものとなる。浮薄を非難される人たちは、買うのを控えて様子見に転じる。その消費後退で越後ちぢみは改革不況に陥り、生産量は田沼期以前の水準へ押し戻されてしまう。改革を主導した松平定信の解任から十年を経て、いくらか元に復したと解釈してよさそうだ。

小千谷のちぢみ市に集まる布は、寛政改革を機に地味柄へと転じた。盛期には「初ちぢみは多くは桔梗嶋や花嶋にて、価は三分余金」、すなわち紫や赤の織嶋で金三分以上の値がついた。しかし「今は桔梗嶋・花模様のちぢみ一反もなし。みな浅黄の細かなる嶋なり。通例、二分ぐらい」と１８０９年の地元記録にある（『やせかまど』「日本農書全集」第36巻）。柄はおとなしい浅い藍の細嶋が主流となり、金二分がせいぜいで高値の品がなくなった。その事情は十日町や小千谷に残る見本帳からもうかがえる。ただ、その時期の浅い紺の細かい嶋柄に、今日でも通用する見事なストライプがある。越後が転じた先は地味ながら見所のある柄であった。

江戸では越後ちぢみの上級品を呉服店が扱う。並の嶋ちぢみは出商人が売った。越後から来るちぢみ売りは18世紀末には五十人ほどで、一人五、六十反を売ったという。その旅の商人が激増して江戸呉服問屋と紛争になり、１８１４年には百十五人とする協定が成立している（『十日町市史』通史編６）。出商人が土産に持ってくる干しぜンマイは、江戸の風物詩の一つとなった。川柳に「ぜんまいで得意を回る縮み売り」（『柳多留』一四二編、１８３５刊）とある。

# 10　絣はどこから？　越後の藍錆

夏の江戸は藍錆《あいさび》で騒がしかった。大和郡山藩の江戸屋敷は１７７３年、まさしくブームの渦中にあった。大名と側室がそろって藍錆を着ていた。大名は側室に藍錆帷子と浅葱《あさぎ》越後帷子を渡し、息子や女中にも藍錆が行った。他家に嫁いだ大名の娘は、弟に「藍錆越後」を、側室に「越後藍鼠蝶鳥《ねずちょうとり》模様」の染帷子を届けた。側室もまた女中に藍錆越後を配った（柳沢信鴻『宴遊日記』「日本庶民文化史料集成」第13巻）。

## ◉越後藍錆の流行

藍錆は越後ちぢみの流行の先端を走った。大名家だけの話ではない。体を揺すって歩く競《きお》いの者も、晒しの手ぬぐい肩にかけ「藍錆の帷子に紅麻のじゅばん」、祝儀の宴でけんかをした（『侠者方言』）。軽口集でも競い連中が銀煙管《きせる》をはたきながら、「とかく帷子は藍錆のこった」と話している（『一の富』１７７６刊）。

新宿の遊び人が「藍さび縮みの帷子」（『甲駅新話』１７７５刊）、品川の武士と見える客は「越後藍錆の帷子、黒紹一つ紋の羽織」である（『南極駅路雀』１７８９序）。

「いっぺん水へ入ったという越後の藍錆」の女郎は、それを外着にも床着にもしていた（『仕掛文庫』１７９１刊）。「越後藍錆を着て花色繻子の帯」の女郎は、その茶屋一番の女であった（『仲街艶談』１７９９序）。安手の女郎もそうでないのも相応の藍錆となる。

「大名筋の藍錆」とは、まばらなタテ柄の大名嶋の間に藍錆をまじえる柄かと思えるが、「安ろうそくより早く流れ」（『玉菊燈籠辨』１７８０刊）と、はやり柄の移りは早かった。

越後だけではなく、実は奈良晒にもう一つの藍錆があった。「おや、どうしよう」と読む尾谷道笑は、拾った捨て子に先立たれた独身男を「半晒の藍錆に、絹小紋のひとえ羽織」と書く。その姿が女郎買いと思われ羽織を引っ張られる（『酔姿夢中』１７７９序）。半晒は奈良麻の白布で、その藍錆は染柄となる。

「夏は晒しの藍錆染など召すだろう」と色道の先生がしかる（『傾城買指南所』）。せめて奈良晒の染の藍錆ぐらいは着てみろ、と。その藍錆染の評価は低い。「晒し藍錆の……類は皆にた山。当世の粋にあらず」（『契情買虎之巻』１７７８序）とされる。染物の「晒し藍錆」はニセモノで、当世風ではないと言っている。

「藍錆などというものは魚沼妻有の郷、また十日町の在辺より出す」（『越能山都登《こしのやまと》』）、と検察使一行の１８００年の見聞記にある。江戸で騒がれた藍錆はほとんど越後のものであった。その藍錆が今日ではどんなものかわからない。それは一体どういうものだったのか。

## ◉薩摩藍錆の先行

藍錆には実は三つ目のものがあり、薩摩からも来ていた。

『当世風俗通』（１７７３刊）は親がかりの「息子株」を上中下に分け、ごく上級の息子は「越後ちゞみの嶋か小紋」また「薩摩の藍錆」を着る、と書く。越後ではなく薩摩の藍錆が本式であった。上々息子が着るからには薩摩が上位に立つ。その洒落本は先の大和郡山藩の記事と同じ年に出ており、大名と側室の藍錆はもしかすると薩摩だったかもしれない。

田沼時代に書かれた『反古染』は「宝暦のころ……薩摩の藍錆、半晒しのまがひ物」と書き、そこに越後の名はない。１７５０年代に出回ったのは薩摩の藍錆であり、奈良半晒の染のニセ藍錆であった。そこで藍錆の出た順番がわかる。最初に薩摩があり、それをまねて奈良晒が続いた。最後にようやく越後が出てきたことになる。藍錆の本家本元は薩摩となる。

半世紀以上も後の『近世風俗志』に重要な証言がある。同書によれば、風流を旨とする富者は薩摩上布の紺絣を着ていた。その「薩摩上布と言うは紺地白かすり多く」、余りに高価であった。そこで越後は薩摩の模造品を織った。越後布はタテ糸太くヨコが細いのに対して、薩摩はタテヨコ太糸という違いがある。けれども、糸はもちろん色までも、越後は「薩のごとく贋《にせ》織す」とある。越後の薩摩のまねはとにかく徹底していた。

同書に藍錆という語は出ない。越後のニセ織の時期にも触れない。けれども藍錆登場の順番からして、越後は先行する薩摩を追いかけていた。薩摩の藍錆こそは、奈良晒と越後という二大産地を追走させた本物であった。

同書はもう一つ重要なことを教える。薩摩に多いのは紺地白絣だったとあり、薩摩の藍錆はそれ以外とは考えにくい。藍錆はつまり紺地白絣の柄の一種となり、越後の藍錆はそれをまねたものとなる。

絣となると奈良半晒の藍錆染に勝ち目はない。絣織の糸の線を型染でまねても、線が太くなり繊細さを欠く。奈良はそれで三番手に甘んじるしかない。薩摩にしても、値が高く量が少なくては商品力が下がる。藍錆の江戸市場を、最後に出た越後が握るのは無理のない話である。流行した事実から見て、越後の藍錆は品不足の薩摩を上回る絣として迎えられた。

## ◉宮古島アヤサビ

本家の「薩摩の藍錆」は実は薩摩の産ではない。薩摩には苧麻布の商業生産がほとんどなく、それは沖縄本島の南の先島、八重山・宮古両諸島から租税としてもたらされた。薩摩上布は幕末からの呼び名で、薩摩藩が本土で独占販売して財政収入に充てた先島の布のことである。

となれば薩摩の藍錆は、両諸島の産である。けれども先島には「藍錆」という語が見当たらないという難点がある。そうではあるが、よく似た語が古く宮古島にあった。

伝説によれば琉球王府の明国への進貢船が海上で故障し、宮古島出身の男が海にもぐって舵《かじ》の綱を替え、遭難を救ったことがある。男はその功績により島役人に昇進した。妻の稲石《いないし》は１５８３（万暦十一）年、精魂込めて「綾錆布《あやさびふ》」を織り、琉球王にお礼の献上をした。それが「栄河氏家譜」の物語で、地謡アヤグも次のように言う。

細（くま）綾錆十九よみ　（精細なアヤサビ十九ヨミを織り）
背夫（せおこ）のモテアガラが（夫のモテアガラが）
首里拝むものすま　（王府首里を拝するものとしよう）［補注］

藍錆と綾錆。「イ」と「ヤ」の一字の違いである。その綾錆という語は、伝説どころか薩摩藩の行政文書に載る。綾錆は実際に薩摩の港に来る布の品名であった。それは何物かということになる。

【補注】稲石と綾錆の宮古島の伝説は、真境名安興『沖縄一千年史』（１９２３刊）が明らかにした。慶世村恒任『宮古史伝』１９７６復刊、『平良市史』もそれを継承する。先島古語では「細（くま）」は「上布」のさらに上。「十九よみ」は織幅のタテ糸の数で、琉球では一ヨミ四十本とされ、布の税評価は「面積×ヨミ数」で算出された。近代の著者は綾錆の柄を「紺の大名嶋」とするが、その根拠は示されていない。

## ◉石垣島の綾錆嶋

薩摩藩への上納「御用布《ぐいふ》」は隣の石垣島にもある。薩摩藩が通達する布の種類と量に、島側は苦しむことが多く、１６９０年の行政文書「参遣状」は次のように言う。

「御用布のうち上布・下布の崩れ格子いろいろ絣の類はむずかしく、お好みの綾（柄）はよほど手間がかかり、その代価は立筋の類と同一の換算ですから、苦しんでいます」（豊川家『参遣状抜書』「石垣市史叢書」８）

柄のことがこれでいくらかわかる。島には上布も下布もあったが、薩摩はどちらも絣を望んだ。絣にはちぎれた格子の各種の柄「崩れ格子いろいろ絣」があり、薩摩はそれを求めた。しかし、糸染めも織りも難しく手間がかかりすぎた。その絣の租税換算率は、手間の少ない「立筋」タテ嶋と同じであるから、島民は苦しんでいた。絣の類で島民が困っているから、下布では絣をやめ、「立筋・格子」だけにするよう嘆願するのが島役人の文の目的であった。その文の「絣」「崩れ格子」「立筋」はどちらかと言えば本土言葉に近い。島役人はその語でないと仕事にならない環境にあったことがわかる。ただ、その時の返事は不明のままである。

石垣島では１７０７年に百姓の「藍嶋」を禁じる（前掲書）。藍の原料と嶋柄の麻をもっぱら島外に向ける措置であろう。柄の「嶋」もまた本土言葉であるが、その語が島で通用している。琉球王府が島に渡したデザイン見本「御絵図帳《みえずちょう》」にも「嶋」の字があり、薩摩への納税や交易によって、遠い先島はテキスタイルの用語において孤絶した島ではなかった。

薩摩藩は翌１７０８年、一定の琉球産品について他藩への無断持ち出しを禁じた。独占の利益を吸い取る措置であろう。苧麻布では「琉球細布白地嶋、上・中・下布の嶋、綾錆嶋」が対象となった。白布は除かれたが、そこで「綾錆嶋」は薩摩藩が取引を規制する法令語となった。そのとき「嶋芭蕉布」も規制された（『鹿児島県史』１９４０刊第２巻）。

石垣島に限れば、１７７１年に薩摩藩庫へ納めた上中下の白布は二千八百反であった。織嶋柄は極端に少なく次の三件にすぎない（『喜舎場家文書』。梅木哲人「太平布・上布生産の展開について」『新しい琉球史像』所収）。

嶋縮布……………十反　御物方（薩摩藩庫へ収納）
嶋細上布…………四十一疋　御物方四十、山下お屋敷（藩主親類）一。嶋模様は見本の通り織り調える
綾さび嶋…………十反　御物方。ただし、丈三丈六尺、幅一尺一寸五分曲尺、嶋模様は見本の通り織り

調え、地合はあり来る（従来）通り［補注］。

文様の見本は薩摩が渡していた。綾錆嶋は柄見本によって織る嶋入り絣となりそうだ。丈は長く振袖にできる。綾錆嶋の数はわずかであるが、江戸に来れば稀少価値により目をむく値段となろう。田沼期であるから、薩摩藩は江戸で売れそうな柄を見本として渡したのではないか。「嶋縮布」は越後に習う試作品かもしれない。

**【補注】**「綾さび一反とある時は、二十ヨミ紺嶋、丈七ひろ、幅一尺三寸の事」という１８５７年の規格がある（『宮古島公事帳』『八重山公事帳』『近世地方経済史料』第10巻）。七ひろは三丈五尺、精緻な生地となる。大蔵省「琉球藩租税法」によれば、１８７２年に宮古島から「綾さび六十三反」が、薩摩藩へ納入された（『沖縄県史』第14巻）。

## ◉綾錆の絵がある

柄を知るには絵を探すしかない。幸いなことに宮古島産の「綾錆」の絵があり、図１０４の通りである。石垣島でも産すると書いている。

１７１８年に那覇へ来た清朝使節の副官が、琉球百科『中山伝信録』を残した。その動植鉱物類の項を翻訳し、独自調査を加えて絵を載せた本が１７６９年成立の田村藍水『中山伝信録物産考』である。

藍水（１７１８～76）は朝鮮人参の国産化を手

**図 104　宮古島の「アヤサビ」**

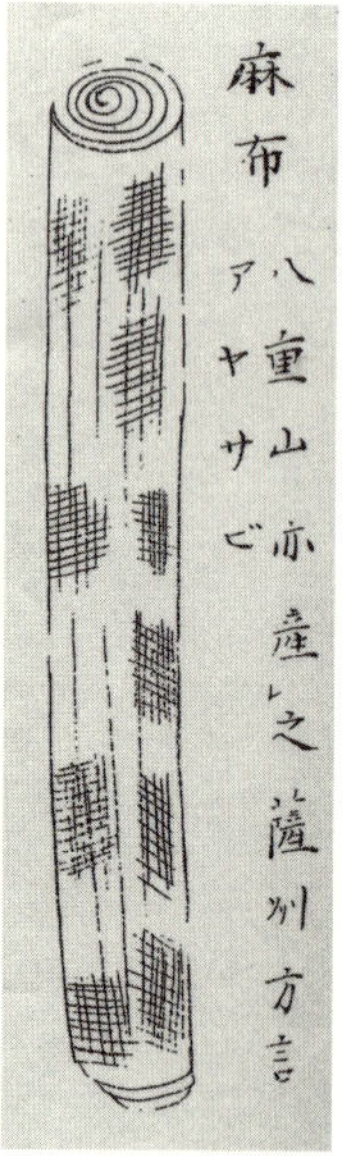


宮古島産物の絵で、「八重山（石垣島）またこれを産し、薩州方言アヤサビ」とある。格子状の断片を絣で散らす「崩れ格子」の柄である。田村藍水は本草学と物産学に通じ、写生画を得意とした。藍錆流行の少し前の絵（『中山伝信録物産考』）。

がけ、平賀源内と物産会を開いたこともある。宮古島の標本類は薩摩藩から提供された。絵の麻布は実物の写生で、崩れ格子は白地に茶絣かと思われる。

「薩州方言アヤサビ」は薩摩でそう呼ぶという意味で、江戸で通用しない語となる。先島の綾錆が、格子柄をちぎって置くような崩れ格子の絣であったことがはっきりする。

清朝使節も崩れ格子の一種である井桁《いげた》絣を琉球で見て、『中山伝信録』に図１０５の絵を載せる。また同書には格子をはめた崩れ格子の絣も載る。図１０６がそれで、二筋格子の枠の中に、崩れ格子の絣を織り込んでいる。多くは芭蕉布とされ、服の形は王族士族のものである。この格子の枠を外せば図１０４の「アヤサビ」に近い。であれば「アヤサビ」の崩れ格子は、薩摩からの見本の影響はあるにしても、琉球に根づいた柄だったことになる。

## ◉歌麿の藍錆の美

ニセモノの藍錆の絵なら洒落本に載っている。図１０７は「図するところは藍錆まがいのひとえ物」という絣入り着物である。ニ

図 106　『中山伝信録』の崩れ格子の絣

図 105　織工が着る井桁絣（『中山伝信録』）

左図について「着物はみなゆったりとして、袖丈は二、三尺で手の指を越えるぐらいある。右襟の裾に切れ込みがある。多くは芭蕉布で作る。格子嶋の中に模様がある。男女の着物をすべて『ちん』と呼ぶ」とある。下端左に襟の欠け。（原田禹雄訳注）

セ藍錆の大きな十字絣を着る息子は、「閑居する場を遠眼鏡にて見れば、唐更紗を売買する人なり」とあり、花札めくる賭博の徒である。髪は病人風「疫病本多」、遅く起きていつも親にしかられる（『当世風俗通』）。「競いの類は大嶋のひとえ物」で「絣藍錆」を着るとの記事もある（『中洲雀』１７７７序）。ドラ息子らが、柄の大きいタテ嶋にタテヨコ絣の木綿か麻の着物だったようだ。それがニセの藍錆である。

本物の藍錆は苧麻の帷子で崩れ格子の絣となる。その絵はないのだろうか。江戸の浮世絵に目を転じると、藍錆という文字こそ見当たらないものの、その絣の帷子はいくらでも見つかる。絵の数の多さと制作時期の集中が、流行を裏づけている。図１０８の喜多川歌麿の絵は、これが藍錆だという作となろう。

**図 107　まがい藍錆**

息子株の下のクラスの男。巨大な絣と嶋の柄が「藍錆まがい」と記される。煙草入れは幅広、右手に房楊枝。恋川春町画『当世風俗通』

**図 108　江戸好みの　越後の藍錆**

タテヨコ四本ずつの崩れ格子と、井桁の白抜きの絣を、黒紺地に交互に配する。これが越後の藍錆となろう。袖口に薄青のじゅばん。襟裏の紅絹をわずかに映り込ませる。歌麿「夏姿美人図」、遠山記念館蔵。

江戸好みの藍錆は、黒紺地にタテヨコ白の幾何絣である。黒ずみのある琉球藍をまねる。格子柄を切り抜いたように大小二つのパターンを組み合わせる。歌麿作の美人夏姿の帷子は、藍錆の代表的かつ標準の柄としてよい。これこそが江戸人を喜ばせた越後の藍錆となる。

藍錆は江戸戯作者の関心事であったが、同じ時期に浮世絵師もまたその絣柄を精力的に描いた。藍錆の帷子の絵は、１７７０年代から礒田湖竜斎、勝川春章、鳥居清長、鳥文斎栄之、歌川豊国らの版画や肉筆画にある。異分野の酒井抱一も手がけた。藍錆の繊細な柄にひかれる顧客の需要が、絵師を競わせている。

**図 109　若い男の藍錆帷子**

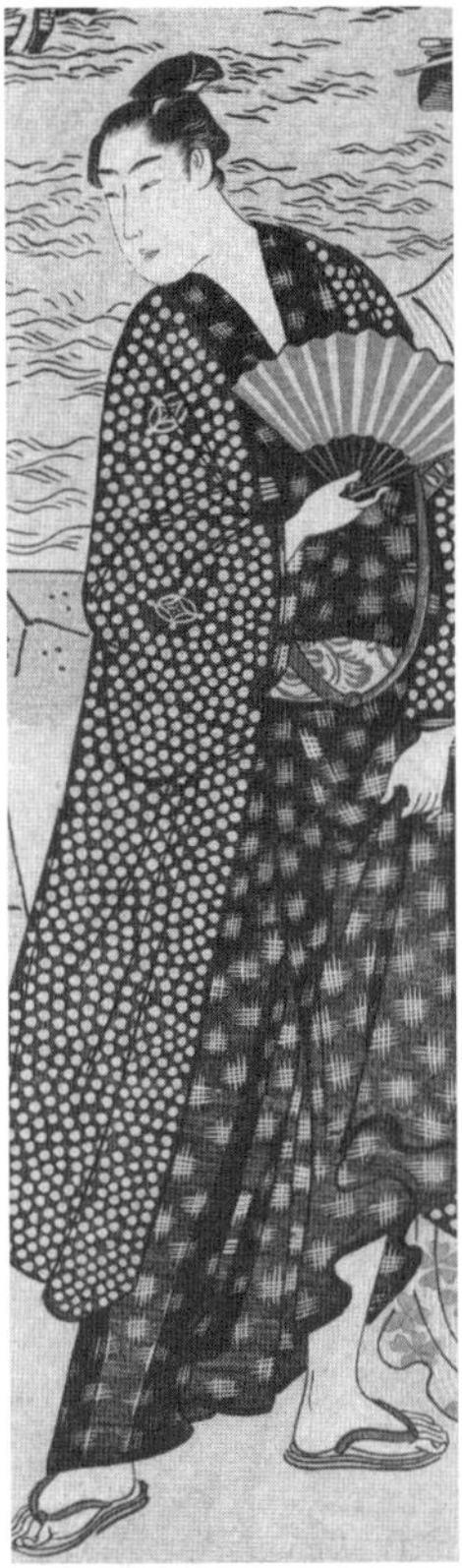

絣の格子柄は下の拡大写真でタテ・ヨコ各4本とわかる。上下でずらして配置する。歌川豊国「高輪遊歩」（東京国立博物館蔵）。

絵師それぞれが藍錆に肉薄したが、その絣の名手はやはり歌麿である。黒地帷子からのぞく首筋や白い腕の色香、また裏地の映り込みに執念の筆を振るい、裏地の色を透かせて見せる画法を開拓した。藍錆が筆法の革新を招き寄せ、歌麿は絣の感じ方、涼しさと深み、美の味わいを人々に教えた。カラー口絵5は、藍錆の柄の深みに切り込んで、他にない見え方を提示している。

図１０９の歌川豊国の絵で女たちと涼む高輪海岸の若者は、大粒あられ小紋の長羽織の下に

藍錆を着る。図104の田村藍水「アヤサビ」図の白黒を逆転させたような柄である。

次の図110の歌麿作品には「越後屋仕入れのちぢみ」と書き入れがあり、越後ちぢみを店名でほのめかす。見る人は言われなくてもわかった。

田沼期の江戸の着物柄の探求は、遠く先島諸島に手を伸ばした。先島の絣が薩摩まで「綾錆」の名で渡り、江戸に来ると「薩摩の藍錆」となった。絣は現物を手に入れれば織りうる。見本となる先島の絣の小片が、越後の教師となる。越後の問屋は江戸の流行事情を詳しく調べて、翌年には製品を運んでくる。薩摩藩を品質でもビジネスの力でも、またデザインでもスピードでも上回ることができる。後発の越後はそれで藍錆の本家となりえた。

越後では墨と豆汁で下染めして藍につけ、また藍の上に植物染料をかけて黒を染めたと伝わる。琉球藍の色調に迫ろうとしている。絣足を合わせる根を詰めた仕事で、越後は江戸の感じ方に応え、麻布の寿命を生き延びさせた。

「萩見んと群れつつ来るに藍錆の絣の衣《ころも》着ぬ人ぞなき」（『巴人集』1784稿）。大田南畝の見た天明期江戸の夏姿がそれであった。納涼の男女は藍錆を見せたくて萩の花に足を運んだ。越後の藍錆の絣は、一つの風景となっていた。

**図110　越後屋の藍錆ちぢみ**

歌麿の「夏衣裳当世美人」は宣伝を兼ね、右上に三井越後屋ののれん。女の脇に歌麿定番の団扇と虫かご。大棟山博物館所蔵。

藍錆帷子をながめる江戸人の繊細な視線が、次の川柳を生む。

「あいさびへまっかにすくがきつひみそ」（『誹風柳多留』25編）

## ◉藍錆に映る赤色

「藍さびに赤くうつるがきつい味噌」（『当世風俗通』）と同趣意である。女の絣の帷子に何かが赤く映る。その赤は襟裏や袖口の紅絹や紅麻・緋縮緬から来る。絣の下からほんのり映り込んで、見せないようで見えてしまう色の重なりは、苧麻布の得意技であり見せ所であった。

現代の国語辞典は藍錆を染色の名とし、「藍色の濃くて赤みを帯びたもの」などと書く。しかし、その赤みは麻の表面にはなく、赤は黒地絣の下にある。下にある絹や麻の赤が、麻地に透けて映り込む淡い色合いこそ、藍錆の魅惑であった。色彩が干渉しあって動く奥深い二重性、江戸人が見たもの、絵師が描くものはそれであった。ほのぼのとにおうような色への感受性が江戸にはあった。我らが失したのは、それらのことである。

ただ、テキスタイルの歴史は一筋縄ではゆかない。江戸の流行より百年も前に、京都の祭礼に出た男が藍錆柄の袴をはく。図１１１の絵は１６７８年の制作である。その大きな柄は先島諸島から来た初期アヤサビではないか。石垣島を苦しめた「崩れ格子いろいろ絣の類」は、こんなものだったかもしれない。

**図 111　1678 年の藍錆の袴**

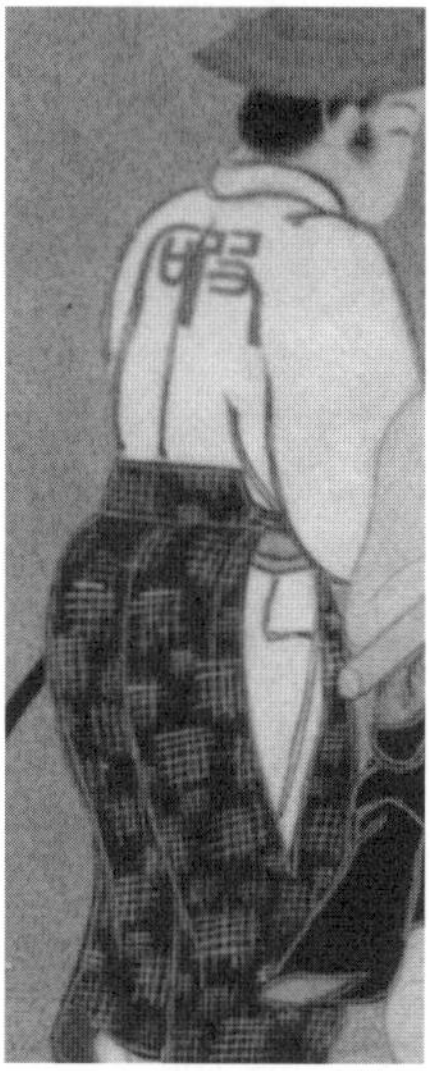

タテヨコ各5～6本の線の格子と、小柄の格子を散らす絣である。柄は大きいが藍錆である。延宝六年の銘があり、薩摩経由で来た先島諸島のアヤサビと考えられる。作者不詳「風俗図屏風」（たばこと塩の博物館蔵）から

# 11　タテ絣・タテ嶋のモード

常ならぬ装いの若衆は女を超える色香を放つ。図112の絣とタテ嶋は鮮烈で、見る者を圧倒する。赤・緑・黄・青・紫・黒などがタテ柄を強く打ち出し、切れ味が鋭い。

## ◉若衆の鮮烈な絣

絣ゾーンも色の差の調子が強い。羽織の地合いは滑らかで絹の光沢を発する。着るのは若衆を演じる女形俳優である。

図の羽織は類例のない柄とも見える。若衆という例外の生き方を、いかにも濃く厚く妖《あや》しく飾る柄である。世の常の枠には収まりそうにない。

しかし、その羽織は一回だけの例ではなかった。若衆が同様の柄を着る別の絵がある。同時代の宮川一笑は「文殊見立役者図」(『肉筆浮世絵』第3巻)に同類の羽織を描く。その

図112　女形役者の　絣入り嶋

野郎帽子に羽織の若衆。箱書により、歌舞伎の女形・中村竹三郎を描く菱川師胤の1716年の絵。
羽織は緑と黒のタテ絣に、赤・緑・黄・紫などのタテ嶋の異色の柄。小袖は縮緬地にぶどうや草花の友禅染(千葉市美術館蔵)。

絵の男も文殊菩薩をなぞって妖しく女っぽく描かれる。若衆のその羽織姿は、舞台での一類型だったのではないか。

東月堂文鶴の「人形芝居図屏風・女鉢木雪之段」（フリーア美術館蔵）では、幕前で口上を述べる座長が同様の柄の裃《かみしも》をつける。鮮烈な絹は演劇代表者の晴れ姿を飾っていた。

**図113　版画の若衆の絣羽織**

『風俗鏡見山』に載る若衆。羽織はタテ嶋・タテ絣で、それが若衆の型とわかる。
友禅染の小袖を着て、胸には伊達紋がある。西川派の絵で、享保年間の作。

図１１３は版画に描かれた若衆である。女模様の染小袖にやはり刀を差し、羽織は絣入りタテ嶋である。その柄が若衆の装いの一典型だったことがわかる。さらに18世紀前半には、その柄が人形遣いの持つ若衆人形の袴となり、その例は江戸浮世絵にいくつかある。

図１１２の着物の友禅染模様は、縮緬のシボのテクスチャーまで克明に描かれる。そうなると羽織の柄は絵空事ではなく、実際にあったものを忠実に写したのだろう。つまりそのタテ絣嶋があったことになる。もはやその織物の実在は疑えない。それはどこのどんな織物だったのだろうか。

## ◉マシュルーの柄

若衆のタテ絣・タテ嶋は、色の濃さ、混じり気のなさを特徴とする。それはタテ糸の織密度が高く表面を覆うからで、その織物は平織ではなく繻子織となる。ではどこの繻子か。輸入されていた清代の嶋繻子の可能性もある。けれども調子のきつい濃厚な色とともに、絣が入るのは唐繻子の特色とは言えない。

鮮やかな赤の色は、唐織物というより南アジアのものではないか。強い赤と緑の組み合わせはイスラム圏によく見るものである。絣もまたインドネシアから西アジアにかけて多い。絵による絹織物の判定に難しさはあるが、その繻子はアジアのイスラム圏のものとなろう。

図１１２に近い繻子織の絹を、今日では知る人が多い。それはマシュルーと呼ばれる。

マシュルーはイスラム圏で発達した独特の繻子織である。語はアラビア語で「許されるもの」の意味とされる。伝承「ハディーズ」の記すイスラム法では、男が絹織物を肌につけるのを禁じた。マシュルーは絹であるが、イスラム当局に「許されるもの」とされた。それはタテ絹・ヨコ木綿の繻子織で、繻子織の裏の肌に近い側では、ほとんど木綿ばかりが見える(図１１４右)。だから違法でないという扱いになっていた

マシュルーの表側はタテ糸にほぼ覆われ、きらびやかな絹をたっぷり見せる(図１１４左)。繻子織の表裏の違いによっ

**図 114　　スマトラ島に残った矢絣マシュルー。左が表、右は裏**

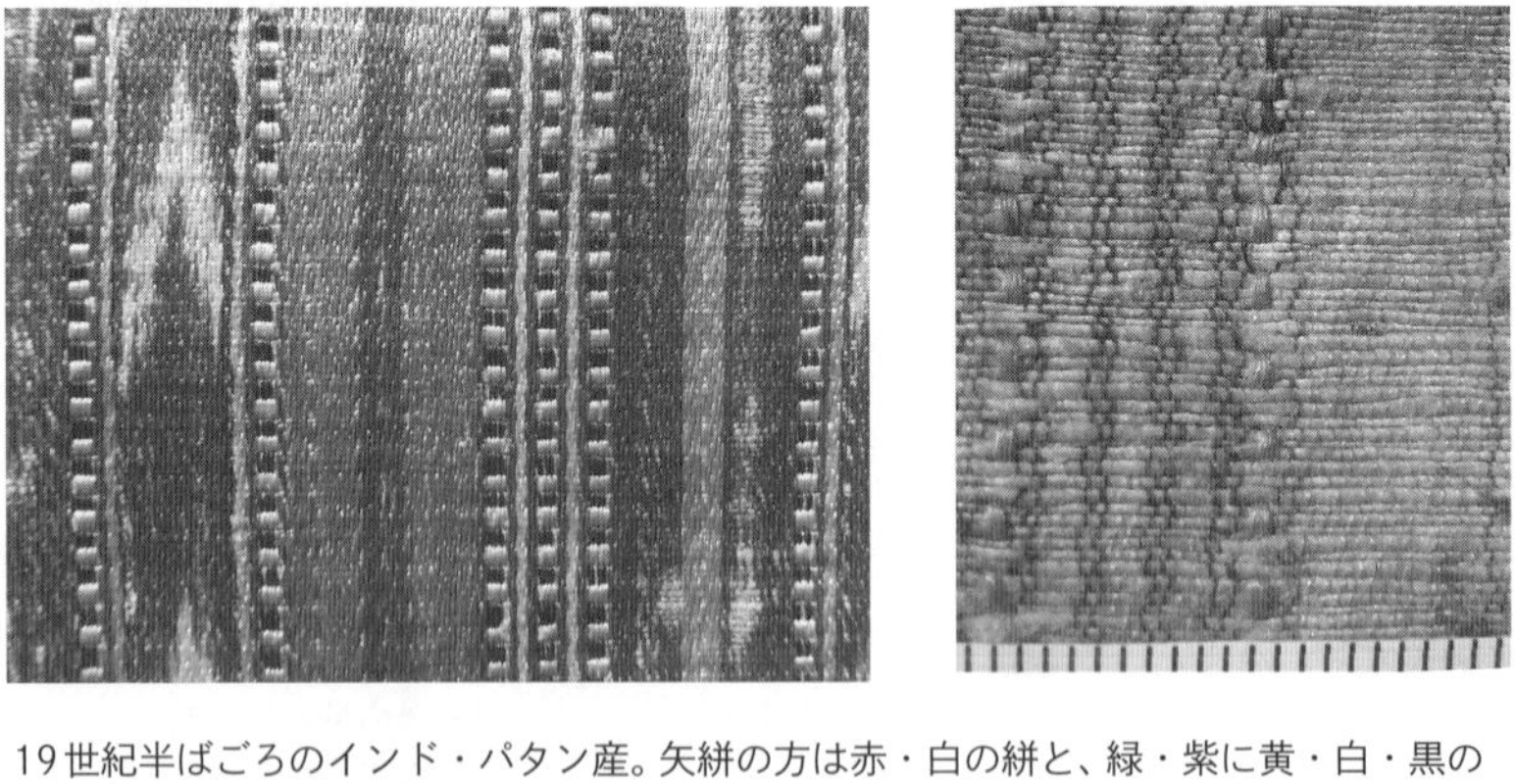

19世紀半ばごろのインド・パタン産。矢絣の方は赤・白の絣と、緑・紫に黄・白・黒のタテ嶋。裏の方は別の生地で、木綿ばかり見える。目盛はミリ。

て、マシュルーは身の飾りと信仰心の両面を満たす。マシュルーはそれでアジアのイスラム教徒に広く流通した。柄の多くはタテ嶋であるが、絣柄の入るものもあり、その繻子織はイスラム圏特有のテキスタイルとなった［補注］。インド西北部グジャラト州のパタンは、マシュルーの近代までの有名産地で、内外の需要に応えた。

　マシュルーは平戸や長崎に来ただろうか。オランダ船は正規の貿易品以外に、しばしば注文品・試供品・乗組員携行品をもたらした。１６３６年には台湾発の船に「嶋繻子・少々」があり、それは中国産かもしれない。しかし、ジャカルタ発の船が「スラット産繻子三十反」を積んできた（加藤栄一「１６３６年度平戸オランダ商館の輸出入商品」「東京大学史料編纂所報」4）。それはグジャラト州スラット港から輸出されており、同州パタンで製造されたマシュルーとなろう。ただ、オランダ人はマシュルーと言わず、それをカウテニーと呼んでいた。その繻子二十三反を銀四百六十匁で買ったのは、堺の「河内屋そうざぶろう」という人物であった。

　１７１１年にバタヴィアから来たオランダ船乗組員の個人貿易品リストに、「嶋繻子」や「嶋天鵞絨《びろうど》」が載る（『唐蛮貨物帳』）。ジャワ島に清代の「嶋繻子」もないとは言えないが、多いのはイスラム教徒のインドのマシュルーとなる。オランダ商館文書を探索すれば、こんな輸入例がいくつも見つかる可能性がある。

　１６５３（承応2）年にオランダ人六人が江戸城で将軍にお目見えしたとき、献上品に「紗羅紽筋繻珍」十反があった（『寛明日記』内閣文庫所蔵史籍叢刊66）。その公文書は漢字ばかりで解読に骨が折れるが、「紗羅紽」はスラット、「筋」は線の文様の意であろう。「繻珍」は多色の繻子のことだから、マシュルーと見て間違いない。

　タテ絹ヨコ木綿の繻子織を、オランダ人はカウテニー Coutenijと呼んだが、イギリス人は東インド会社の貿易記録にカッタニー Cuttanee と書いた。イギリスの研究者は「西インド産。ペルシャ語 qutni。グジャラト州の重要輸出品で、絹と綿の交織りの繻子織。通常はストライプの柄」と明快な定義を下している（John Irwin, *Studies in Indo-European Textile History*, 1966）。マシュルーとカウテニーは、つまりアラビア語とペルシャ語の違いとなる。

イギリスでは17世紀後半にそれをキルトにする流行が起きた。東インド会社はファンシーグッズとしてインドから直輸入した。１６９６年には「繻子の絹糸が生地をよく覆うものを送れ」とロンドン本社が現地商館に注文をつけている（前掲書）。イスラムのテキスタイルが、こうしてイギリスにも江戸にも公然と足跡を刻んだ。

オランダはインドからそれをインドネシアへ運び、おこぼれが長崎に来る。江戸役者の一部が着るぐらいのマシュルーは、時を待てば長崎で入手できたであろう。見本品があれば京都でも織りうる。芝居の観衆はその羽織に目を見張り、絵師もまた図１１２で驚きを伝える筆をとる。マシュルーの柄は、細部をゆるがせにせず写し取るだけの価値があった。

**【補注】** やや新しい絣入りマシュルーはチェルナ・デサイ『印度の絣紋様』、岩立広子『インド大地の布』に何例か紹介されている。

## ◉遊女の帯になる

鮮烈なタテ絣嶋のマシュルーの羽織は、舞台の別世界の異装であった。ほかの和の服飾に使った形跡は見当たらない。けれどもその柄は女の関心をひいた。高級遊女はそれを放ってはおかなかった。彼女らは多彩のタテ絣嶋というマシュルーのテーマを採り入れ、その柄を帯にした。

遊女がタテ絣入りの多色の絹帯を締める絵が登場する。その帯は恐らく西陣製のタテ絣タテ嶋の繻子織で、元の柄を見栄えよく帯地用に大きくしたマシュルー摸織りとなる。

懐月堂派は遊女の「く」の字の立ち姿を速筆で肉筆画にした。一派の度繁の「立姿美人図」（出光美術館蔵、同館『肉筆浮世絵』）は、タテ絣タテ嶋の帯を描く。その帯の嶋のゾーンは青地に茶の三筋を置く。絣のゾーンは赤白緑白と色が替る。赤と緑の絣入りタテ嶋は、マシュルー起源としか言いようがない。違いは柄の大きさと、タテヨコとも絹となるぐらいであろう。

懐月堂派の絵師らは遊女の肉筆画を量産し、そこに絣と嶋の帯を描いた。それは帯の新風であり、一つの型になっていた。

多色の鮮やかな帯は、京都の盗難記録にも出てくる。1725年の「白・赤・萌黄・うこん・紺、嶋繻子帯」は、絣とは書かないが、色は若衆の羽織に近い（『京都町触集成』）。時期は下がるが、図79の一筆斎文調の版画「かぎやおせん」の帯は、同種となる。茶色のタテ嶋に赤白のタテ絣があり、18世紀後半に町の女の帯にもなった。

マシュルーの断片があれば、西陣での模造は容易であった。染色はお手のものだし、絣も熨斗目で経験があり、繻子織の帯地は以前から織っていた。複製品がたやすく女の需要に応えただろう。

## ◉縮緬の御殿絣へ

タテ絣タテ嶋は18世紀後半に女の小袖となる。ただし、その小袖はマシュルー由来の見えにくいものであった。生地は平織の縮緬となり、繻子織の鋭い色の対比が消えた。マシュルーの色のきつさや鮮烈さも失った。伝来の紫や明るい青の温和な色合となり、上品で落ち着いた着物になった。

司馬江漢が描く図115は、絣入り嶋縮緬の早い例である。後に荏胡麻《えごま》油で洋風画を描く江漢は、

図115　タテ絣・タテ嶋の縮緬

司馬江漢（春重）の「見立荘子胡蝶の夢図」の部分。着物は白と紫のタテ絣、水色に浅葱《あさぎ》のタテ嶋。荘子が夢で蝶になってひらひら舞い、自分の夢なのか蝶の夢なのか、と問いかけた物語を絵の表題とする。

初め春信派の浮世絵師で、１７７０年代に春重の名でその絵を描いた。縮緬着物の絣は紫と白、タテ嶋のゾーンは浅い紺の濃淡である。打掛は浅い藍に水草の刺繍、下の着物は木目模様の染物で、奥女中の姿であろう。能衣装の裏地がそうであるように、紫は元は上流武家の色である。タテ絣・タテ嶋は縮緬では簡素化されて、マシュルーの骨格だけ小袖に移される。異風の柄であったタテ絣嶋を折衷して採り入れ、おとなしくしたのがその嶋縮緬である。紫だけで柄を作る場合もあり、図１１６はその例である。田沼期には上層武家の女もまた新しい柄を求めていたことがわかる。

白地に紫や紺で絣を入れる嶋縮緬は、19世紀に「御殿絣」と呼ばれ武家女の専用であった(『近世風俗志』)。織組織も素材も外見も、御殿絣はマシュルーに似ない。けれども、タテ絣・タテ嶋の形式はマシュルー由来だし、紫や青・萌黄・赤・白・茶・黒のいくつかを足す配色もマシュルーを引き継ぐ。

季節風に乗る遠距離航海は大海を一気に横断する。ジャカルタから直行したオランダ船のマシュルーは、長崎で荷ほどきされて商人に渡る。商人は寄り道せずに江戸歌舞伎や人形浄瑠璃一座などの買手に直行する。マシュルーの絣技術は島伝いに来たわけではない。三都の購買力に吸引されて遠くの物が一気に渡る。技術が伝播したわけではなく、現物そのものが来て客を魅惑する。その現物が作り方とデザインを西陣に教える。

**図116　紫の絣入り嶋縮緬**

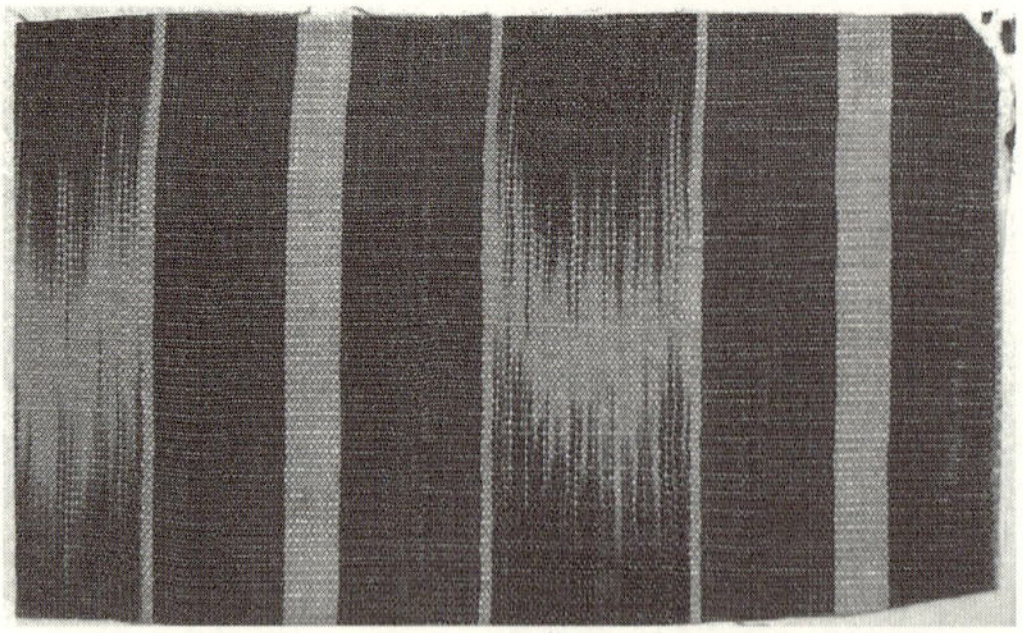

武家の女の嶋縮緬には紫が多い。嶋も絣も紫一色となる場合があり、これはその例。幅75ミリ。(近江屋善兵衛「嶋縮緬御切本帳」仁印から)

イスラムの様式や遊女の帯をタネとして武家女のモードができたという点で、紫の多い絣の嶋縮緬はそれまでにない特異な絹となる。近代の女学校生徒の和服に流行した紫や紺の大柄の矢絣は、その御殿絣から派生したもの、つまりマシュルーのデザインの二次的三次的な結末としてながめることができる。

## ◉木綿タテ絣嶋へ

18世紀の後半、市井の女に木綿のタテ絣タテ嶋が現れた。その絣嶋は町人女の日用着となった。ただし市井の柄は御殿絣と同じく遊里本に載らず、文字の記録には欠ける。

わずかに浮世絵にその絵がある。図117の女は二人ともタテ絣をタテ嶋で挟《はさ》む柄を着る。いずれも江戸の若い母で、図ではカットしたが幼児をあやす。家庭に採り入れられた木綿らしき普段着がそこにある。そのタテ絣

**図117　春信と歌麿のタテ絣・タテ嶋**

**春信「庭先の母子」**
袖口を縫わない広袖で、恐らくは木綿浴衣である。柄はタテ嶋に、紫・白の大きな絣。絵は1760年代の作。

**歌麿「二葉草七小町」**
女は子の帯をつかんでいる。白と黒のタテ絣に黄で黒を挟むタテ嶋。袖にじゅばんがのぞく。絵は1790年代作か。

タテ嶋柄の着物は春信以前には見当たらず、江戸の新風と言えそうである。

春信はこの絣嶋を、忍んで楊枝屋の娘を訪ねるやさ男の武士や、水茶屋の娘と語らう若者など男にも描いた。１７６０年代に流行の兆しがあったのだろう。

浮世絵の女のタテ絣嶋は、一見したところマシュルーから遠い。けれどもタテ嶋の間にタテ絣を置く柄の設計や、多色を用いる点で、祖型はマシュルーに帰する。図１１８の合羽の裏地の実例も同じである。マシュルーの若衆羽織が市井にまで降りてきた結果であり、そのデザインの骨組みを引き継いでいる。

**図 118　木綿合羽の裏の絣嶋**

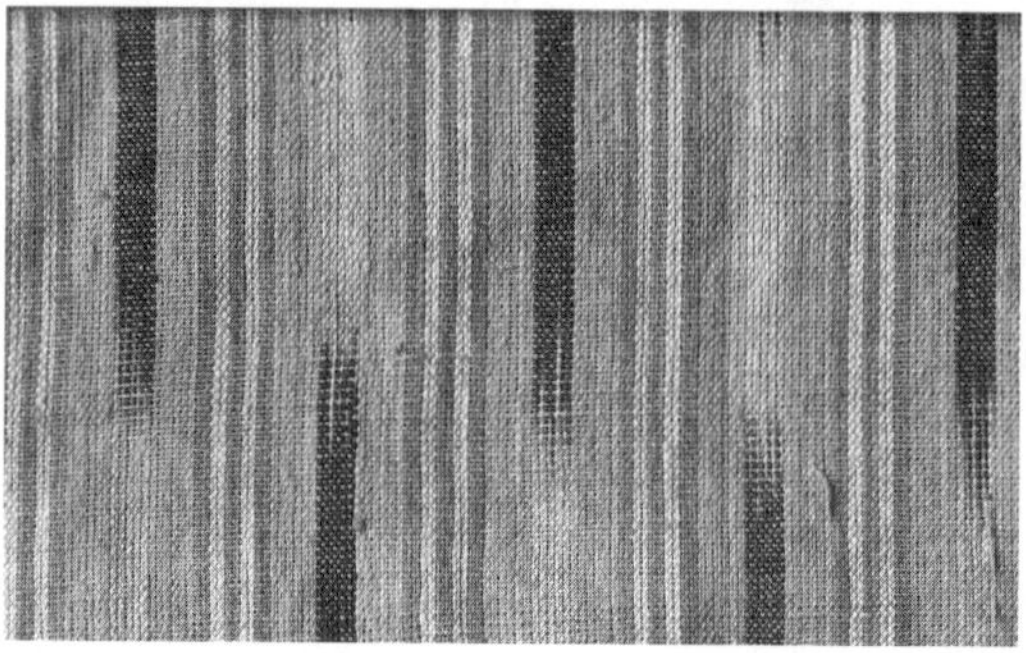

黒白の10センチほどのタテ絣を、薄茶色で挟む。タテ嶋は淡い緑と白。図115の女の着物と、柄の構成はほぼ同じ。幅15センチ。

京都の手配書では、１７７６年にふと行方を断った十三歳の丁稚が「木綿竪《たて》絣嶋ひとえ」であった。１７７７年に江戸木挽町で女を殺して全国手配された男も「木綿紺かすり嶋ひとえ物」である（いずれも『京都町触集成』）。必ずしも図と同じ柄とは言えないが、都会では男も絣嶋を着ていた。

麻では越後ちぢみがタテ絣嶋に熱心に取り組んだ。１７８２年の見本帳「縮切本控《ちぢみきれほんひかえ》」（小千谷市蔵）に絵図が載る（西脇新次郎編『越後のちぢみ』）。越後がいかに大胆にデザインに挑戦したか、苦心の探求を伝えている。その都会向けの麻の絣嶋は天明期がピークであった。

今日では徳川末期からの久留米絣や、伊予・備後・弓浜などの木綿絣・絵絣が有名である。それらは紺と白の二色を基本とする農村型のタテヨコ絣である。都会型の木綿タテ絣嶋は、田沼時代に高揚期があり、農村型と違う多色の柄が江戸の男女を飾っていたが、それらは浮世絵にのみ残され、時代相の変化で姿を消したようだ。ただ、その後でも図１１９のように女郎屋の布団柄になったし、図１２０の藍色だけの引き回し合羽にもなった。

記録に残る産地としては大和の御所一帯があり、「木綿の紺絣」「種々の替わりたる嶋」「絹糸まじえて珍しき嶋」などが大和嶋と呼ばれていた（『西国三十三所名所図会』１８４８序）。

木綿のタテ絣嶋のモードは今では無名のまま見捨てられているが、合羽の裏地でチラリと見せる柄などは、かつては人目を引くお洒落で、近世の木綿絣の見逃せぬ一ジャンルであった。

**図 119　布団のタテ絣嶋**

歌川国貞「集女八景」のうち「遠浦帰帆」。帰り仕度をする女郎の着物ラインを帰帆に見立てる。布団は紺白のタテ絣、茶と黄のタテ嶋の木綿。絵は１８１０年ごろまでの作（大英博物館蔵）

**図 120　合羽の木綿嶋絣**

懐中電灯のような強盗提灯《がんどうちょうちん》に照らされる役者の合羽が、木綿のタテ絣嶋。着物は茶系の格子、赤革の煙草入れを提げる。１８３２年の歌舞伎の上方版画。

# 12 「嶋」の変化と「縞」の字

## ◉弁慶嶋の大と小

「つきつきと弁慶嶋によろいおり」（『若みとり』１６９１稿）と江戸俳諧にある。武蔵坊弁慶が義経を長刀《なぎなた》で突いた五条の橋を思わせて、しわい話に転じる。木綿継ぎ当ては四角形の連続となるので「継ぎ継ぎ」は弁慶嶋に似るし、裂いた綿布をヨコに入れる裂織《さきおり》は鎧《よろい》のようでもある。弁慶とつましい古木綿の落差の二重奏が句の味となる。

弁慶嶋を届けた先から料金を知らせよと手紙が来た。その手紙に書きつけた返事は、「御尋ねの弁慶嶋の代銀は、御状のはしに書き付けて候」（『狂歌若葉集』１７８３刊）と五条の橋を織り込む。柄の弁慶が言葉遊びのタネになった。田沼期の人は、ことばも柄も楽しもうとしていた。

弁慶嶋はタテ二色、ヨコも二色、色幅の等しい格子柄である。正方形で区切る柄は、どちらが地でどちらが柄と区別できない。単純なその文様が意外なことに碁盤嶋より新しかった。碁盤嶋は格子柄の線が細く、地と柄の別がある。

弁慶嶋は恐らく人形浄瑠璃の弁慶衣装に始まる。能楽「安宅」の弁慶の絹紋織「厚板」は多色で、二色だけの弁慶嶋につながらない。能にならう歌舞伎の「勧進帳」は、初演が１７０２年と時期が遅くなる。

大阪では後に麻の帷子《かたびら》の弁慶嶋が人形浄瑠璃に出て、図１２１の柄が「団七嶋」と呼ばれた。妻の父を殺した元禄期の魚売り団七の、荒くれの男伊達をその柄は表わした。

江戸ではがん首の大きい煙管の男が「すす竹色の弁慶嶋のどてら」である（『寸南破良意』１７７５序）。やはり威勢のいい人である。木綿の織り幅の半分を白、残りを紺とする大柄の弁慶嶋浴衣は、後に「豆腐じま」と呼ばれた（『近世風俗志』）。

田沼時代の遊里本はもっぱら小柄弁慶嶋を持ち上げる。品川の遊女屋に来た大工は、すす竹色の「小弁慶」の布子、絹帯を横で結んでいた（『美止女南話《みしめなわ》』１７９０成立）。人は次第に「小弁慶」に走って、その人気は伝統の碁盤嶋を超えた。

19世紀に弁慶嶋はいよいよ盛んで、執心する人がいた。１８４３～44年ごろ江戸のきれ屋が古着市で藍弁慶嶋の着物を買い、得意先の女に見せた。それは娘が先日盗まれたもので、しかも三年前にお前さんから金二分で買った生地ではないか、と女はなじった。調べると、古着屋番頭らの不正買い入れがわかり、女に

**図121　団七の頭《かしら》と帷子**

大阪の人形浄瑠璃「夏祭浪花鑑」は1745年初演、数百本の幟《のぼり》が立つ大当たりであった。柿茶色の団七嶋の帷《かた》子《びら》が有名になる。相手役の紺の同じ柄は徳兵衛嶋（『浄瑠璃譜』寛政ごろ成立）。

**図122　木綿の弁慶嶋**

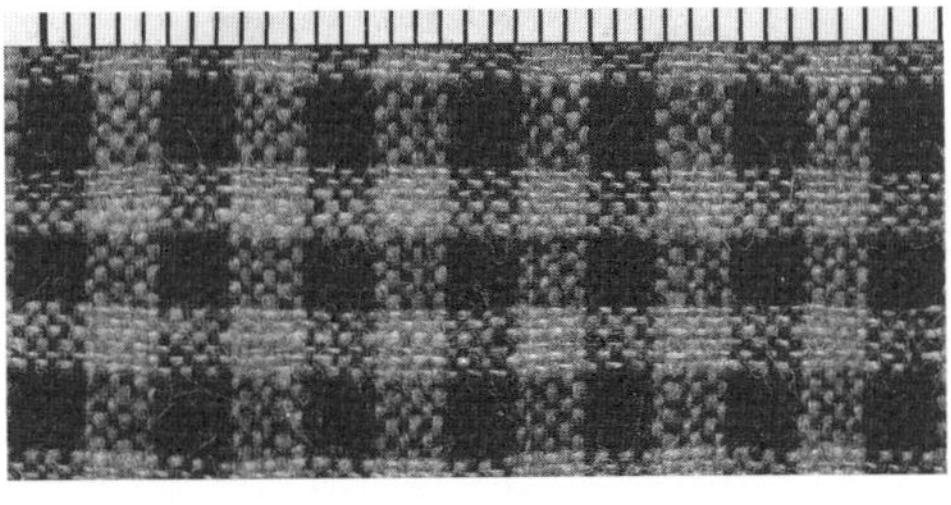

二色の色糸の数が同じの格子柄が弁慶嶋。碁盤嶋に遅れて世に出た。目盛はミリ（「風流志まほん」嘉永七(1854)年銘）。

品物代料が払われて一件落着となった（『藤岡屋日記』第16）。

越後十日町の加賀屋には、１８６２年に江戸から届いた越後ちぢみの柄の注文文書が残る。

「来年あて、こん九本弁、五本弁、十三本弁、六羽弁、誂《あつら》えつけ御買置きくださるべく候。大弁類は一反も残り申さず候。来年必ず大弁さばけ申すべく候」（『文久二年江戸・京出役書状』十日町市郷土資料双書３）

弁は弁慶嶋、大弁はその大柄である。全部売り切った売れ筋の大弁を、来年も送るよう手配している。弁慶嶋はそれほどよく売れた。「こん九本弁」は糸九本ずつの白紺弁慶嶋、「六羽弁」は筬《おさ》の目六つに入れる十二本の糸の柄となる。最も大柄の「十三本弁」でも、ほぼ1センチ角で小柄である。江戸人がいかに細かい弁慶嶋に突っ込んで行ったかがわかる。

## ◉嶋と格子の分離

井原西鶴は格子柄をただ単に「嶋」と書いた。西鶴にとって「格子」の語は寺社の窓や戸の木枠そのものを指し、着物柄とは無縁であった。ストライプの「立つ嶋」「横嶋」は格子を形成する要素文様と思われていた。

しかし、七五調の名文の近松門左衛門は１７２０年、「かぶる布団の格子嶋」と書いた（『心中天網島』）。心のはり裂ける男の布団が「格子嶋」で、西鶴になかった語である。二人の間に「嶋」の語感の裂け目がある。

茶人が名物裂《ぎれ》の部分の形を言う場合や、染物屋の専門語としては以前から「格子」の語があった。けれども、衣類の「格子嶋」は古くは日用語でなかった。その語が登場すると、「嶋」から第一義的に格子柄を思う古い語感は消える。その段階で「嶋」は平行する線筋を表わす言葉になる。「嶋」の基本要素をストライプとし、格子柄を二次的に派生するものと見なす視点への移動があった。

「シマ」という語の大筋の変化をまとめると表29になる。「嶋」から「格子嶋」が分離されて、線筋の束を「嶋」とするストライプ本位の見方への移行が起きた。近代まで続く語感が西鶴の後で生まれている。だから古語となった「嶋」の現代語訳が不可能になったとも言える。

それで「弁慶嶋」には「弁慶格子」という言い方も後に生まれた。「碁盤嶋」には「碁盤格子」の新語が現れる。18世紀後半に広がった三本線の「三筋格子」や、細長い「障子《しょうじ》格子」は、新語だから「嶋」の字を用いなかった。はるかに起源の古い二本の線筋による格子柄は、ずっと後になって「二筋格子」と呼ばれる。19世紀の「三津五郎格子」「市村格子」「菊五郎格子」「三升格子」「高麗屋格子」などの役者柄は、「嶋」と言わないまま登場した。「嶋」という語の18世紀初めの変化は、「格子嶋」の語を生み出して意味を安定させた。

## ◉筋のヨコとタテ

中世の「筋」はヨコのストライプのことで、絹に「織筋」があった。西鶴が「目に正月をさせて……千筋、素人目にはあだに見るらん」(『男色大鑑』巻八)と称えた柄は、ヨコ筋の千もありそうな細かい柄となる。「千筋染めの黄無垢の上に、黒羽二重の紋付」(『好色一代女』一・四)、「今はやる千筋形の袷」(『椀久二世の物語』)などは、白地に黄などで細かいヨコ筋を染め、下の着物にして、黄色を上着の黒と取り合わせていた。

**表29 「嶋」から「格子嶋」へ言葉の変化**

| 作品 | 成立 | 格子状の柄 | ヨコ線筋柄 | タテ線筋柄 |
|---|---|---|---|---|
| 西鶴の諸作品 | 1682 〜 | 嶋 | 横嶋、筋 | 立嶋 |
| 『和漢三才図会』 | 1712 | 縦横の縞《しま》 | 横柳条《しま》 | 縦柳条《しま》 |
| 『万金産業袋』 | 1732 | かうし嶋 | 横嶋 | たつ島 |

その千筋にタテ柄が現れる。１７２２年の京都の盗品手配書に「黒色・郡内・千筋竪《たて》嶋着物、茶裏」がある。細いタテ嶋の黒っぽい郡内嶋である。「綿入れ、萌黄（緑）竪千筋嶋縮緬、紋所黒糸縫い」というのもある（『京都町触集成』）。「竪」という字で「千筋」がタテ柄とわかる。

田沼期の江戸では、かつての「筋」は古語となり、千筋はほとんどタテ柄の細かい嶋となった。深川の客の「黄嶋の千筋の着物」（『真似《にた》山気登里』１７８０刊）は、西鶴の時代とは違って、樺と黄の極細のタテ嶋となろう。「子持ち筋」は太いヨコ線に細いヨコ線を添わせる柄である。「不産女《うまずめ》が付けて着せたき子持筋」（『二葉の松』１６９０刊）と雑俳にあり、子供着の背側に太いヨコ柄を染めていた。「子持ち筋という染め形は、麻上下、熨斗目小袖など、あるいは幕のれん、のぼり旗などに、二筋ヨコに模様あるを言う。上は太く下は細い」という説明がある（『譬喩尽《たとえづくし》』１７８６序）。

しかし、18世紀後半の一般の着物では、太細の線をタテに並べる「子持ち嶋」が主流となり、その細い柄のものが増えた。

「麦わら筋」も元はヨコのストライプであった。山奥の「山賎」の娘が「麦わら筋の小さき袖を連ね」とあり（『男色大鑑』巻六）、１６８９年の会津の失跡者にも「麦わら筋の継ぎ当たり」があった（『御用・公用日記』）。その語は後に消え去り、着物はもっぱらタテの「麦わら嶋」となった。

「大名嶋」はタテ線筋をまばらに置く柄（図１２３）で、「大名嶋は鳥かごに似たり」と評される（『古今三通伝』１７８２刊）。「安永七八年の頃は染色ヒワ茶はなはだ行われたり。ヒワ茶に白く大名嶋を染め抜きたるは、

**図 123　絹入り木綿の大名嶋**

ヒワ茶に近い薄茶地に、白線を絹糸で入れる大名嶋。目盛はミリ（前掲「風流志まほん」）。

これならではならざるようなりき」（『北堂夜話』）とあり、染嶋の大流行があった。江戸ではやるもの「ひわ茶、とび色、大名嶋」（『彙《い》軌《き》本紀』１７８４刊）であって、「大名嶋は乞食も着れば」（『身なり大通神略縁起』１７８１刊）とくさすほど広がった。大名筋という言い方がままあることからすれば、まばらなヨコ筋の柄がタテ柄の大名嶋に転じたように思える。

大阪ではその柄を「ヘイハ嶋」と言った。京都の粉屋・平八が１７８３年、その着物で大阪市中を売り歩いて流行させた柄である（『摂陽奇観』巻三十六）。

後の時期の句「ゆうゆうと大名嶋の芒《すすき》かな」（小林一茶『八番日記』文政期稿）は、ススキのまばらな生え方を見ている。

こうして18世紀に「筋」の語は消えかかり、その柄はタテに転じて「嶋」と呼ばれた。

## ◉糸ヘンに島の字

テキスタイルの「嶋」の字が、教養人には不快であった。「俗に嶋の字を用いる」と『和漢三才図会』が書くのは、俗臭に耐えがたいからである。著者の学識が字を改める気持を抱かせた。同書は先行辞書『合類大節用集』にならい、「シマ」と読む三つの漢字を提案した。音・訓・字義の三点をセットにして俗の問題を解決しようとした。

「綅………音は侵（シン）。白の経《たて》、黒の緯《よこ》」

「纖………音は暹（セン）。黒の経、白の緯」

「縞………音は高（コウ）。白の経、赤の緯」

滅多に使わない漢字には新たな訓がつけられる。著者はとりわけ「綅」を勧め、各地の嶋を「郡内綅《しま》」などと書いた。しかし、シマに色別で漢字をあてるのはもともと無理だし、タテ糸ヨコ糸の色の差で分類しても、結局どれもみな無地となってしまい、説明に欠陥があった。その三案は六十年以上も後に、五十音順の初の辞書『和訓栞《わくんのしおり》』に採用されたが、字を使う人は出なかった。

しかし、漢字の問題に光の当たる時が来た。食いついたのはヤマッ気いっぱい冗談半分の戯作者で、読者をうならせる字をねらった。あちらの国の文字をつつかなくても、必要なら字は作ればよく、今日からでも読める字ができる。図１２４の新字が出版物に載った。

図は恋川春町『当世風俗通』（１７７３刊）の自筆版下の文字である。木版に彫る字を自ら書いて、「嶋」の字の「山ヘン」を「糸ヘン」に替えている。「嶋」という字は偏《へん》に問題があり、糸の類に属させれば織物の感じがわいて一気にコトは解決してしまう。音はトウ、訓はシマでどうだと言っている。その本では仮名を振って誤読を防ぐ。読者はひざを打ったのではないか。

恋川春町は藩の江戸屋敷の役人で、和漢の古典に通じて狂歌や浮世絵にたけた。面白可笑しいだけの人ではなく教養人であった。寛政改革で文筆活動をとがめられる悲劇の人でもある。

ところが、異論を唱える別の戯作者が現れた。鳥のいる山はあるが、鳥と見える織物はなく、「糸ヘンに鳥」の「鳥」はおかしい。糸偏はよいが織る嶋はやはり「鳥」より「島」であって、それなら間違う恐れがない。戯作者はその新字を表紙に掲げた。それが図１２５である。

為朝が廻った海の島にこじつけて、当世染織の嶋類を紹介するその本では、表紙だけが新字で本文は嶋の字で通した。奇をてらい人目を驚かしつつ腰は引けている。しかし、「糸ヘンに島」は新字の名作と言える。その字は

**図124　恋川春町の糸ヘンに鳥の字**

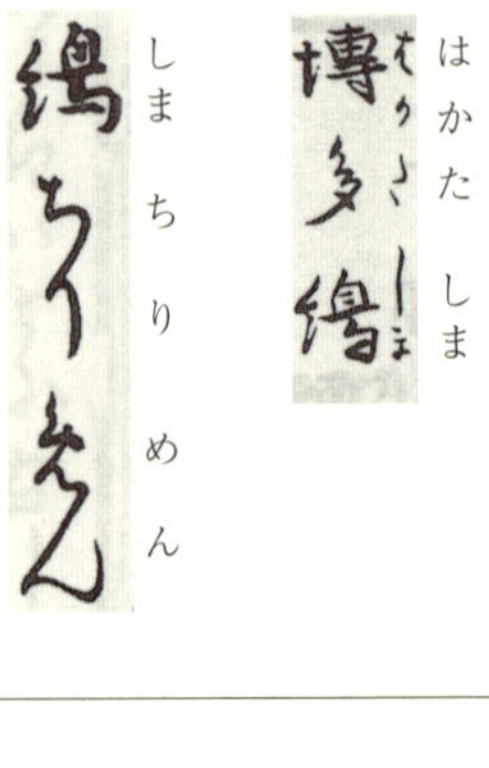

百年余り後に追慕される。１９０１年出版の「氷面鏡《ひもかがみ》・三井呉服店案内」の価格表は、その字を鉛活字にして載せる。一流店にも新字を面白がる江戸風の楽しみ方があった。神経質な誤字たたきは20世紀のことかと思える。

## ◉「縞」の字始まる

戯作者・山東京伝は外題に「縞」と書く黄表紙を１７８９年に二冊出版した。よく売れたという流通の事実が字の運命を決めることになる。

図１２６の『孔子縞于時藍染』は「孔子の教えが時流に合う」「格子嶋だが時々は藍染」の二つの意味をからませ、寛政改革の文武奨励の小難しさを皮肉る。金銭欲が絶たれた儒教の未来社会では、乞食は橋の上で漢籍に親しみ、女郎は客に小判を押し付け、銭の置き逃げで捕えられる泥棒がいる。京伝はそう書いて当局ににらまれ、１７９１年に別の作品で手鎖五十日の刑を受ける。

『縞黄金肌着八丈』は、焼けた吉原が中洲（埋立地）の島で仮営業して、客がカネをはたいたことと、遊女の嶋柄の黄八丈の肌着を重ねるのであろう。

「縞」は読者が知る由もない難字であった。出典は『和漢三才図会』の三案の三番目である。本が大当たりで字の騒ぎも大きくなった。もっとも京伝は出世作『江戸生艶色樺焼』（１７８５刊）では「しま」と書き、「嶋」の字

**図125　糸ヘンに島の新字が表紙に**

黄表紙『為朝がしまめぐり』の表紙は糸ヘンに島の字である（１７９１刊、東京都立中央図書館蔵）。源為朝の海島探検征服物語にことよせ、小六嶋（手綱絞り）、大名嶋、八丈嶋、郡内嶋、岸嶋、奥嶋、上田嶋、伊勢嶋、桟留嶋を絵入りで紹介する。

を前からきらった形跡もある。

　爆発的に売れた京伝の本にあやかって、「縞」の字を題名にする便乗本が出た。翌年には『染直大名縞』、翌々年には発田《ほった》芋《いも》助の『紺丹手織縞』と続く（『戯作外題鑑』「燕石十種」第6巻）。本文の中では花月坊『捷逕《ちかみち》早大通』に「縞シマ」とあるのが早い例で、これは天明年間の刊行のようだ。

　歌舞伎が「縞」の字に飛びついた。1791年に「女達高麗屋縞」の外題が（『江戸芝居年代記』）大看板になる。その後「仲蔵縞博多今織」など「縞」の字は歌舞伎のクセになった。看板の書体はもともと読みにくいが、ふりがながついて誤読の心配はなく、そりゃ何だと気を引く字が出てくる。「白い練り絹」という本来の意味を知らぬまま「縞」の字が江戸市中に現れた。

　その字の流通の事実を見届けたうえで、意外にも権威ある当局が字の問題に参入した。公儀の学問所が実勢に味方して「縞」に同調した。大学頭の林述斎は「縞」を正字として採用し、将軍別の日誌『徳川実紀』（1809起稿、43完成）の編集でその字を押し通した。引用する

**図126　山東京伝の縞の字の黄表紙　1789刊**

こうしじまときにあいぞめ　　しまおうごんはだぎはちじょう

歴史文書のシマがすべて「縞」の字に書き換えられた。現代の校註者も「嶋、しま」を「縞」の字に変えているが、同じことが『徳川実紀』で行われた。

近代語で「縞」が正字となったのは、明治政府が学問所の権威に従ったからであろう。だが、学問所は実際には戯作者や歌舞伎の浮薄に追随したにすぎなかった。

大学頭は結構のらくらの人であった。漢詩に詠《よ》まれる江戸一番の名所隅田川は「墨水」と二字で書かれたが、大学頭は二字では面倒だとして「氵《さんずい》」偏に「墨」の一字に縮めた新字を作った。永井荷風の『濹東綺譚』はその字による。造園や管絃を好んだ大学頭は、正字を必ずしも学者風に考えたのではなく、漢字の正俗公私の二元性を当たり前と思っていた節もある。

十返舎一九は1825年の『新撰呉服往来』で、前から気になっていた「綅」の字を重ねて持ち出した。『北越雪譜』の著者鈴木牧之は、「藍綅《しま》は六日町」「紅桔梗《ききょう》縞は小千谷」「浅黄織《しま》は十日町」と三種類の字をわざわざ使った（1835序）。『和漢三才図会』に敬意を表してのことである。

染織品では粗い繭糸の「絓《しけ》」が正字ではない。玉虫色の「王」偏に「虫」は全くの作り字だし、すきまを作る織りの「紹」の糸偏は無用だと『万金産業袋』は言う。だからといって読みにくい字に改めるのもいかがか、と同書は説く。しかし19世紀には字をつつく人が徐々に増える傾向にあった。

自筆の文字は江戸時代の最後まで「嶋」の字が圧倒した。「八丈島は水に沈まぬといえども、紬島、伊勢嶋、青梅嶋の類は多く深川に沈む」（『身なり大通神略縁起』）などと、嶋の意味を入れ替える言葉遊びが盛んであった。深川女郎への煩悩《ぼんのう》の断ちがたさを、柄の嶋と水辺の嶋をつないでクスッと笑わせる二重奏の芸である。

縞の字では他の何をも思わせず、両義性に導くすべがない。その字では言葉に味がつかず江戸言葉の空間と隔たってしまう。近世を「嶋」の字で語らなければならない理由がそこにある。

# 13　田沼政治と衣類の変革

## ◉徂徠の見た武家

儒者荻生徂徠（1666～1728）は奢《おご》りを自制できず困窮してゆく武家を苦々しく見ていた。昔は伽羅《きゃら》の油も刻みタバコもなく、一世代前の下級役人は家に畳なく裃《かみしも》もなかった。世につれて武家は消費支出で貧しくなっている。大名は家臣や侍女に言われるまま家格にこだわり、年貢で得る金銭をあらかた江戸で使い果たす。京大阪商人への借金利払いに行き詰まり、カネの貸し手がいなくなる（『政談』）。徂徠はそこに武家統治の危機を見た。

徂徠はその解決を支配の基本課題と考えた。収入を超える消費を問う徂徠の献策は過激となる。「制度」の枠に消費水準をハメ込むしかない、と徂徠は考える。武家の供連れ・食事・衣服・器物・家居・使用人・音信贈答・冠婚葬祭など一切について、官位知行俸禄ごとに限度を定め「制度」で固定する。将軍命令の「制度」で変化を静止凍結させ、消費への誘惑を阻止する。奢りが常となった世はそれなら改まる、と徂徠は主張した。

「制度」の枠はもちろん下々に及ぶ。「町人百姓どもの衣服は麻木綿なるべし」「桟留・金巾・唐木綿等を木綿の内なりとて用ゆるようなる紛らかしたることをば堅く禁ずべし」と徂徠は書く。しかも百姓町人の「制度」を、武家に先行させるべきだと説いた（前掲書）。

将軍吉宗はその「制度」の案を採用しなかった。紀州時代の吉宗は「国主よりの厄介無き者ども」つまり大名扶養でない百姓町人には、倹約を命じるなと説いていた。下々の暮らしは豊凶によって決まり、収入に合わせた支出に干渉は無用だとする（『南紀徳川史』）。徂徠の「制度」は現実政治家には重荷に過ぎた。

吉宗はその代わりに目立ちすぎる消費に目を向けた。華美や奢りの新規商品を個々にとらえ、製造禁止や奢侈《しゃし》禁止令をこと細かく繰り返し、市中の取締りもした。他方で吉宗は自分自身の質素な姿を見せて、配下の武士に影響力を行使した。吉宗はそれで道徳的権威を高め、節倹で財政を再建して徳川中興の祖と称えられる。

徂徠にはもう一つ有名な献策がある。武家の「旅宿の境遇」の改革である。武家は宿屋で暮らすのと同じ境遇にあり、あらゆる支払いを金銭でしている。「一切の物を銭にては買わず、みな米麦にて買いたる」田舎の体験が徂徠にはあった（『政談』）。武家を知行地へ戻せば米麦による支払いが可能となり、金銭経済の苦痛から抜け出せる、と建言する。しかし、それも吉宗が採用できないのは当然であった。武士を村に放てば、年貢を請け負う自治の村が大混乱に陥るからである。

### ◉奢侈禁止の空白

吉宗なき後、子と孫の両将軍と田沼意次は政策の限界に直面した。吉宗の権威を表向き否定する理由はないが、奢侈禁止の政治目標はそもそも何なのか、その政策にどんな効果があり、武家を救済しているのか、果てしないごまかしを生む結果に終わっていないか、そして商工業の衰微に統治者はどう向き合うべきか。

「御上において過度の節倹を行い、奢侈を禁じたまひたる結果、金銀すくみて全国衰微の元となれり」（『山下幸内上書』）と、すでに１７２１年に内部批判があった。政府がカネを吸い上げて放さなければ民は衰微する。奢りを禁じれば商工業は後退する。奢侈禁止と商工業の繁栄は両立しにくい。

西洋には「奢侈はなくてはならぬ。富者が贅沢《ぜいたく》への支出を余りしなくなると、貧乏人は飢えてしまう」（モンテスキュー『法の精神』1748刊）との洞察がある。田沼政府はどう考えたか。

長い問いと戸惑いの末に、吉宗の孫が政策の軸を方向転換し、そこに田沼政治が始まる。政府は商工業に顔を向け、奢侈禁止を言うのを控える。倹約や質素を個人に任せて号令をかけず、効果の乏しい違反摘発を緩める。何の政治宣言もなかったが、政策変化は衣服規制の法令の数に表われる。武家町人への新規の衣服令は、表30の通り田沼期にほぼなくなる。衣類の規制緩和は消費活性化のバネとなって商工業を生き返らせる。

干渉を控えてモードを走らせたことは明白である。

田沼期の町人の衣服規制は異風頭巾の一件のみで、防犯のため武家にも適用した。武家の服制は政府の組織内指令であるが、夏足袋の申請規定と頭巾のことにとどまる。これにより服は徳川祖法の原則に戻された。

警察の検挙の強弱が重要である。享保・寛政の両改革期には江戸町人の華美な衣服が摘発された。田沼期にはその例が知られない。市中取締りの役人が衣服にこと細かく干渉しないという信頼感。それこそが衣服変化を促す動因となる。取締り方針が文書に残るわけではないが、遊里本の衣服情報があふれた田沼期には、当局の摘発に見るべき変化があった、としなければならない。

取締りの後退は商工業重視政策の一環ともなり、関東甲信越の繊維産業の隆盛はその結果と考えられる。

政府や藩は米を握る大商人と言えるが、繊維産業などの経済シェアが拡大すると、

**表30　町人と武家への衣服類規制令の件数**

| | 統治期間 | 町人衣服規制 | 年率 | 武家衣服規制 | 年率 |
|---|---|---|---|---|---|
| 享保改革吉宗 | 29年 | 5件 | 0.17 | 6件 | 0.21 |
| 田沼時代意次 | 19年 | 1件 | 0.05 | 2件 | 0.11 |
| 寛政改革定信 | 6年 | 8件 | 1.33 | 3件 | 0.50 |

西村綏子「幕府法における衣服規制の変遷」（『岡山大学教育学部研究集録』48号、1978）から作成。装身具を含み、生産規制を除く。田沼時代は1767年の側用人からとした。

米の大商人のシェアは相対的に縮む。商工業品の大商人を一部兼営しなければ、米の大商人は世に遅れる。そこで政府は商工業を税源に転じるべく、課税に活路を開こうとした。

新たな糧を求める課税は、江戸へ物資を送る経済都市大阪で目立った。商品別の株仲間や品質管理の会所を公認して、政府はそこに冥加金運上金という税を課した。同業組合が拠出金を事業者に割当て、集金して奉行所へ運んでくれる楽な課金であった。大阪の染物屋株には、形付紺屋・手ぬぐい染・絞り・茜・茶・紅粉・更紗などの仲間ができ、千軒の加入があった（『大阪市史』第1巻）。政府はまた各種金属と薬種の一部に専売制を敷いて公的収入を拡大した。

江戸では仲間の形成が目立たなかったが、商工業課税が物価を押し上げ、人口の半分を占める武家を痛めて、政治に不満が出るのを避けたのではないか。大阪人は政府に手広く利をかすり取られる仕組みをよく知っていた。それゆえ図１２７の絣入り柄は「田沼嶋」と呼ばれた。

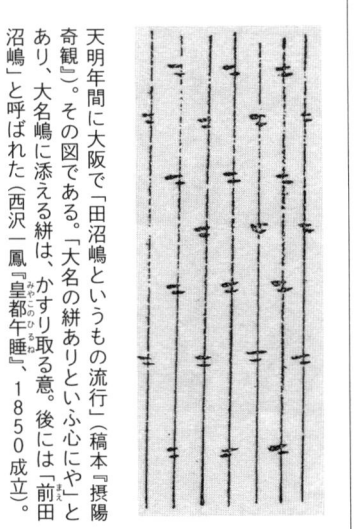

**図 127　大阪の田沼嶋**

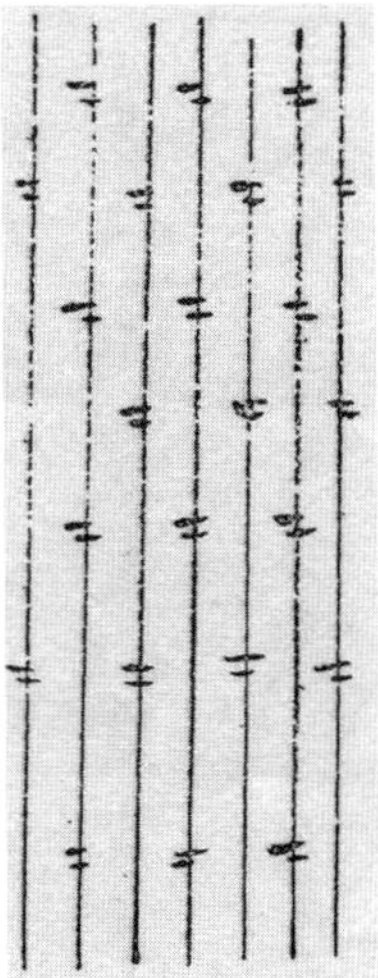

天明年間に大阪で「田沼嶋というもの流行」（稿本『摂陽奇観』）。その図である。「大名の絣ありといふ心にや」とあり、大名嶋に添える絣は、かすり取る意。後には「前《まえ》田沼嶋」と呼ばれた（西沢一鳳『皇都午睡《みやこのひるね》』、１８５０成立）。

## ◉私的時間の是認

荻生徂徠の「公私の別」の論は世によく知られ、思想的影響を残した。徂徠は「君子といへどもあに私なからんや」（『弁名』）と、近代に通じる考えを述べた。個人たる「私」の内心の情・感情や欲は、君子にもあるしだれにもある。その議論は人の「私」の領域の是認につながる。

田沼意次はその議論を支持し、家臣に認める「私」を具体化した。家臣は四六時中、身分の中にいるが、務めを終えた後の主家の統制はどうあるべきか。意次は規範を「遺訓」に書いた。「武芸に精を出した上は、余力で遊芸をするのは勝手次第。とめ立ては要らざること」と（『相良町史』資料編近世1）。武芸稽古までは「公」の時間である。その後は家臣の「私」の時間であり勝手でよいと、後継ぎに命じる。こうして家臣の「公」と「私」の時間が切り分けられた。

何の遊芸をするかは「私」に属し、大名は家臣に干渉してはいけない。欲や享楽だとしても「私」は是認される。二十四時間の統制は無用で、個々の「私」の時間は「私」の自己責任であり、一種の権利ともなる。

その考えは田沼期の世風に近い。時の老中もそう考えたのではないか。本務と稽古を終えた江戸武士の心のしばりを、「私」は解き放つ。学問・能楽・短歌・漢詩・茶道などの伝統的修養を超えて、田沼期の武士が世俗の技芸に乗り出したのは、「私」が風潮となったせいであろう。

武士の中から洒落本黄表紙の書き手や絵師、また狂歌狂詩の作者が現れた。どれも「私」の余技である。俳諧好きにいい人はいないなどと昔の論者は蔑視したが（太宰春台『独語』）、「天明俳壇」の高揚期は武家の参入なしには生まれなかった。俳諧門人の総人数は「町人・百姓もっとも多し」であるが、「御旗本衆には大勢ありける」となる（『我衣』）。職業的師匠が名号と免状を配布し、弟子たちは雅号俳名芸名をもらって「私」の別人格に仮に身を置き、身分や家職から一時的に浮遊できた。

「今は歌がきつい流行」で、踊り子を呼んで笛太鼓にかけ声を入れ、猫のいがみ合うように額にしわ寄せて勢い込んで歌った。役者の苗字や紋・太夫号をもらった武士が、昼間から下男に三味線箱をかつがせ、横広の煙草入れをぶらさげて出歩いた（『当世穴さがし』１７６９刊）。

流行の義太夫節を大名旗本が語り歩いた。長男も次三男も三味線弾かざる者なしとなり、素人歌舞伎で旗本が河原者の女形を演じた。若侍が歌舞伎の外郎《ういろう》売りの台詞を覚えて、口癖のように真似していた（『賎のをだ巻』）。
鈴木春信の錦絵事業は、巨川と号した旗本大久保忠舒《ただのぶ》の指導と支援なしには始まらなかった。麻布の屋敷で花菖蒲の新品種を作り、堀切菖蒲園につなげたのは旗本の松平左近吾であった。

武家は町人と活動し、江戸文化の深みは武士の参加で生まれた。すさまじい遊興の時期であったが、「天明歌舞伎」「天明狂歌・狂詩・俳壇」は徳川時代の頂点とされる。学問や芸術にまばゆい到達点があり、世の消費水準を一段階上げて、近世型の暮らしの基本がその時に定まった。

松平定信が１７９０年の「寛政異学の禁」で朱子学を学問所の正統としたのは、徂徠学の朱子学批判の度を過ぎた通俗的解釈が田沼期に流行し、武士に緩みをもたらすと見たのだろう。

## ◉武士困窮は常識

仲蔵「殿様、大層ぬれましたなあ」
旗本「傘《かさ》ァ借りに寄った家《うち》で、木っ端旗本とあなどりゃァがって、破れた傘ァ貸しゃァがった。差さねえ方がましなくらい濡《ぬ》れてしまった」
仲蔵「お召し物は黒羽二重……」
旗本「黒羽二重《はぶたい》ッてな名ばかりでなァ。きょうは此村大吉ンところィ旗本手合《でやい》の寄合《よりやい》がある。そこィ拙者《せっしゃ》もまいる途中だが、袷《あわせ》を着ちゃァ行かれねえから、手前《てめえ》で裏ァはがしたんだ。引《し》き解《ほど》きってやつだ。見てくれ。ほうぼうへ糸がぶる下がってるよ」（『林家正蔵集』上巻、１９７４刊）

そば屋へ飛び込んだ旗本崩れがたもとをしぼると、土間に水が散った。「冷酒《しゃざけ》」あおるこの武士が、役者の中村仲蔵（１７３６～１７９０）に「忠臣蔵」定九郎の役作りを思いつかせた。その古典落語の言う此村大吉は、仲蔵初演の１７６６年に処刑された旗本外村大吉の名をもじる（北原進『百万都市江戸の生活』）。大吉は妹が下男と通じて遊女になったのを届けず、屋敷で下賤の者と賭博開帳をし、盗みなどの罪を重ねた（『徳川実紀』）。悪事は口伝えで市井に知られ、寄席の客はその名で博徒一味とわかった。

観客は舞台の定九郎に真に迫る武家の破綻《はたん》を見た。だからといって徳川家や武家を批判するのでもない。零落は武家にも町人にもあり、観客がそれを承知なら政府の落語への干渉は無用となる。武家と町人の関係はそこまで安定していたと考えてよい。

武家の貧乏は広く知られた。「人柄の悪しき者をしては、御家人のよう也と言えり」（『夢がたり』１７８７稿）と書かれる。「毛の生えた羽織で浅黄、土手を行く」（『川柳評万句合』天明五年智印）は、ほつれた古羽織で吉原へ行く武士を気の毒と見る。「桟留へ羽二重が来て手を合わせ」（『柳多留拾遺』十九編）の「桟留」は金貸し手代、借金を懇請するのは黒羽二重の武士である。草花栽培や虫・金魚養殖、細工物の手内職や遊芸指南をする武家は公知の事実であった。

天明期の稲葉小僧は武家屋敷をねらう泥棒で、連行される途中、上野不忍池の茶屋手洗いから池に潜って姿をくらました。その縄抜けが歌舞伎で大入りとなり、後に滝沢馬琴が驚いている。「今の世ならばかかる狂言は必ず禁ぜらるべきに、この頃まではさる沙汰《さた》もなかりき」（『兎園小説余禄』１８２５ごろ稿）と。屋敷の失態も捕吏のへまも、文化文政期の当局は上演させなかったが、田沼時代は拍子抜けするほどおおらかであった。

## ◉遊里での士と民

「当吉原の客は七分武士にして、三分町人なり」（『志羅川夜船』１７８９刊）。武士の「私」の時間は吉原にも投入され、遊里本で軽薄さがえぐられた。

非公認の岡場所は安永年間（1772～81）に七十カ所を数えた。うち品川遊里の客層は「坊主が五分、武家方が三分、町人は二分」とされる。料金は僧が金五分、武家三分、町人二分であった（『婦美車紫鹿子』1774刊）。芝周辺の僧「山さん」は料金表で弱みにつけ込まれ、武家は客扱いが面倒で高くなり、町人は優待料金であった。

参勤交代で来る滞在一年の勤番武士は、餞別を品物に換えて故郷へ送り返す江戸の顧客である。書籍や錦絵、諸道具や園芸植物、薬・衣類・山本山の茶などが田舎へ向かった（コンスタンチン・ヴァポリス『日本人と参勤交代』）。故郷は江戸情報を待っており、「田舎侍は大芝居の見物と吉原の女郎買いは一～二回はしないと、田舎への土産にならぬ。吉原の昼間のお客と言えばまず田舎侍であった」（『鳴雪自叙伝』）。

「私」的な装いは、田沼期に武家と町人が互いに影響した。「当世は歴々方の公達ほど唐桟の広袖仕立などそげた（一風変わった）所を好みたまひ、町人の息子はかえって雲上な好みに美を尽くし」とある（『指面草』1786刊）。唐桟を着物にする大名もいた。「町人は武士を学び、武士は町人の風に作りて洒落る世の中」であった（『中洲雀』1777序）。図128の遊び人は武家風であるが、私的装いでは自己流に崩す人がいた。

**図128　長羽織の旗本崩れ**

着長嶋の族は「にた山の手にあり」とされ、旗本崩れかニセ旗本。「着物より長き羽織を着し、分からぬ言語をなす」とあり、略語がやたら多い人であった。胸ひもは垂れて地面を打つほど。山東京伝『新造図彙』（1789序）。

大名奥方は「町人風という裾模様または小紋模様」に走る。裾の模様を抑える町人女の

「五寸模様」にひかれ、「大模様は愚痴なりとて着ず」という奥方がいた（『雑交苦口記』１７６９稿）。

江戸の儒学会読で師を囲むのは、儒者井上金峨（１７３２～84）によれば、上層の武家町人の次の息子らであった（『病間長語』）。

三尺の脇差をさす草履取りを、手洗いに立つにも連れる医師の子。

長脇差をタテに差し、流行の太袖口の服に肩衣をつけるご用達し町人。

ゲジゲジを見ても恐ろしがりそうな上品な武士。

香袋のにおいを込めた本を取り出し、唐物の筆墨を並べ、声の上ずる人。

無知にあきれられるのを恐れて、一言も発しない人。

従者や服や唐墨で外面を飾り、声が上ずり黙りこむのは臆病だからで、「全く得体の知れない芝居を見るよう」な気がして、儒者は講義を打ち切っている。しかし、彼らこそ多くの分野の「通」になる予備軍であった。なじみ遊女が来ない時、事情を察して黙って退出する通人の流儀は、彼らの延長線上にある。

「近年の若武士は町人と見られるを自喜する者多し」と儒者は嘆く。二本棒は野暮らしいと出入り町人に刀を預け、一本差しで出る。浄瑠璃小屋で町人姿に映るのを無性に喜ぶが、浅ましい限りだと（前掲書）。

旗本御家人の七八割は女のごとき形姿となり、志の卑劣さは商人のごとくで、士風は絶えたようだ、と杉田玄白も言う（『野叟独語』）。しかし「人は武士なぜ町人になって来る」（『誹風柳多留』五編）と川柳も言うごとく、町人や女めくのは武士の「私」の一つの快楽の形であった。とはいえ武士の行動や装いの変化は、昔の士風を理想化して慕う知識人の目には、女性化や町人化の逸脱としか見えなかった。

## ◉嶋柄を生む社会

「昔と今とは天地の違い」と言えるほど商品が出回り、暮らしが変わった。「ことのほか結構」になり、古風は廃れる。「今の在郷（田舎）の風俗、昔の名古屋よりは良くなりました」。尾張藩の八十歳の武士が１７８３年、随筆『手杵』にそう書く。昔との差は表31の通りで、近郊農村の暮らしは大きく変わった。

江戸武家屋敷の発掘調査も暮らしの変化を伝える。18世紀後半から肥前ものに加えて瀬戸美濃陶磁の出土が増え、信楽や京焼系も出てくる。陶磁器の産地の拡大や器種の多様化、遺物の増大は、一つの画期を伝える（『甦る江戸』の森本伊知郎論文）。それは食生活の変化の証しである。

「江戸の人の風俗は殊に昔に替わりたり」と儒者高野余慶が田沼期を語る。

「ひたすら歓楽のみを営むゆえに、人の言葉、身のさまより始まって衣服、器物、

**表 31　名古屋武士が見た享保期（1716 ～ 36）と 1783 年の違い**

| | | |
|---|---|---|
| 百姓は蓑笠 | → | 今は長めの木綿合羽に傘 |
| | → | 名古屋との境のにぎわい、ない物はない。百姓向けに食い物の出店。近年は百姓衆が半分は商い |
| 百姓の嫁入り着物は紺の模様染の表に、裏は手染の紅花染 | → | 嫁入りに絹紬のほか縮緬の類を着る。かごに乗る者もいる。 |
| 奢った人は有松絞りの木綿手ぬぐいをかぶる | → | 冬は暖かな色染真綿の「綿手ぬぐい」をかぶる |
| 町の五月幟《のぼり》に朱の家紋はまれ | → | 朱の紋ばかり、生地も大きな唐木綿 |
| 雛《ひな》売り、笠売り、皮足袋など季節ごとの行商人 | → | 近年諸所におびただしく菓子屋ができる。年々新製の菓子が出る。裏町にも食べ物屋の看板。 |
| 女の菅笠 | → | 青紙貼りの日傘 |
| ひな人形に紙衣装 | → | 人形に織物の衣装 |
| 小身の士の家は天井なく、台所で暮らし、大きな馬屋を持つ | → | 家作りは華美になり、馬を持つ士は賃馬に貸して銭を取る |
| 武士の妻の年頭挨拶は乗物で | → | 今は嫁入りのときだけ |
| 中以下の武士が稀に紗綾・羽二重を着れば目に付いた | → | 武士町人百姓ともに男女衣服がことのほか結構になる |

内藤東甫『手杵』による（青木美智男翻刻、『知多半島の歴史と現在』8号）

家作まで昔に替わり……新しき事ども年々にできて、古きことは何となく廃れ果てたり。風俗の移り替わること、目の前に歴然たり」（『昇平夜話』１７９６稿）。

モノとサービスの画期が眼前にあった。「中にも士道の風俗もっとも大いに変じたり」とあり、武士の風は18世紀前半とはまるで違うと見えていた。

衣服のモード化は、食住や行動の変化とともに起き、江戸語もそこで生まれた。洒落本の見るところ「いま遊山所も食類も衣類も諸芸も、咲きそろいたる花のお江戸」（『大通法語』１７７９刊）である。享受する人は限られたにせよ、変化の基礎に政治への安心感があり、世相はその結果と見なしうる。

大阪の町人衣服の世風変化も江戸と似ていた。戯作者の田宮橘庵によると、「宝暦・明和の頃迄は、男女衣服はなはだ麁《そ》」で、スタートは江戸より遅かった。しかし「安永頃より男女衣服ことのほか花美になり」、その代わり所持する衣類の数は減って、質屋や古着屋を困らせた。「町人有得の者の妻妾は錦繡にまとハれ候らへども、僭《せん》礼のことは一切御座無く候」とあり、身分違いの華美をとがめる役人の取締りがなかった。ところが「寛政の初より、衣類調度迄余程質素になり申し候」とする急変を見た（大田南畝『所以者何』）。

新宿の煙草屋にして戯作者平秩東作（１７２６～89）の観察がある（『東作遺稿』）。

①「どの地方でも金銀の通用もっぱら」の商業の世となる。

②「人の集まるところで商人利を得る」ゆえ、商人は都会で利を競う。「商人多ければ我勝ちに知巧を出して、珍しき染色を考え織り出す」。

③「女は人が着れば着たくなり、夫にせがんでこしらえて着る」。隣人が「よき絹を着、はやり模様を着て歩けば」、肩身の狭くなるのが人情。

③そうなると「義の強い男も俸禄の薄いのを忘れて、人並みの装いをさせたくなる」。洪水と同じでその勢いは

止まらない。

金銭化・商業化が活況を呼び、商人は女の衣類をあれこれ考案して売る。着る女は欲しがる女を生み出し、勢いは止められない。嶋柄や小紋を走らせた動因は、金銀通用と商業活性化、次いで女と世相、最後に男の財布となる。社会変化のその見方はイデオロギーにとらわれず、今日でも通用しそうである。

飾る願望は男も同じであった。永く抑えつけられていた生命体が、環境の好転で細胞活動を取り戻し、新たな細胞を勢いよく作るのと似た過程があった。テキスタイルの生地とデザインの変革は、その構造の中で起きた。

町人東作は勘定所のナンバーツー勘定組頭・土山宗次郎の開拓プランの密命を帯びて、蝦夷地を歩いた人である。「すべて文武ともに空理ばかり高尚に言い散らし、事業の方にしっかり手際の見えぬはみな下手なり」（前掲書「巡察要領集」）ときつい言葉をはく。空理空論の人が政府を取り巻き、実務家はそれと戦わねばならなかった。その予想は当たって、次の政権は土山を罪に問う。東作も連座して間もなく死去する。気がつけば田沼政治は反対派に包囲されていた。

## ◉田沼を送る嶋柄

将軍家治が死去した１７８６年、田沼意次は老中を解任された。知行六百石から五万七千石の大名に成り上がった権勢の人の失墜は、落書にムチ打たれる。

何十万人もの犠牲者を出した飢饉・冷害、浅間山噴火と関東大水害は、悪政への天罰とされ意次は責めを一身に負う。衣食住にわたる変化は、奢り緩みの罪悪に転じてしまう。統治の実質を論じず、賄賂《わいろ》のうわさが故意にまかれて失脚を追いうちする。終わった政権を倫理でたたくのは「民意の伸長」（辻善之助『田沼時代』）の一側面でもあった。

落書は薬の効能書、寺社縁起、お札《ふだ》や開帳案内、遊女の手紙、法令下達、陳情書、商店引き札《ふだ》、落とし噺《ばなし》、和歌集などをもじってチクリと刺す。次の落書は呉服太物店の宣伝ビラをなぞり、田沼政治が寄与した当のテキスタイルや嶋柄を並べて、意次をこき下ろす（『落首聞書』「東京市史稿」産業編第30）。

「はばかりながら口上書をもって申し上げたてまつりそうろう」は定型文。その前に「世間」と書き加えて、落書はまずクスリと笑わせる。

「**縮緬千川筋染め御腰折れ地**」……江戸の千川上水は水道利用料の収入で開発費をまかない、公儀に運上金を出す事業であった。営利の方式が不評のうえ、工事と洪水で水びたしになる町があった。腰折れは縮緬にありがちなヨコの太筋。千川筋染めは千筋染をもじる。大水害で工事は腰を折られ、次の政権は計画を廃棄した。

「**運上金入りもふる御煙草入れ**」……「金入りモウル」はインド渡来の金糸入り錦で、18世紀後半にはそれを煙草入れの袋にして売る店が現れた。「もふる」は「もうける」の意ともなる。商業課税の運上金・冥加金は田沼期に広げられ、大阪ではそれを負担する株仲間が百三十団体にも達していた。町人は長く課税されないままだったから、その拠出は政府のもうけと思われていた。

「御」は将軍御用の意。

「**いん幡沼しゆへた金入り帯地**」……印旛沼はそのころ大きな湖で、仙台方面から利根川経由で江戸湾に至る運河の航路を開き、あわせて干拓により水田を作る大規模公共事業があった。開発費を富豪に投資させて、新田は事業主八割、地元世話人二割で分けるはずであった。その民間資金活用策が金主へ「多金いり」となる。大洪水があって工事はつぶれ、20世紀にようやく開通している。

「**諸役人のじんこわくじま**」……役人らの房事過多の病気を想像して、武士の袴地になる横畝《うね》の高級絹織物「琥珀《こはく》嶋」を重ねる。

**「にっきん武家御番嶋類色々」**……歴代と変わらないことであるが、武士が権力者の屋敷へ毎朝出向いてあいさつするのを「日勤」と呼んだ。田沼屋敷には大勢がいくつもの座敷に詰めて順番を待ち、それらの武士に意次は気さくに話をした。「御番」は軍役や警護の役。「御番嶋」は「なるほど碁盤嶋か」となる。

**「小間三匁中かすりじま」**……百姓から持ち高百石に対し銀二十五匁、家持町人から間口一間・土地二十坪に対して銀三匁の御用金を徴収して、公儀の名で大名らに貸し付ける案が１７８６年に発表された。中間マージンの利子分を政府がかすり取るとは何事かと、絣になぞらえて問うている。破産した大名領を取り潰す意味もあったが、田沼の失脚でさた止みとなった。

**「下々噂引きみん丹後嶋類」**……丹後は久世丹後守広民。長崎奉行のときオランダ商館長と親しく、大船を作る大工の派遣を要請して田沼政府の日本開国を予感させた人である。勘定奉行だった久世丹後は、世評をテストされて次の政権でも生き残り、関東郡代にまで出世する。権力を渡り歩く官僚の見本となる人物。丹後嶋は袴地が多かった。

**「尺長鼻の仕立夜着類」**……尺長は反物の丈が長いことで、仕立てずみの大夜着が売られる世になっていた。長い鼻は大名のしるしともされ意次かもしれない。

**「神田橋新追い出し井上伊織じま、三浦庄司かうしじま」**……神田橋は田沼屋敷のあった場所。田沼家の井上伊織は家老、三浦庄司は用人で、二人は意次に用件を取次ぐ人物としてよく知られた。解任された意次に対する屋敷引き払い命令が「新追い出し」で「新織出し」のダジャレ、品は「織嶋」である。「庄司」以下は「障子格子嶋」となる。

この落書に賄賂《わいろ》のことは出てこない。徂徠によれば家光のころは「御老中の諸大名より物を取ること……かつて遠慮なき事なりという」とされ、綱吉のころは「諸大名いよいよ物を遣い」とある（『政談』）。要路の人への大

名の拠金は、近代法の言う賄賂にどこまで当てはまるか疑問が残っている

意次解任の翌１７８７年夏、凶作と買占めに売り渋りが加わって米価が大暴騰し、江戸や大阪で群衆の一団が米屋や一部商店を襲う大規模な「打ちこわし」が起きた。江戸町奉行所が手に負えなくなった騒乱の収束後、長い政治空白に決着がつき、寛政改革の松平定信の政権が登場した。

# V

# 寛政改革から地味なシマへ

# 1　定信登場　衣服の逆戻り

「野暮」「武左衛門」「新五左衛門」と江戸でそしられた田舎侍の出で立ちが、あっという間に当世風となった。あこがれだった通り者の装いは、にわかに古風となり、哀れな目で見られ消えてしまう。寛政改革は吹きすさぶ嵐となって徳川方武士に襲いかかり、衣服を逆転させてしまった。

## ◉江戸城に蓑の人

図１２９の二人のどちらに都会の洗練があるか、議論の余地はない。通り者の衣装こそ天明の江戸の到達点であった。人柄も穏やか、言葉つき柔らかく洒落も言える。そのスマートな人の衣装が、け散らされて見えなくなった。それまで小さくなっていた旧式田舎風が江戸をのし歩く。法令に先立って節倹モードが走り、逆転はだれの目にも明らかであった。

寛政改革の政府がめざす武士像の再興は、目に見える形を求めた。衣服の統制の浸透が早かったのは、遊民風を苦々しく思う勢力が潜在していたからである。新政権は武士の精神・言葉・行動・衣装にわたって時計の針を巻き戻そうとした。飾り気ない実直の武士像への復古という視点で見れば、昔ながらの太い長刀は頼もしい。通り者の「楊枝脇差」はいかにも軟弱である。一昔前の質素簡略がいま進むべき方向となる。

登城する万石以上の大名・旗本は絹の裃《かみしも》をやめる。麻の「やれたるもの」「津綟子《つもじ》の肩衣《かたぎぬ》」がはやる。仙台平［補注］の袴はやんで、小倉木綿や桟留嶋に替わる。印籠《いんろう》は金蒔絵《まきえ》や高蒔絵が消えて、無地の黒ばかりとなる。太平楽の遊民モードから武士がひきはがされる。大田南畝《なんぽ》が『一話一言』にそう書く。

雨の江戸城に蓑《みの》の人が現れた。質素が競争になる。武士は黒琥珀《こはく》織の絹合羽、百姓も傘合羽だったから、そこまでやるかと驚きが走る（前掲書）。刀二本がばからしくなって脇差だけの武士が、実際に逮捕される（『甲子夜話』続篇五十二巻）。

街角で二つの時代が１７８７年にすれ違った。「旗本二三人、ぶっさき羽織に桟留の袴を着て、弓を担がせ番町を通る。向こうから八丈の長羽織、細身の大小、八幡黒《やわたぐろ》の裏つきをはき、ぐっと通人というお気取りの男。五六軒行過ぎると、かの御旗本を振り返って、ハテ古風なものだ」（『よしの冊子』）。その話を聞いた隠密《おんみつ》が老中首座定信に報告している。

「ぶっさき羽織がきつい流行だ。若旦那（定信）がおいでなさって、何もかも改まった」と長羽織の男。「向こうの長羽織を着た男は、古風なりだ」と今風の武士（『鸚鵡返《おうむがえし》文武二道』１７８９刊）。時流をからかうその本は爆発的に売れたが、定信は批判を許さず、著者である駿河小藩の恋川春町に奉行所の出頭命令が下る。春町はそれに応じないまま急死している。

**図129　逆転――武士の野暮と通り者**

「昔の野暮がはやり出て当世風となり」の寛政改革。図の上が改革期の武士。着物は幅狭く短く、袴短く、腕も足もニョキッと出る。大刀を十字にかんぬき差し、木綿ぶっさき羽織の背割りから刀を突き出し、木綿紺足袋。下の図は田沼期の通り者の武士。着物も羽織も幅広で丈長。腕やすねを見せず、裾は厚く、細身の刀を落とし差し（『神代余波』「燕石十種」第3巻）。

**【補注】仙台平**　「小松家勤功録」によれば、仙台藩から将軍への「単《ひとえ》御袴地」の初献上は１７４４年（『宮城県史』９）。京都から呼んだ工人に八丈八反掛や竹雀紋の綸子を織らせ、藩主は将軍への土産としたが、後に袴地が多くなる。献上の袴地を織元は「精好」「精巧織」と言い、江戸で売るものが仙台平。小松家は１７２０年代から地糸を買って糸質改善に努め、１７６０年ごろ藩主用の地糸の平絹が「御国羽二重」となった。

## ◉食糧危機と政治

１６００～１８５０年は気候の小氷期・弱冷期とされ、徳川時代はすっぽりそこに入る。北半球の平均気温がその後に比べ１℃ほど低く、１８２３年には大阪の淀川が氷結し、江戸の隅田川の氷結も１７７３年と翌年に例がある。京都のサクラ満開日は２０００年以降の八年間平均が四月六日であるが、徳川期はどの十年平均でもそれより一週間は遅く、二週間遅れの年もあった（前島郁雄、青野靖之の諸論文）。

寒冷による凶作は飢饉《ききん》と結びつく。天明年間には東北地方の大飢饉のほかに干害・風害・虫害もあった。自然災害と食糧危機を天罰だとする見方があり、田沼意次の権勢もそこでこと切れた。

享保の１７３２年、天明の１７８２～87年、天保の１８３３～39年は三大飢饉とされ、何万人もの餓死《がし》者が出た。飢饉は人に慎みを教え、政治をスイッチバックの軌道に乗せる。呼び寄せられるように、道徳を看板とする改革の指導者が現れる。三大改革のうち享保改革は飢饉の前に始まったが、寛政改革と天保改革は飢饉を引き金として開始された。

餓死はいつも、藩主用のコメを津出しして他国へ売った後に始まり、藩主は面目を失う。白河侯の松平定信は大阪で米を買いつけて領内に運び、餓死を出さないことで名をはせた。その機敏な対策が将軍補佐への昇進を後押しした。

米穀の年貢を握る政府や大名は、飢饉のたびに収入基盤の不安に襲われる。支配者に残される道は支出費用のカットしかない。そこで組織内の倹約令が続き、大名が家臣への俸禄を削ることも多くなる。困難は中下級の家臣に押しつけられる。家臣召し放ち、すなわち余剰人員の削減は徳川中期では難しくなっていた。十万石の地を統治する将軍家の代官所は、帯刀の者二十人で仕事をこなすが、大名領は四～五百人を要した。大名は冗員を大量に抱えつつ困窮しており、儒者がそこを問題にしている（『九柱草堂随筆』）。

苦しさが増すにつれて徳川初期の治政が理想となり、すべてがうまくいった時期として神話化された。昔の輝きを去らせた原因は、身の程知らない世の奢《おご》りに求められる。奢りを去り原初の治世に戻せば再び輝くという復元主義思想が生まれ、それが改革政治の理念となる。

「御改革」は権力の主観的意図を表わし、目的は統治・財政の再建にある。奢りの心の被治者は改革されるべき対象である。冷害などの猛威に続いて、改革政治が被治者に降りかかる。政府は倹約や風俗矯正《きょうせい》という道徳を看板にして世に立ち向かう。改革政治が強権的とならざるをえないのはそのせいである。言論出版の弾圧を必ず伴うのも同じ理由による。

奢り批判は飢饉が見える間はまだ耐えやすい。それが去ると不平が高まり、役人も飽きる。改革政治はそれで将軍自身が行う場合を除き、短命になりやすい。

老中首座となった白河侯定信の「ご趣意」もそういう運命を背負った。昔に戻るのは万人につらい。その耐えがたさがわかった時、「白河の清き流れに住みかねて汚れし田沼の泥ぞ恋しき」の狂歌が流布する。定信はそれを隠密から聞かねばならなかった。田沼政治の意義は、手遅れとなってからようやく知られた。

## ◉武家の借金救済

「一切の道具、衣類まで、宅には一向これなく裸同様のよし」とされる旗本が、妻には年々子を産ませ遊女を請け出していた。旗本への虚実不明の悪口雑言を、スパイはいくつも拾ってきた。「ウドの大木」「大ワイロ取り」「よほどの取り手」「大淫乱、手代あきれ暇を取る」「しわい人」「ばくち」「理屈者」「悪党」「貧乏」「極貧」。これみな旗本の評判である。定信は隠密からそんな話ばかり聞いた。

「赤坂氷川・新宿などは近所の御家人または放蕩《ほうとう》の御旗本など皆々一本差しにて、競《きお》い候て騒ぎ歩き、ややもすればチトづつユスリ無心を申し候」という無法の一団がいた。越前の大名は１７８７年に「極貧、はなはだ差し支え」、少額のカネを「当年はこれにて容赦《ようしゃ》いたし候ように」と自ら出入り商人に渡した（『よしの冊子』）。人物情報は嫉妬《しっと》と軽蔑ばかりで、仕事の評価はないに等しい。

定期収入を約束された武士が、年収を越える借財や長期債務の相続に苦しむ。それでも彼らは家格と体面のため交際や儀礼に厚く、遊興もした。借金を不名誉としない人たちがいた。

家臣の第三者に対する債務不履行を、政府はほぼ不問に付した。財物を奪えば強奪の罪となるが、借金で財物を求めてカネを返さないのは罪とならない。「借金でつぶれた大名家はない」と豪語する者もおり、金貸しを拝み倒しながら他方では軽蔑する古い金銭感覚を引きずっていた。

払わぬ武士は盗賊に等しい、と経世家海保青陵が何回も説くのは、商人を道義で励ます必要があったからである。金銭が浸透して取引が円滑化される過程で、武士の一部はお荷物の人となった。「宵越しの銭は持たぬ」は江戸っ子の気風とされるが、青陵によれば武家の「ズルケ風」が移ったにすぎない（『升小談』）。他郷にその言い方はなく、江戸者だけが士の悪風に染まった。

「寄らば大樹の影」の大樹とは将軍のことである。大樹の補佐である定信は１７８９年、お手上げの武士に救いの手を差し伸べる。徳川家臣に対する借金棒引きの棄捐《きえん》令を発動し、政府は蔵前の札差に総額で百万両以上の古い債権を帳消しにさせた。その計画立案は高官の手に負えず、町人の町年寄が仕切った（『東京市史稿』産業編第33）。札差は米の報禄を士に渡す業務に任じられ、金融業を兼ねた。空前にして絶後のその借金棒引きは、被害を受ける金主が極限される場合には、市中金融に不安が生じないことを示した。

家臣の借金はいずれ大樹に救済され、借金しないのは損だという俗説が生き残った。一人苦しんで自力で立ち直る機会はそこで失われた、との見方が当時からあった。家計の自己管理の定着には、遠い道のりがあった。

貸金業は回収できる場合はよいビジネスとなる。「いま流行に後れぬ大名は、白河侯をはじめ大阪の銀主へ米を売り、その価をすぐに預け金にして利息をとり……年々に金増えることとなり」と伝えられる（海保青陵『待豪談』）。定信は資産運用をする賢い人の側にいた。このスキャンダルが記録されたのは、恐らく講演筆記者の不注意による。

## ◉町人衣服を攻撃

欲求不満の士の捨文が１７８８年、大名家の門に置かれ、老中首座の定信に届けられた。

「近来、百姓町人ども過分のおごりを極め、紗綾・縮緬を着用しそうろう事、はなはだもって不相当にそうろう」（彰考館所蔵文書、『東京市史稿』産業編第32）

紗綾・縮緬が攻撃目標となった。百姓町人がそれを着れば士との境目が見えなくなる。「郡内（紬または嶋）には目もかけずに、紗綾・縮緬を着するはいかなる心にかいぶかし」（『賎のをだ巻』）とその流行が記され、一部の武士が身分意識をとがらせていた。

京都町奉行所の教養ある与力も言う。上下みな困窮するのに、中位の商人ばかりは大もうけしている。「六十年以前までは紗綾・縮緬……世の常の人の着ることなし。今は是がなべての衣裳になりたり」（『翁草』１７７６序、巻一一七）。それは安物であったが、「近き世、奢り超過のさた」と目くじら立てる話になる。

紗綾・縮緬を田沼期に着る人が増えて、士の誇りが傷ついている。追いつかれた武士の自尊心回復のために政府は町人衣服に干渉する。１７８９年に「町人男女とも分限不相応の結構の着用する者」の取締令を出し、奉行所で吟味するぞと脅した。直後に訴訟の町人が縮緬羽織で出頭して、管轄する南伝馬町の名主が油を絞られている。

三井越後屋の京都本店への報告に「小紋縮緬羽織などを着る者を諸所で捕らえ、武家女中方の縮緬着用衆を捕らえたとして世情騒々しく、そのうわさで持ちきりです。そこでこの一両日は人出がめっきり薄らいでおります」とある。武家女中に仕える女の逮捕は虚実不明であるが、うわさが飛び交い町人の動揺は事実である。こうなると縮緬は売れるはずもない。寝かす絹の損を恐れる江戸店は「仕入れ見合わせ」を京都に進言した（いずれも『東京市史稿』産業編第32）。

大阪ではその年、役者の舞台衣装を絹紬・布木綿・平嶋・羽二重に限るとの命令が出た。「お上から始末、芝居の衣装まで、世話を役者の為思うてか」と落書も出た（『年代記』「大阪市史史料」31輯）。

半年後の隠密の報告では、町人は最初のうち法度を恐れ、「縮緬ひとえ羽織など着用しかねて、途中は手に持ち、出入りする屋敷（武家）の門内へ入ってから着るほどであった」。ところが公然と着る者が出始め、子供の祝い着がまず元に戻る。「奢りが人にしみこみ」「中以上は金廻りもよろしく」、町人衣服の法度だけは行われないと嘆く人がいた、としている（『よしの冊子』）。

もっとも役人の干渉を喜ぶ親はいた。縮緬や絹の「憲法小紋のあわせ（裏つき）羽織」は洒落男のしるしであったが（『真女意題《しんめいだい》』１７８１刊）、「憲法小紋を着た人は、息子のなりをやかましく言うようになりました」（『四十八手後の巻』）とある。親が自分を棚に上げて息子をしかるのもご時勢であった。

## ◉西陣織物の悲鳴

呉服屋の江戸店は政府の出方を読もうとした。仕入れを間違えれば店が傾いてしまう。越後屋江戸店は白河藩江戸邸の「衣服定め」を入手し、定信の動きを予測する情報として１７８９年に京都本店へ送った。藩内規定書が三井文庫に残るのはそのためである。白河藩は武士の服に次の精神規定を設けていた（『東京市史稿』産業編第33）。

一、武士道のたしなみはいざ出陣への備えにあり、それを第一と心得れば、高価な服や貴い地合の染物など着られるはずがなく、粗服で我慢すべきである。

一、身を飾り見てくれを心がけるのはよからぬ態度で、軽薄に陥り志をくじくので、流行品はなるべく省くべきである。

一、妻女らの服飾を制することができないのは、家内取締りの不行き届きであり恥辱である。

白河藩には武士各級に詳細な定めがあった。「ゆきは短き方を用い、丈もまた同断」はつんつるてんの勧め。「羽織の紐、結びのようにいたし」はボタンがけの禁止。縮緬・羽二重も着古したのはよい、と目の付け所が細かい。

その後の経過を見ると、白河藩の規定は徳川家の決まりに昇格してゆく。１７９０年の武家女服の申し合わせは、目立たず出すぎず控え目に、流行品を用いず外着は地味にとする。下級武家の女は不満たらたらであった（前掲書第34）。

呉服屋の不景気は避けられない。越後屋の番頭会議では「町人は立ち行かぬ。田沼さまが恋しい」と定信をののしる声が出た。繁栄をもたらした田沼政治を懐かしむその意見は、スパイにより定信に届いていた。

京都西陣の織物業は長い不況に陥った。寛政改革をはさむ１７８１年と１７９６年のおおまかな対比でも、西陣の織屋二千百二十軒のうち四百軒が休業に追い込まれた（『西陣天狗筆記』）。１７８８年には京都大火があり被災した織工が他へ移住した。丹後と美濃の縮緬生産も事業として成り立たず、一部は木綿織に転じていた。

木綿は逆に買い一色となる。伊勢の津の木綿問屋田端屋が江戸店に出した手紙によると、伊勢では木綿の急激な値上がりが生じた。前の月の嶋類が残っていたら、三四分もつけるから戻してくれと、仲買人が問屋に言うほどであった。需要はさらに高まるにしても、木綿はすでに高値だから値づけに慎重を期す、と伊勢本店は言う。江戸店には伊勢本店から私用品の依頼もあり、１７８７年には秩父絹と紬のほかに、太織・青梅嶋・越後ちぢみの各大嶋の注文があった（田端屋文書「江戸用事控」麗澤大学図書館蔵、「東京市史稿」産業編第31）。それらは江戸でなければ購入しがたい品で、大嶋は女物であろう。

絹物は暴落し木綿は高騰した。木綿が家計を圧迫しかねないので萩野山中藩は１７８９年、家臣への綿服着用令を撤回した。出費を抑えるつもりがそうでなくなり、「絹布・綿布、勝手次第に着用いたすべく候」と申し渡している（『神奈川県史』資料編５）。

政府はどのレベルまで過去へ回帰し復元させるのか、判断は不明確であった。高価な菓子、結構な火事羽織、箔の羽子板、八寸以上の人形、高額の髪飾り、女の紋織物・刺繍の衣類等々の製造・販売・購入を禁止したが、それは１７２１年や１７３５年の吉宗の令の繰り返しであった。五十年から七十年も昔の新規商品を禁止したのは、それ以外にアイデアがなかったからであろう。ただ、湯屋の男女混浴禁止は定信の令のおかげで後まで残った

武士の困難を退廃した世のせいと見たために、政府は収拾がつかなくなり経済活動を混乱させた。それでも人々の悲鳴を奢りが崩れる摩擦音ととらえるのが改革派の覚悟であった。

## ◉中洲破壊の驚き

定信は江戸人の目を覚ます一撃を求めた。前の政権の浮かれた世相を一気に方向転換させるような一撃を。

隅田川の新大橋の下流に土砂が積もり、埋立地が作られた。田沼政府は１７７１年、質屋上納金と屋敷地払い下げの公的資金を投入して、伝馬役の大伝馬町名主に開発事業をさせた。工費は予想の倍もかかったが、明和の大火で残土が出て作業ははかどり、１７７５年に一万坪の陸地ができた。

そこが中洲《なかす》という一大歓楽街になった。料理屋や演芸の小屋が集まり、川岸に提灯が並んで三味線が昼夜絶えない。コイを飼う茶屋は紫の幕を張り、大名貸切りでにぎわう。タバコ屋や糸針の小店に素人っぽい隠し遊女がいて、その極上々内々の地女を「地獄」と呼んだ。息子株や手代や「一本差しの侍」「医者に化けた坊主」らがそこに集まる［補注］。公共投資で民業が栄え、政府には運上金が入り、浪費のカネは店を富ませ働き手を喜ばせた。

定信は１７８９年、その中洲を元の川に戻せと命令した。洪水があると対岸の深川で家が水没して死者も出るので、

**図 130　中洲の夏の遊興**

正面の島が中洲、その奥は武家屋敷、右は隅田川の新大橋。中洲の沖には屋根つき納涼船が出て打ち上げ花火に興じ、酒食を売る小船が取り囲む（歌川豊春筆『東京市史稿』港湾編第２）。

「公（定信）建議して、高き台を三ヶ所に作り、中洲を取り払い、水害を免れることを得たり」と『楽翁公伝記』にある（『東京市史稿』港湾編第2）。理由は深川に作る高台の避難所の土を取るためとされた。中洲が流路を妨げて上流の洪水被害を大きくするし、風俗も乱したからだという説もある。

歓楽街を川に戻す決定は江戸に衝撃を与えた。政府は遊びほうける時代を終わらせる決意だと受け止められた。

「寛政の初め、新政の最初にまずこの（中洲）町を壊し、この洲を掘り上げ、この一挙にして都人の耳目を驚かし、遊民生業につけリ」（池田定常『思ひ出草』１８３２稿）

これではいけないと、やむなく遊民らは「生業につけり」となる。大名の著者は中洲破壊の目的を改革政治の号令と見た。船遊びで三味線ざんまいだった大名も、土運びの御用を言いつかり「屋根船も屋形も今は御用船、ちつつんは止み土積んでゆく」とある（『増補武江年表』）。

中洲の跡にはその後ヨシが群生し、前と同じく水路を妨げたので、近代の１８８６年に再び埋め立てられ（『日本橋区史』）、今の中央区日本橋中洲となった。

繁華街が一つ消え、政府は運上金を失い、男は遊び場を一つなくし、女は非合法の地下に潜った。遊興が冷やされ不景気となる。改革政治が表で敬意を払われながら裏で罵倒《ばとう》されるのはそのためである。

政府はもぐりの女郎屋の摘発もした。浅黄頭巾をかぶる新大橋の比丘尼、上野広小路のケコロ、本所回向院の銀貨一枚の銀猫、芝田町の坂の根芋、永代橋の舟まんじゅう、本郷の大根畑など、多数が刑事罰をくらった（『古翁雑話』「江戸文化」4巻3号）。江戸人はそれで政府の女郎屋への憎悪を知った。だから、定信の所領の白河を後に旅した人は、そこに他と変わらぬ女郎屋があるのに驚いた。が、定信はその業の公許を主張しただけで、領民や旅人のカネが他領に落ちるのを望むものではなかった。

【補注】中洲の繁昌は、『椎の実筆』（「随筆百花苑」第10巻）、朱楽菅江『大抵御覧』（「評釈江戸文学叢書」第8巻）、『麗遊』、恐らく定信への提

出文書、１７９１序（「新燕石十種」第5巻）、喜田有順『親子草』（同前第1巻、「東京市史稿」市街編第２７）が詳しい。

江戸城に出仕する武士は嶋類の着物でよい。定信の命令でそれが始まったと諸書にある。喜田川守貞『近世風俗志』も書く定説である。

## ◉定信の嶋の勧め

定信は旗本に服の倹約質素を求めて言う。「上着にただ今まで嶋類の着用はないが、今後はあり合わせに着用すべきこと」と（『東京市史稿』産業編第31）。家で着ているならその嶋類で登城してよいとする。同じ指示は定信の後にも繰り返される。１８０６年の質素倹約の書付には、旗本も米価安に臨んで奢りをなくすべきで「上着にはただ今まで嶋類の着用はないが、今後はあり合わせに着用たるべきこと」（『徳川禁令考』２２５３）とある。

１８３８年の旗本の面々へ申し聞かす文書は、公儀も西丸炎上で大変だから、見苦しい服に構わず無益の出費を省けと命じ、嶋類着用の同文を続ける（『徳川実紀』）。定信の令の１７８７年から五十年間、将軍は家斉一人であるが同じ通達が繰り返された。

ところが定信も前例いただきであった。すでに１７５９年に「嶋類を上着にいたすことも……勝手次第に」との通達がある（『憲政類典』）。困窮者が多いので、「万事、前朝の法令に復し」「嶋類を上着とせんことも心のままたるべし」と家臣団に命じている（『徳川実紀』）。

前朝とあるから出発は将軍吉宗に行き着く。吉宗はすでに１７３１年、万石以下の旗本に、平日の勤めでは「今まで嶋類は用いざりしが、この後は着用すべし」と命じていた（前掲書）。

嶋類の命令の繰り返しは都合百年以上にも及ぶことになる。吉宗以後の令はすべて前例踏襲である。閣老たちは反省もなく知恵をもっぱら過去に求め、古い法令のちりを払う一時しのぎに明け暮れ、やったふりをしていた。

では定信の嶋類着用の令は無視されたか、そうではない。定信の指示は実行されていた。現場を見た大田南畝が言う、「小袖は黒羽二重に限り」であった旗本級の諸役人が、「節倹の令ひとたび出て、たちまち服飾を変じ、小袖は絹紬の紋付または細嶋なども着せしなり」と（『一話一言』江戸風俗の事）。

命令はよく守られ、出仕の服は羽二重から地絹や紬へと転換した。つまりは絹布をやめて百姓町人並の絹紬の服となり、旗本は質素の令に服した。絹紬には無地や小紋や嶋柄があり、「細嶋」と記すのは算崩《さんくずし》嶋・微塵《みじん》嶋・千筋嶋などであろう。こうして江戸城に嶋柄の旗本が現れ、定信が去った後もしばらく続いたことを図１３１の目付の絵が示す。

図の松平田宮の着物は、腕が大きく出てしまう絹紬の嶋類である。それに継上下をつけ、節倹質朴のモードである。横田十郎兵衛は元通り黒羽二重の姿となる。

定信の威令は少なくとも一時的には旗本を嶋柄で登

**図 131 江戸城目付の 1798 年の嶋柄**

目付の年号のある肖像画（『視聴草《みききぐさ》』）。目付は旗本らの監視役で、衣類は規則を守る。手前の横田十郎兵衛は紋付黒羽二重の着物、腕をたもとに引っ込める。細かいタテ嶋の袷に家紋がなく、恐らく唐桟。奥の松平田宮は肩衣と袴が異なる継上下。着物は絹紬の格子嶋で、袖は短く腕が出る。袴も短く古風の仕立。

城させた。吉宗や定信の着眼点は柄ではなく生地にある。羽二重より安くて下がる絹でよいとするのが本意である。「嶋類」と呼ぶものは吉宗の場合は郡内嶋など、定信では一層種類の増えた絹紬となるだろう。

　では、絹質を下げよという命令はどう受け取られたか。儒者の一人が見たままを書いている。質素の令により大名の服まで「はなはだ引き下がりたることになり」、江戸城では「小紋形の紋付、嶋類の上着も御役人にはあり」となった。しかし、それらの人はつい先ごろまで高価な上等の絹を着ており、「心より出たる質素にあらず、時の向きに合わする心」にすぎない。美服を着る世上となればたちまち元に戻るはずで、片腹痛いことであった。ある者は破れた着物をわざと着て質素と称した。別の者は洗濯しないのを自慢して倹約だと主張した（『昇平夜話』）。倹約は上を下への大混乱であった。

　定信が解任されると倹約騒ぎは収まった。大名や旗本は本音では黒羽二重にこだわり、逆らえない上司が去ればそれが復活する。大田南畝はその移り変わりの冷静な観察者である。客観的な記述のなかに旗本らの安逸と動揺があぶり出される。寛政改革をはさむ十年程の間に、彼らの服がいかに揺さぶられたか、南畝の見たところを表にするのがわかりやすい。

　見苦しいのを是とする改革期の後に、「ようやくまた服飾の制も美しく見える」時期が来る。だからといってすべてが改革前に戻るわけではない。表32が示すように嶋柄の役人がわずかに残った。着てみれば絹紬も好ましく、それで登城する

**表 32　18 紀末の旗本の服の推移（大田南畝『一話一言』から）**

| | 田沼時代 | 1787 ～寛政改革期 | 定信解任後 1793 ～ |
|---|---|---|---|
| 表着 | 黒羽二重に限る | 絹紬の紋付か細嶋 | 多くは常に紋付黒羽二重。八丈嶋・丹後嶋あり |
| 下着物 | 諸大夫は常に白無垢二つ三つ重ねる | 白無垢一つに定まり麻裃のときのみ | 白無垢かさね着たるもあり |
| 足袋 | 夏冬とも白 | 花色・薄柹・生木綿。多くは冬も素足 | 夏冬白きをはく |

例もゼロではない。定信の改革の短期的な効果である。
しかし、旗本らは１８０６年にはすでに「上着にただ今まで嶋類の着用はない」という元の状態に戻っていた。時の政府が定信と同じ節倹の令を叫ぶ。すると黒羽二重から絹紬と嶋柄へのベクトルがまた一時的に働く。嶋類着用の通達の百年もの繰り返しは、支配の中核をなす旗本への対策に徳川政府がいかに手を焼いたか、気ままと面従腹背のすさまじいギッタンバッコの跡を示している。

## ◉よれよれの定信

奢りの風潮を改めれば浮利は消え、万民を救う値下げが起こる。定信はそう予想して木綿の値下げ実現をめざした。

１７９０年にたまたま原料の繰綿相場が下がった。にもかかわらず綿服奨励による需要増で綿布は値上がりした。原料安の製品高は、中間マージンか、値の高い上等品の増加による、と政府はにらんだ。奉行所は江戸木綿問屋仲間の役員を呼び出し、綿布の仕入値・売値・仕入先の名・売先の名の提出を命じた。しかし、木綿製品は実は多様で、仕入先も価格もばらつきが大きすぎた。

そのころ関東の綿業が盛んで、真岡の晒し木綿は染生地として１７７０年代から産量を伸ばし、岩槻の白・嶋の木綿は１７７０年代、八日市場嶋木綿は１７８０年代からそれぞれ江戸に流入していた。関東木綿は地場商人が個々に運んで問屋や小売店に売り歩き、相場を特定できず取引先も常に変わった。江戸問屋は価格を支配できず、決まった売値もなく、価格調査は取引の多様性に揺さぶられる。値上がりが産地と産量の増加をもたらす市場メカニズムが背景にある。

政府は徳治に逆らう強欲に強硬である。取引事情の説明を聞き入れず、問屋仲間は「さてさて難儀至極に存じたてまつり候」とお手上げになった。葉煙草はそのとき不作であったが、政府は煙草二割値下げを江戸小売商に押しつけ、勇をふるって断った問屋手代を手鎖の刑に処した。他方で政府は、他の商売もいずれ残らず値下げするのだから、と問屋側に偽りの甘言をもちかけた。

問屋仲間はやむなく５％値下げを提示、結果は７％まで押し込まれる。江戸店は木綿仕入れを中止して産地国元に値下げを要求した。産地側は品物を質に入れるなどして抵抗し、値段は下がらないうえに品薄となった（『東京市史稿』産業編第34、35の白木屋・大丸文書）。翌１７９１年２月（旧暦）には再び繰綿価格にならえと迫られて、江戸問屋は一時的に二割引き下げて売り、綿布が品切れとなる。ところが４月になると政府は木綿問題から手を引き、新規仕入品は仕入値に準じて売ってよいことになった。値下げは空回りの尻切れトンボに終わる。

政府は経済への洞察に欠け錯誤に陥っていた。値下げ商品は質を下げ量も減らして見かけを作った。長く十六文であった二八そばは、十四文の二七そばへ値下げを命じられたが、盛りを少なくしただけであった。慣れた客は「二八に盛って」と注文し、元のままである。値下げに実がなく商品がおかしくなる。子供だましが人のためと思っている定信は、愚かな男だと市井ではそしる。定信はその非難を隠密から聞く（『よしの冊子』）。

値下げ騒ぎの時期に江戸で奇妙なことが起こった。押し込み強盗や追いはぎ・夜盗が旗本屋敷に連日入っており、秘されているが本当だといううわさが走った。犯人は御家人のほか旗本や僧侶とされ、抜身で押し入り妻女の被害もある。下女が賊の顔を見ると、前の勤め先の旗本親子だったなどと、無数の話が飛びかう。町人は夜の外出を控え、うわさで半鐘をならし拍子木を打った。町人地と武家地と寺社地の管轄の違いから、未確認情報はたれ流しであった。それは定信の不徳、政治の貧困という文脈で語られ（前掲書）、改革はその時点で信を失っていた。ちょうどそのとき政府は木綿値下げから手を引いた。

定信は１７９３年に解任された。さあこれからは商いも出てきて景気がよくなると町人は喜んだ。市谷八幡や神田の祭礼は、当てつけるように豪華に飾り立てた（前掲書）。ぶっさき羽織など田舎風は直ちにやんで、袢はやれた麻から絹紹織の裏つきに戻る。紋付黒羽二重や八丈嶋の着物も復活し、素足はやんで白足袋となった（『一話一言』）。武家みな定信にいやいや耐えたことが暴露された。

政府がやろうとしたことは消費行動の時代的巻き戻しであった。「華美」「おごり」は過去との差で、それを逸脱として責めた。復元主義の政府は過去を理想化し、昔へ戻せば万事がうまくゆくと信じたが、統治の思考は現実離れしていた。けれども、質素の時代へ戻すという動機の正当性に抗する声は出にくく、それが徳川の世であった。

ご時勢の災難が去れば士も民も元に戻って安心してしまう。支配層は復元主義政策の失敗から教訓を引き出すこともなく、道義政治の栄光という幻影を残す。同じことを懲りずに五十年後の天保改革で繰り返すのはそのためである。

とはいえ、定信の統治は世風の重要な画期となった。深川女郎の振袖は二度と復活しなかった。「初めて出る女郎、みな振袖を着たりしが、白川侯執政のときより今のようにはなりたり」とある（『北堂夜話』「随筆百花苑」第12巻）。簡素に慣れればそれに愛着も生まれる。民のテキスタイルや嶋柄などは、結果からみて寛政改革が大きな転機となった。定信の影を引きずって質実・質素・地味がトレンドとなったからである。

# 2　改革が促した桟留嶋

武芸の免状を家臣人名表の資格欄に書くことになった。老いも若きも稽古に励み、道場師範の羽振りが良くなる。江戸城の寛政改革の一幕である。

## ◉木綿袴にため息

「世の中は、武芸、桟留、紺の足袋、ぶっさき羽織、おくり拍子木」と狂歌がはやす（『よしの冊子』）。刀の鞘《さや》を背側へ突き出すぶっさき羽織で、木綿袴に紺足袋の武士が町を行く。日本堤の番所で打つ送り拍子木の合図は、次の番所へ夜間の通行人を知らせる（『椎の実筆』）。前は吉原で泊まったが、朝稽古で今は早帰りとなり拍子木に送られるのであろう。

「世の中は」の狂歌は武士のこぼすぐちである。「汗水を流して習う剣術も御役に立たぬ御世ぞめでたき」と続く。武芸が何の役に立つか、戦場の功名はもはやない、と武士がため息をついている。俸禄をもらう身では逆らえないが、腐る心が口に出る。

定信政権の老中らは衣服倹約の申し合わせをした。裃や袴は琥珀織をやめて茶宇嶋以下とし、小紋や桟留を用いる。「主人が桟留用い候はば、家来は和桟留用い候ても苦しからざるほどの心得」とある（『東京市史稿』産業編第31）。高官が並絹や唐桟留に移ってくれれば、家来の袴はドミノ倒しで和桟留以下になる。順位を下げられる家臣は面白くない。

「このごろ江戸のはやりもの」とする落書に、「麻肩衣にわら草履《ぞうり》」「軍学皆伝、総免許。免許目録、金次第」「味噌・薪《まき》・油みな高値」「京桟留に薄色《うすいろ》足袋」とある（『江戸時代落書類聚』上巻）。皆が免状をもらえば、それは何の足しにもならない。木綿足袋の藍系の色も武士にはうっとうしかった。

図132の定信の絵を載せた『翁草』も落書を紹介する。江戸のはやり物に「ぶっさき羽織」、「果報な者」に「木綿問屋」と「柴野彦助」があった。彦助は異学の禁を建議して湯島の学問所儒官に昇進した時の人である。木綿問屋は木綿需要をかきたてる改革政治に内心ほくそ笑んでいた。稼ぐチャンスと期待する問屋を、皮肉屋はよく見ていた。

**図 132　桟留袴の松平定信**

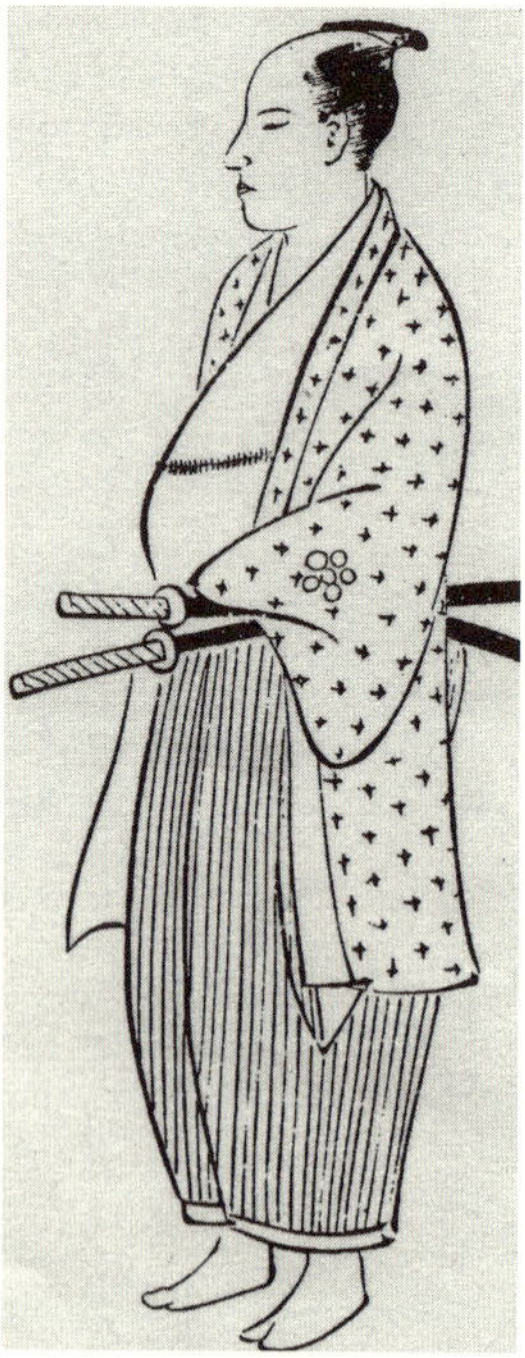

1788年の大阪巡見の定信を案内役が描いた絵（『翁草』巻139）。ぶっさき羽織は奈良晒の憲法小紋、六曜星の家紋。晒しの無地帷子を着る。裾細の袴は「京桟留とも言えり」とあり、上方武士を驚かせたようだ。「万端の質素、ことばに述べ難し」と、元役人の著者は感嘆している。

背割れの木綿ぶっさき羽織はがさつに見える。我慢していた松山藩主は定信解任の直後、それを家士にやめさせる。狩りでは勝手でよいが、平日や供のとき「尻割羽織を着るな」（『松山藩法令集』）と命じる。わざとらしい古風質実が腹にすえかねたのであろう。

町人もまた寛政改革から木綿へと向かった。上等品として名高い京桟留嶋が、洒落者の着物になる。

## ◉和製桟留の全盛

羽織の紐（江戸語で「ひぼ」）を結びながら深川の女郎屋を出た男が、唐桟の小風呂敷を背負い、手ぬぐい肩にかけて、桟留着物に太織か紬の羽織であった。「人物は新川の掛取りと見えた」（式亭三馬『船頭深話』１８０６刊）。風呂敷は舶来の唐桟、着物は和製桟留、それが大問屋の集金人の姿である。

桟留嶋の柄のあれこれを遊客が競う。品川には「九つ半過ぎ時分の、もっとも桟留の三筋立の羽織」の町人客がいた（『品川楊枝』１７９９刊）。古くても三筋立の柄にこだわる人である。「桟留の御本手嶋の羽織」の客も同じ柄で、着物は「紺嶋ほうざんの綿入れ」であった（『津国毛及』１７９８序）。それは太柄の「棒嶋の桟留」であろう。

「手代……風呂敷を羽織に替えて恵比寿講」（『洒落文台』文化期稿）。商売繁盛を願う恵比寿講で、いつも桟留風呂敷の手代が桟留羽織で客の案内をした。

「地奥嶋の布子」で風呂敷肩に、得意先を回った京都の店主が女郎屋に寄る。京都の地奥嶋は江戸では京桟留嶋である。「旦那はいる?」と後から来たタイコ持ちは黄八丈の着物で、位の逆転もままあった（『戯言浮世瓢箪』１７９７刊）。

太った大阪新地の客の綿入れが「京奥の胡麻柄、一二へん水に入ったやつ」、羽織は「三筋立の糸嶋、洗濯ごとに蘇芳をかけて」とある（『十界和尚話《いかいおせわ》』１７９８刊）。京奥嶋はいくらか古いが「胡麻がら」だし、絹糸入り嶋も唐桟柄「三筋立」である。羽織は色落ちした赤を二度染めしていた。

京桟留嶋の着物はこうして三都で商人のしるしとなった。寛政改革を起因として、需要の軸が上質木綿へ移動した。軽くて織目の細かい木綿に人気が集まる。桟留嶋の類は関東でも恐らく製造され、野州足利周辺の「結城木綿嶋」はそれであろう。少し後には「結城桟留」もあり、それは絹糸入りで柄を細かくした足利製品となる。

同じころ美濃尾張が桟留嶋の一大産地となる。京都の天明大火のあと、１７８８年に菅大臣前町の機業家が織機を持って移住し、菅大臣嶋（また寛大寺とも）を始めた。１７９２年に尾張藩主の弟の一行が珍しそうに織女を視察しており（林英夫『近世農村工業史の基礎過程』）、商品化は寛政改革の時期となる［補注］。

美濃尾張の原価構成表によれば、上等の桟留嶋は細糸の紡ぎに日数をかけ、織手間もかかり、染賃も加わる。表33の通り、糸と織の精粗と染色がコストの差となった。

和製の最上は男の織工による京桟留嶋である。１７９１年の調査によれば、三幅物の桟留嶋に大極上・大上・上々・中・下など七種類があった。卸値は一反分の丈で四十八匁から九十八匁となる（「呉服十仲間」大丸文庫所蔵文書、『東京市史稿』産業編第36）。最上等品は絹の値段となり、紀州の細糸を用いて精細さの極限を尽くしていた。

菅大臣嶋は桟留嶋より粗そうだが、越後屋の買付人天満屋によれば、織屋によって質が違い、１７９１年の仕入れ値段は一反につき十四匁九分から二十三匁七分まであった（『三井文庫論叢』第5号）。一部は桟留嶋と値が重なっている。

手工業の綿製品には予想を超える上物があり、呉服屋も色男も目を凝らして見分けていた。高品質はもちろん高価格と直結した。

**［補注］** 佐貫尹・美奈子『高機物語―日本の手織高機』は実物や機道具から、美濃尾張の桟留嶋の規格を推計した。それによると一反は三十六センチ×

**表33　1790年ごろの美濃尾張の桟留嶋原価**

| | 白木綿 | 上紺・又布嶋 | 上・桟留嶋 |
|---|---|---|---|
| 原料の綿 | 4匁9厘 | 4匁3分6厘 | 4匁3分6厘 |
| 綿打ち巻き賃 | 4分 | 4分 | 4分 |
| 糸紡ぎ | 6日、4匁2分 | 8日、5匁6分 | 8日、5匁6分 |
| かせ繰り・糊 | 1匁 | 1匁 | 1匁 |
| 糸染め | ── | 9匁 | 4匁 |
| 織り手間 | 3.5日、2匁4分5厘 | 5日、3匁5分 | 5日、3匁5分 |
| しめて | 12匁1分4厘 | 23匁8分6厘 | 18匁8分6厘 |

提出したのは伊勢木綿問屋、1反の原価を示す。価格は銀建。糸染め代の違いから、桟留嶋はタテ嶋、又布《またふ》嶋はヨコ糸も染める格子嶋とわかる。糸紡ぎと織り手間に差があり、白木綿の9.5日に対し、上等桟留嶋などは13日分の労賃を要した（『白木屋文書──諸問屋記録』「勢州松坂浜田氏より書き上げ写し」）。

十・六メートル、上等桟留嶋は一センチ当たりタテ糸二十本、ヨコ糸二十二・一本で、重さ六四〇グラム。洗えば織密度はさらに増す。下等桟留嶋は糸が太く一反一キロのものもあった。

## ◉古渡りを誇る人

政府の木綿奨励は逆手を取られる。遊客の上輩は渡来唐桟の着物に手を伸ばした。大阪の大尽が「粋なるは小紋羽二重の小袖、奥嶋の羽織」である。「奥嶋客のこっそり金持」（『柳巷方言』１７９４刊）は、カネある人が渡来唐桟で作る地味ごしらえである。

銀五貫目をつかう大阪の上客は「下着は八丈、襟が返ると上着になるなり」とあり、襟裏に黒地をつけてごまかした。外出には下に着て黒襟だけ見せる。茶屋に入れば襟を返して黄八丈を表に着替える。外目を欺いて世をしのぐ知恵である。その次の「一貫目つかい」は渡来奥嶋の着物に黒紬の羽織で、人目をしのぶ手代遊びとされる。その下の客「百匁つかい」は三味線を上手に弾き、「京嶋に京奥の羽織」であった（『睟のすじ書』１７９４序）。黄八丈・渡り奥嶋・京奥嶋という着物の序列が遊び人のランクを分ける。

定信解任後は「上布、奥嶋着ぬ人はいかほど洒落ても野方《やぼ》のように思われる当世の人情」（『粋学問』１７９９刊）となる。絹を抑圧された上客の行き着く先に、麻では琉球先島の産、木綿では外来の奥嶋唐桟があった。

その唐桟にも選別が生じ、年代物の「古渡り」の価値が急上昇した。安っぽい「今渡り・新渡《しんと》」では物足らず、「古渡り」でなければ大尽の格好がつかない、と戯作がはやす。

三十路で楽隠居した江戸通人が、従者の黒鴨《くろがも》に風呂敷持たせ、「古渡り唐桟のあわせ（裏つき）羽織」で知り合いを訪ねる。相手の男の下の着物がまた「古渡り更紗の縁《へり》取り無垢《むく》」で（『郭通遊子』１７９７刊）、色鮮やかなインド更紗を他の生地で囲む着物である。古渡りの唐桟と更紗は、黒鴨の舶来の弁柄海黄や弁柄嶋の風呂敷とともに、洒落者ならではの衣装となった。

大店主人の洒落着は「古渡り唐桟の胡麻がらしま羽織、同じしまの小袖」となる（『青楼娭言解』１８０２刊）。「色白、派手を好まずこっくり仕立ての色男」が「唐桟の羽織、古渡りの胡麻がら嶋」である（『松の内』１８０２刊）。古渡り唐桟だけでは十分ではなく「胡麻がら嶋」が求められた。

古渡り好みは骨董趣味のせいではない。どこまでも品質を追求する客と商人の鋭い眼力がそうさせた。衣類には新品の生地がよいけれども、質の良い唐桟の輸入が難しくなっていた。衰退するオランダ東インド会社はそのころインドの優等品を調達できず、唐桟も更紗も長崎に来るものの品質が落ちた。質の高いものは古着で探す方が早かった。古渡りブームは唐桟の質を見抜いて大事にする文化と、貿易情勢のせいである。

古渡り唐桟は西洋人に目撃された。１８２０年代に江戸にも来たオランダ人は「私は五十年も前の着物を着る人を見た」と証言する。それは「奥嶋という綿織物すなわちギンガムの着物で、今よりもはるかに質の高いものであった」。「古い物が注意深く保存されている」のは、職人の働きぶりや手技とともに、ヨーロッパに勝る日本の文化だ、と書いている（フィッセル『日本風俗備考』）。

世界史の教えるところでは、オランダ本国は１７９５年、フランス革命軍に占領され一時併合される。オランダ東インド会社は経営が行き詰まって１７９９年に解散し、ジャワ植民地は政府直営となる。インド・コロマンデル海岸の覇権はイギリスに移って、オランダは唐桟など上質木綿を確保できなくなる。１８１０年代にはジャワ島自体がイギリス支配に変わる。長崎の新渡の唐桟・更紗の質は昔日の面影を失った。

その変化を三都の商人と洒落者は18世紀末から見抜いていた。彼らは最高品質の木綿がいかなるものかを熟知し、愛着を捨てなかった。今渡りは使い物にならない、だから高品質の古渡りを必要とする。遊里本の記事はこうして国際情勢とつながる。年代物の尊重は優れた感受性と趣味と、識別の力量によるものであった。

インド綿業の衰退がすぐ始まった。イギリス産業革命により機械紡績の安い綿製品がインドへ逆流し、質量とも世界一だったインドの木綿産業に襲いかかる。イギリスはインドを原料綿花の供給国へと転じさせ、インドの得意先に機械製品を売り込む。イギリス製更紗は１８１３年、イギリス唐桟は１８２１年から現に長崎に来ている（石田千尋『日蘭貿易の史的研究』）。それはインド製に化けた模造品の対日輸出であった。

イギリス製唐桟にはタテは双糸でヨコは一本だけのものがあり、江戸人はそれを「新渡横一《よこぴん》」と軽んじた（『近世風俗志』）。その言い方に眼力がうかがえる。

## ◉広幅桟留を着る

和製の広幅桟留が寛政改革期に江戸で広がった。インド唐桟にならって着尺の三倍幅、通称は広桟留、略した広桟は恐らくヒロザンと呼んだ。

広桟は縫い目なしで三幅風呂敷になる。背側に二幅をそのまま置けば背縫いのない着物ができる。縫い目がなければタテ嶋柄に乱れが出ない。そのわずかな差が自慢となった。背側を一枚布にする仕立ては田沼期の通人のまねであるが、それが商店手代らに及んで、徳川時代の最後まで続いた。

大店の若い衆が「広桟留の上着」で女郎屋に来て（『風俗通』１８００序）、縫い目のない背を見せている。別の手代風は「広桟三筋立の布子、二つ三つ真綿を入れるゆえかさばらず。袖口紗綾」であった（『五臓眼』寛政期刊）。中に真綿だけ入れ木綿綿を入れない薄い仕立てが見せ所となる。

伊勢の女にも一枚布の前垂れのお洒落があった。遊女屋の仲居が「京桟留の布子、広桟の前垂れ」である（『備《びん》語《ご》手《だ》多《た》美《み》』１８０１序）。「前垂れ地も松坂はいやだとか申して、広桟を買いますから」（『浮世風呂』三，１８０９刊）とあり、女は前垂れの縫い目のあるなしに目をこらしていた。「広桟留、これは桟留の幅広きなり。木綿の幅二布などあり、絹糸入りもあり」とされ（『商売往来絵字引』）、二幅で織るものもあった。

桟留嶋が普及すると、わずかでも差をつけたい人が広桟に走った。広桟はそこに目をつけた商品であった。

## ◉伸びる高級木綿

定信解任後も改革に終了宣言はなく、衣類の消費動向は中途半端な政治に左右された。絹を求める階層の消費は、一度失われた西陣への需要を盛り返すだけの力に欠けた。京都仕入品を江戸店に向ける呉服店のビジネスモデルは変化する。

表34は越後屋京都本店の仕入額「総しろもの買高」の推移を示す。寛政改革期の京都仕入れは、田沼時代末期の八割に落ち、定信解任後も回復に勢いがつかなかった。活況は二度と戻らず後ずさりが続いた。

京都で仕入れるものの約四割は、以前から加賀絹・丹後絹などの地方絹に移っていた。その地方絹の扱い高も田沼期が頂点で、その後は伸び悩んで関東絹に押されている。

越後屋の京都仕入れで一貫して伸びたのは木綿嶋であった。その仕入高の比率は寛政改革で高まり、その後も増勢が続いた。その中心は京桟留となり、京都の繊維業は木綿の優等品で食いつなぎながら、需要変化に耐え

**表 34　越後屋京本店の繊維品仕入れ銀高（年平均値）**

| 期間 | 総買高 | 指数 | 地方絹 | 比率 | 木綿嶋 | 比率 |
|---|---|---|---|---|---|---|
| 1773 ～ 1781　田沼時代 | 7,882 貫 | 92 | 3,345 貫 | 42％ | 342 貫 | 4% |
| 1782 ～ 1787　田沼時代 | 8,594 | 100 | 3,719 | 42 | 531 | 6 |
| 1788 ～ 1793 寛政改革期 | 6,943 | 81 | 2,691 | 39 | 682 | 10 |
| 1794 ～ 1801 | 7,878 | 92 | 3,183 | 40 | 860 | 11 |
| 1802 ～ 1809 | 7,083 | 82 | 2,866 | 40 | 870 | 12 |

三井越後屋が京都で仕入れる繊維製品の額。田沼期の金額が大きく、越後屋はそこで大をなした。寛政改革期には仕入れが急減、その後も徳川末期まで低迷した。期間の区分は原著者（賀川隆行「近世後期の越後屋の経営」『三井文庫論叢』第9号）。

ていた。

呉服店の営業実績は店ごとに違い一律には論じられないが、越後屋にとって寛政改革の影響は一過性の劇薬にとどまらなかった。衣料需要の屈折点がそこにあり、きらびやかな絹の消費はジリ貧となる。木綿は見直されて高級品の注文が京都に来る。その需要転換が呉服店経営を左右した

越後屋の京都仕入れは後の天保改革でも急落した。直前の五年間平均の76％まで仕入額が減っている。

西陣では西機と呼ばれる木綿織の比重が高まる。越後屋京都店の木綿仕入れは１８３０年代には総買高の15％、天保改革期には18％となる。より上等の木綿を求める人だけは確実に増えた。絹は安く質の下がる品へ、木綿は値のよい高級品へと消費の軸が動き続けた。京都仕入れはスキャンした断層写真のようにその構造変化を映している。

## 3　結城紬の嶋の流行

### ◉にわかに需要増

結城紬はもともと柄のない練《ね》らない生地で売られた。買った人は紬を職人に精練してもらい、多くは無地染にした。結城紬の織目の詰んだ丈夫さは早くから上方でも知られ、「いかにも強し。練屋にてざっとふかして染むべし」（『万金産業袋』１７３２序）と伝わる。

葵《あおい》紋のつく結城紬の小袖を１７１９年に伏見奉行が拝領した。それは老中も敬意を払う栄誉のしるしとなった（『月堂見聞集』巻之十一）。同じころ京都の盗難品にも結城紬があり、すでにブランド品であった（『京都町触集成』）。

嶋柄の結城紬は遅れて世に出た。「このごろは嶋も出れども、模様柄思わしからず、公道なるもの」と『万金産業袋』が書く。「公道」は実直・質素・地味を意味し、つまりは田舎臭かった。嶋柄は評判にならず、「結城紬はいかにも強し」（『江戸総鹿子』１７５１刊）と丈夫さだけが評価された。その無地染を茶屋亭主も着ていた（『風俗八色談』１７５６刊）。

田沼時代になって千住の女郎屋に「だんだんよいのができると言うき嶋」の評がある（『客者評判記』１７８０刊）。千住かいわいが次第ににぎわい、結城紬の嶋柄もよくなっていたことがわかる。

様相が変わったのは寛政改革からである。絹物値下がりの中で結城紬だけ値上がりした。政府は１７９０年、江戸呉服問屋に絹物の価格表を出させて、結城紬の不審な値動きを見つけた。この時節に値上げとはどういう了見か。問われた問屋が政府に答える。結城紬は産地が狭く産量も限られ、地場の相場が上がって仕入値が高くなり、江戸で買い付ける問屋には打つ手がありません、と。

政府は納得せず、華美抑制の「ご趣意」に添って利をはき出せ、言い訳せずとにかく一律値下げせよ、と迫った。問屋側はなすすべなく、「万民お恵みの仰せつけ」に「自分の勝手」は言えないとして、呉服物４％の値下げを申し出た（「大丸文庫所蔵文書」『東京市史稿』産業編第３５）。高騰の結城紬もそこに含まれた。

結城紬の相場はどうして上がったか。産量が少ないうえに品薄になったからで、買い手が増えたせいとなる。地場商人が競って買うから相場は上がる。その相場で江戸呉服店に品物が持ち込まれ、小売値も上がる。では、なぜ結城紬が急に売れ出したのか。衣類取締りの際に紬の着物なら安全だからである。

大阪の各町は寛政改革の１７８９年に衣服の申し合わせをした。「男は紬より以下。羽織は小紋加賀・秩父以下」となった。「女は加賀・秩父・紬類の染地、郡内嶋・丹後嶋の類」とし、「下女は紬より貫《ぬき》物（タテ木綿ヨコ紬）・糸嶋類」となった。下等品もあった紬類は低く見られて、だれにも許された。町奉行所との下相談を経たこの基準は、当然ながら江戸も同じであろう。

紬なら安心だ、だから紬を着るという連鎖反応が起きた。数ある紬の中で最も高品質の結城にとりわけ需要が集中した。改革政治は予期せぬ結果として江戸の富める層を特上の結城紬へと導いた。世の耳目がそこに集まり、供給不足で相場が上がる。需要がどうわいたか、だれが着たか、出版物によって追跡できる。

## ◉色男の洒落着に

紬は初めタイコ持ちクラスの生地であった。彼らは紬の「黒上田」や稀に「結城嶋」を着た（『総籬《そうまがき》』１７８７序）。通人は羽二重や縮緬、供をするタイコ持ちが絹紬という区分があった。その秩序が寛政改革で変わる。

傾城買いの極意を吉原出の女に教わる人が「結城嶋の小袖に同じ羽織」である（『吉原楊枝』１７８８序）。小袖とあるから木綿ではなく紬の結城となる。小袖と羽織の結城尽くしのファッションが出てきた。

武士の遊客三人が表着は太織紋付、下の着物は結城嶋で地味ごしらえを決め込む。軽口たたきの浅薄さは前と変わらず、一人が「言う気だ」と言えば、別の男は「結城より嶋縮緬にして、諸事だんまりの隠し裏は額無垢がいい」とほざく（『青楼五雁金』１７８８刊）。嶋縮緬がいいとか、隠し裏地を紅絹にしたいとか、外側の一部を額のように別生地にするとか、頭にあるのは改革前の遊び心である。結城紬を見かけの質素堅実、心ならずもの地味柄として着る人が現れた。

「その晩、忠兵衛さんのなりは羽織も小袖も黒八丈、おおそれそれ、下着は対の結城嶋。持ち物や何やかやいっそ意気でおざんした」と、女郎がほれた男をほめる（『娼妓絹篩』１７９１刊）。黒八丈は恐らく八王子あたりの産、結城紬の嶋を下に重ねて着るのが改革期の今風のお洒落となっていた。

途中経過を飛ばして数年後を見よう。結城紬嶋は江戸遊客の着物人気ランキングのトップに立っていた。「通とは何ぞ、あにただ結城仕立てをのみ言わんや」とまで言われる（『津国毛及』）。結城を着ればみな通人なのかと反問したいほどの流行であった。

品川に来た麻布辺の若い御家人が、「羽織は藍嶋結城」「上着は結城嶋小袖」である。下の着物の「茶微塵・本場太織小袖」とあわせて、結城と太織の人気が上昇した。加えてそれらがみな嶋柄である（前掲書）。結城紬は嶋柄の加工度を高め、デザイン商品となって日用着から洒落着へとウイングを広げていた。

「茶みじん塩屋を言うき紬」（『面美多通身《おもいたつみ》』寛政年間刊）は駄洒落であるが、茶の微塵嶋の結城紬と、相手を茶にしてうぬぼれを切れ目なく言う人を重ねる。地味衣装を気取りながら、中身はそうでもない客が結城嶋を喜んでいた。

光沢ある羽二重は高貴、艶のない紬は卑俗。伝統的な尊卑の観念ではそう分類するが、価格差は縮んでいた。養蚕製糸の技術改良で生糸は安くなり、紬はむしろ手紡ぎ細糸のコストがかさんだ。１７８９年の白木屋文書によれば、江戸店は結城上紬を一疋百十匁で仕入れ、京都店は献上品にもなる「直り」羽二重を一疋百五十三匁で江戸に送った（『東京市史稿』産業編第34、35）。生地の面積比では紬の方が高値となろう。

紬の利点は着る回数にある。かつての大尽客は羽二重を洗濯しないうちにタイコ持ちにやり、それで「羽二重のぼろをタイコは三つ持ち」（『川柳評万句合』明和八年礼印）となったが、紬は何倍も着るから割安となる。

改革期に紬を避難先とした江戸遊客は、その後も紬を手放さなかった。嶋柄デザインが磨かれて結城嶋は糸細の高級品化の道を歩む。こうして一疋で織る結城白紬は減り、一反織りの嶋紬の世となった。

結城紬嶋の上物は富裕町人のしるしとなる。「大尽と見える」深川の客が「結城藍嶋の小袖」に「本小倉嶋の羽織」であった（『八幡鐘《わかれかね》』１８０２刊）。成功者の紬着物と木綿羽織が「野暮ならぬ風」と見られる。華美抑制の風潮は結果として紬の思わぬ品質向上をもたらし、富者の新たな見栄えを作りだした。

## ◉旦那らのモード

「結城紬ぶっ重ね」というものすごい着方も現れる。それが問屋風のたのもしい人に見えた（『鄽《みせ》数可佳妓』１８００序）。店をいくつも持つ人が、料理屋へ行くぞというとき結城嶋を選んだ。柄は「結城の松坂と見えるようなやつ」である（『猫謝羅子』１７９９刊）。丁稚の仕着せの木綿嶋に見せかけた結城嶋を面白がる人であった。

結城紬嶋の人気は唐桟と併走した。戯作者は二つの組み合わせを理想と見ている。タイコ医者を連れる江戸大店主人の羽織が古渡り唐桟、上着はこれも唐桟、その下に結城の小弁慶嶋の着物を二つ重ねる。深川遊里のいやみのない色男も「唐桟の羽織」に「結城の藍タテ嶋」の着物、間着は「結城の茶の碁盤嶋」であった（『青楼娭言解』）。

結城嶋は何食わぬ顔の表向きの服になった。三十路で家業を隠居したほうらつな通人は、「古渡り唐桟の羽織」に「結城嶋の上着」をあしらい、それに「八丈八反の下着」を隠すように着ていた。その衣装で「関東嶋の風呂敷包みを持ちたる黒鴨」を連れて吉原へ繰り込む（『郭通遊士』１７９７刊）。

深川で男気を示す客は「上着は結城紬のおとなしき嶋柄にて、下へ本八丈のばちばちしたる大嶋を二つ重ねて」いた（『船頭深話』）。下の着物は遠慮知らずの本場八丈織の新品二つ、それを覆うのがおとなしい結城紬嶋の役割であった。つまり結城嶋は人が見せたいと望む見かけを作る。本心は下の着物にあり、それは隠される。遊客が抱える心の屈折を秘めるのに結城嶋が適した。

結城と上田紬の組み合わせも一つの型となる。苦み走った男が「結城の藍嶋の上着」「本場太織の大嶋の下着」「羽織は上田（紬）の三筋立のこりこりするやつ」であった（『嘉和美多理』１８００刊）。同じように両国の遊客も

「上着は結城の紬嶋」「下着は上田の替わり嶋」となる（『魂胆胡蝶枕』１８０１刊）。結城を追いかけて信州上田が江戸市場に食い込んでいた。

図１３３のように吉原の三人の男がみな嶋柄である。寛政改革から結城など絹紬の嶋柄がそこまで江戸に現れ、人前に見せる表側の装いとなった。人気アイテムに飛びつく戯作者は、結城嶋を知りたい読者のために表35の色柄を書いている。結城嶋は紺色と茶色が多い。蘇芳の赤三筋の唐桟柄や紺微塵など、田沼期に多様化した嶋柄各種を紬に取り入れて、都会男の改革後の新たなモードが広がった。

**表 35　結城紬嶋の色と柄（寛政改革～ 1801 年）**

| 色・柄名 | 掲載資料 |
|---|---|
| 茶色弁慶嶋 | 『二蒲団』 |
| 茶格子、藍嶋 | 『比翼紫』 |
| 茶微塵 | 『中洲の花美』 |
| タテ藍嶋、茶の碁盤嶋 | 『嘉和美多理』 |
| せいらす嶋 | 『客衆一華表』 |
| 茶嶋 | 『郭通遊子』 |
| 鼠嶋 | 『虚実情の夜桜』 |
| 松坂嶋に近い | 『猫謝羅子』 |
| すおう三筋立、浅黄嶋、紺微塵 | 「孫十郎の覚」（『結城市史』史料編３） |

**図 133　1794 年の吉原の嶋柄**

主客は大きく描かれる中央の人。右は扇子を手に動作が派手なタイコ持ち。左は亭主となる。少なくとも主客は結城紬であろう。名古屋の月斎峨眉丸の「吉原酒宴図」（「寛政甲」の銘、ボストン美術館蔵）。

## ◉古い技法で名声

利の見込める商品となった結城紬に、動きのはしこい地元商人が集まる。彼らは柄と生地の目利きで、手配した紬を買い集めて江戸へ運ぶ。前金で注文していた江戸呉服店は、結城商人を待つだけとなった。

「近来、嶋紬の流行につき、模様風合いを見ないでは買えないとして」、江戸店は良品を抜き買いした。結城商人は残った紬を包み直して次の買手に売り、また抜かれる。その繰り返しで商人の江戸滞在の経費がかさんだ（「結城町紬商人買い継ぎ取り立てにつき願書」１７９１、『結城市史』近世史料編）。嶋柄の紬の取引が改革期にそこまで熱気を帯びた、と読むべきであろう。

地絹の最上等の秩父絹は並品の倍値であるが、結城紬はそれより高価であった（「江戸両組問屋仲間・絹紬相場書き上げ」１７９０、『東京市史稿』産業編第35）。

| | | | |
|---|---|---|---|
| 信州紬 | 上等 | 一疋 | 七十匁 |
| 秩父絹 | 上等 | 一疋 | 八十九匁七分 |
| 結城紬 | 上等 | 一疋 | 百十二匁 |

江戸の旦那衆は値段に構わず紬の質を追求した。顧客の財力が結城の古い技法をよみがえらせた。真綿から指で糸を紡ぎだす昔のままの糸取りと、丈夫な地合いを織る古来の地機腰機が、それで結城に生き残った。一疋（二反）の紬糸を引くのに数十日、織りに二十日とされる製法は、経済原則に反して維持され、色は堅牢、地は緻密、嶋柄は都会の好みを追った［補注］。

郡内、上田、栃尾、足利、米沢などの紬産地は、糸作りや高機でコストダウンを図ったが、結城ひとりは真正とする古法を守ろうとした。江戸の消費者が品質本位の紬を生き残らせ、産業史上の例外を作った。

改革政治は紬という安全地帯へ富裕な階層を向かわせ、その願望を満たす高級品を生みだした。紬へ抑え込むつもりの政策は、意図に反して紬の質を高め、モード化を促した。質素質実で渋くて地味な結城紬嶋は、国民性や伝統によるのではない。その隆盛は支配者と被治者の関係と、時の社会風潮の産物であった。

【補注】**結城紬**　明治以降は細かい幾何絣で有名だが、江戸期は嶋柄と白紬の生産に終始した。明治初期でも「紬の嶋柄は昔のとおりで千筋や万筋のみが多く」とある（「結城織物業の沿革」『結城市史』資料編・巻3）。

繭をアルカリ性の湯で煮て、指で裏返して蛹《さなぎ》を捨て、水の中で繭五〜六粒を袋状に広げて真綿にする。真綿から糸鳴りを響かせて紬糸を引き出す。結城紬はタテ糸が太くヨコ糸は細い。よい糸は均一で節がない。紬糸を撚《よ》らないことで平織の織り目が締まり、着るほどに目が詰んで丈夫な生地となる。

１８４５年の「算法記」にタテ嶋柄の記録がある。筬《おさ》は十六算《よみ》半で、筬の目の数はその四十倍六百六十となる。織り幅曲尺一尺余に、糸数は一三二〇本となる。両耳に各三十本の白糸を入れ、残りの糸数は一二六〇本。これを百五のタテ嶋にする。柄一単位は紺六本、茶四本、白二本。紺地に茶と白の細嶋となる（『結城市史』第5巻）。

## 4　深川の南部嶋と下々の絹

### ◉お洒落の南部嶋

南部嶋は18世紀末から。岡場所の洒落着である、深川船宿で女郎の世話をする廻し方の女が「南部嶋の綿入れ」を着ていた。前垂れの先に「とま」と小さく白抜きに染めたのは、男とのそろいと見えた。女郎の方は上田嶋のこりこりする紬（『辰巳婦言』１７９８序）、これも深川ならではで、模様染の吉原とは違っている。深川には「細織りの南部嶋を三ツぞろえ」の自前女郎もいた（『嘉和美多理』１８０１刊）。

男も南部嶋を着た。無駄口たたく客が「南部嶋の下着」である（『三人酩酊』１８００刊）。品川遊里のちょっと苦み走った申し分ない色若衆は、輸入毛織物ジョンの合羽の下に、上着は鼠返しの縮緬の小弁慶嶋、下の着物が南部嶋であった（『比翼紫』１８０１序）。

内藤新宿には「南部の細格子の羽織」の客がいた。紬の上着、本八丈碁盤嶋の間着の下は「にやけて嶋縮緬の額小袖」であった（『二蒲団』１８０１刊）。額小袖の多くは裏が紅絹となる。南部嶋と紬で外目をごまかす算段と見えるが、南部嶋はほどほどの洒落着である。

古びた「南部嶋の昼過ぎの羽織」の客もいる（『吉原談語』１８０２刊）。「色だの恋だのと、そんないやらしいことをした覚えはねえぞ」とうそぶくタイコ持ちが、着物も羽織も南部嶋であった（『素見《ひやかし》数子』１８０２刊）。寛政改革の後から世に出た南部嶋は、どうやら短期間のうちに江戸の流行となった。

「八丈もやぼになった。唐桟は親父めく。南部嶋はもう湯屋に脱いであるようになったから、恐れる」（『道中膝栗毛』八編１８０９刊）

南部嶋はあふれて風呂屋にあると言うが、それは強がりで、「南部嶋のまがいを上に着て」（『四十八癖』１８１１刊）とニセモノが出ていた。二番煎じが出回るのは名が通った証拠である。

大店は奉公人に南部嶋を禁じた。伊勢の川喜田家は１８１６年の江戸木綿店「店定目」に、「結城嶋・南部嶋の類、次役より以下着用いたすまじきこと」と書く（『三重県史』資料編近世4上）。着てよいのは支配人だけであった。結城も南部もぜいたくで浮ついた洒落着と見なされていた。

南部嶋は次第に地方へも渡った。水郷潮来の女郎の床着は、松坂嶋のほか南部嶋の類であった（『潮来婦誌』１８０６序）。１８１５年に死去した金沢の豪商の母は「南部嶋小袖」を持っていた。形見分けの小袖十五点のうち、八丈・郡内・岸・嶋縮緬など八点が嶋類で、江戸からの影響を物語る（『亀田氏旧記』）。伊勢には「上着、中着、下着と三つまで……南部の紺花色の碁盤嶋」の女郎がいた（『籭《ふるい》小紋』１８２８稿）。

大阪の製油業者は業界の催しでは身を飾った。「搾り屋仲間の参会等には上田嶋・南部嶋などの小袖を着用して下僕も連れ、家に帰るとそのまま引き脱ぎ、古刺子の筒袖に縄帯をしめて、槌《つち》打ちして稼ぐなり」とある（『製油録』下、１８３６刊）。南部嶋は親方たちの晴れ着であった。

それほど広く書かれた南部嶋が、今日ではわからなくなった。それは何なのか、どうして流行したか、手掛かりはないだろうか。

## ◉どこの南部か？

南部は岩手県から青森県に及ぶ大名領である。そこに嶋柄の紬を織る村があった。菅江真澄が１７８０年代に通りかかり、「ここの土産とて、夏引きの糸あまた繰り返して、紬嶋を織り出し」（『いはてのやま』『菅江真澄遊覧記』）と書く。だが、規模はどうか。江戸へ送るほどの紬類の生産・集荷の記録はない。

南部藩は１７６８年、絹真綿を「他領出し御制禁の品」としている。繭製品はそもそも領内で不足した（『岩手県史』第5巻）。染料の紫根は南部産が送られて江戸紫となったが、生糸・真綿・紬の産量は明治初年でも千貫目ほどにとどまる（『府県物産志』）。江戸に供給する余力はなく、まして流行品の生産となると話が遠い。地元でも調査はされたが「南部紬・南部嶋は記録の徴すべきものなく」というのが郷土史の結論であった（『盛岡市史』第

12分冊)。

先を急げば、南部嶋は全く別の土地、下野の足利周辺で織り出していた。南部織というものの記事がある。

「享和文化の頃、足利で製織起こり、南部織……など、盛んに絹織物を出す」(荒川宗四郎『足利織物沿革誌』１９０２刊)

「享和文化の頃」は１８０１年以降となり、洒落本に南部嶋が出る時期より何年か遅れるが離れてはいない。足利の織屋はすでに田沼時代に大丸や越後屋と取引した。ずっと後１８５５年の足利新田町の古文書に「産物は……南部嶋そのほか。江戸出し、そのほか諸国へ」と出ている(『栃木県史』通史編５)。足利織物には南部の名が多く、幕末に「本南部縮緬」があり、明治初年に「南部紬」「綿南部」「本南部」がある(前掲『沿革誌』)。そこで江戸に行く南部嶋は、活動的な機業家のいた足利の産と定まる。

南部嶋はどんな織物か。これもずっと後の商人子弟の教科書『商売往来絵字引』(１８６４刊)に説明があり、太織嶋だとしている。図１３４は白地に黒のタテ嶋であるが、格子嶋の例もある(『二蒲団』)。それは並品よりデザインのあか抜けた太織嶋で、一皮むけた都会向け商品となっていた。嶋柄を細い黒絹糸で表す太織の断片がままあり、見当をつけるならそういうものとなる。

「黒糸入りなり」という説明文は、それが白地に黒嶋の柄で、地色を別の色に染めたことを意味する。南部嶋はいかようにも

**図134　教科書に載る「南部縞」**
『商売往来絵字引』から

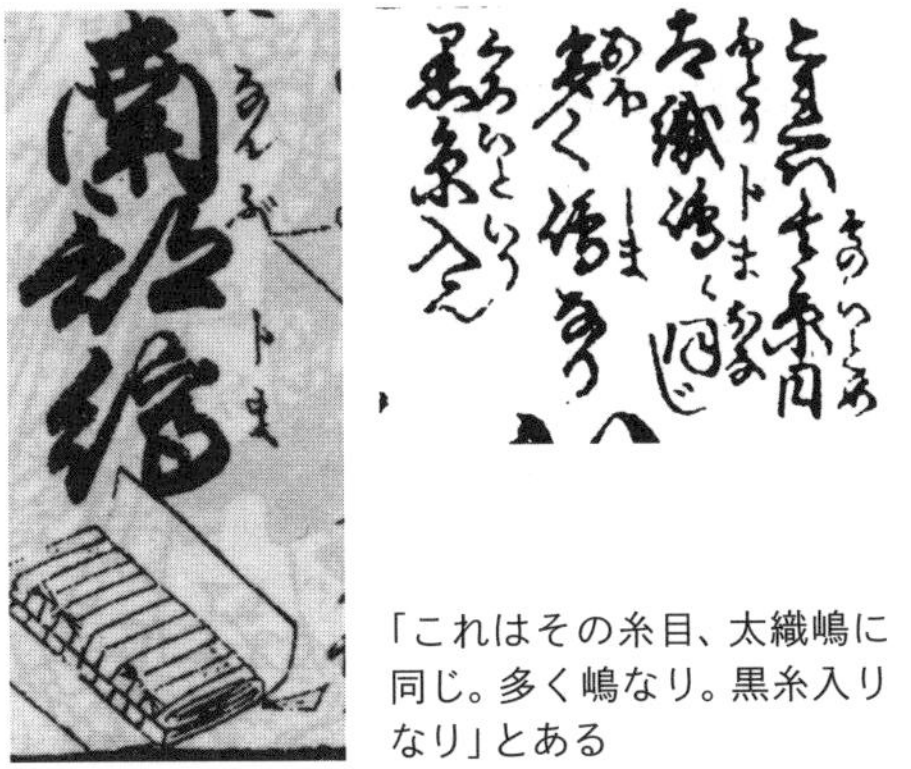

「これはその糸目、太織嶋に同じ。多く嶋なり。黒糸入りなり」とある

染めて黒の嶋柄を表わす便利な太織となる。新規のブランドとなった理由は恐らくそこにある。

南部嶋の商品ランクは結城紬や上田紬より低い。けれども絹物に分厚い需要が控えており、中級の遊び人に人気があった。

足利の織物業は桐生を追いかけて盛んになったが、流通販売は桐生商人に長く握られた。桐生の見方では足利は桐生織物圏の一部で、足利製品は天保年間まで桐生市場の扱いであった。桐生に「桐生太織」があり、その西の伊勢崎の太織は「西太織」と呼ばれた（『桐生織物史』上巻）。中心を桐生に置けば、足利は桐生圏の「南部」となり、名称はそこに由来したのではないか。

19世紀半ばに足利の南部縮緬が人気商品となった。表36は同業組合の織賃の規定で、そこにある「太織嶋」が江戸の南部嶋だったと解釈できる。

南部嶋は一歩先へ進んだ最初の太織であった。続いて「目千」メイセンないしメンセンが太織から分かれ、天保年間に売り出された。結城では細い紬糸を引くことを「目《め》織《せん》を採る」と言い（『孫十郎の覚』）、恐らくそれが織物名になった。太織の糸を細くして撚りをかけ、茶や紺の嶋柄を織るものがメイセンである（『近世風俗志』）。伊勢崎銘仙や秩父銘仙など近代の大型商品のさきがけが、19世紀前半の江戸にある。絹が下々に降りてくる過程の一ページとなる。

魅力を高めた南部嶋は太織をモード化した。その登場もまた、改革政治の結果として眺めることができる。

**表36　1866年　足利織屋仲間の品目と織賃**

| 製品 | 織賃1両につき | 糸の種類（推定） |
|---|---|---|
| 嶋縮緬 | 12反 | タテ色絹糸×ヨコ強撚の絹糸 |
| 御召縮緬 | 〃 | 〃 |
| 数寄屋縮緬 | 〃 | タテ生糸×ヨコ強撚の木綿糸 |
| 南部縮緬 | 8反 | 縮緬地に絹太糸の格子柄を織る |
| 柳川紬 | 13反 | タテ紬糸×ヨコ木綿糸か |
| 太織嶋 | 15反 | タテ紬糸×ヨコくず糸 |

味《み》噌《そ》漉《こ》し嶋、大格子嶋は織工の負担が大きいので、2反減らして計算するとしている（『近代足利市史』第3巻）。南部縮緬は縮緬地に格子柄を太糸で織るものであった（『近世風俗志』）。

## ◉艶なしの上田嶋

上田嶋は寛政改革の最中に人気商品となった。結城紬嶋と同じく戯作の記事が急に増える。それは時局に合わせつつ柔らかい着物にくるまる好適品となる。

「それ者のあがり」の女が「艶なし上田に黒繻子の半襟の、ちと洒落たる小袖」で、男に女郎買い指南をする（『吉原楊枝』１７８８序）。日本橋中洲の吉原仮茶屋の武士客も「艶なし上田の小袖」であった（『中洲之花美』１７８９刊）。「艶なし」は禁制に当たらない紬の類を意味する。

手拍子の仙術で当世風の衣類を願うと「艶なしの七々子上田」が出た、と戯作が書く（『京伝憂世之酔醒』１７９０刊）。七々子は糸を何筋かあわせた太糸の平織で、信州産は「艶なし」が売りであった。

やつれた上田を着る人は多い。女郎に操られる新宿の男が「藍上田の七つ時分の小袖」で古かった。「下着は黄嶋の八丈。こいつは大きに黄だったのを藍へぶちこんで色あげをしたと見え」とあり（『まわし枕』１７８９刊）、八丈の黄色がさめて、着物は染め替えで青くなっていた。場末の中年男の「上着信州紬、酒と油でヒカヒカするように汚れたやつ」（『大門雛形』寛政期刊）もある。少し憎《にく》みな仕立を好む客は「上田の黒の羽織」であるが、相手の女郎は「油じみた上田の小袖」で（『格子戯語』１７９０刊）、上田を着る人の層はそこまで厚かった。

上田にやや硬い紬があった。うぬぼれ男が「細格子の上田嶋の羽織、上着は紬の上田」で、相手の女郎は「こりこりする上田嶋の床着」（『風俗通』１８００序）。少々力みのある深川女郎も「藍上田の三筋竪のこりこりするやつ」を着る（『辰巳婦言』）。太って苦みばしった遊客が「羽織は上田の三筋竪のこりこりするやつ」である（『嘉和美多理』）。これらの「こりこり」は厚みがあって滑らかでないという意味であろう。

『絹布重宝記』（１７８９刊）は信州紬について、見かけは結城に似るけれども「野物《やすもの》なり」と断じる。「然れども器用な絹なり。たくさんに織り出すなり。幅も狭し」とし、産量は改革期に急増していた。

ニセ上田紬が出回って、本場産は「本上田」「生上田」（『一目土堤』１７８８刊）となる。深川の遊客の着物に

「綿上田の柔らか裏」があった。紬に見せかけた木綿交ぜ織の表に、裏地が地絹である。その男の「太織斎藤嶋の下着」（『辰巳婦言』）は八王子産の大格子や大タテ嶋の夜着地となろう。チンを飼う京都の茶屋女房は、更紗布団の置きごたつで「上州上田の袷」を着る（『窃潜妻《ていけのはな》』１８３２刊）。その上田は上州産ニセモノであろうか。

後の天保改革のとき、上田産の価格は「紬嶋」上物一反が八十二匁、「絹嶋」は六十五匁であった（『自分覚之事』）。「艶なし」の方が糸を引く手間代で値段が張り、絹嶋は逆に安いものになっていた。

安くて適法の嶋柄の紬は、本物ニセモノ取り交ぜて19世紀の潮流となった。桐生織物は寛政改革の逆境を乗り越え、上州ニセ八丈は１８０１年にいよいよ盛んであった。「年増しに巧者にあいなり、なおまた近年は八丈織おびただしく織り出し」となる。越後屋は春季秋季とも買役を桐生に詰めさせ、巨額の仕入資金の管理に苦しむほどであった（『群馬県史』資料編15）。

「越後結城」とも呼ばれる栃尾嶋紬は、１８０９年に一万匹を生産した。「結城」の名を冠する紬は、奥州福島、羽州米沢、信州にも出る。二番手三番手の紬が追随して、安さを求める階層の需要に応えた。産地も製法も品質も価格も、紬は19世紀前半に多様化をたどった。

## ◉安い絹物の普及

繭製品の価格は長期で見て下がった。一貫目の福島生糸は、元禄・正徳期（１６８８～１７１６）に米八石であったが、１７２５年以降六～七石に下がる。米価低落にもかかわらず、糸価はそれより値下がりした。１７１６～20年の糸価に対して、約百年後の１８１６～35年の福島生糸は、貨幣換算で40％下がった。米価比率ではほぼ半減となる（山崎隆三『近世物価史研究』）。

養蚕製糸の技術改良と農家の生産競争が、絹物増産につながり値を下げた。安い絹こそ新規の消費者を生み出した。底堅い需要に応えて繭産業は供給能力を高め、絹をありふれたものへと変えてゆく。それは西陣の嘆きとなる。京都仕入れを担う三井越後屋の上之店は、１８２６年に次のように書く。

「およそ三十年以来、撰糸類は奥州にてあい済み、羽二重類は曾代（美濃）に振り替り、男帯類も追々桐生となり、絹縮緬も長浜（近江）にてでき、そのほか田舎織り出し物多く、西陣物は追々減少、このうえは店取り縮めそうろうほか了見もこれなく」（『三井事業史』本編第１巻）

絹消費の中心軸が低価格・低品質のものへ動き、それとともに生産地は、原料も工賃も安い東の方へ一方的に移る。西陣にすれば継続的な地盤沈下が19世紀前半のさまであった。

質素倹約と華美抑制の思考にからめとられて、世は地味志向となる。武家の購買力は下がり、町人は衣服規制の枠にはまり華美を隠そうとする。西陣の勢いはその壁に阻まれた。華美こそは絹の特質であるが、そのタイプの消費は伸びなかった。絹物の消費は常に一つ下の階層へと向かい、嶋柄はそれでどんどん増えた。

## ◉領主の江戸商売

下々の絹をきらう支配層の固定観念は生き続ける。絹物の拡散は支配層の危機感を刺激する。天保改革が政治的嵐となって噴き出したとき、絹の奢侈と華美が再び攻撃された。その結果、１８４２年の糸価は前橋でも福島でも前年の半分近くにまで急落し（山崎前掲書）、養蚕農家にも政治災害が降りかかった。

「外見は目立たぬようにても内実高値なる品をみだりに売買し、触れは当座の間と心得て法度をなおざりにする」と京都の役人は商人を非難する。『軽き者ども縮緬・羽二重ようのものを着用し』（『京都町触集成』）とは、手を替え品を替えてニセモノが下の階層に及び、手に負えないことを示す。役人はニセモノであることも、違反を問えない状況も知っている。それでも着る欲を去れ、と言わねばならないのが改革期であった。

ただ、天保改革の時点では領主自体が絹物などの販売競争に参入していた。彼らは売れる品を江戸屋敷に運んで問屋に卸した。小売はせず、商品別同業組合の問屋にのみ売ることを約束して、江戸で商売をした。信州上田の大名が江戸へ送るものは絹紬呉服類・糸類・真綿のほか木綿類や繰綿・麻の糸に及んだ。荷が着くたびに問屋に知らせて入札にかける。尾張徳川家は犬山産の嶋木綿や調味料を持ち込んだ。江戸屋敷で使った残りという名目で、庭焼陶器類や馬の飼料まで販売していた（『諸問屋再興調』七の一八五四伺書）。

改革政治は振り上げたこぶしの持って行き場がない状況にあった。結果から見れば絹物の需要拡大は止まらなかった。ただし華美を消すために地味な色の嶋柄絹物が増えていった。

## 5　将軍家斉が着た嶋柄

### ◉下々の柄の昇格

将軍の着物情報は少ない。遠くから拝する面会者は着物を見る余裕もなく語らないし、間近に仕える人は何も言わない。口にするのはどうやらタブーであった。将軍の公的な服は黒羽二重であるが、私的には何を着たか。情報がもれ出るのは明治以降である。

平戸の前大名・松浦静山（１７６０～１８４１）はその点で稀な機会を得た。江戸屋敷を火事で失った静山は１８３９年、譲位して大御所様《おおごっさん》となった家斉《いえなり》の側近・中野石翁（清茂）の見舞いを受ける。贈られた文箱《ふばこ》の中に将軍の服があり、静山は子々孫々にわたる栄誉と感じた。

静山には思い当たる節があった。その前年、家斉のいる江戸城西丸が焼けた。西丸はいつも世継ぎの御殿であるから「コノシロを焼いて親父が味噌をつけ」と川柳のタネになり、静山はそれを随筆に書き止めつつ、他方では見舞金小判二百両を献上した。石翁の文箱は将軍直々の返礼とも受け取れた。人を介して尋ねたところ石翁自身の厚意とわかったが、将軍の服は静山の慰めとなる。家臣にその服の文様を写させ、執筆中の随筆にとじつけて後世に残した。それが図１３５の絵である（『甲子夜話三編』巻六五）。

図右上の細筆の葵《あおい》紋は、間近に見入るに足るから描かれた。御納戸茶は灰色がかった藍色で、八代吉宗の好みであった。

図右下の「小格子の縮緬」は緑地に白糸三本線の格子柄で、糸と書いているから織柄である。

図左の白地に紫の二引両《ふたつひきりょう》の琥珀《こはく》織帯は、絣柄を将軍が用いた証拠となる。ヨコ畝のある精緻な琥珀織は高級品で、白地に紫絣は上流の色づかいである。けれども、柄自体は18世紀前半の懐月堂派が描く遊女の帯や、図79一筆斎文調の版画「かぎやおせん」の帯と同類である。絣を高級絹に採り入れ、上品な色と柄に磨き上げたのが将軍の帯である。

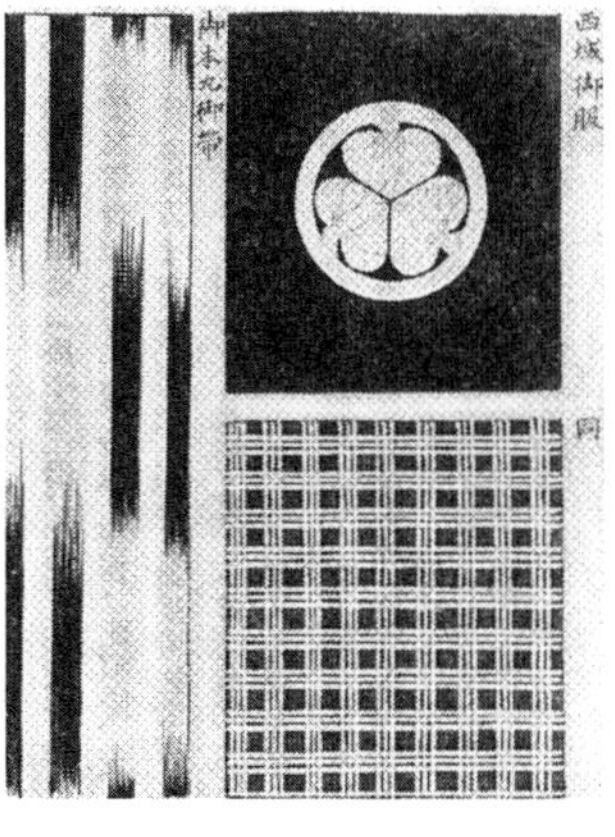


**図 135**
**大御所家斉の服**
**将軍家慶の帯**

「西城」は西丸のこと、「御服」は大御所家斉の服。
右上は「御納戸茶の縮緬・無地・葵紋付」の家紋の図。右下は「萌黄と白糸のタテヨコなる小格子の縮緬」の着物柄である。
左の「御本丸御帯」は将軍家慶の「白の琥珀織地に紫の二引両」の絣の帯。

それは前世紀のタテ絣嶋モードの延長線上にある。役者や遊女や市井の絣が、白と紫の組み合わせに姿を変えて、身分の頂点にまで駆け上ったことになる。

## ◉三筋格子に執着

十五歳で将軍となった家斉（１７７３～１８４１）は、松平定信を将軍補佐に任じて寛政改革に立ち会い、二十歳を過ぎると定信に飽きて解任した。五十年という最長の在位を記録しながら、改革政治の理念とはおよそ無縁の人であった。政策に方向性のない権力者として長期の統治をなしえたのは、恐らく人事の能力にたけたからである。その将軍の大奥の生活は有名で、側室四十人、子息五十三人という数は、知られる範囲では歴代の筆頭である。

図１３５右下「小格子の縮緬」は、三本の線による碁盤目状の三筋格子である。緑と白の柔らかみのある色といい三筋格子の小ささといい、お洒落な将軍によく似合いそうである。

家斉はどうやら三筋格子に執着していた。貢納八丈織の将軍指定柄にもその柄がある。家斉死去の年に作られた指

**図 136　家斉好みの三筋格子と、伝来らしい三筋格子**

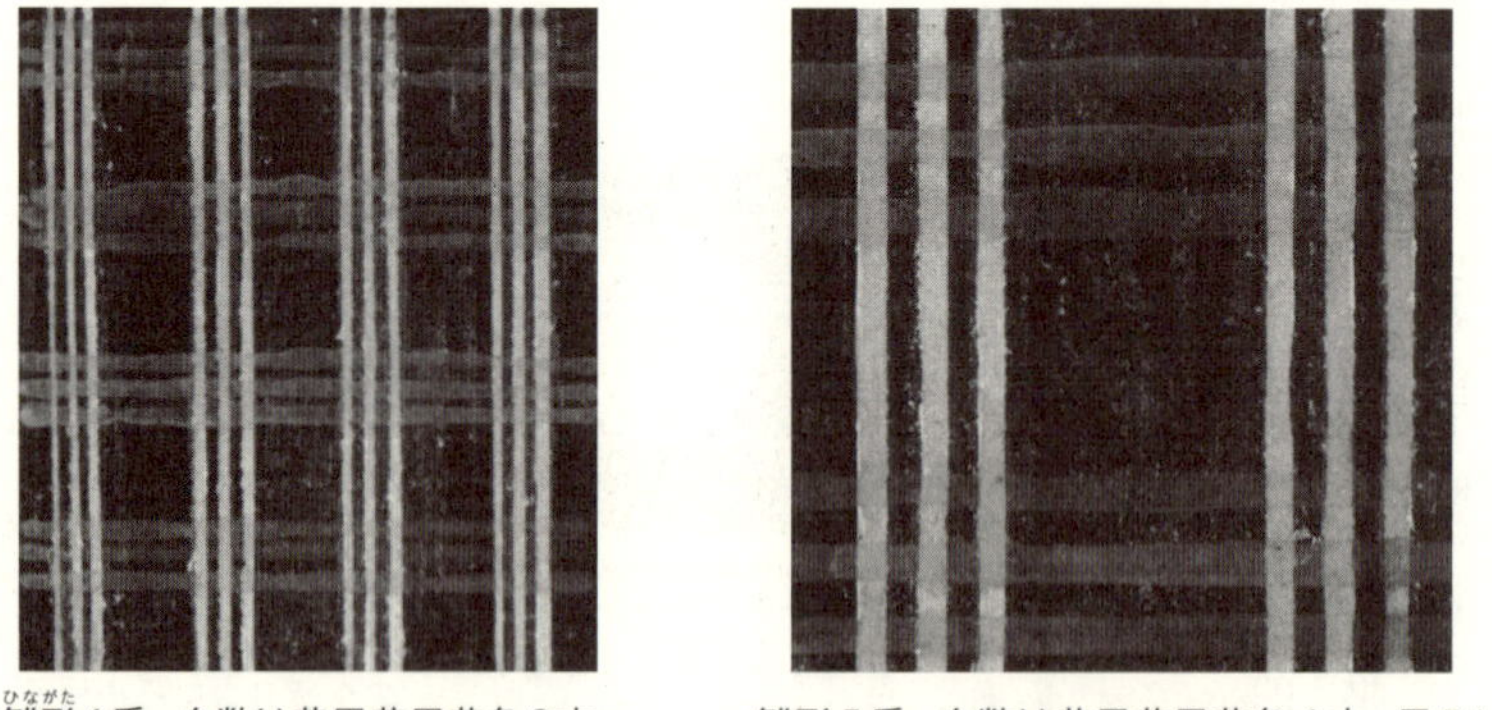

雛形《ひながた》6番。糸数は黄黒黄黒黄各２本、黒20本とある。タテ線の文様１単位は１㎝の小柄である。

雛形５番。糸数は黄黒黄黒黄各６本、黒54本とある。左の６番の約３倍の大きさとなり、タテの文様１単位は３㎝で中柄である。

1841年『雛型正図画』原本（都立公文書館蔵）から

定柄五十種類の帳面には、黒地に黄、鳶《とび》地に黄の三筋格子が、大中小計七種類も載っている（『合糸織五十番模様之雛型』「八丈実記」第1巻）。突出したその数は家斉の好みの証拠となるだろう。

図１３６は八丈織指定柄となった三筋格子である。小柄の方は松浦静山がもらった縮緬の小格子とよく似て、家斉自身の好みと推定できる。それを愛でた将軍は繊細な感じ方の人と言える。それに対して中柄のものは、歴代将軍が伝えた武威の柄の流れにあるのではないか。古式の大きな三筋格子は徳川前期に八丈織に採用されて継承され、小柄は家斉の新風と推理できそうである。

三筋格子の出発は実は古い。図１３７が室町時代の家紋集に載る。その家紋は麻の大紋など外衣につけ、徳川時代の家紋と比べてはるかに大きかった。三筋格子は大きな柄が古式である。

**図 137　室町時代の三筋格子**

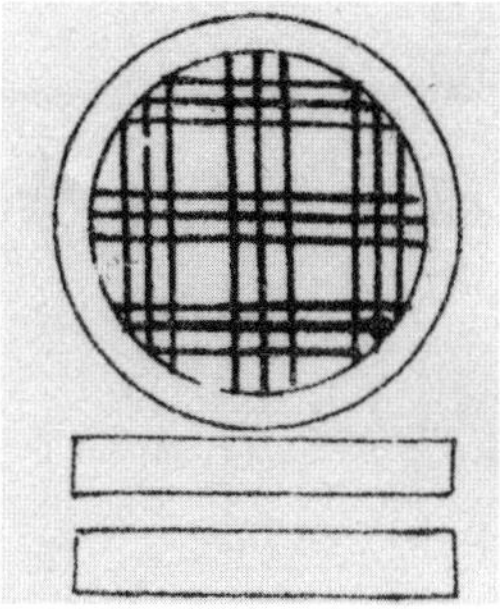

『永正紋尽』は別名『見聞諸家紋』、1510年の家紋集である。遠山家の紋として図の柄が載る。丸の中に三筋格子を置き、その下に二引両を添える。三筋格子の出発の古さがわかる。

**図 138　歌麿の間着の三筋格子**

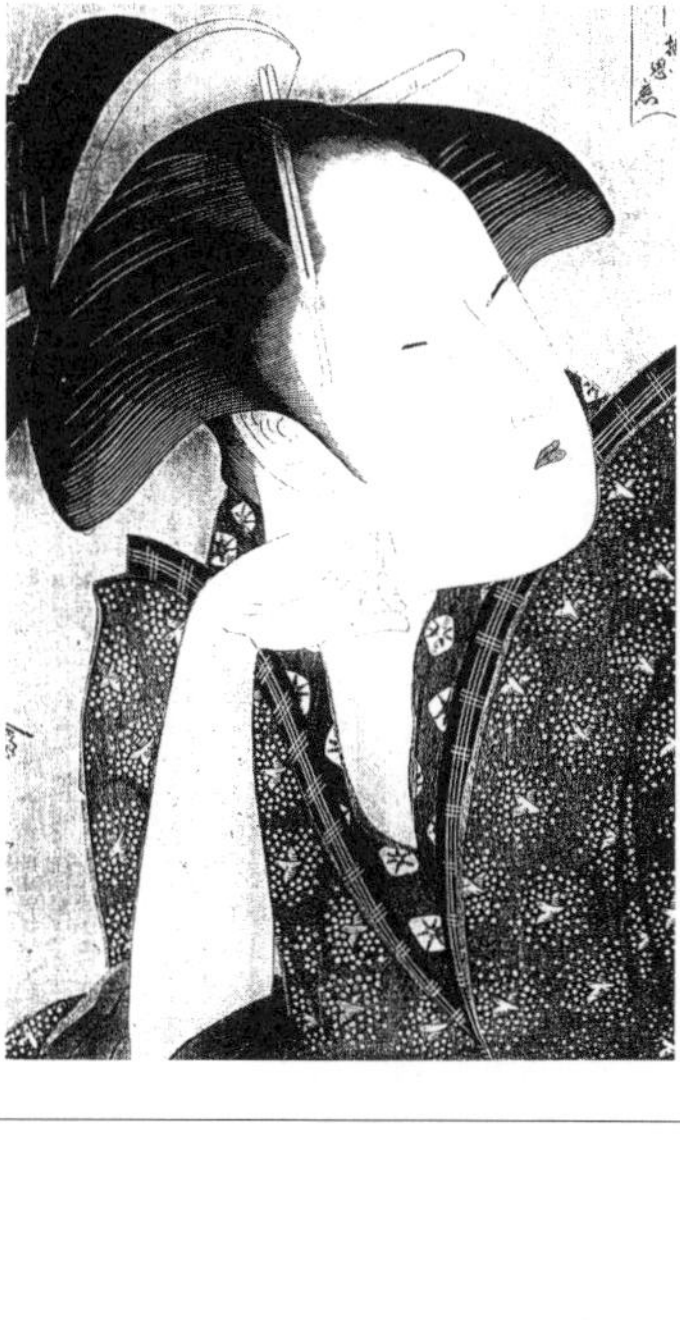

「歌撰恋之部・物思恋」と題する歌麿の絵（ギメ東洋美術館蔵、部分図）。市井の恋する女を描く。絹の小紋染の着物、絹絞り染じゅばん。その間に黒地に黄の三筋格子を着る。極度に洗練された文様の例である。
菊麿筆「土橋妓楼上・子供と軽子」の絵では、布団の大風呂敷を運ぶ女が、三筋格子の木綿着物である（『江戸深川情緒の研究』深川区史編纂会編刊）。

田沼時代に三筋格子は市井の柄となり、１７７２年に京都の迷子の女児が「紺糸入り白三筋格子嶋の古い布子」である（『京都町触集成』）。浮世絵にも三筋格子の例があり、歌麿の描く女の間着の三筋格子は図１３８のように鋭い。間合いの取り方は将軍のものより繊細かつ洗練され、18世紀後期の市井のデザイン力を示している。

## ◉大奥の団十郎嶋

家斉の三筋格子が松浦静山に贈られたころ、市井の三筋格子はどうなっていたか。実は江戸がそれで騒がしかった。当代きっての歌舞伎役者・市川団十郎が舞台でその柄を着て大評判であった。

入れ子の升《ます》三つを上から見る「三升」の形が団十郎の定紋であるが、七代目はそれを三本線の格子嶋に崩して替紋とし、「三升格子」「団十郎嶋」と呼ばれた（『近世風俗志』）。「この手ぬぐいの嶋は、このごろはやりの団十郎嶋と言うがね」（『梅柳若葉加賀染』１８１９）と歌舞伎の台詞にもある。

人気俳優は、服や小道具に自分の記号をつけて一人何役も演じた。定紋三升の団十郎は、次の幕ではいくつかある替紋を衣装や傘につけて別の役で現れる。観客はその記号で団十郎を見分けた。記号は浴衣の柄の大きさとなるが、熱狂的な女性ファンはひいきの役者紋を小柄にして身につけた。

図139　市川団十郎　岩井紫若

左の７代目団十郎の着るのが三升格子・団十郎嶋。紫若はタテ絣嶋を着ている。一勇斎国芳の芝居絵。

役者紋の染模様や髪飾りが流行し、人気の一番が団十郎であった。「近年、女中方も……三升好みのよろしき品」を身につけ騒がしかったが、人気は十年経っても変わらず、「三筋格子は今もなお廃らず」とある（『寝ぬ夜のすさび』１８４０年代）。図１３９の三筋格子は奥女中の目にも市井でも、団十郎柄としか見えなかった。

将軍家斉の三筋格子はどういうつもりか。まさか将軍が団十郎気取りで役者紋を着ていたとは想像しにくい。しかし、柄を見るのは大奥の女である。彼女らは団十郎柄をよく知っており、それゆえ将軍の柄を称えたのではないか。

家斉が歌舞伎に精通した状況証拠を提示できる。妻女らを喜ばそうとして、家斉は女ばかりの歌舞伎一座を雇って大奥で上演させた。妻女に仕えた女役者の歌舞伎衣装が、現に東京国立博物館に保存されている。大奥で演じる題目は人気の江戸歌舞伎から選ぶしかない。将軍と町とは隔絶しない。将軍は女を退屈させない歌舞伎を必要とし、団十郎を知らないとは言いがたい。

大奥は下級女中に歌舞伎の情報集めを指示できたし、便利屋はいくらでもいた。役者グッズや刷り物がいかに集まるか、数十年前に大和郡山の前藩主が『宴遊日記』に書いている。天保期の町奉行所役人の見るところ、役者紋の髪飾りや役者似顔絵は「武家方奥向き等にて特に好まれ」、奥女中らの愛好品であった。役者名の嶋柄反物に至っては「身柄の方の着用等にあいなり」、身分の高い女の方がむしろ自慢して着ていた（『市中取締類集』１）。町の嶋柄は役者柄という形をとって、ついに上層武家女中にまで一部は浸透した。

家斉は吉原さえ知っていた。江戸城吹上庭園に１７９９年、吉原・中の町の茶屋そっくりの建物が作られ、将軍は大奥の女らを遊女に見立てて大尽遊びをしている。家臣らは当然ながら「いかがな御好みなりや」と眉をひそめた」（『寛政紀聞』「未刊随筆百種」第２巻所収）。

家斉の着物の三筋格子は、当時の市井や大奥の女の目には団十郎嶋としか映りようがない。松浦静山がもらった縮緬はもちろんのこと、貢納八丈織の小柄の三筋格子もまた、大奥では団十郎嶋・三升格子となるだろう。将軍はそう呼ばれるものを自ら喜んで着たのではないか。

　家斉の死を見届けるや否や、父をきらった後継将軍と腹心の水野忠邦は直ちに高官の人事を刷新し、前将軍の取り巻きらを解任した。松浦静山に将軍の服を贈った中野石翁は、将軍の柄の本当の意味を側で知る人であったが、登城禁止となり屋敷を没収される。

　陣容が整った１８４１年、忠邦は「享寛（享保・寛政）のご趣意」の復活をめざして天保改革の号令を下す。歌舞伎は風俗への害毒として弾圧され、劇場は郊外の浅草へ移転させられた。武家女の好んだ役者似顔絵を禁止し、役者の外出時に編笠を強制し、顔を隠させた。七代目団十郎は江戸追放となって大阪へ逃れ、女義太夫も絶えた。そのどれもが、役者に夢中の奥女中らを演劇から引き離し、役者の顔や似顔絵を見る機会を取り上げ、歌舞伎や役者を女中から隔て遠ざける措置だったように見える。

　浪人儒者寺門静軒は富沢町で売る古着をつぶさに観察して、「三升格子の比翼裳《も》は、何れの阿妹の遺愛の物かを知らず」と書いた（『江戸繁昌記』１８３２刊）。着物を複数に見せかける比翼仕立（別名お化け仕立）は下々にあり、礼装の裳ではありえないが、貴人の女の三升格子が売られて古着屋にある、としている。書き方に毒があるのをとがめられ、静軒は天保改革で武家奉公禁止の処分を受けている。

　役者では団十郎だけが罰せられた。その理由ははっきりしないが、前将軍と奥女中らの歌舞伎への狂態を耐え忍んできた忠邦らが、人気の筆頭の団十郎に憎悪の報復をしたと解釈するとしても、あながち見当外れではあるまい。

## ◉お召縮緬の登場

「お召《めし》」は将軍御用を言う。「お召縮緬」略称「お召」は将軍の縮緬である。嶋縮緬を改良してシボの凹凸を立てず、縮緬に勝る地合風味により着心地をよくしたのが「お召」とされる。それを好んだのは将軍家斉で（泉俊秀著『流行商品変遷の研究』）、近代のお召の宣伝にいつも家斉が引き合いに出される。

家斉には専用のお召柄があった。「御納戸と白の万筋嶋に、二分を隔てて横筋を織る格子嶋」がそれである（『日本染織工業発達史』）。灰色がかった藍地に細い白タテ嶋が入り、六ミリごとにヨコ筋のある格子柄となる。タテ糸の間隔は正確にはわからないが、ヨコ糸の間隔は寸法が確かで、それを頼りに柄を探すと、貢納八丈織の図140の細格子に行き着く。

その柄は古風の大きな柄を極端に縮めたところに特色がある。微細な嶋柄は19世紀前半の市井のトレンドで、家斉の好みはそれと軌を一にしている。縮小された柄は内向きに沈潜して威風に欠けるとも言える。

西陣の嶋縮緬の幅は鯨一尺三寸とされるが、桐生では市井の着物幅でお召を織った。「天保の初年、格子なしの紺地に藍嶋、茶嶋または鼠嶋の千筋・万筋を織り出し、これを御召縮緬と呼び、一時は西陣御召と対立し優勢なりし」とある（前掲『発達史』、原文は縞の字）。将軍は格子嶋、市販品は細かいタテ嶋と住み分けていた。

出版物にも「お召」の字が躍った。天保改革の前には「鼠色のお召縮緬」（為永春水『春色恋白波』

**図 140　家斉好みの細格子**

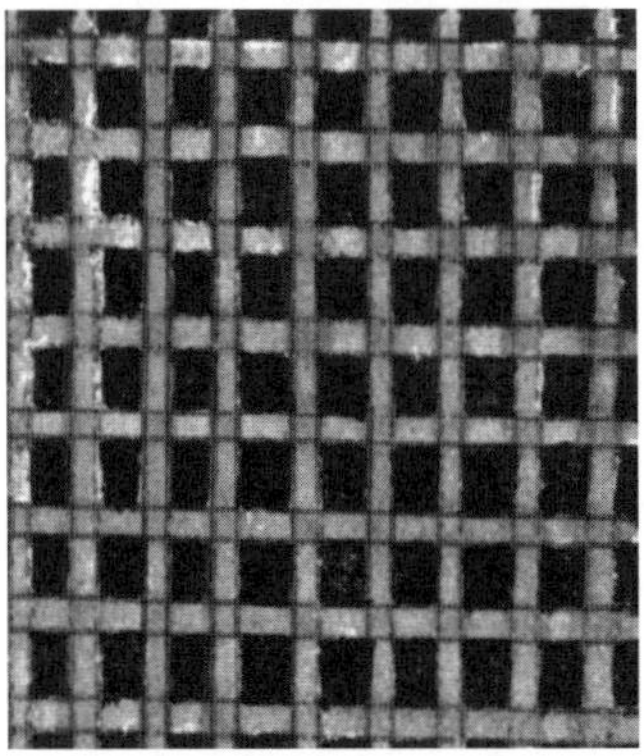

6ミリごとにヨコ筋の入る格子柄は、八丈織の雛型では「50番」にある。タテ糸は黄4本黒8本と指定、タテの文様1単位の幅は4ミリ程度となる。家斉のお召縮緬は恐らくこれに近い柄であろう。（前掲『雛型正図画』原本から）

１８３８刊）などと平気で書いた。天保改革が終わるとまた復活し「お召博多と見せて上州できの幅狭帯」（式亭三馬『人心《ひとごころ》覗機関《のぞきからくり》』１８４８刊）などの例がある。将軍由来を商売に利用する世になっていた。

元「御小姓」二人の明治時代の証言では、将軍が着るのは黒羽二重のほか「嶋縮緬か黄八丈ぐらい」であった。それは地味で黒っぽく、将軍の黒色は徳川時代の最後まで続いた。「下方で御召縮緬というものは以前、将軍家で着たものと存じます。下方で用いる洒落た着物はなく、変わった他の色を用いません。嶋はいろいろございますが、まず嶋縮緬で主に黒ずんだものでございます」とある（『旧事諮問録』）。

であれば松浦静山がもらった家斉の緑と白の三筋格子は、色の鮮やかさで異例の品となる。お洒落な家斉の私的好みだったと考えるほかない。「お召しは一品を二三度は召させ給う」（『旧幕府』、第2号、１８９７刊）とあり、どんな着物も着たらすぐ下げ渡すところはさすが将軍であった。

## 6　天保改革と嶋柄の微細化

### ◉絹紬を昔に戻す

天保改革が始まったとき、江戸の女は表着の下に何食わぬ顔で縮緬を着ていた。襦袢《じゅばん》やその袖にも縮緬がある。取り締まれば一時的になくなるが、手を緩めると女子供がたちまち着る。襟や袖口にかぶせる縮緬は「大都会の儀、市中一般に用い候様子」で、用いない人はいないほどである。衣服調査に出た隠密や見廻り役がそう報告している。

女の羽織は見ないが、女半天はいくらでもあった。黒繻子や小柳織（繻子の一種）の帯も「おびただしくこれあり」である。町人女の黒半襟が、歌舞伎に出て武家妻女に伝染している。軽い御家人の妻女は町人と区別がつかず、衣類を問いただせばけたたましい騒ぎとなる。縮緬古着しかない貧しい女もいるのだから、名主からまず注意し、時期を見て目に余る違反を問題にしたらどうか。町奉行所はそんな検討をしていた（『市中取締類集』22、町人衣服之部）。

水戸徳川家が八十歳以上の出入り町人に、縮緬風の羽織を下げ渡す事件があった。こび茶の地に紫と白の絣が入り、裏は紅絹の派手柄であった。三井越後屋の鑑定で「縮緬ではなく熊谷八丈」となり、違反ではなかった。水戸屋敷では着てよいが、華美だから他所では着ないように、と町奉行は苦しい裁定をした（前掲書）。絹類の取締りの困難は、五十年前の寛政改革の比ではなかった。

昔と違って絹布と絹紬の区別がつかない。「絹の儀、羽二重・竜門にまぎらわしく」とは、田舎絹が羽二重に見えることを言う。地絹の品質が向上して、昔の格差が消えている。地糸による「浮織・綾織など織り方巧みなる高価の品」も市場にある。古い規定ではもう限界だ、と江戸町奉行らは上申した（前掲書）。

絹紬の質は、徳川祖法の想定する水準をはるかに超えていた。そこで絹紬を許すものと許さないものに二分する案が出る。絹紬の一律許可の原則はついに葬られる。

天保改革の１８４２年の町人衣服令は結局、「嶋類等ひと通りの絹紬」を従来通り認め、絹紬でも「羽二重・竜門に紛らわしき品」「浮織・綾織等に似寄りそうろう類」「手数のかかる織り方の品」を禁じることになった（前掲書）。羽二重に似るものの禁止は影響が大きく、地絹の織目にわざわざムラを作る加工が、後まで行われた。

昔日のレベルを超える絹紬を許さず、品質向上を捨てて過去へ戻せという命令になった。奢りの消費による家臣窮迫への危機感と、身分の別を絹服で表す秩序への固執が、政府を過去の状態の復元へと駆り立てた。「嶋類等ひと通りの絹紬」のみを認めるその政策は、結果として嶋類の背中を押した。改革政治のさなかに嶋柄の広がりはいよいよ盛んとなった。

## ◉華美衣類の摘発

江戸では華美に当たる衣類や、女浄瑠璃の隠れ売色が摘発された。高価な生地を扱う袋物屋七軒と、ひな人形屋・半襟屋・呉服屋など計二十六軒が、１８４２年に叱責《しっせき》の処罰を受けた（『椎の実筆』同年序）。

浅草ではそのとき女の通行人の着物を調べた。「小紋の縮緬無垢の小袖」の三つ重ねにより、参詣に来た吉原遊女屋の妻が逮捕された。無垢の着物は裏も縮緬である。富沢町古着屋の妻は「黒七々子の紋付小袖の下に、小紋縮緬を二つ着て」、浅草店主の娘は「茶弁慶の嶋縮緬小袖に、緞子と縮緬の腹合わせ帯」で捕えられた（『藤岡屋日記』）。

花見帰りの二十歳代の妻女四人が１８４３年、牢《ろう》に一晩入った。「華美な衣裳」焼き捨てのうえ押込めとなり、親や夫に過料三貫文が科された（前掲書）。相模の津久井郡与瀬では１８４１年、宿場に泊まった役人が村娘の「縮緬のじゅばん」「手織川和嶋小袖」「手織帯」を見とがめ、村民が窮した（『神奈川県史』資料編６）。

江戸町人は摘発で絹に慎重になる。天保改革の「ご趣意」で絹は売れなくなり、養蚕製糸と絹織物業の災難となる。京都では綿絹交じりの織物の一部も、結構かつ華美として生産禁止となった。理由は人に奢りの服を慕わせ、余念を去らしめないからであった。１８４３年9月の衣服一斉取締りでは、逮捕・取り上げのほか、五十五人が五貫文までの過料に処せられた（『西陣史料』）。

「西陣織戸を見るに、先には日に縮緬千反を織り、去年奢りを閉じる令のもと日に織ること二十反にすぎず」（『西上録』）と、儒者羽倉簡堂の観察がある。絹の工人は木綿業に転じたが、見る影もなく困窮し「首くくり捨て子など至って仰山《ぎょうさん》」となった（『浮世の有様』）。

桐生では千四百軒の織屋が百七十軒に減った。密かに織った金糸入り帯を摘発された織屋は、焼却処分で罪を逃れるために賄賂を使った。機織女の高給が問われ、余業は田畑専一の本分を失うものだ、と桐生織屋がしかられた（『桐生織物史』中巻）。

天保の桐生織屋日記にある「綿絽《めんろ》織」「綿紗綾」「綿博多」（前掲書）は、絹の代わりにやむなく始めた「手数をかけた」木綿である。それが役人に華美への抜け道と見なされる。「木綿にて模様等を織り出し、手数をかけ候品を高価に商う」ことが新たに禁止された。吉野織や綿緞子などの木綿紋織物は「他の聞こえのみ倹素にし、内実は奢侈の風儀を改めざるもの」となった。桐生から絹紬や木綿の高級品が来たら届け出よ、と江戸呉服店が命じられた（『鐘奇斎日々雑記』）。

越後ちぢみの本場を預かる会津藩は１８４２年、政府の物価引き下げ令を受けて、ちぢみ生産を「十一よみ」以下の下級品に限る措置をとろうとした。手間のかかる高値の品は「御主意」に触れるので、苧麻の高値の物を使わず、「模様染色に至るまで、近来流行新製を織り立てず」、前からある実用品を生産して安く売買せよ、とする文書が産地に残されている（西脇新次郎『小千谷縮布史』）。

江戸では履物・袋物・扇・傘・人形の店やすし屋が、値段を調べられ一部商品を没収された。何によらず売れ行きが悪く「ことのほか不景気」となる。縮緬絞りなどは動かず、商人は「皆々渡世とり続き心配」であった（『自分覚之事』）。

寛政改革期から下り坂の大阪は、雨のごとく降った天保改革の法令に痛めつけられた。「騒々しく至って陰気になることのみ」（『浮世の有様』）となる。古手屋・質屋・呉服屋が立ち行かなくなり、当局は絹物禁止を身分相応ならよいと緩めている。それで手代を使う者には紬、紬嶋、郡内嶋、加賀絹、秩父絹、繻子女帯みな元通り許された。大阪の役人は江戸の指令に混乱し、出しては引っ込める「触れ戻し」を連発した（『新修大阪市史』第4巻）。

世の消費を何十年か前に戻す政策を四年も続ければ、万人が衣食に事欠かない安楽な世が来るとして始まった社会実験は、不況と混乱のうちに終わりをとげる。主導した水野忠邦は改革二年余りで「老中御役ご免」となった。

その日、桜田あたりを人がうろつき、日が暮れると水野屋敷を取り囲む千余人が雨あられのように石を投げた。はしごで屋根に登って瓦を打ち落とし、門を破って足軽を追い散らす者もいた。奉行所はしばらくやりたい放題にさせた。ようやく奉行所手勢が出動したとき、暴徒はみなどこかへ姿をくらましていた（『五月雨草紙』「新燕石十種」第2巻）。

改革失敗の後、市中取締係は次の上申をした。衣類の令は「古来よりたびたびありますが、御趣意の通り行われたことはついにありません。品柄のよいのは長く使え、よくないのはすぐ破れて、かえって倹約にならない場合もあります。加えて人情に障りますから、とても永久に守るには至らない事実があります。則を越えないように絶えず手当てしないと永続はできません」と（『市中取締類集』1）。役人風の上目づかいの遠慮した言い方ながら、人心を読めない錯覚の政治はダメだと教えている。金銭経済化・商業化がもたらすモノとサービスの多様化は、もはや強権で押しとどめられる範囲を超えていた。

## ◉店員の着物の夢

呉服店白木屋の手代・川地和兵衛は、得意先への進物や門番付け届けに七十両を使い込んだ。天保改革の始まる1841年に、不正が露見して甲州へ逃げたが、江戸へ舞い戻って店に見つかる。調べると吉原と深川の複数の女に、反物類や高額のなじみ金・祝儀・心付けを渡していた。自分用の衣類や提げ物八十一点も不正取得し、店の損害はしめて四百四十一両となった。白木屋「明鑑録」に明細が載る。武家への掛売りを装って商品を持ち出す手口であった。

手代がそろえた自分の衣類は質量とも一財産となる。外販のプロの知識で品ぞろえしており、手当たり次第に手を出すのとはわけが違う。当時の嶋柄への願望が衣類のリストに表われる。

表37は思うままに調達した嶋の衣類である。絹物小袖二十点のうち嶋柄は十三点、次いで小紋五点となる。三分の二は嶋柄で、手代はその柄に打ち込む人であった。木綿を含むひとえ着物は、ほとんどが嶋柄である。帷子《かたびら》は三点のうち二点が嶋、着物の下に着る胴貫《どうぬき》・胴着は七点のうち五点と、嶋類の数は圧倒的であった。

表37　白木屋手代の嶋柄衣類（1841年）

| 羽織 | 小袖 | ひとえ物 | 帷子ほか |
|---|---|---|---|
| 古渡りまがい桟留 | お召嶋縮緬 | 南部縮緬 | 仙台平の袴 |
| 茶色格子の結城嶋 | お召藍万筋 | 鼠色格子の結城平 | 大名嶋の唐桟留袴 |
| 茶微塵の太織 | 亀綾嶋 | もぐさ嶋の玉糸紬 | …… |
| 藍万筋の糸織嶋 | 大格子の結城紬 2 | 青梅嶋 2 | 万筋の越後帷子 |
| | 茶万筋の結城紬 | 紺万筋の結城桟留 | 白もぐさ越後帷子 |
| | 藍微塵の結城紬 | 薩摩木綿 2 | …… |
| | 替わり嶋の結城紬 | 鼠大名嶋の銚子縮み | 藍弁慶の糸織胴貫 2 |
| | 藍万筋の上田嶋 | 絣入り嶋の銚子縮み | 鼠色の嶋縮緬胴貫 2 |
| | 鼠色小弁慶の上田嶋 2 | | 嶋縮緬の胴着 |
| | 茶万筋の南部縮緬 | | |
| | 藍弁慶嶋の糸織 | | |
| 11点中　嶋4点 | 20点中　嶋13点 | 13点中　嶋10点 | 12点中　嶋9点 |

林玲子『江戸店犯科帳』所収「明鑑録」から。「胴貫」は「胴抜き仕立」で、着物の胴の部分と周囲の生地を違える下着。結城桟留は絹糸入り木綿、結城縮緬は縮緬風の紬であろうか。糸織はタテヨコとも撚った絹糸の嶋。

入店十六年目のこの遊び人が選ぶ柄は凝っていた。羽織の「古渡りまがい桟留」は昔渡りインド唐桟に似せた事情通の和製桟留である。

「薩摩木綿」のひとえも並ではない。「はなはだ精妙にして世人これを珍重する。琉球の産にて糸も染法も共にこの方の物と異なる」（『経済要録』１８２７稿）ものである。「薩摩木綿は多く紺絣なり。上に蠟《ろう》をし製す」（『商売往来絵字引』）とあり、砧《きぬた》打ちの照り加工がある。

「銚子縮み」はシボのある夏用の木綿で、「江戸は今の世、紺の銚子縮み嶋を専用す。紺地に白の嶋なり。摸物多し。江戸は銚子縮み大流布なり」とある（『近世風俗志』）。手代は大流行中の品を選んだ。

所持品の「お召」「嶋縮緬」は並の町人男が用いるものではない（前掲書）。羽二重に近い「亀綾《かめや》嶋」も同じである。小袖二十点のうち結城紬嶋は五点を占め、トップブランドのただ中にある。

大店は奉公人の服を階層別に制限し、下等の服の者が上等の服の者に服するシステムを作っていた。表38の白木屋の衣類の定めは、そもそも奉公人の職階をテキスタイルの名で分類した。テキスタイルの序列と勤続年数の年功序列は整然と並んでいた。

それでも奉公人の逸脱は多々あり、そうでなければ遊里本の書くところと合わない。

**表 38　白木屋の奉公人「衣類定法」（18 世紀末）**

| 格付け | 木綿格 | 青梅嶋格 | 太織格 | 紬格 | 絹格 |
|---|---|---|---|---|---|
| 年数 | 8年目まで | 9年目から | 12年目から | 15年目から | 18年目から |
| 冬の袷 | 仕着せ<br>藍竪嶋松坂嶋<br>裏は萌黄木綿 | 藍の青梅嶋<br>裏は青茶秩父絹<br>11年目に広桟留 | 太織無地紋付<br>13年で太織嶋 | 上田紬嶋<br>黒手唐桟留<br>岸嶋 | 小紋秩父絹<br>郡内絹紋付<br>本上田嶋 |
| その他 | 元服木綿羽織 | 紺桟留の股引 | 根付と提げ物 | 脇差ご免 | 印籠ご免 |

林玲子『近世の市場構造と流通』、『白木屋三百年史』などにより作成。

## ◉万筋嶋の大流行

　白木屋手代の衣類では「万筋嶋」が異常に多い。目いっぱい追求したのがそれで、白木屋の判定だから信頼できる。手代は「万筋」七点を持ち、お召、結城紬、上田嶋、糸織、越後ちぢみのどれにもある。夏冬とも用意し、藍白の「藍万筋」と茶白の「茶万筋」があった。

「万筋」の名は少し前からある。紀伊藩主は１８２６年、「御地白・藍万筋」「御地白・藍千筋」各五反の越後ちぢみをあつらえた（『柏崎市史資料集』近世編2下）。江戸には「藍まんの玉紬」がある。万筋の玉繭の紬で、吉原と品川の遊客が着ている（『青楼夜話』『夜色のかたまり』各１８３２成立）。「藍まん」というくだけた言い方が流布のさまを伝える。

　１８４０年に江戸へ移った喜田川守貞は「万筋」の大流行を見た。「男子冬服には千筋・万筋のもの十に七八これを用いる」（『近世風俗志』）とある。白木屋手代の柄は守貞の観察を裏付ける。

「万筋嶋」は糸二本ずつで色を違える極細のタテ嶋である。「千筋嶋」は糸四本で色を違えるタテ嶋柄で、差は糸の数にある。その二つは「木綿にも縮緬、紬等にもあり」、麻にもあった。ただ女子供には無用で、男も下の着物にはしなかった（前掲書）。男の外面を飾りつつ目立たないのが千筋・万筋の役割であった。

　１８４２年の京都の盗難手配書にも「河内嶋藍万筋」の男着物や、反物で「河内万筋嶋」「白紺万筋嶋」「木綿藍ま（ん）すじ結城嶋」が

**図 141　タテ木綿ヨコ生糸の万筋嶋**

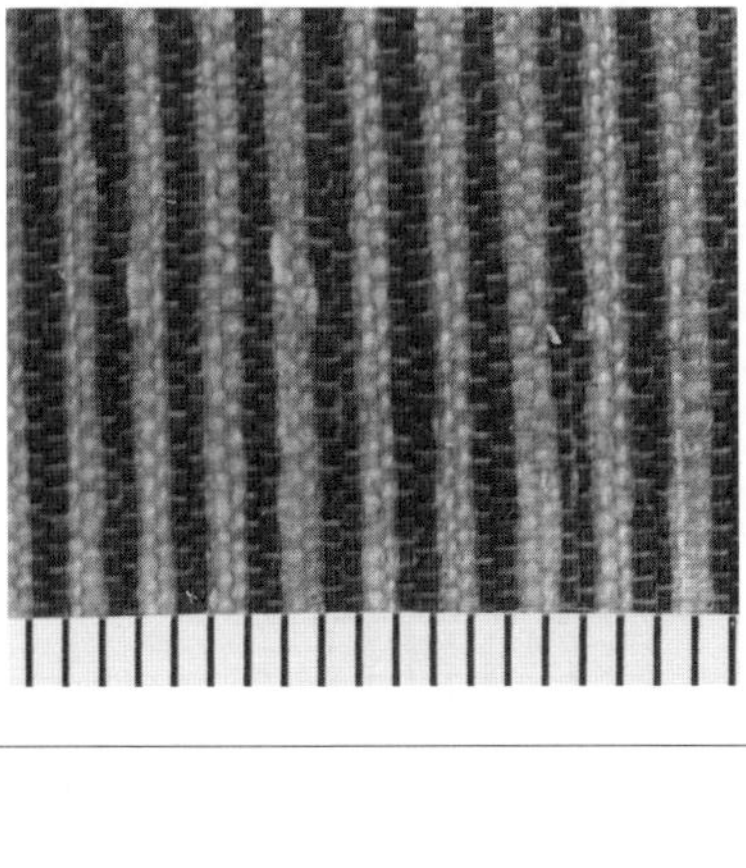

タテ糸の色を2本ずつで違えるのが万筋嶋。嘉永7（1854）年銘の通町五丁目太子屋「風流志まほん」から。目盛はミリ。

載る（『京都町触集成』）。千筋と並んで記され、町役人は千筋・万筋を見分けていた。

越後十日町のちぢみ問屋加賀屋には特別注文の実物見本が残り、１８４３年ごろの「御本丸御召雛形」に万筋嶋がある（『十日町市史』通史編６）。本丸は将軍あつらえとなろう。

上は大名級から下は手代、遊客、京都の泥棒まで、着る素材は違ってもみな万筋嶋に走っていた。天保改革の渦中で流行はいよいよ盛んであった。

## ◉もぐさと刷毛目

白木屋手代には玉糸紬と越後ちぢみの「もぐさ嶋」があった。京都ではそれを「織色」と言い、１８４２年の盗難手配書に「織色木綿じゅばん」などが載る（『京都町触集成』）。

「もぐさ嶋」はタテ糸とヨコ糸の色を違える織り方である。点灸《てんきゅう》のもぐさに似た中間色となり、無地に見え嶋柄ではない。田沼期には麻の柄で、内藤新宿でもてた客が「もぐさ晒しの帷子」、下に汗取りの「白麻の襟の編みじゅばん」であった（『甲駅新話』１７７５刊）。越後ちぢみでよく織られ（『反古染』天明期稿）、「もぐさ嶋などを好むが病み出だし」と川柳が息子株をからかう（『誹風柳多留』21編、１７８６刊）。

「もぐさ嶋」は19世紀に紬や木綿へ広がり、流行柄となった。「すいのうは、もぐさ・みそこし・小弁慶」（『誹風柳多留』１３７編、１８３４

図142　木綿もぐさ嶋

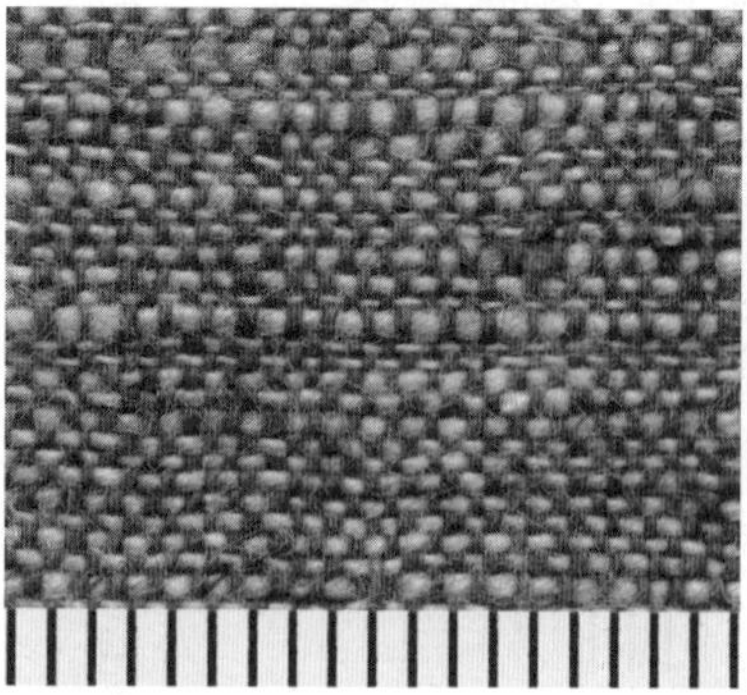

タテ糸は白、ヨコ糸は薄青で平織。無地であるが糸の色を違えるので嶋と呼ぶ。前掲帳面から。目盛はミリ。

刊）と川柳にある。「すいのう」は食品の水を切る竹かご、その編み目をよく見れば「もぐさ嶋」あり、太細二通りの格子柄「みそこし嶋」も、小弁慶嶋もあると言っている。「結城木綿もぐさ嶋のひとえ」は、深川昼遊びのサビのある男であった（『婦身嘘』１８２０稿）。

似たものに「めくら嶋」があるが、タテヨコとも紺糸で織る無地木綿で、染物より色が丈夫という利点で労働着となった。

小さくて見えにくい「刷毛目嶋」も19世紀の流行であった。「濃淡の藍、あるいは紺と白を、片羽交《かたはがい》と言いて経緯ともそれぞれ一糸隔てに織るを刷毛目という」（『近世風俗志』）とある。それはタテ・ヨコ糸とも一本ごとに色を替える平織柄で、刷毛《はけ》で塗るあとに見立てられる。

「刷毛目桟留の布子」（『大劇場世界の幕なし』１７８２刊）は、刷毛目嶋に織った桟留嶋である。江戸下町で19世紀に好まれ、深川へ渡る今風の船頭が「木綿縮み刷毛目嶋を裏返して仕立て」、豆絞りの「けしたまの手ぬぐいを腰にちょいとはさみ」（『婦身嘘』）、自慢そうであった。

豊前中津郡の村に「片端（かたは）嶋」があり、１８２０年前後の盗難記録に出てくる（『豊津藩歴史と風土』3、4輯）。その名は筬《おさ》の片羽に由来し、タテ糸だけ一本ごとに色を違えた嶋となる。微細な嶋柄の裾野は、九州に及んでいた。

消え入りそうな細かさへと、19世紀の柄の探求は突っ込んだように見える。遠目には無地としか見えないところまで、嶋柄は小さくなる。全部がそうではないが、もうこれ以上はないという微細さの追求、柄を求めながら

**図 143　木綿の刷毛目嶋**

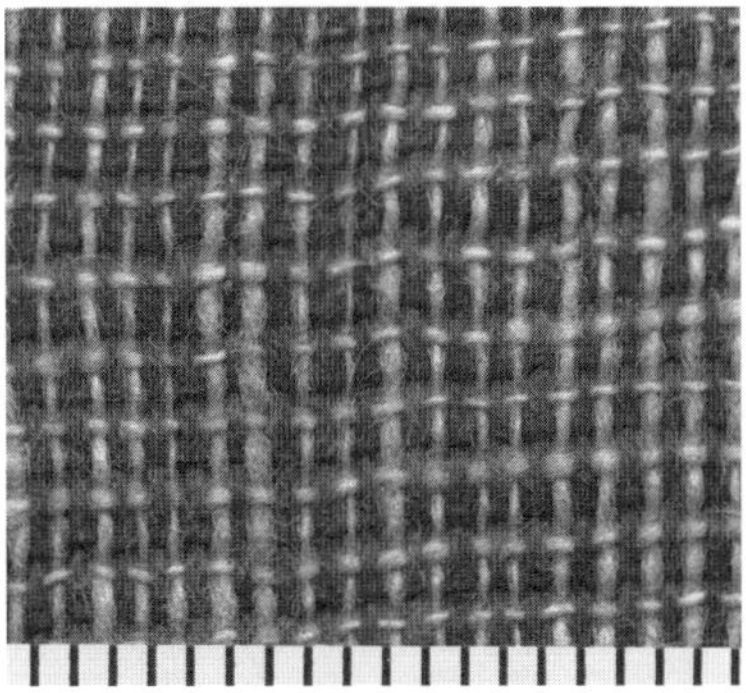

最も細密な柄で、タテ・ヨコ糸とも一本ごとに色を替えている。無地の外見となる。前掲帳面から。目盛はミリ。

柄を消す動きが、繊細な自己主張として、また地味に見せて取締りを避けるために男のトレンドとなっていた。もっとも、同じ藍色でも、糸を染めて織るものは布全体を染めるのとは微妙に異なる色合いになる。男がそのわずかな差にこだわったことは間違いない。

## 7　川越唐桟とは何か

### ◉守貞の見た川唐

川越唐桟または川唐のことは喜田川守貞『近世風俗志』が詳しい。古渡り唐桟の値段が上田嶋の五〜六倍もしたので模造品類が数々現れ、そのなかで武州川越産のものが世評高く江戸男に好まれた。「外見は華やかならずして、実・善・美を競う」幕末の世では、風流の女も川唐を余所行き着物にした。

川唐の実物を著者は見ていた。川越産の優等品を「真物のごときものあり」、「あらあら真物を欺くものあり」と評価する。それが「川越唐桟まがい」、略して川唐である。

本物そっくりの唐桟とは驚くべきことである。渡来唐桟をよく知る著者に見間違いはないだろう。本物と甲乙つけがたい唐桟は、和製木綿では作れるはずもなかった。単繊維が長く細くまとまりやすいインド綿に対して、和の木綿の繊維は短く太く反発しやすい。綿糸にしたときの細さとしなやかさに、彼我で大差があった。川越はありえない壁をどう乗り越えたか、そこが問題となる。

定説は川唐の優秀さの理由をイギリスの機械紡績糸に求める。川越町役場の「功労者事蹟調書」によれば、川唐の創始者は商人中島久平（１８２５～88）で、生糸が外国に行きイギリス唐桟が入ってくる横浜貿易を目にして商機を見出したという（『川越市史研究』１９８４刊）。川唐は１８５９年の安政開港後の話となる。

「文久元年（１８６１）横浜ポール商会に交渉特約し、洋糸（機械紡績糸）ならびに唐桟織見本を郷里川越に送り、機業家たる塚越村高橋新五郎、野田村山田紋右衛門・中沢左平次に分かち、川越二子織と称するものを製織せしめ、販路を拡張し……洋糸輸入以来、機業の大革新を来たし、数年ならずして産額数十倍に達し、川越唐桟・二子織の名をして世の賞賛を博するにいたりたり」（前掲調書）

似た記録が武州塚越（蕨市）にもある。塚越の綿織業は幕末に勢いづき、高橋新五郎家は天保年間に高機百二台の工場を経営していた。その回想によれば、高橋家は１８６０年に横浜へ来たイギリス綿糸二個を買い、翌年は約束通り二十五個すべてを買った。その細糸の二子（双糸）綿布が当たり、従来の和製木綿より佳美だと評判になった（『機業伝記』１８８５稿）〔補注〕。機械紡績の細綿糸でようやく糸二本引きそろえの布ができ、初めは塚越二子と呼んだ。それが近代に「埼玉双子」「東京双子」という大型商品になり、尾張・美濃も双子に追随する。ただ塚越の高橋家帳面にある二子の木綿嶋は、「真物のごとき」唐桟ではない。機械糸は確かに和糸より細く均一であるが、塚越の製品は唐桟のまねというより和製木綿嶋に現れた新バージョンと言える。江戸人にほぼ「真物」として納得される唐桟ではなかった。

川越も塚越も二子は１８６０年以降である。それでは川唐の時期が遅すぎる難がある。数年かけて二子が有名になったとすると、『近世風俗志』に間に合わない。同書序文によれば執筆開始は１８３７年、著者が江戸へ出たのは1840年、ペリー提督の軍艦による戦火を恐れて原稿を川越の親族に預けたのが1853年。その後に追加加筆して完成させ、点検したのが1867年である。川唐の記事は最終点検での追記となってしまう。

川越二子は余りに時期が遅くなるし、製品の精度からしても、「真物のごとき」川唐と同一視するのに無理がある。本物そっくり川唐はそれより前からあるのではないか。『近世風俗志』は少なくとも三ヶ所で川唐に触れるが、どれもが最終点検で加筆されたとするのは不自然でもある。

【補注】蕨市文化財の高橋家の木綿嶋帳面には、機械紡績糸タテ二本引きそろえの嶋柄が多く、当初の二子はそれであった。別名は柾木《まさき》双子である。後には細糸二本を撚り合わせた糸を二子糸と言い、その布が二子織となる。

## ◉定説と違う川唐

『近世風俗志』の言う本物そっくりの川唐が、機械紡績糸を輸入して始めた中島久平の二子と同じかどうか。その説は、次の証拠により崩れる。

第一に徳川政府による1856（安政三）年の「江戸移入貨物」の調べがある。諸問屋の届けによれば、川越から来るものに絹袴地の川越平や糸入り木綿とともに、すでに「川越まがい唐桟」があった（『東京市史稿』市街編44）。安政開港の何年も前に「川越まがい唐桟」は江戸で知られており、その略称が川唐となる。

第二に西沢一鳳（1802～52）の記事がある。一鳳は上方出の歌舞伎脚本家で、江戸に出て『皇都午睡《みやこのひるね》』を書いた。上方の唐奥嶋は江戸では唐桟だと、東西の呼び名の差を記したうえで、次のように言う。

「川越にて織る奥嶋を川唐」（三編下）

この本の成立は1850年。中島久平の二子の十年ほど前になる。川唐はその時すでに有名であった。

こうなると本物そっくりの川唐は、中島久平の二子より前から知られ、二子とは別物ということになる。つまり機械紡績糸が本物そっくりの川唐を作り上げたことにはならない。前提となるイギリス細綿糸の話は振出しに戻り、それとは別の素材をみつけなければならない。

川越・飯能や青梅・八王子の広い地域の仲買商人が、１８５１年に取引市場「嶋座」の協定を結んだ。そのとき絹太織や木綿結城、青梅嶋類や「唐桟織」の規格寸法を定めた。その規格によれば、「唐桟織」は反物の長さ「六丈一尺」、幅「二尺」の二幅物である。それは江戸で言う広桟で、「広桟織」と呼んだ方がよさそうだ。

その協定に筆頭で署名するのは川越の「正田屋九兵衛」、二子開祖とされる中島久平の父である。九兵衛は絹の袴地の商人であった。その取引で川越を代表した有力者である（『入間市史』近世史料編）。

川越を中心とする広い地域で生産した広桟留は、輸入綿糸の来る前だから旧来の木綿糸によるほかない。それでは本物そっくりの川唐はとうていできない。そうなると川唐の素材は何であったか。絹糸を使った可能性が出てくる。川越や八王子は元来が絹織物業の地で、正田屋九兵衛はその大商人である。模造唐桟は種類も多いが、本物に似るとなると絹しかないのではないか。精巧な「糸入り桟留、渡り紛い」はすでに田沼期からあった。

絹の模造唐桟は江戸でよく知られ、天保改革の取締り当局の悩みの種であった。１８４３年に見廻り役が、唐桟に酷似する絹物への対処を上部に問い合わせている。

「近年、まがい唐桟多くこれあり。見咎《とが》めそうろう節、木綿の趣申し立て候ても、私ども真偽を見極めがたく、まがいにござ候とも唐桟留に紛らわしく見え候分は、差し出すようにすべく候や」（『市中取締類集』22、町人衣服之部）

当時は絹のまがい唐桟が多かった。見廻り役が見とがめても、木綿と言われれば真偽が見分けがたい。絹のニセ唐桟は判別がつかないから取り締まりようがない。本物に近い「まがい」をとりあえず奢りとして検挙してよいか。上司にそれを問い合わせる文章と解釈できそうだ。

警察を困らせる本物そっくりの絹唐桟。守貞が「真物のごときもの」と見たのはそれではないか。それなら江戸女の余所行き着物でもおかしくない。

もっとも「川唐」なるものも精粗・価格・製法とも一様ではなかった。青梅近村の八木謙斎（１７９４～１８８１）は１８２０年代に京都から高機を導入し、タテ木綿・ヨコ絹か紬の嶋柄を製造した。地元の石碑ではそれを「いわゆる川越唐桟である」としている（『入間市史』通史編）。これは和糸を使うから、守貞を驚かせた本物のごとき川唐とは違って、その裾野に位置するものであろう。

## ◉絹七々子の唐桟

海保青陵（１７５５～１８１７）は商機を知り世情に通じる経世家で、商家や武家に招かれて講演や経営相談にあたった。呉服屋に請われて訪ねた川越で、青陵は下級武士の織物の内職に目を見張った。

「今のとき、内職の最も大なるは川越平なり。天下一統、夏袴は川越平なり。家中の内職、在町に移りその土地の産物となれり」（『稽古談』１８１３稿）

川越平はヨコの地糸を太くして固く織り、しわの出にくい絹袴地である。下級武士とその家族が内職で織り始め、売れ行きがよかった。やがて町や村でも織り出して川越平は地元名産となる。それを見て青陵は内職を恥じる考えを捨てよと説いた。

青陵はさらに「川越に遊びて見るに、夏袴のみならず、今ははなはだ結構なる物を織り出す」と言う（前掲書）。何か特別な織物を口ごもりながらほのめかす言い方である。川越平と並ぶ製品があったようだ。青陵は別の本で川越紬・川越八丈・川越木綿にも触れ「大きに趣向あることとなり」と呉服屋に売り方の工夫を説いている（『升子談』）。

青陵はもともと武士の出で武家とも交際があった。唐桟の極秘情報を聞き込んだのは将軍付の役人からであった。

中奥御番の滝川という二千石の旗本が、あるとき唐桟裃《かみしも》で登城しようとしていた。旗本は「この裃は手触りがいいだろ」と青陵に言った。外見はどう見ても唐桟であったが、手で触れるとそれは「絹七々子織」であった。旗本は「役人衆はみんなこれだ。真の唐桟を着ているのは白河一人だけだ」と言った（『燮理談《しょうりだん》』「海保青陵全集」）。

これは寛政改革期の話となる。改革を主導する白河藩主松平定信を旗本は呼び捨てにした。役人らは木綿の唐桟ではなく絹製の裃を欲した。それで唐桟と見せかける絹七々子織が現れ、その裃で定信の目をごまかした。定信の命令に知らぬふりの役人が間近にいたことになる。本物の唐桟は定信一人だけとは政治の世界の恐ろしい話である。急な逆流ゆえ水がつかえた、と青陵は改革政治を批評している。

寛政改革期の洒落本に「いとざんの袴に、箔のついたお太刀を決めつけ」という武士客が載る（『替理善運』１７８８刊）。「いとざん」は「糸桟」、絹の桟留嶋のことで、よく知られて略称があった。客は古めかしい太い刀を腰につけて、改革期の時流に合わせた格好をする。しかし袴は木綿奨励を受け入れず、背いて絹をはく。上に定信の号令あれば、下に旗本らの対策ありである。ちぐはぐな装いがそれで街に出てくる。洒落本は見てくれのごまかしを鋭く見つけてからかっている。その本の表題は「変わりせん」と読む。

山東京伝も寛政改革による発禁処分の前年、似たものに言及する。仙術ではやりの反物を出す場面で「艶なしの七々子」を筆頭に掲げる（『京伝憂世之酔醒』１７９０刊）。「艶なし」は絹のツヤを消して木綿を偽装する品である。ご時勢でそれは人気アイテムとなっており、著者は改革政治の裏面をそれとなく知らせ、皮肉を言っているように聞こえる。

## ◉木綿のような絹

七々子織の出色のまがい唐桟。それはどこでできたか。青陵も洒落本も何も言わない。それが川唐だという証拠はない。しかし、川越商人は18世紀後半から地場のテキスタイルを手広く扱い、飯能など周辺の七々子織は知られる製品であった。唐桟まがい七々子織を生産しうる有力な土地となる。青陵が手で触った七々子織こそ、川唐の元祖、評判になった川唐、群を抜いた模造唐桟、ただし表ざたにしかねる川唐だったのではないか。「はなはだ結構なるもの」を織ると青陵がはぐらかしたのも、それではなかったか。

本物そっくりの七々子織の唐桟は寛政改革で世に出た。その製品は定信の目をふし穴にしてしまう迫真性を必要とした。需要は絹を捨てられない旗本らに生じた。特異なその需要は旗本の面従腹背に発していた。寛政改革から五十年もたつと、七々子織などの絹の唐桟は恐らく「川唐」の名で市中にもあった。守貞の目にそれは「真物を欺くもの」と見えたが、だますために出発した商品であるから当然である。

青陵の証言は危険を伴う恐れがある。だから本人が書いたのではなく、受講者がうっかり講義録に残したのであろう。青陵は寛政改革の結果について「いかさま風俗はさとく巧みになり、智は倍々に増えた」と述べる。際限のないごまかしをはびこらせた、ということである。

「七々子」は「魚子」とも書く。タテヨコとも二本以上の糸を引きそろえて平織にし、織り目が詰まって魚の卵の粒々に似る。「経緯ともに撚り糸にて織り、男帯また紙入れの表にもする。嶋、無地、品々あり」（『万金産業袋』）とされる。絹特有のツヤを消して木綿そっくりに見せるのが、川越の発明した絹糸となる。

昔の「本唐桟嶋はことのほか宜しく」、今は「見かけもせぬ也」と、八十歳を超えた旗本が１８１０年に書いている。優れたインド製品が乏しくなって、「唐物まがひ追々国々より織り出す」と（『飛鳥川』）。絹の川唐はそこから頭一つ抜ける品だったのであろう。

人柄のよい万事行き届いた遊里の亭主が、火鉢の前にあぐらして「小紋縮緬の上着の上に、七々子嶋のはぎ集めた袖なし羽織」を着ていた（『四季の花』１８１４稿）。その羽織が本物の絹川唐の継ぎ合わせだとすると、よく似合いそうである。

# 8　名主庄屋の嶋柄と絹

## ◉百姓の服の法制

百姓の衣服を町人と同等とする徳川領の基本法は、改革政治でも変わらなかった。寛政改革でも天保改革でも、法令で見る限りでは百姓に綿服を要求した形跡はない。

松平定信は寛政改革の１７８８年に、百姓に衣食住の節倹を説く精神訓話を出した（『牧民金鑑』１）。また、代官手代は「常々綿服」で村々を歩けと命じた（『近世農政史料集』２・３９８）。手代が質素の手本となって、にらみを利かす措置である。しかし、それは役人の服務規定で、百姓はこうせよと言うことは何もなかった。

関東村々の名主に１７９１年、代官の「あい守るべき趣」が配られた。村役人らは公用にのみ絹羽織を着用し、常々は着ないように、とその文書は言う。付則には「もっとも衣類は一統（一同）木綿着用いたすべくそうろう」と書く（「御廻状留帳」『青梅市史資料集』30号）。けれどもその「趣」は名主に職務上の内規を伝える形式をとり、百姓衣類について直接は何も言わず、罰則もなかった。

後の１８２７年にも衣服令らしき関東の触れがある。そこに「百姓ども着服の儀、木綿のほか決して用いず、村役人どもは時により絹・紬・太織まで着用する」とある。しかし、続けて「追々申し合わせ候趣と聞いている」とあり、木綿着用は村々で申し合わせる予定の伝聞、つまり村内合意を根拠としていた。訴訟で江戸に出る並百姓が縮緬羽織とは何事か、着替えるべきだと口調は強いが、その令は江戸の旅人宿へ申し渡すものであった（『徳川禁令考』２８２６）。

とはいえ農村の寛政改革は、代官によっては平穏ですまない。信州北部の代官領の名主は、田沼時代との差を日記で回想する。「代官などが廻村し、博打をする者、家業を怠る者、小盗人を見かけ次第召し捕えた。それらしい風聞があれば召し出し、拷問・手鎖・牢屋《ろうや》・宿預けなどで吟味があり、死罪・欠所・追放・たたき・過料などの処罰を受ける者がおびただしかった」（『中野市誌』歴史編前編）。軽犯罪や家業怠慢への懲罰が過酷となり、犯罪に名を借りた捜査と刑罰に震え上がった村の例である。

天保改革では１７８８年と同じ「百姓の粗服、古来の風儀」の精神論の令が出た（『徳川禁令考』２８２９）。が、農村での衣類取り締まりはごく稀だったようだ。

「五人組帳前書」は名主が年々百姓に読み聞かせたとされる文書である。徳川領ではそこに「百姓町人衣服、絹・紬・木綿・麻布。このうち分限に応じ……」とある。旗本の山本大膳が１８３６年に刊行した模範本『五人組帳』でもそのままである。百姓町人同等の祖法は、下々にしみこんだ約束だった見なければならない。村の年貢収納が政府の一番の関心事で、衣服令で騒ぎを起こす余裕はなかっただろう。

それでも村々では木綿着物が圧倒的に多かった。木綿は便利さ安さ丈夫さなどから、村々の事実上の基準だったことになる。

大名領には百姓綿服を明記する法令がある。領民が江戸の風に染まるのを警戒して、多くの大名が法令を作った。

## ◉大名領の虚と実

広島藩は寛政改革の１７８９年、「町方の者ども妻子衣類華美にあいなり、上着は紬、下着ならば縮緬、裏などへは結構なる物をつけ、帯下かかえなどは別して地合よろしく相応ならざるものを用い」として、まず町の引き締めにかかった（『新修広島市史』第2巻）。

１７９１年には村の対策に乗り出し、袖口に至るまで絹無用、婚礼や祭礼でも紗綾縮緬は無用と百姓に命じた。村々では「妻子派手の衣服」「人ごとに華美」で「遊人多く」、習い事や村芝居が盛んであった。法令は農家使用人にきつく「木綿紺染無紋に限る」とする。木綿でも紋付や京染・模様染・型染を禁じ、古着の染柄や家紋に墨で×印をつけさせる村もあった。

法の現実離れをしのぐ知恵が必要であった。役人が来た時だけ形を作る村があったし、見て見ぬふりの役人もいた（『広島県史』近世資料編3、5）。法令だけ見れば木綿一色となるが、村役や村民は表と裏の二面性を工夫して耐えていた。

領内の金銭を他領へ流失させる絹の華美は、大名領では放置しがたい。しかし、木綿を輸入に頼る地域では、木綿の方が通貨流失を招く。養蚕地帯の諏訪藩岡谷村は１８２１年の定書《さだめがき》で、百姓の絹を認める。「女の分……手前織は絹紬・太織・かぴたん御免。縮緬以上の類、御停止の事。もっとも帯の儀は縮緬・八丈紬までは御ゆるし候」（前田正治『日本近世村法の研究』）。かぴたんはタテ絹ヨコ木綿の平織で、領主から見れば、自家製余り糸の絹物を禁じる理由はどこにもなかった。

上州前橋藩も同様で、村の女の上着は紬まで、下着は地絹までと決めていた（『前橋市史』第3巻）。華美とするものの実質は土地ごとに違った。

## ◉内なる奢り批判

八郎潟に沿う羽後新関村では肝煎《きもいり》と呼ぶ村長が長く威勢を振るった。村人は訴訟と課税権を握る村長を恐れ、せき払いにも身を縮めた。「六七十年前」の18世紀末のころを村役の一人がそう書く（『羽後民情記』「日ぐらし草紙」１８５６以降稿）。

家は板を惜しんで後側をわらで囲い、六十軒のうち畳があるのは武士の泊まる三軒だけである。野良着は男も女も白い藤布で、袖や襟の縁《へり》に紺の布をかぶせていた。嶋上木綿の一反銭一貫二三百文より高いのを持つ人は一郡に十人もいない。青梅嶋や桟留嶋は「みな裕福の輩」のもので、他の人に絹気はない。

その村が19世紀半ば「衣食住とも昔の百倍増」となった。昔は「実に上中下の差など守りありて、今時のように上下なき尊卑なきおごりの世の中ではなかりし」。上に属した物が今は下の者に降りて、モノが過去に表した人の序列が崩れている。その消費拡大と平準化が奢りと見えていた。

青梅嶋などを見る世となって、昔の格差は忘れ去られ、人の尊卑を金銭がはぎ取る。利を考える世は人を悪くさかしくすると見る。だからせめて二十年前の世にさかのぼりたい、とその年配の人は書いた

東海道の浜松領入野村では１８０５年ごろ髪結が現れ、若者全員がまもなく客となった。若いのが自分の髪すら結えなくなり、やらせていた年寄りが困った。下駄や草履は１８２０年代から。木綿合羽は１８３０年代に飛脚と同じ引き回し合羽となった。高機は１８１５年に来た。羽織に広桟留嶋風呂敷の商人風の村人が、１８３５年ごろ現れる。天保改革で木綿の高級品が売れると、織女を雇う織屋が村にできる。

村の竹村広蔭という人が「上下にかかわらず、ますます奢りに長じる世の中」をそう書いた（『変化抄』１８５２筆、「浜松市史」史料編第4）。過去には断念していた欲望が金銭で充たされる。新たな財やサービスは人の労力を省き、人を安逸にして登場する。著者の見るところ、人は後ろめたさに気がつかない。

越後蒲原郡の僧も似たことを書く。布・木綿が絹・紬となれば、手織嶋は青梅桟留に変じる。樹皮染料の木皮

染は紺屋染になり、手染の裏は形付（型染）の裾裏となる。独り歩きは供連れとなり、人情は篤実から軽薄へ移り、義は利に変じる。あさましいではないかと言っている（『救荒孫の杖』１８３６序）。欲とモノの拡大を徳の減少とつなぐ眼差しがあった。その人が懐旧録を書くのは、昔日の飢饉《ききん》のさまを子孫に残すためであった。

とはいえ奢りはうれしそうにも語られる。「何だえ木綿結城の竪嶋か。ばあ様の手織りなんどは着ねえだな。田舎が奢って来たから銀がねえはずだ。帯は博多と……下着は更紗木綿か」（『狂言田舎操』１８１１刊）。19世紀前半に多くの村で江戸と似たことが起きた。当の消費者には喜びがあり、身の程超えるという意識は薄れる。だから１８０４年に「奢りは太平の端にて目出度ためしなり」と堂々と書いた老翁もいる（『藤岡屋日記』）。「衣類の奢り目を驚かせり」は他者を見おろす立場の人の思考と見方のフレームであった。その議論は昔を忘れるなと説くが、金銭経済化の度合いが進むと、どこか古い表向きの説教と聞こえただろう。

## ◉村に来る絹買い

商人は無益の品や都会の風を村へ運び、村から金銭を持ち去る。その通念に反して、上州では商人が村に金銭をまいた。絹買い商人が甘楽郡の村を「桟留赤嶋の綿入れに伊勢嶋三筋立の羽織」で歩く。嶋柄はいやでも目につき、村人が柄の名を覚える。村の侠客の着物「清羅小」はセイラス嶋のなまりであろう。商人は紺絣の風呂敷を背に「ときどき京言葉を無理に交える見栄あり」「軽薄笑い」をする。実のない笑い方を村人が学ぶ。「かうたじゃあ（こんなことでは）、ぞうりでもはけやしねえ」。草履代も出ないという商人言葉が村では耳新しかった（『山中竅過多《あなだらけ》』１８０５稿、「群馬県史」資料編９）。

この戯作もどきは名主の作である。商人の言い回しを覚えて値段でわたり合った経験が文に生きる。寛政改革十余年後の村の姿である。

関東の暮らしの変化は急であった。関東取締出役が１８２６年にそのさまを報告する。第一に商いに走る村人が増えた。繭や糸・絹・木綿を出す村の市《いち》はさびれて、仲買「せり買い」がわれ先に村を回る。町場だけにあった紺屋が村にもできる。中山道本庄宿から鮮魚を売りに出る天秤棒の行商人は、三十年で六倍の四十人余りとなった。菓子屋、居酒屋、そば・うどんの屋台が村に出て、湯屋や髪結さえ見る。江戸五里四方では、野菜や木材を江戸へ運んだ帰りに商品を買うので、商人の村への出入りはむしろ少ない。

第二に消費水準が上がった。富める百姓は婚儀に半日だけは高価な服を着るし、役人を雪駄で迎える。男に蛇の目傘、女に日傘や桐下駄がはやり、髪飾りや髪油が出回る。儒学や俳諧や生花などの遊芸師匠が、江戸から来て村人を弟子にする。相撲取の興行も来る。

第三に機業はいよいよ栄え、女は田畑よりも機織りに精を出す。近来は木綿結城嶋が盛んである。上州武州では女が賃織の奉公で年五両七両と給金を取る。嫁を貰う支度金が生まれ、貧しい男があぶれる。

第四に田畑が余って値も下がり、高持百姓は難儀をする。上州武州は二十年前から米を輸入している。機業地の足利在田中村では、三十年前に八十両だった田を今は質に取る人がおらず、他村の者が十五両でどうかと値切って破談になっている（根岸茂夫「史料紹介」『武蔵野』３０６号）。

関東取締出役はそれを奢りの世と伝える。けれども村の商いや消費や高賃金は、金銭経済化の結果であって、いずれも豊かさの証しとなる。年貢に頼る役人は農業専一の村を夢見て、消費や余業や田畑荒廃を警戒の目で見る。その背後には支配者と農民の財の争奪戦の影がある。その意味で奢りは、心をからめ捕る政治の言葉であった。

## ◉信州小諸の流行

上州の山を越えた信州小諸の名主は随筆を書いた。１７９３年に生まれ家塾を営む小林四郎左衛門の『きりもぐさ』である（１８５７稿、「新編信濃史料叢書」第10巻）。少年のころ「打ち抜き」の木綿を着て小諸を歩くと、女衆が「ひとえ物見せよ」と寄ってきて、「裏表打ち返し見た」。女たちは表裏を見比べ、初めて両面染を知った。「そのころ小紋と言えば、片面にて今の中形くらいを地太の木綿へ染め」ていた。地木綿に大き目な文様を染めた時期に、両面染の小さくくっきりした文様柄は、細糸の生地とともに驚かれた。

１８１１年ごろには紺の濃淡の嶋や紺絣嶋を着たが、路考茶・璃寛《りかん》茶・大和柿色など「浮ついた」色がその後はやる。１８１６年には「真岡染」でないと人前に出られないと言われた。真岡は晒し木綿で、白さの際立つ染生地である。

１８４５年ごろ小諸に高機が入り、「昔と変わり女衆の手際もよくなり、われ劣らじと」織女が競った。晒屋ができ、砧《きぬた》で布を滑らかにする職人や、型紙で両面に防染糊《のり》をつける紺屋も現れた。

１８５０年代に「絹糸入りの嶋」が出た。地木綿ほど丈夫ではないが、「仕立てばえ第一」の「布の弱るに構わぬ世の中」となる。耐久性ではなくファッションへ、重い着物から軽いものへ、木綿の座標軸が変わる。

これらは小諸の木綿物高度化の五十年ほどの歩みとなる。都会から生地と色柄が流れてきて、昔ながらの地木綿を片隅に追いやる過程であった。

絹糸入り木綿嶋は各地で喜ばれた。但馬の豊岡では１８２５年、五町の年寄りが倹約令につき内々の願いを官に届けた。「頭分《かしらぶん》の者は平日たりとも古き糸入り嶋をお許し下されたきこと」。それ以下の者にも祝日・物詣・他行には許されたいこと、と（『鳥井家日記』「日本都市生活史料集成」10）。糸入り嶋はタテ絹糸で嶋柄をくっきりさせ、皆が持ちたい品になっていた。

山陰の米子では１８３８年、農家からの盗品に木綿嶋のほか、糸入りのひとえと綿入れがあった。法に触れる物も返されたとあり（『新修米子市史』第9巻）、それは糸入りを指すのであろう。木綿嶋や糸入り嶋に勢いがついていた。

秋月藩のあった九州甘木・朝倉地方では、江戸に出た者だけ着ていた江戸型染の浴衣が、いつの間にか子供着になる。「昔の衣類は無地なりしが、（19世紀初めの）享和・文化のころより嶋流行し、（天保の）今はもっぱら嶋を用いる」（『望春随筆』「福岡県史資料」第7輯）。田沼期からの江戸の嶋柄ブームが時を経て村に入り、染柄とともに浸透した。

小倉領の村々で見ると嶋柄は１８０５年ではまだ少ない。高槻村の泥棒は男物木綿着物類七点を盗んだが、嶋柄は羽織の裏一点であった。田方郡秋永村では、土を掘って土蔵に入った泥棒が男の着物類十三点を盗んだが、嶋柄は三点である。伊方村では盗難の男女着物類九点に嶋柄がなかった（『小倉藩庄屋永井家文書・文化二年丑日記』）。嶋柄への歩みは土地ごとに違った。

## ◉嶋柄好きの名主

年貢減免の訴願など村の実務を担う名主庄屋は、多くが絹物や嶋類を持っていた。武州入間郡赤尾村の林家は１８０８年、分家など何かの理由で衣類リストをまとめた。百点を超す男物衣類一式の銘柄や色柄がそれでわかる。名主家にどんな絹や嶋類があったか、要点を記せば表39となる。

林家にはとにかく絹物が多い。夏羽織四点、裏つきの羽織で八点の絹物がある。裏地のつく絹類着物は二十点あるが、紋付黒羽二重はない。役所の武士の黒羽二重に、名主は遠慮すべきなのであろう。地絹の黒紺系の紋付四点が役を務める服である。常着や外出着は地絹や紬の嶋柄である。上田嶋や紬嶋や太織嶋が村では名主を表わしていた。

林家の木綿着物は凝っている。唐桟留や結城木綿や木綿縮みは、田舎にいながら江戸人にならう。絹物の質への抑圧と遠慮が、上等木綿への欲求となって回帰している。高級木綿の着物裏には地絹の「柔らか裏」をつけ、実質は絹相当の扱いをしている。

木綿嶋の着物は十六点あり、嶋柄にひときわ打ち込む人であった。桟留嶋の多さも江戸と同じである。「刷毛目嶋」「障子《しょうじ》格子」があるし、「立紺横白」とあるのは「もぐさ嶋」である。デザインでも流行を追いかけ、とにかく江戸情報によく通じた名主さんであった。

## ◉変化のリーダー

駿州駿東郡山の尻村の庄屋と思われる人物は、大がかりな贈答をしていた。１８０４年に娘三歳の祝儀を村内外六十四人から贈られる。多くは銭や草履・足袋やサバ・イカであるが、その中に表40の裏つきの着物十二点があった。「下り袷」は京都の絹類の染柄着物である。郡内嶋と合わせて絹物は三点、木綿着物は九点。嶋柄は半数の六点を占め（『静岡県史』資料編12）、女児にしては少なくない数である。

**表 39　武州赤尾村名主の男物衣装の特色（1808 年）**

| | |
|---|---|
| 羽織 | ひとえ羽織は地絹3点、絽1点とも小紋染。袷の羽織の地絹2点は小紋、紬の3点は無地染、1点が格子嶋。竜紋（太糸の絹）1点は黒羽織で、儀礼用。 |
| 袷《あわせ》 | 裏のつく絹類着物を20点持つ。その半分が上田嶋、越後紬、地絹嶋、八丈摸織、太織嶋など嶋類。次いで地絹・紬・太織などの無地染となる。地絹の黒紋付や無地染はあるが、黒羽二重はない。地絹と太織の「生《き》なり色」は精練しない絹物で、下の着物になる。 |
| 木綿 | 裏つきの木綿着物は青梅嶋、結城木綿、唐桟留、綿縮み各1点のほかに、桟留嶋が4点。唐桟留・結城木綿の裏には地絹をつけた。ひとえの着物8点には、刷毛目嶋や障子格子、もぐさ嶋があった。 |
| 帷子《かたびら》 | 儀礼用に白と浅黄の紋付帷子があり、ほかに弁慶嶋など嶋柄の帷子5点を所持。 |

田村均「幕末庶民のよそおいと流行ファッション」『埼玉大学紀要』教育学部人文・社会科学53巻1号に翻刻。

駿州庵原郡内房村の小間物・木綿店は、１８１１年正月の商品在庫調べを残す。在庫額は十三両余り、白木綿に晒しと地織があり、柄物に名古屋嶋・甲州嶋・名古屋絣・大和絣・桟留・夜着嶋・色嶋・更紗がある（前掲書）。東海道筋でそんな木綿銘柄が広く流通していたことがわかる。

信州上田近在の庄屋は１８２６年、娘の嫁入り衣装を整えた。絹物は四十点。地絹や上田嶋、紬、節《ふし》嶋、太織嶋がほとんどだが、縮緬綿入れ着物も三点あった。縮緬は禁制であるが、庄屋は分限格式から支障なしと判断している。

表41のように縮緬着物は地味な色の無地染で、赤や紫は表着にしない。派手な色は下に着込むか帯になる。嫁入り衣装は婚家で村人に見せる習慣があり、娘に肩身の狭い思いをさせないための絹類であった。

木綿の嫁入り着物は十点。「嶋染」など七点が嶋柄で、銘柄で青梅嶋・結城嶋・桟留・貫《ぬき》紬がある。地物と違う木綿嶋は、豊かな人の嫁入りで村に入り、人の目を引き付けたであろう。

長良川の中流、武儀郡下有知村の例は泥棒に入られた庄屋である。発見されて戻った衣類を１８４６年の受領書に記す。男物に次の八点があり、そのすべてが嶋柄、三点が絹物であった（『岐阜県史』史料編近世８）。

「上田・藍竪嶋・綿入れ」…………（藍色タテ柄の上田嶋の綿入れ着物）

**表 40　娘の三歳祝儀の着物**
**1804 年駿州駿東郡**

| 嶋　柄 | 染　物 |
|---|---|
| 郡内嶋振袖布子……1 | 下り袷………………2 |
| 青梅嶋袷……………3 | さらさ布子…………2 |
| 地嶋袷………………2 | 木綿布子……………2 |

**表 41　信州上田の絹布の嫁入り衣装（1826 年）**

| | |
|---|---|
| 縮緬　着物 | 茶無地（2）・鼠無地の綿入れ |
| 縮緬　下着と帯 | 紫無垢の下着、緋の下着、紫浜縮緬帯、緋の長じゅばん |
| 綸子 | 白じゅばん？、白帯 |

尾崎行也「着物覚」『信州上田紬』から。

「同・藍竪嶋・あわせ」……………（同前の裏つき着物）
「河嶋・茶竪横・綿入れ」…………（茶地格子柄の美濃川島産地絹の綿入れ）
「紬・染嶋・綿入」…………（紬に嶋柄を染めた綿入れ）
「唐桟・綿入」…………（恐らくイギリス製唐桟嶋）
「木綿・竪横ひとえ　三ツ」…………（木綿格子柄のひとえ着物三点）

庄屋宅の泥棒の見るところ、欲しいのは絹物であり嶋柄であった。それらは恐らく有利に換金できた。庄屋ではないが美濃今渡村の善七は、「帳面五冊」「筆三十本」「金子《きんす》入箱」を持つ商人として婿《むこ》に出た。他領へ持ち出す品を１８４３年に届け出ている。羽織六点のうち四点が絹物で「本場結城茶嶋」もあった。「羽織ひぼ」八組は身だしなみの紐である。嶋柄着物は十六点のうち十三点を占め、「胡麻がら」「細格子」「くづし（算崩し）嶋」がある（前掲書）。「弐は立嶋」四点は、筬《おさ》「二羽」の千筋嶋の流行を語る。

いま東京都世田谷区に入る旧太子堂村の名主は、１８５７年に娘の縮緬着物を買った。翌年には娘二人が江戸城大奥へ奉公に出た。娘は嶋縮緬や御召縮緬、麻の帷子や桟留嶋をねだり、親は仕送りもした。行儀作法のその教育のあと、娘の一人は武家に嫁入りする。名主自身は絹小紋の紋付羽織や桟留嶋布子を持ち（『世田谷区史料叢書』第16巻）、桟留嶋の商人臭さはもう抜けていた。

名主庄屋の服はいくらか村の例外であるが、筆まめゆえに文書が残る。多くはないその史料による限り、彼らは官から華美や奢りの戒めを何度も聞かされながら、内心では都会にあこがれ、絹物と嶋柄に執着して取りそろえていた。統治の末端を担う彼らこそ、捨て置けない村のファッション・リーダーであった。他方で彼らはわざと粗末な服で出頭して、無知無学純朴を装いつつ奉行所代官所の役人をたぶらかすタフな交渉人でもあった（『世事見聞録』１８１６序）。

# 9　みんなの木綿嶋

## ◉足利の結城木綿

結城の木綿嶋が寛政改革のころ名を高めた。糸の紡ぎに十三日、織りに八日をかけるその上質の嶋は、並品の何倍かの一反金一分銭一貫文で売られた（『結城市史』第5巻）。結城紬と同じ地機で織り、江戸上客向けには「極上」というものもあった。

結城の名声を追って下野足利が類似品で追随した。足利は高機で価格を下げて結城木綿の市場に食い込み、「足利結城嶋」の名で知られるようになる。

結城問屋の１８２４年の嘆願書によれば、高機による模倣品は足利のほか館林・栃木・宇都宮・下館に及んだ。低価格攻勢を受けて地位は逆転し、結城木綿は江戸問屋に値下げを強いられ、断れば送り返される始末となる。奥羽地方の得意先も足利などに流れ（前掲書）、本家の結城は名だけ残してコスト競争の敗者となりゆく。結城の木綿嶋は伝統技による最高峰の一つだったが、後にはどんなものか知られなくなる。

木綿織物の高機は、元は京都の二枚機に発する。糸つり具二つを上げ下げする高機は、平織の能率を飛躍的に上げる。結城の地機腰機は糸つり具が一つで、糸の上げ下げを筋肉に頼るが、高機はその操作を器械に移してしまう。それで仕事が早くなり、河内木綿の織屋の上々の女は一日実に二反を織った。給銀は年に百六十匁であった（『泉大津市史』第3巻）。

高機のその能率が木綿の販売価格を引き下げ、綿布を買う階層を増やした。高機は綿業産業化への誘い水となり、商業用織機として各地に導入された。それが賃労働にあてられ売反物を量産した。19世紀の綿業はこうして安さの点で需要に応え、綿布の消費量そのものを大きくした。

秋田藩の例では、１８４０年代に高価格の木綿嶋の移入を差し止めたものの、通貨流失を防げなかった。商人の提案で高機を導入して嶋木綿織座を設け、やがて木綿嶋の領内自給にこぎつける。殖産事業を導いた商人山中新十郎にちなむ「山新嶋」は、領外にも販路を広げた（『秋田県史』第3巻）。

## ◉北陸の尾濃桟留

木綿嶋の需要は新産地を生み出す規模となる。西日本では尾張美濃の桟留嶋を母体として、追いかける産地が玉突きで現れた。１８２０年代から高機と賃労働の地方銘柄が増える。

越前の石田嶋は美濃嶋の技術を導入して始まり、織機は京都由来の「菅大臣機《ばた》」であった。少し後に五郎丸嶋も続く（『鯖江市史』通史編上）。

越中の砺波郡福野村も１８２７年から桟留嶋を織り出す。尾張の織工を招いて織技術を習得し、１８３３年には木綿嶋四千五百反を産するまでになる（『富山県史』通史編4）。高岡では１８２９年に藩公認の岐阜嶋の生産が始まった。美濃桟留嶋を追うその木綿嶋は、村の稼ぎを増やし、藩は資金を貸付けて課税を始める（『高岡市史』中巻）。尾濃桟留嶋に細糸を供給していた越中は、それを土台に桟留嶋の機業地に変わる。商用木綿を藩内生産に切り替える動きである。

各地の桟留嶋は本場の尾濃を刺激し、もう一段の高度化を促す。タテ糸に絹を交える尾濃結城嶋が１８３０年代に始まっている。絹糸で柄を引き立てるのが好評で、それが大型商品となる。

尾張の起村の農家に入った泥棒は１８３５年、織りかけの「桟留・茶紺弁慶嶋」二丈三尺と、機三台の「木綿結城・茶紺タテ嶋」を織道具ごと切り取って持ち去った（『尾西市史』資料編３）。絹入り結城嶋は桟留嶋と並んで織られていた。

福山の備後嶋ないし神辺嶋もまた、天保のころ二枚機を入れて始まった（『福山市史』中巻）。やがて九州や山陰の需要をまかなうほどの産地となる。

岩国では近郊の木綿玖珂《くが》ちぢみをもとに岩国嶋ちぢみが始まる。１７７６年に「木綿嶋ちぢみ、桔梗《ききょう》・紅色の類」という上物を大阪に出したこともあるが、19世紀の岩国嶋は武家のなくてならぬ副業となる。商売を禁じられる武士の妻は、自分で織った木綿を下女に持たせて町方の買取所に出かけ、後ろから指図して値の交渉をしたと伝えられる（『岩国市史』上）。周防の柳井嶋は反物座を設けて寸法改めと検印をし、事実上の物品税を納付して１８４０年代に生産を伸ばした。

商用の綿業にはほとんどの地域で領主が関与した。領主は検印や販売権独占の囲い込みにより運上金・冥加金を得ようとした。通貨の領外流失を抑え、内職収入で家臣を助け、農民の年貢金納を支えるねらいもあった。デ

**図144　福山に来る綿繰り女**

秋になると福山に村の女が来て繰綿の仕事をした。風呂敷を背負い、上に綿繰器を乗せる。着物は手織り木綿嶋の広がりを示す。１８１８年に藩が菅茶山に書かせた『備後国福山領風俗問状答』から。

ザインや原価管理、価格・営業は商人に委ね、資金や流通統制、規格保証で領主が役割を担った。

綿布の流通が盛んになり、他領の製品をいかに締め出すかが、領主の課題となった。綿布の専売制の例は秋田、姫路、鳥取、松江、広島、岩国の各藩に及んだ。

米沢藩は１８３５年の法令で百姓衣類を「手織木綿」に限り、「桟留・真岡・結城織の類」を禁止した（『山形県史』第3巻）。地元の木綿生産を保護して農家の支出を抑え、通貨欠乏を避ける措置であろう。広島藩は１８５４年に「他国産の嶋はあい用いざること」と藩内に命じた（『広島県史』近世資料編4）。他領の木綿嶋ブランドが領内製品の脅威になるとみて、貿易障壁を設けた例である。

木綿嶋の商用生産は、こうして農業社会に産業化のクサビを打ち込み、村の金銭経済化を促した。領主はそれに無関心ではすまず、領内のものは支援し、他領のものを排除する動きがあった。

## ◉天保改革の動揺

木綿織物業は領主の敵か味方か。天保改革のとき領主に動揺が走った。百姓の余業が年貢の危機につながるという不安が、急に頭をもたげる。農業本位を掲げる改革政治に影響されて、百姓を農耕へ引き戻そうとする領主政策の逆流が起きた。

越後見附では関東向けの綿糸生産から始めて、足利の織工に高機を学び、「見附嶋」「見附結城」の綿業が興った。領主は天保改革の１８４１年「郷中高機禁止令」で農村の賃織を禁じた。商用の木綿嶋の仕事を町場に限り、農民を切り離す政策であった。ところが町へ働きに出る女が後を断たなくなり、領主は冥加金と引き換えに結局は譲歩し、農家への出機の委託生産まで認めることになる（『見附市史編集資料』第14集）。同じころ越後の亀田は木綿嶋の集荷地となり、亀田嶋の名で庄内の酒田港などへ輸送した。

伊予大洲藩も１８４２年「近来、在で高機流行いたし、農業の障りにあいなり」と、高機での賃織稼ぎを差し止めた。村々には地機による自家用の手織りだけを認めた。隣の松山藩も「近年、高機嶋流行」となり、伊予嶋・松山嶋が盛んであったが（『愛媛県編年史』第9）、下級武士と町場の手内職に限って従事させ、村での織出しを禁じた時期がある（『愛媛県史』社会経済3）。

商用は高機、自家用は地機という区分がしばらくあった。農家は高能率にもかかわらず高機に移ろうとしなかったが、それは高機の木綿製品が生地の丈夫さなど品質面で劣ると見たからであろう。

帯や羽織地となる木綿小倉嶋は、京都や足利が豊前に追随したのに続いて、19世紀に信州諏訪と岡山藩児島郡でも織っていた。その児島郡では天保改革の際「一家一機制」の令が下った（小野正雄「岡山藩における小倉織物の流通形態」『日本社会経済史研究』近世編）。領主は農家の余業の限度を設定して広がりを止めようとした。農家が現金収入に魅せられて農業が不振となるのを、領主がいかに恐れたかがわかる。

金銭経済の世になれば農家は賃織収入を欠かせない。だが、改革政治の見方では余業は農業と年貢を損なう。その観念的な政治方針は結局のところ綿業と農家を損じ、益もなく短期で終わるしかなかった。

## ◉手織り嶋の全盛

嶋柄の世となって、連鎖反応のように自家製手織りの木綿嶋が現れた。嶋柄を織るには色柄の配列の設計が必要だし、色糸の量を計算して紺屋に染注文を出し、機台に糸をそろえる仕事もある。女たちはそれを器用にこなし、上手に織る女がもてはやされた。

19世紀の手織嶋は空前また絶後の規模となった。地機腰機の手織嶋は、見た目だけでは良さや差がわかりにくいが、生地の質に注意すると、当時の精魂込めた仕事の例を知ることができる。柄見本を貼る嶋帳の数々が、努力の積み重ねの厚みを伝える。小片の布柄を一つ一つ貼る帳面は、女がいかに嶋類に打ち込んだかを示す証拠である。嶋帳は19世紀を通じて作られ、木綿嶋手織りのめざましい活動を記録する。ただ、嶋帳の嶋柄デザインは独創ではないし、地方色も乏しかった。村々の手織嶋はそもそも都会起源の柄を追うものだったからである。

民芸運動の柳宗悦らが見つけた「丹波布」は再発見された木綿嶋の例である。丹波布は町場に売られて布団や夜着になった。藍色は濃くなく太糸の撚りは甘いが、色は天然染料の好ましさに見え、糸は手紡ぎの素朴さと映る。ヨコ糸に混ぜる「つまみ」という絹くず糸は、古風の製糸を思わせる。高機でゆるく織るその佐治木綿は、手仕事の暖かさを残す。神経質にならない太目の格子柄は、のどかな美を称えられる。

近代の機械化によって手織り木綿は素朴に見えるものとなり、価値あるものへ押し上げられた。手紡ぎ手染手織りによる糸ムラのある外見は、機械化の世で魅力を高め趣味人の奢侈の対象となった。

## ◉木綿嶋の写生画

木綿嶋の写生画がいくつか残る。図１４５の「少女はな」は、佐渡奉行が写させた絵を別人が１７９９年に写して冊子にした。冊子を江戸本屋で見つけた戯作者が随筆にはさんだ（『雅俗随筆』上巻１８４２稿、「新燕石十種」第6巻）。

**図145　少女はなの木綿嶋着物**

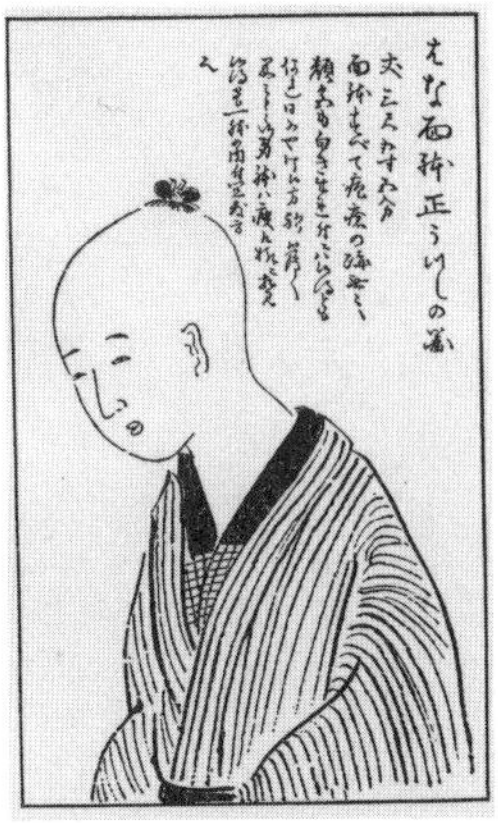

説明文に「はな面体正写しの図」とある。背丈「三尺五寸五分」、陽に焼けていた。着物柄は写生（『雅俗随筆』から）

「はな」は丹後国熊野郡の九歳の子で、父亡きあと盲人となった継母を物乞いで支えた。実母が引き取ろうとしたが、「はな」は継母の元を離れず世話を続けた。代官所は寛政改革後の表彰制度により米と銀を贈って、少女の孝行をたたえた。図の「はな」は新調した木綿嶋の晴れ着を着る。

日本地図持ち出し事件で１８２９年に帰国を命じられたシーボルトは、著書『日本』にどこにもいそうな女の絵を載せる。図１４６はオランダ商館助手の写生による。長崎に働きに出た百姓おとみは、12歳の少女とともに木綿の格子嶋を着る。描写に飾り気はなく着物柄は事実となる。

**図 146　シーボルト『日本』の少女と百姓の女**

12歳の日本の少女　　長崎近在出の百姓おとみ

**図 147　農家の女**

やかんと食べ物を持って田畑へ向かう農婦。着物の裾をたくし上げ、たすきでたもとを押さえる。女がタテ嶋で田畑に出たことを伝える。（シーボルト『日本』）

田畑に出た農家の女も図１４７の木綿嶋を着る。働く人たちにお茶と漬物を届けて休憩を知らせる農村風景である。

これら三人の木綿嶋は、都会の歌舞伎や女郎の絵の誇張された柄とは違って、人生に肯定的な心身の健康さを振りまく。木綿嶋はそういう人たちのものになり、シーボルトもそこを見ていた。

## ◉質屋に来る嶋柄

シーボルトの本の女が描かれたころ、嶋柄の多さは上州前橋もよく似ていた。土蔵破りの泥棒がそれを教えてくれる。

その盗難記録は木綿嶋の色と柄の明細を書く。被害者が記憶を振りしぼって届けたところでは、表42の通り大人の木綿嶋は紺系統であった。それに混じる色が茶色である。格子嶋は子供にしかなく、大人はタテ嶋の世界にいた。嶋柄は衣類の過半を占め、紺タテ嶋のバリエーションが各種あったと思われる。

庄内酒田では嶋柄の見分けに質屋が困惑していた。１８２９年に質草から手配書の盗品が見つかり、届けなかった質屋が当局に疑われた。手配書の嶋柄の記述が簡略すぎて品を特定できない、と質屋は苦情を申し立てた。藍や茶の木綿嶋や絹紬の嶋柄着物は日々扱っ

**表 42　1825 年に前橋で盗まれた嶋柄衣類**

| | | | |
|---|---|---|---|
| 男物 | 木綿浅黄・紺・茶・立嶋袷 2 | | 木綿紺・茶・立嶋袷 |
| | 木綿浅黄・紺・茶・立嶋ひとえ | | 木綿浅黄・紺・茶・立嶋風合羽 |
| | 木綿浅黄・紺・立嶋ひとえ | 子供 | 太織立横嶋綿入れ |
| 女物 | 木綿浅黄・紺・立嶋綿入れ | | 木綿浅黄・紺・紫・立嶋ひとえ |
| | 木綿浅黄・紺・茶・立嶋綿入れ | | 木綿赤糸・紺・立嶋羽織 |
| | 木綿浅黄・紺・立嶋綿入れ | | 木綿立横嶋じゅばん |
| | 青梅浅黄・紺綿入れ | | 太織じゅばん寄せ物 |
| | 太織千草・千筋綿入れ | 反物 | 木綿紺・浅黄・茶・立嶋 1 反 |

『前橋市史』第3巻から。賊は上泉町の土蔵の下を掘って侵入、2階の長持ちの衣類など46品を盗んだ。絹や木綿の小紋女着物などがほかにあった。

ており、それを疑っては商売にならない。余りに類品が多いから手配書は詳しく書くべきだし、質屋に発見を期待するより、被害者に質屋を回らせた方が早い、と役所に訴えている（『酒田市史』史料編第2集）。嶋柄が増えた世では、うろ覚えの柄の手配は営業妨害となった。

相模藤沢宿に近い鎌倉郡西村の名主は、質屋を兼営して「質物当座帳」を残した。1840～41年の帳簿によると、預かった質草は二年間で三千五十二点、その八割二千四百五点が衣類であった。地木綿の布子があるし、青梅、真岡、結城、桟留、伊勢、松坂の銘柄品もある。店主はそれを分類して記帳しており、銘柄の差を見分けていた。地木綿は明らかに銘柄品より質の低い品であった。

衣類は家計の困難を一時しのぐ蓄えである。布団や蚊帳や反物も質草になり、包んできた風呂敷も質に入れて帰る。端午の当日だけ請け出す五月幟《のぼり》もあった。

「たばこや倉二郎」は二年間に六十六回利用した豪の者である。着物二十六点を出し入れし大工道具も入れた。表43のように桟留嶋や結城木綿は少なく、地木綿とも何とも分類できない木綿着物を質入れした。倉二郎の着物はひとえの比率が高く、着る枚数で寒暖に合わせていた。木綿嶋は実に着物の九割を占める。柄はタテ嶋が多く、日々の暮らしをほとんど覆っていた。

質屋店主の参詣の友「お山仲間の豊介」も常連客であった。四幅の木綿布団をしばしばかつぎ込み、大晦日《おおみそか》に持ってきたこともある。質草の布団五点のうち三点がタテ嶋柄であった。

**表43　1840～41年　鎌倉郡の倉二郎の質入れ着物**

| 木綿の種類 | 色 | 柄 | 性別 | 着物の種類 |
|---|---|---|---|---|
| 地木綿………………… 2 | 藍系…15 | タテ・微塵・棒・ | 男物…18 | ひとえ………19 |
| 産地記載なし………20 | 茶系… 9 | 格子など嶋柄…23 | 子供… 6 | 袷・どてら… 4 |
| 桟留・結城・松坂… 4 | 不明… 2 | 染柄・無地………3 | 女物… 2 | 半天………… 3 |

浅田敦子「近世在方質屋と農民」『藤沢市史研究』18号により作成。

関東平野の中央、栗橋宿に接する川原代村（龍ヶ崎）でも名主が質屋を経営し、１８４２年の「質物出入帳」が残る。夏が終わると蚊帳・ひとえ着物が質屋に来る。代わりに夜着・布団・綿入着物が請け出されてゆく。借りた金額はそのまま、衣類の入れ替えに質屋が利用された。質屋の蔵は三メートルの塚の上にあり、水害に耐える保管場所であった。

年間二十二回も利用する作之助の綿入れの着物は十三点あり、十点が嶋柄であった。背に大きな家紋を染め抜く「紺三ツ柏紋付」など夜着四点のうち、二点は嶋柄である。絹では太織嶋と古縮緬があった。「とせ」女も年に二十回の出し入れをした。うち四回は夏冬の着物の入れ替えである（石井敦子「在方質屋と農民生活」木村礎編『村落生活の史的研究』）。衣類三十点は八割が嶋柄であった。

出雲大東村の質屋の例では、１８４９年正月に延べ六十二人が一人平均千文を借り、三人を除いて質草は衣類であった。木綿の着物・羽織・上っ張りは八十点あり、その六割が「立嶋《たつじま》」。ほかは「立横嶋」「織色」や無地染であった（原島陽一「幕末期の質屋史料」『史料館研究紀要』５号）。

**図 148　質屋と交渉する客**

右上のタテ嶋羽織の質屋は、筆をくわえて難しい顔。妻とともに交渉する男は碁盤嶋の半天にタテ嶋布子、腰に大きな煙草入れ。左手には質草の格子嶋布団。国芳画『質屋雑談』（1831刊）から。

これらの例が示すのは、木綿嶋が地方へ浸透して行き、豊かでない人も着る世になったということである。こうして徳川時代の衣類の柄は、その始まりの時とは一変していた。

## ◉嶋の少ない村々

木綿嶋は列島を覆い尽くしたか。そうではなかった。１８０８年に越前大野郡下山村で二日続きの雪崩があった。気絶して九日後に掘り出され助かった人もいたが、四家族二十五人の犠牲者が出た。その人たちの主たる衣類は「継ぎの木綿あわせ」、綿布を裂いてヨコ糸にする「裂き織」、表裏を縫う「木綿刺し子」であった（『福井県史』通史編３）。木綿はあるが木綿嶋は見えない。

列島北部は綿花を栽培できない。津軽藩は１７２４年の「覚」で、木綿をやたらに使うなと命じている。肌着や帯や頭にかぶる木綿は仕方がない。しかし、「そのほかの衣類は、絹類は言うに及ばず、木綿を用いそうろうこと無用」とする（『弘前市史』資料編３）。その地では大麻の「太布」が永く常着の位置にあった。

津軽では１８４１年の時点でも「農業・山

図 149　陸奥《みちのく》の氷売り

19 世紀にこれだけ大柄の格子嶋があった。北斎の弟子北馬が旅先で描いた絵。元禄前後の大嶋が生き残ったかのごとくである。これは太布であろう。『視聴草』の「陸奥ぶり」から。

稼ぎ等出るは、下には裂《さ》き織、刺子なぞを着し、上には紺の麻布の半天」であった（『奥のしをり』「日本常民生活資料叢書」第9巻）

南部藩二戸郡も「太布」地帯である。後の物理学者田中館愛橘の母「おきせ」は1854年、嫁入りの祝儀に白木綿のほか「嶋木綿」「嶋紬」「かぴたん」各一反をもらった。二年前の「定三」という男の婚礼祝儀にも「紬嶋」「桟留」「結城嶋」「白かぴたん」各一反があった（『二戸史料叢書』第5集）。絹交じりの布「かぴたん」は婚礼で広がるが、祝儀の記録を書きつけるほどの家に限られただろう。

長州の前山代宰判（玖珂郡）の村々には木綿がある。だが、経済統計『防長風土注進案』を分析した研究によれば、上中下の階層によって購入する木綿に差があった。村々では表44の通り23％の人しか新しい綿布を買えない。他の人は綿布の新品流通の外にいる。ただ、原料綿花はどの家でも買い、それで手織りしたようだ。

古着は多くの人が着た。都会の木綿古着が農村に回る再利用のシステムは徹底しており、それでようやく人々に木綿が回った。商品作物のない山間地では天保年間でも金銭経済いまだしであった。

人は地域の経済力の格差にしばられて暮らし、村の境界は経済の障壁でもあった。商品化に対応できるかできないかにより、19世紀には地域格差がむしろ拡大したかもしれない。絹や銘柄木綿や木綿嶋の差は、手織りや古着でいくらか補うにしても、鋭くかつ切実な裂け目として横たわっていた。

**表44　長州の一地区での一人当たり年間衣料費支出（天保年間）**

| 階層 | 木綿布 | 木綿古着 | 綿で | 年衣料支出 |
|---|---|---|---|---|
| 上層　8.3％ | 2反　27.2匁 | — | 5匁 | 32.2匁 |
| 中層　14.9％ | 0.9反　12.8匁 | 0.9枚　9.4匁 | 5匁 | 27.2匁 |
| 下層　76.8％ | — | 0.77枚　8.0匁 | 5匁 | 13.0匁 |

長州藩の「防長風土注進案」による前山代宰判の村々約1万人の状況。どの階層も年に銀5匁分の原料綿を購入しており、それで綿布を織る。谷本雅之『日本における在来的経済発展と織物業』から作成。

# 10　嶋は「いき」であったか

「いき」な「シマ」という決まり文句がある。「シマ」に「いき」の語が似合うと思われて、二つの語が結びつく。語の連環は人に刷り込まれ、今もときに使われる。無意識のうちに「いき」「シマ」をつなぐ場合が多い。

## ◉九鬼周造のいき

和装が後退した現代では、「いき」「シマ」の結合は薄れてしまった。ストライプの類が国際的に広がり、男のスーツやワイシャツにあふれているが、それを「いき」と思う人はいない。和装の「シマ」も、さてどこが「いき」か、説明しがたくなっている。

そうなると「シマ＝いき」結合は、そもそも何であったか。それはどこで始まり、どんな意味で、なぜそうなったか。そこを調べなくてはならない。

初めに結論を述べてしまえば、「シマ＝いき」結合は大正中期から昭和初期までが有効賞味期間であった。「いき」の近代の意味がそこで作られ、和装の女が「いき」「シマ」を求め、用語にリアリティーがあった。

大小の呉服店はセールストークで「いき」の語を使ってシマ柄を売り、流行雑誌でも二つの語が躍った。反物を買う女性客自身が、シマ柄の背後に「いき」の心や美をいくらかは感じ取っていた。だから「シマ＝いき」の見方に社会的広がりがあった。

九鬼周造は洋行帰りの哲学教授として「いき」を分析した（『「いき」の構造』１９３２刊）。戯作者の隠微な言葉ではなく、自在に扱う翻訳語が新鮮であった。九鬼は「いき」を「あか抜けして張りのある色っぽさ」と要約した。異性に対するきっぱりした、うじうじしない潔《いさぎよ》さ、いやみのない色気がその根幹であった。九鬼はそのうえで、くっきりしたタテ嶋が「いき」だと教えた。

　惚《ほ》れてもべたつかない、寄り添いつつも自分を失わない、「いき」の二元的な心のあり方を九鬼はあぶり出した。「いき」の心性は美意識となって「いき」の着物デザインを求め、二元性の美に至るとされた。人の内なる「いき」の心は、どこまで行っても交差しない二元性のタテ嶋に行き着く。それで「いき」の人はタテ嶋で自己を表わす。ごく粗っぽく言えばそれが九鬼の論であった。

　九鬼はその歴史をたどる。世相史をたずねて「文化文政（１８０４～30）にはタテ嶋のみがもっぱら用いられるようになった」と書く。そこから「タテ嶋は文化文政の『いき』な趣味を表わしている」と結論を導く。化政期のタテ嶋を生みだしたのは「いき」の美的志向だったことになる。

　九鬼の論には一脈の本当らしさがあった。江戸の出版物に「いき」と嶋柄を結びつける稀な例がある。為永春水（１７９０～１８４３）の人情本である。そこに「いき＝シマ」結合の実例があり、九鬼の論の根拠となる。けれども本当にそうなのか、なぜ春水だけにあるのか。原作に戻ってもう一度「いき」「シマ」の関係を点検する必要がある。そこで春水のねっとりとした情趣の世界に付き合わなければならない。

　為永春水は女性読者の大当たりをとった作家である。『春色梅児誉美』に続いて『春色辰巳園』『春告鳥』で恋愛風俗物の第一人者となった。女が身につまされて読んだのは、芸者らの生き方にひそむ一筋の道であった。崩れそうで崩れない女、あきらめつつ張りのある女、派手ではないが清らに飾り、さっぱりした色香を放つ女。そういう女が主人公となる。

　春水は読者ニーズに敏感で、濡れ場や実用情報を忘れない。化粧品や茶葉や料理屋の宣伝も書いた。衣類の記事は年を追って詳しくなり、『春告鳥』では一点ごとに素材・模様・色・染め縫いを書き尽くす。助言したのは清元師匠で山谷堀の船宿女将・延津賀とされ、着物に細やかな目が届く。

春水の主要作品は天保年間の刊行で化政期の後になるが、九鬼の説にリアリティーを与えるかどうか。そこを問うことになる。

## ◉為永春水のいき

「好風《いき》なることと知りたもうべし」と『春告鳥』（１８３６刊）で絶賛される遊客の装いがある。着物は嶋柄である。その引用が九鬼周造の「いき＝シマ」論の核心である。

客人の表着は「こび茶の……嶋の南部縮緬」であった。黒みのある濃い茶の凝った色である。「羽織は唐桟の……胡麻がら嶋」。江戸好みのその二つを、どうです、これが「いき」です、と春水は語りかける。「いき」の中心に嶋柄があるとする九鬼の議論はここに根ざす。

その客人の「下着は琉球紬、二つ」。久米島から沖縄本島と薩摩を経て江戸に来る紬は、恐らく絣柄である。その紬二つを下に重ねる。「帯は筑前の紺博多、しかも一本どっこなり」。京や桐生製ではなく本博多である。密教法具の形をなぞる名高い独鈷《どっこ》の浮織を、控えめに一列だけ並べている。

衣類のあとに煙草入れや財布など客人の小間物を列挙し、その細部を書く。そして最後にようやく「いき」が出てくる。全体をひっくるめて「好風なることと知りたもうべし」と（三編巻八）。そこで話が予想と少し違うことがわかる。

春水は身につける多くのアイテムを並べる。「いき」は着物や嶋柄に限る話ではない。下に着るものや帯、懐中物の身支度の諸項目も、また「いき」に含まれる。それに各アイテムには至れり尽くせりの詳細説明がある。「いき」は多項目にわたる細部のこだわりを求め、総まとめがようやく「いき」となる。どうやら嶋の単品が「いき」という単純な話ではない。文を忠実にたどるなら、嶋柄だけを抜き出して「いき」とするわけにはゆかない。嶋を着れば即「いき」という話ではなくなる。

同じ巻の芸者の小袖は「上田紬の茶微塵の小袖」で、細かい格子柄である。そのあとに下の着物や裏地や半襟や前垂・髪飾りなど十項目ほどの詳述がある。それらを書き尽くした後で、春水はここでも最後に「いきなこしらえ」と感嘆するように書く。芸者の装いの文は、項目も内容も男の倍はある。

その芸者は次のシーンで黒無地の紋付に着替え、髪の結い方や髪飾りまで替えて現れる。それもまた多項目の詳述があり、「いき」だから細目を書き連ねるのであろう。

であればタテ嶋と限らず格子柄も「いき」で、黒無地紋付も「いき」とならないか。「いき＝シマ」結合とは、話がどうやら違う。春水では嶋柄と限らず、各種の髪型や髪飾りも「いき」となり、一項目だけをつまんで「いき」とは言い難い。「いきなこしらえ」には多項目かつ各種のこだわりがあった。

九鬼は嶋柄の表着と羽織だけ引き抜いて、「いき＝シマ」の根拠としたのだが、琉球絣や本博多や身装品の諸アイテムを

**図 150　客の好風《いき》なる男**

着物はタテ嶋に描かれるが、本文では「こび茶の……嶋の南部縮緬」の格子柄。羽織は算崩柄だが、本文では「唐桟の……胡麻がら嶋」でタテ嶋。左褄《づま》をつまんで、黒襟のつく琉球紬と表着の裏を裾に見せる。帯は一本独鈷の柄。挿絵は歌川国直、本文とまま異なるが、これが「いき」姿である。他の挿絵ではタテ嶋が多い。『春告鳥』3編巻8。

「いき」から排除する理由は見当たらない。九鬼の「いき＝シマ」結合の肝心の引用は、春水とは大きな食い違いをはらむように見える。

## ◉当世流行がいき

春水の「いき」はどうして多項目となり細部を持つのか。その問いに春水はあからさまに答えている。衣装一式を詳述するのはなぜか。「もって流行を知るの一興とするものなり」と。流行を詳しく知っておくのも面白いでしょ、だから書いておきましょうと。「好風なること」とは、つまりは流行していることであった。「知りたもうべし」は、流行・はやりと知ってください、という意味になる。「いきなるこしらえ」は流行で固めた装いである。はやりの着物は一種類とは限らないし、流行はもちろん着物以外のものにもある。

春水の記事が細部にわたるのは、その細部こそがスポットライトを浴びる当世流行のポイントだったからである。流行は春水の机上の作ではない。春水は押し付けではなく、世にあるものを受け入れて書く。知り得た流行を、筆を持つ右手にただ渡す。読者もまた春水の発明を求めず、流行の情報を求めている。そこに需要があり、女が夢中になって読む。そう解釈すると春水の「いき」は納得できるものとなる。時の各アイテムの流行は微細な差にこだわって起きていた。

春水は「いき」の意味を繰り返し説明している。『春告鳥』は別の「くま」という芸者の衣装を載せ、「茶微塵の艶なし上田紬」など十項目を書き込む。そのあとに自分の台詞で「作者いわく、いきなこしらえでございましょうネ」と述べる。「時代《ときよ》の風俗を百年後の好士（好事家）に見せんとて書きつけぬ」とも記す。十項目はいま流行の盛りであるが、いずれ去る。だから後の世のために書いておくと言っている。

女の髪型の微細な差に触れて、春水は「ああ世の中の流行、その是非を弁ずることあたわず」と書く（『春告鳥』三編巻七）。流行に理由やよしあしはない。『清談松の調』では、何と漢字の「当世」に春水は「いき」と仮名を振っている。「いき」は「好風」「当世」「意気」とも書くが、すべては当世流行のことであった。

風俗流行の旬《しゅん》を行くのは深川で、春水は「ああこの土地の風俗たる、意気と情けの源にて」と書く。「およそ浮世の流行を思い立つ」のも、「模様の好み染め色も」深川こそさきがけであった（『春色梅児誉美』三編巻九）。「意気」と「流行」はこうして不可分の関係にあった。

近代の国語辞典は「いき」の語に「流行」という意味を載せないが、江戸言葉では「いき」と「流行」は密着していた。大阪から来た『近世風俗志』の著者は、江戸での「いき」の意味に気がついていた。「俗間の流行に走る者、江戸にてこれを意気と言う」と書いている。江戸で言う「いき」は「流行」を追いかける人である。「いき」から流行を差し引いたとき、ほとんど何も残りはしない。春水の「いき」はその江戸言葉そのものであった。

こうなると九鬼の近代語の「いき」は、春水や江戸語の「いき」と余りにも隔たる。両者の間の埋めがたい断層があらわになる。流行としての「いき」は、あてどなくさ迷うとはいえ、人が見聞きする具体性を持ち現認できる。流行は人が他律的に引き寄せられる結果であり、リアリティーがあり、まねができる。

それに対して心性・美意識である九鬼の「いき」は、心映えである。心の中つまり内面の現象であって、他の人が見聞きする具象性を持たない。それは精神や観念や心性と似て、個々の事象の背後に想定されるもの、静止して動かぬ心の働きのようなものとなる。

近代語も江戸語も「いき」の文字と発音は同じであるが、その意味は隔たり、連続性がうかがえない。江戸語の「いき」を用いて、近代語の「いき」を説明しても、棒を呑むような話になる。江戸語で「いき」とあっても、そのまま近代語の「いき」につなぐことはできない。であれば春水の「いき」は九鬼の論証の素材とはなりえない。九鬼の証明は無効だということになる。

## ◉いきの語の登場

衣装風俗の「いき」の語は、明和年間（１７６４〜72）の登場である（『日本国語大辞典』）。それは田沼時代の初期で、江戸の主な階層に衣装や言葉や仕草の洗練と流行が起きた時期である。その活況が「いき」の語を必要としたのであろう。

流行は流行遅れと共にある。流行の中身は常に動いて、はやりすぎれば陳腐となる。その落ちこぼれるものを指す言葉も必要となり、「野暮《やぼ》」が反対語となった。「いき」「野暮」は古来の語ではなく、当時の都市文化の産物であった。

洒落本・黄表紙には「いきな小紋」（『妓者呼子鳥』１７７７刊など）がいくつも出てくる。それは「小紋のはやり柄」を意味した。「いき」は嶋柄より小紋の方にあり、そのころ新柄の小紋が次々と出て、また古くなり消えて行った。廃らずに生き残った柄の名だけが今日まで伝わる。

髪型や花紙袋がしばしば「いき」と書かれたのは、はやり廃りが激しかったからである。「いきな男」という言い方もままあるが、「今風のいい男」あるいは「ちょいと洒落た男」くらいの軽い意味となろう。

「昨日の洒落は今日は言わぬが当世粋人《いきひと》」である（『廓中名物論』１７８０刊）。流行に添う「いき人」は、手あかにまみれた洒落を言ってはいけない。「人のまねばかりして、……いきちょう姿でなくっちゃあ通でねいと心得るは、本の蝙蝠眼《こうもりまなこ》と言ふものさ。こんなんじゃあ大通の道へは、よっぽど遠い遠い」とある（『大通多名於路志』）。「いきちょう」は「いきチョン」で、「いき」をからかう言い方である。流行を追う人は人まねばかりするが、ものの見方が狭くて「通」からはほど遠い、と批判されている。「通」は「いき」のはるか上にあった。

江戸言葉の「いき」は現世的で、さしてほめ言葉でもなかった。近代語の「いき」は観念の世界に近より、どこか深遠な雰囲気を漂わせる。大きな国語辞典では「いき」の説明が長文となり、長い分だけ明瞭さに欠けてくる。「いき」から何を思うかに踏み込むと、個人の主観性の迷路にはまって、とめどがなくなる。今日その語が死語になりかけているのは、そのせいでもある。

　では江戸は浮薄で気楽な流行の世か。そうではなかった。流行を書く人に覚悟の要る時代であった。春水はその点で大胆な挑戦者であった。

　支配層も大店も流行をひどくきらっていた。伊勢木綿商の田中本家は１８２８年、江戸店に申し渡した文書で言う。「流行姿などは心の浮気なる故にて、姿にて心を見られ人柄を見られ候。店の者は必ず世間の当世風に移り申さざるよう致さるべく」（『三重県史』資料編近世4上）。奉公人が流行に走れば、店は心を見られて傾いてしまう。経営層は流行を危険なものと見て、規定にそれを書く例が多い。そうなると春水は良からぬ思想を広げる人物となる。

　事実、春水は天保改革の風俗弾圧の犠牲となった。地本屋に頼まれて人情本と唱えるものを著述し、「ふつつかのことども書き表し、あまつさえ遊所放蕩《ほうとう》の体を絵入りの仕組みつかわし、手間賃受け取りそうろう段、不らち」として、収入七両没収のうえ手鎖に処せられる（『天保雑記』二「内閣文庫所蔵史籍叢刊」33）。春水はその刑の後で死去している。

　犠牲は深川にも及んだ。さばけて形にこだわらない当世流儀の深川は、吉原をしのぐ勢いであった。「深川は華奢にて俗にいう意気なる習風ゆえに、当世風の客は当所の遊びを良とする」（『近世風俗志』）とある。しかし天保改革の政府に目の敵にされ、警動を何度もくらう。警動は吉原側の案内で捜査隊が女郎屋に踏み込むことを言う。追い込まれた店は移転するほかなく、深川女郎も流行発信もさびれる。春水の作品の舞台は、天保改革で滅びる前の盛期の深川であった。

## ◉春水の柄を拒む

九鬼が「いき」の根拠とした『春告鳥』の客人の嶋柄にもう一度戻ろう。表着は「こび茶の……嶋の南部縮緬」であった。九鬼が点線で省略したところに、「三升格子のごく細かき」が入る。三升格子は七代目市川団十郎を表わす三本線の格子柄で、その舞台衣装（図139）にも、将軍家斉の着物柄（図135）にもあった。客人のその団十郎嶋は、近寄らなければ見えないほどごく細かかった。「南部縮緬」は「方三分（九ミリ角）ばかりの碁盤嶋」「竪《たつ》嶋はこれなく格子嶋の類なり」（『近世風俗志』）とあり、縮緬地に太糸が格子状に入る。格子は細かいし、地も太糸も色は同じで、目立たないことおびただしい嶋柄であった。

唐桟はどうか。「羽織は唐桟の……胡麻がら嶋」と、九鬼はやはり点線部分を略す。そこには「おとなしき」の五文字が入り、これまた温和で控え目な地味柄となる。

春水がそれを書いたのは、深川の流行の最先端だったからである。春水は並の柄ではなく、研ぎ澄まされた江戸情趣の柄に目を注いだ。その流行紹介が春水の仕事である。それで細部に目をこらして「ごく細かき」「おとなしき」とキーワードを書いた。けばけばしさの対極にある消え入りそうな細かさ地味さこそ、はやりの先端であった。

細密柄への春水の打ち込みは尋常ではない。女の家に雨宿りした「意気ならざるはなかりけり」という男が、「お納戸みじんの結城の羽織」に「上着は古渡りの唐桟も目立たぬ黒手の細三筋」であった。結城は微小の格子柄、唐桟もまた目立たない地味さに沈む。男を迎えた元芸者の着物も「艶なし上田の藍みじん」である（『吾妻の春雨』)。男柄の地味な趣向が女に及んで、女も落ち着いた繊細柄を競っていた。

ところが九鬼はその繊細柄を真っ向から否定する。九鬼には全く異なるシマを推奨する企図があった。粗さのある目立つ嶋、くっきりした柄のタテ嶋こそ「特にいき」だと説いた。その理由は、鮮明なタテ嶋こそ「意気地」と「あきらめ」の二元性を表わすからであった。タテ嶋の「近寄りたいのに近寄らない」交差しない平行線の、明白ですっきりした対立。そこに苦界の女の「いき」の心が見える、と彼は書いた。

その観点から九鬼は「いき」のシマに等級をつけた。同じタテ嶋でも千筋のような細かい柄は二元性が明確ではない。よって十分でない不完全な「いき」柄とする。格子嶋は二元性が際立たない。ゆえに「いき」の程度はごく低いと主張した。二元性が見えにくい細かくおとなしいシマは、「いき」程度がさらに下がるだろう。

九鬼の説は、精魂込めて書いた春水の嶋柄を、「いき」の程度によって否定し去ることにつながる。「いき」の語の証拠を春水に求めながら、九鬼は柄では春水の詳述を拒否し、粗くくっきりした目立つ二元性の柄を推した。九鬼の「いき」論は春水の柄からの離脱をめざす。それはシマ柄の見方の大転換を図るものとなった。

引用する際に九鬼が「三升格子のごく細かき」と「おとなしき」をあえてカットしたのはなぜか。九鬼は「いき」の等級を余りにも下げるその字句に、がまんできなかったのではないか。その字句があると、二元性の鮮明なタテ嶋の主張と、春水との隔たりがあらわになってしまう。春水の柄の勘所の記述が、九鬼にとっては「いき」の等級の議論に好都合ではなかった。

九鬼は春水の逆を行く鮮烈明瞭なシマに取りつかれて「特にいき」だと宣伝した。九鬼は深川のリアリティーを跳び越えた。その立論は歴史に添うものではなかったし、「いき」とは何ぞやという問い自体もまた、江戸人には無用であった。

シマ柄は色数・色の対比・太細や配置がなかなか複雑で、江戸人も今日の人も実際には二元対立という単純な目で見ることはない。となると、九鬼のくっきりした「いき」なタテ嶋の主張は、どこから来たのか。それは九鬼の独り相撲の独断なのか、それとも何かの歴史的背景があるのか、そこを尋ねなければならない。

## ◉デパートの新柄

「いき＝シマ」結合は実は近代のデパートに始まる。三越は新図案の絹染の「シマ」を江戸の「いき」として売り出した。女性客がそれに飛びついた。大々的な宣伝と販売は東京人の耳目を集めた。九鬼周造の本の十五年も前に「いき」「シマ」の字はＰＲ誌やポスターや売場に躍っていた。

１９０５年正月の新聞広告で「デパートメントストア宣言」をした三越は、まず「元禄模様」を売り出して大成功を収める。ＰＲ誌『時好』に文筆家を集めて元禄衣装論を特集した。元禄柄の懸賞図案を募集して商品化し、その売り出しは世の騒ぎとなった。元禄調の着物の新橋芸者に新考案の元禄舞というものを踊らせて、東京市中をわかせた。その結果、装身具から陶器まで「元禄柄にあらざるなし」というブームが起きた。そのキャンペーンは文化的流行を巻き起こして消費を生み出す近代商業の模範となった。

第二弾には「光琳模様」を仕掛け、その流行も二年続いた。そのころの和服に「ハイカラ好み」「派手模様」「渋い好み」があり「いき向き」もあった（『時好』15号、１９０７刊）。

三越の江戸研究を支えた斎藤隆三は、１９０８年に千ページの『近世世相史』を書いた。同書によると、19世紀前半の江戸では中流以下の職人層が手ぬぐい柄を競い、肩にかけ腰に下げ、かぶり方もいろいろあった。その風俗が「いき」だと斎藤は言う。江戸生粋の町方妻女の場合の「いき」は、黒半襟と半天と前垂の三点セットであった。下町芸者にも「いき」柄があった。

斎藤の見るところ、「いき」は「下卑たる物好み」の域にあった。中・下流の趣味風俗は、それなりの格好よさもあるが俗っぽいとする。それらの「いき」は衣類の端役にすぎず、とうてい三越の客層に合うものではなかった。

デパートの顧客となったのは「紳士」「殿方」「奥様」「お嬢様」「ご婦人」らである。「いき」はその新興階層向けに改変しなければ生き残れなかった。改変は必要となり実際に起きた。

三越は大正初期に「江戸趣味」のキャンペーンを打つ。そのとき「ことに嶋物にいちじるしい変化」が生じた。「くすんだ嶋柄」の好みが「はっきりした柄合に進む傾向」に転じた。黒っぽい地色に明瞭な白のストライプを置く「タテ嶋本位」の世が来た。「きつい嶋」「きつい色」のストライプに染柄を加えたものが売れ筋となった（豊泉益三『日本近世時好誌』）。

三越営業部長のこの回想は、１９１０年代に起きたシマの転換を伝える。それは三越にとっても予想外のことで、「江戸趣味」の名のもとに世の好みの激変があった。「くすんだ嶋柄」は急に売れなくなったが、それは為永春水が書いた「ごく細かき」「おとなしき」「目立たぬ」江戸柄と符合する。明治の和服の柄は幕末の延長で、「後年に比べると当時は地味であった」（遠藤武論文『明治文化史』第12巻）。その終幕が大正期にあったことがわかる。

新たに登場した「タテ嶋本位」「きつい嶋」「きつい色」は、強く鋭い柄となる。それは九鬼の言う鮮烈なタテ嶋、「特にいき」のシマと軌を一にする。二元対立のあらわなタテ嶋は、三越がブームに乗せた新柄そのものと言える。三越営業部長の証言と九鬼の説く柄は驚くほど近い。つまるところ九鬼は、三越の売れ筋として登場したタテ嶋に心を奪われ、「特にいき」と思い込んでいたことになる。

　新しいシマを好むのはどういう人か。三越はシマを売る言葉を「粋気《いき》向き」と決めた。PR誌『三越』（3巻3号、1913刊）は、ストライプまたはその応用柄をことごとく「粋気」と紹介している。「昨今流行の柄は、タテ嶋ですっきり見える意気なものが多いようでございます」とも書く［補注］。

## ◉粋気の人の登場

「粋気」は二号さんの色香を思わせもするが、買う客層は芸者ではなく市井の婦人らであった。白木屋・松坂屋や他の呉服商もまた、「粋気」という言葉でタテ嶋の販売に参戦した。その語は広告や呉服売り場の決まり文句となって世に普及した。「粋気」はタテ嶋を売るための新造語だったと言える。

　こうして江戸風はそぎ落とされ、近代の和装の「粋気」のシマが作られた。柄は「ご婦人」の新デザインへと一変した。「粋気」は社会階層を上昇させて、新興「ご婦人」方の上等の趣味趣向へと転じた。その意味はあいまいであったが、シマを着る人は自分がどこか「粋気」だと思わされることになった。そこで近代語の「いき」は心性や美的趣味という人の属性になりゆく。

　シマを着れば、人は着姿でも心性でも垢《あか》抜けた「粋気」の人になれる。三越はシマの商品を創作して「粋気」と思う人をも作りあげ、分厚い顧客を創造した。それが近代の「いき＝シマ」結合である。

　九鬼は三越の土台の上にいた。デパートの創造するくっきりしたタテ嶋が目の前にあった。心性と美的趣味としての人の「いき」は、繰り返された宣伝によって社会に定着し、説明を要しない現実と思えた。私は「いき」と思う人や、他の人の「いき」をうらやむ人がシマを買い、鮮明な柄の着物で外出した。近代のその「いき」の事象が、九鬼のために用意された舞台であった。

　それが作られたものだという意識が九鬼にはなかった。三越が知恵をしぼった土台に乗って、九鬼は机上で「いき」とは何かを考えた。彼は原点を芸者の世界に求め、それを江戸に由来させようとした。けれども彼の乗る大正時代の強固な土台が、歴史理解の妨げとなった。歴史を捻《ね》じ曲げなければ成り立たない課題に、九鬼は自分を追い込んだことになる。当代が曇ガラスとなって江戸を隠しており、その窓を開ける必要があったが、九鬼はそうはしなかった。「いき」という新造語と新柄に、九鬼はどっぷり漬かり呑み込まれたに等しい。

三越が広げた言葉には「元禄袖」「元禄模様」「元禄風」もある。それらの語は日露戦争の際の三越の宣伝から始まる。元禄には何かの特質があると思われて「元禄文化」や「元禄文学」という見方が生まれ、後にそれらの学問研究すら始まった。景気にも「元禄」が出現した。しかし、江戸時代には何ごとかを元禄と結びつけていた形跡がない。その言葉が切り出して来るのは近代の仮想の元禄であるとも言える。

**【補注】** 初期の三越の流行を作る活動については神野由紀『趣味の誕生――百貨店がつくったテイスト』が詳しい。

## ◉民族性への飛躍

九鬼は大正モードを十年近く見てヨーロッパに旅立った。遊郭《ゆうかく》苦界の女に息づく逸楽と気品の両面の心の持ち方が、九鬼には称えるべき「いき」の精神文化と見えた。西洋留学を経て書いた「いき」論は、西洋学術語の語りが新鮮で、「わが民族に独自」という視点とともに支持された。

売女の文化は他の国にも恐らくあり、社会ごとに作られる。上流作法をまねるパリのコルテジアーナ（媚《こび》を売る女性）や、ドイツの「めかけ文化」と対比して、「いき」はいかほどのものか。九鬼は「ふるさとの粋に似る香を春の夜のルネが姿に嗅ぐ心かな」（『巴里小景』）と詠《よ》んだ。パリの売女ルネにもどこか「いき」の端緒があるのを九鬼は見ていた。であれば「いき」は本当に「わが民族に独自」かどうか、他民族と比較して立論すべきであった。

九鬼は三越を超えて途方もない方向へ走った。「民族性を持った意味」にこだわり、「いき」を民族の文化的特性へと押し上げる。その研究は「民族的存在の解釈学としてのみ成立しうる」と書く。論証もないまま、とにかく民族一本やりの壮大さである。「文化文政のいき」という自作自演のフィクションが、「大和民族の特殊の存在様態」となってしまう。歴史と諸民族をながめる視点がほとんど損傷していた。

振りかぶらず深遠と思わずに、大正期の社会事象として意味を見つける方が、より普遍的な研究になったのではないか。インド唐桟を喜んだ江戸人の方が、歪みのない正気の人だったように見えてくる。

九鬼の母は祇園の出とされる。周造を身ごもると夫の駐米公使に見送られて日本へ旅立った。母は航海に付き添った岡倉天心と不義の恋に陥った。周造は母によりかかった幼い日々を後に随筆で懐かしむが、そこに天心の姿もある。母は結局のところ九鬼家を去り精神病院で亡くなった。九鬼は後に祇園で名だたる遊び人となり、晩年には祇園の女を家に入れた。

その女たちの心の在り方はもちろん書き残す価値があった。けれども、それは女言葉で恥ずかしそうに口ごもりながら私事として書く方がよかった。

**【補注】** 為永春水も九鬼周造も三越部長も原文で「縞」の字を使うが、ここでは近世との継続性からその字を用いなかった。

# 11　嶋を着ることの意味

常人を離れようとする気位の高い人がいる。その人は19世紀でも流行に心を動かさない。昔の大名の格式を慕い、独りそこを模範として生きる。例えば吉原にそんな遊女屋亭主がいた。

## ◉嶋の卑俗を拒む

文化文政（１８０４～30）の伊勢屋一賀は町風の卑俗をきらった。遊女屋仲間の精霊流しのそろいの浴衣を、一賀は非人に着せてゴミ集めをさせた。仲間は立腹したが、結局は安っぽく派手なその中形染がいやになり、着なかったという。そろいの浴衣は一賀には下賤にすぎた。

「細木綿の衣類」の唐桟に、一賀は手を出さない。「嶋の羽織を着たること」もない。「縮緬、羽二重、絹の類」の着物と、「黒か茶か御納戸色、いずれも無地」の羽織で通した（『閑談数刻』「随筆百花苑」第12巻所収）。世風に逆らい、無地を極上として格式を貫く人であった。

武家言葉をつかう吉原の扇屋は、亭主が客を袴で迎えた。亭主の外出はいつも黒羽織で、黒鴨《くろがも》を供に連れる。料理屋では祝儀だけ出して勘定を翌日取りに来させる。金銭をいとう貴人の気位である。「綿服は着《ちゃく》せず、紬とても着《き》ず」、結城紬の嶋も「唐桟も着ざりしと言う」世風に遠い人であった（前掲書）。

大名の高みを慕う富豪の札差もいた。長男を「若様」、娘を「御新造様」と呼ばせ（『塵塚談』）、一家の万般を別格の高みに置いていた。

江戸邸で水戸藩主夫人につかえた布衣の位の武士には、嶋柄がなかった。長男は賭博を業とし、長女も裏長屋に住み、孫娘の夫は武家下役の株を売って逃亡していた。武家の後継ぎがおらず、拝領した葵《あおい》紋の紋付八点の遺産分けができなかった。嶋柄なら子にやれたのに、と１８５９年の記録にある（『醇堂漫録』「随筆百花苑」第6巻所収）。これは子育てに失敗した旧習の人である。

大名家には「嶋・小紋の類はきっとしたる節には下着にも用ゆべからず」（『南紀徳川史』）という原則があった。威儀をただす場に嶋・小紋の着物は無礼の極みとなる。誇り高い人は目もくれずに日常も格式を守った。社会の一角にそんな少数派がどっかと座り、嶋と小紋の常人を見降ろしていた。

## ◉武士綿服の指示

武家の旧習格式は下位の者から揺らぐ。長期負債を背負う大名は家臣の俸禄を一部召し上げ、その代償として綿服での勤めを勧め、職業経費を減らそうとした。

宇和島藩は寛政改革の１７９１年、「年始ならびに大礼の節たりとも熨斗目、服紗小袖、着用に及ばず」と家臣に命じた。藩主の儀式でも家臣は熨斗目を着られず、平服に裃《かみしも》となった。「平日、上着は木綿に限るべし」と綿服を求め、羽織袴は「竪横のうち糸交じりそうろう品」すなわち糸入り嶋までを許した（『愛媛県史』民俗上）。そんな例が19世紀に広がる。

加賀藩は１８２０年の五年間倹約令で、のんきな家臣に言う。臨時勤務をさせると盆暮れの拝領物をせがむ。武道の師でもない者が稽古場を建て、小身が屋敷に乱舞の舞台を作る。俸禄のぐちを上役がたしなめず、餞別と土産は度を過ごす。武家女は芸者修業のごとく琴三味線ばかりで、読み書き裁縫すらできないのに町家並の美服を着る。「美服は俗人の目を迷わす品、粗服質朴は常人の好まざるところに候。その衆人の好まざる粗服を堅く守り、動かざるところが侍の本意、規模（面目）に候」と訓示する。「はやり風を好むは恥の第一」で（『加賀藩史料』第12編）、形は卑しくとも士風は堅くと説いた。

　武士は裁判や祭礼で関東絹以上のものを目立つように着よ、と１７６３年に命じていた上州伊勢崎藩は、後に災害や火災で困窮し、俸禄半分召し上げの「半知」となる。１８５７年には「九割の上げ米」に達し、「平日着服、何品にてもありあわせの物あい用いるべく、新規は木綿に限る」と家中に通達した。服がどうのと言っている場合ではない。「元日たりとも熨斗目に限らず、ありあわせの紋付着用勝手次第」となり、勤務時間も短縮した（『伊勢崎市史』資料編1）。町は生糸と太織で栄えており、下級武士は米沢藩上杉鷹山の改革と同じく、実際には太織産業の生産労働者となっていたのではないか。

　米沢の下級武士町田八之丞は、京都に出たとき夏羽織地の透綾《すきや》の織方を習得し、１８２８年には千五百九十反、二千二百両を売る内職の成功者となった。子の代には家中第一の富者で、大晦日に恵比寿像と千両箱を飾り、天保飢饉《ききん》では米千俵を寄付している（『山形県史』第3巻）。

　上杉鷹山の兄は日向高鍋の藩主で、寛政改革期の１７９３年「倹約にことよせ、吝嗇《りんしょく》を好み、金銭を殖し、士に似合わざる所作いたすまじく」と命じた。ケチと利殖を戒める指示により、下級武士は農耕に携わっていた（『宮崎県史』史料編近世4）。

　武士の服は身分と位を表わしたが、綿服になるとその差が見えなくなる。それでは武家秩序が揺らぐと思われた。差を明らかにするには、武士の綿服と民の綿服を分け、新たな秩序を作らなければならない。天保改革を機にその議論が起きた。

## ◉士民の色分け案

武士の服制は町や村との差に目が向けられがちであるが、武士自身は彼ら内部の上中下の差にこだわっていた。軍事体制を建前とする限り、上長と下士の服の別は不可欠で、その差はなくてすまぬ現実問題であった。

豊後日田の教育家広瀬淡窓（１７８２〜１８５６）は天保改革を前に、少なくとも武家内部の服の差だけは明確にすべきだ、と説いた。奢りの世を改めるのは難しいが、武家の上層は黒、中は黄、下は青と分けるのがよい、と書く。それは位階を服の色で示す案である。長く重んじられる黒は上層に割り当てる。農工商の服は嶋柄でも鼠《ねず》色を禁じるのが解決策となる、と淡窓は述べる（『淡窓全集』中巻、１８４０稿）。民は黒に近い色を避けよ、という趣旨であろう。

ただ淡窓は、武家の浪費は別のところにあると見ていた。音信贈答の類を一切省略すれば、武家の家計は二三年で立ち直る、と説いている。恩顧への謝礼と交際のシステムは、そこまで過重となっていた。

表45は豊後臼杵藩が天保改革の１８４２年に発表した綿服の制度案である。武家の三階層を色柄で分けている。足軽は

**表45　臼杵藩が1842年に作った綿服の区分案**

<table>
<tr><th>身分</th><th>紋付</th><th>冬服色</th><th>冬の嶋</th><th>夏服色</th><th>夏の嶋</th><th>絣</th></tr>
<tr><td>士・侍中</td><td>○</td><td>黒</td><td>紺に白千筋</td><td>水色</td><td>白地紺絣</td><td>○</td></tr>
<tr><td>士・小侍</td><td>○</td><td>茶</td><td>茶に白千筋</td><td>生平</td><td>生平地紺絣</td><td>○</td></tr>
<tr><td>士・足軽</td><td>○</td><td>鼠</td><td>鼠に白千筋</td><td>鼠・渋</td><td>鼠地紺絣</td><td>○</td></tr>
<tr><td>農・大庄屋</td><td>○</td><td>浅黄</td><td rowspan="6">各服色の嶋</td><td rowspan="6">冬に準じる</td><td rowspan="6">各服色の嶋</td><td>×</td></tr>
<tr><td>農・小庄屋</td><td>可</td><td>藍</td><td>×</td></tr>
<tr><td>農・惣百姓</td><td>×</td><td>藍</td><td>×</td></tr>
<tr><td>町・年寄格</td><td>○</td><td>花色</td><td>×</td></tr>
<tr><td>町・家持</td><td>○</td><td>花色</td><td>×</td></tr>
<tr><td>町・借家</td><td>×</td><td>藍</td><td>×</td></tr>
</table>

『旧臼杵藩の臼杵精神』(1944刊)による。○は制定、×は禁制。「生平」は晒さない黄味を帯びた麻布。花色は藍よりわずかに薄い色。

組屋敷に住む単身者で、ほぼ一代限りの勤めである。上層武士は軍事作法により下の者を従わせる服の目印として、黒を専用し他に許さない。黒無地はやせても枯れても徳川支配を貫いていた。

その色別区分案は民に藍系だけを割り当てた。藍の青が民を表わすのは、しみついた習慣であり、実勢を反映するのであろう。その服制案が特異なのは、嶋柄と絣に区分を設けたことである。武士は嶋柄では千筋嶋、夏物で絣を独占する。武士に細いタテ嶋、民に太い嶋柄を割り当てることになる。嶋や絣を全て民に譲っては、武士の飾りが成り立たなかったのであろう。紋付着物は百姓町人身分で人の上中下を分ける標識であった。

臼杵藩の倹約の服制は三年後実施としていたが、天保改革の政策崩壊で恐らく中止となったであろう。藩は同じとき借財二十五万両の元利棒引きを商人らに求め、そちらは交渉のすえ強引に実現している。

自ら率先して木綿を着る大名もいた。久留米の急進的な新藩主は１８４４年、五年間の倹約令を発し、自分と妻女、重臣とその家族に「上着いっさい綿服」「羽織も麻布木綿のほか用いまじく」と命じた（『藩法集』11）。大名自身がつましさの見本となって、家臣や妻女に示しをつける覚悟を見せた。

これらは徳川祖法の予想もしなかった事態である。困難度は藩によって大きく異なるが、祖法でしのげない衣服費の現実があった。

## ◉武士に日用の嶋

武士の嶋柄への歩みはゆっくりしていたが、19世紀には公務でも日用着でも嶋を用いる例が各地に出てくる。

１８１４年に庄内酒田の湯屋で、姓のある人物の弟が「木綿茶たて嶋あわせ」と「同藍たてよこ嶋男綿入れ」を盗られた。翌月には兄も同じ湯屋で「木綿藍たて嶋」と「木綿紺かすり」「木綿藍白筋嶋」の綿入れを盗まれる。湯屋に行く武士兄弟は江戸町人のような装いであった。女物の例では１８０５年に武家宅で「桟留藍竪《たて》嶋・女綿入れ」や「木綿浅黄竪嶋・二幅前掛け」を盗られている（『酒田市史』史料編第1集）。18世紀前半の酒田では民の嶋類も稀であったが、大きな変化が起きていた。

１８４６年に江戸で敵討ちがあり、親と伯父を殺された武士が相手を討ち果たした。その服は「木綿藍立嶋の単物《ひとえ》」。やられた武士も「古木綿の藍千筋単物」「木綿の藍柳絞り襦袢《じゅばん》、袖口は茶縮緬、半襟は黒八丈」であった（『天弘録』「続日本随筆大成」別巻8）。町人に身をやつしていたのだろうが、とにかく双方とも木綿タテ嶋着物である。

同じころ豊前小倉の武士は「多く桟留嶋を肩衣にも仕立て」、袴ともども「同じ嶋にも仕立て」ていた。ただ、威儀を正す場では嶋裃《かみしも》は不適切で、「表立つ礼服にならず」とする（『鵜の真似』）。桟留嶋の裃は日常の出仕に限られた。

尾張藩は１８１８年、「嶋の衣服着用の節は、御紋付肩衣、遠慮いたすべく候」と命じている（『名古屋叢書』第2巻）。大名家紋のつく肩衣を下賜されても、その下の着物が平常の嶋柄では無礼だとする。

嶋柄は大名らの正規の儀式では控えるが、次第に常用される服となる。図１５１の長崎通詞は嶋柄を日用公務の着物にしている。

**図151　長崎通詞のタテ嶋**

シーボルト『日本』の長崎通詞・名村三次郎の肖像。通詞は長崎奉行所の役人。この人は日本調査の協力者であった。黒紋付羽織の下にタテ嶋の着物。商館助手の１８２８年以前の写生であろう。

## ◉士と町、女の差

『絵本時世粧』（１８０２刊）は女の職のシーンを描く。歌川豊国は絵に職名や役名を書き入れて教えている。大名屋敷の奥座敷には、奥方から少し離れて側女中がいる。老女・中老ら役女中も座って仕え、部屋の端で祐筆《ゆうひつ》が書状を書く。女中一同がそろうのは稀だろうが、奥方を囲む女の位置関係がわかる。そこに嶋柄の女は一人もいない。

上層の妾《めかけ》の座敷はどうか。愛妾からやや離れておつき女中が座り、踊り師匠と踊り子がいる。嶋柄を探すと、琴のごぜ一人だけが大柄の山繭二筋格子入り紫縮緬着物である。

絵は世の人がのぞけない部屋のさまを見せ、上流の高尚な暮らしを印象づける。けれども間近に見れば話は違った。

ずっと後になるが、紀伊藩家老の侍医が、江戸で見た奥女中について書く。武家屋敷の女中らはまん丸に肥え太って、尻はいかめしく、ドタドタと地響き立てて歩く集団であった。彼女らは無遠慮ではた目を気にせず、「ひときわ目立ってふつつかなり」である。着物は布団のような大柄の嶋縮緬か総模様であった（『江戸自慢』「未刊随筆百種」第8巻）。

絣入りタテ嶋の嶋縮緬にそんな大柄があった。布団のような着物も、ドタドタ動くのも太りすぎも、町の女には目にしない無作法と映った。つたなく不格好な女中らは、侍医をがっかりさせた。

嶋縮緬は武家専用である。「江戸武家女の着用のみ。三都とも市中女はこれを着さず」とある（『近世風俗志』）。大名に嫁ぐ息女に持たせる嶋柄として、黄八丈、嶋絹ちぢみ、越後嶋ちぢみ、嶋縮緬が挙げられる（『南紀徳川史』）。図１５２の嶋縮緬は姫君が平素に着るもので、下位の女中では晴れ着となった。

徳川方の旗本御家人妻女の着物は、町に似ていた。「武家・町家とも衣服と髪は一様にして、旗本衆の家内やら町家のおかみさんやら分かちがたし」とある（『江戸自慢』）。女の服の身分差は縮まる方向にあった。

図 152　大名家に嫁す姫君の嶋縮緬

「御平素」の普段着。眉《まゆ》をそらず歯を染めない元服前の姫君。髪は高嶋田、着物は嶋縮緬などとする（『南紀徳川史』）。

図 153　手ぬぐいをかぶる女

頭に絞り染の木綿手ぬぐい。19世紀初めの町の新風俗（『都風俗化粧伝』）

武家女は町の装いに押された。「お屋敷方の女中衆が日本の洒落と心得、金襴緞子・結構なるものへ、わずか一匁五分（銀）ぐらいの半襟を掛けさすも、もったいないことなるべし」と評される（『龍虎問答』１７７９序）。半襟をかけるのは町のまねで、大名の娘の掛襟を見かけた人もいた（『飛鳥川』）。

「武家の風儀は不風流なりとて、すべて町人のなり姿を、武家の妻・嫁・娘等が好き用ゆる」（『世事見聞録』１８１６序）。それは極論かもしれないが、その傾向はあった。胸紐のない女の半天は１８１０年代に町から始まり、「近ごろ武家に移り、軽き御家人の妻女ども用いる者まま見る」ことになる（『世のすがた』１８３３稿）。

町人の女が木綿手ぬぐいをかぶって往来すると（図１５３）、武家女もかぶる。平戸の前大名は、大名屋敷に仕える風の総模様の天晴れな着物の女が、実家に立ち寄る様子のとき、木綿をかぶっているのに驚いた（『甲子夜話』

巻六)。

　モードを主導する町人女は、立ち姿を意識する方向へ動いた。「背の高きはすらりと見えて風俗よく見ゆる」との見方が出てくる。身幅を縮めた着物でふくらみを消す着方が生じた。「背の低いのを高く見せる仕様」が本に載り、図１５４のタテ嶋が推奨された（『都風俗化粧伝』１８１３刊）。

　支配体制の危機が奥女中の近くまで来ていた。大名妻女を江戸に住まわせる制度に疑問符がつく。年貢米を金銀に換えて江戸へ送ると、女中らが吸い取って町に降らせる。その浪費に商人やならず者が集まる。大名困窮の根を断つには、女中らを江戸から散らすべきだ、と水戸藩儒者が建言した（『新政談』１８５５稿）。譜代大名がまず三分の二を国許に戻せば、利を追って商人が地方へ移ると書く。その提言は採用されなかったが、武家女中がモードの主役となれない状況が続いた。

**図 154　背を高く見せる**

背を高く見せるには着物の身幅を小さく、と『都風俗化粧伝』が書く。模様はタテの染柄かタテ嶋がよく、身をそらし腰をのすように、とある。

## ◉華美を裏に隠す

　町人男女には嶋柄の着方にルールがあった。嶋柄にしてよいものと、よくないものを分け、ある領域では嶋類を避けた。

第一に礼服がある。「礼服にも小紋は用ふなり。小紋定紋付なり。嶋は礼服に用ひず。三都同制」（『近世風俗志』）。嶋類は日用のもので、冠婚葬祭などの改まった場では通用しない。紋付小紋は許されもするが、嶋はそうは行かない。嶋類は礼服とは別で、人は日用と儀礼の二通りの着物を持つことになる。嶋柄の多い世は、別に礼服を持つ習慣とともにあった。嶋柄しかない人は借り着で儀礼をしのぎ、家紋が違う人には臨時に貼りつける紙の紋章があった。

表着が定紋付の場合は「嶋下着を用ひざるを相応とす」（前掲書）とある。紋付のときは下の着物も嶋柄を避けた。嶋類はそこまで儀礼から遠ざけられた。

嶋柄を侵入させない第二の領域は、衣類の裏、内側であった。嶋柄の表着の下には必ず嶋以外のものがある。全身丸ごと嶋柄という着方はない。「じゅばんおよび下帯には嶋と小紋を用いず」（前掲書）とされる。嶋・小紋好きの人も、それを肌に触れる衣料にはしなかった。

小紋の表着のときも「下着、嶋は用ひざるを本とす」とある。それはどういう思考によるのか。「三都男女とも表服には華ならざるものを用い、下着には華なるを用いるを常とす」（前掲書）という原則が関係する。「華なるもの」と「華ならざるもの」を使い分けていた。嶋柄は「華ならざるもの」で、天保改革でも並の嶋類は華美とされていない。よってそれは表服に適する。むしろ表服にしかならないのが嶋柄であった。

小紋を表着にしたときは、それが「華ならざるもの」である。その下には「華なるもの」を着るべきで、「華ならざる」嶋柄をわざわざ重ねる必要がない。だから小紋の表着の下に嶋は着ない。そういう思考が都会人を貫いていたようだ。

嶋柄の衣類の使用範囲は狭くなる。表着と羽織・半天ないし前垂れにほとんど限られる。下の着物では襟・袖などの部分にだけ嶋・小紋をつける場合が多い。そこまでが嶋柄の領域である。

表着や羽織は外見のために着る。外見は自分が何者であるかを示して、社会関係を作る。「華ならざる」嶋や小紋や無地染は、世をしのぐその外見を取りつくろう。外見が亀の甲羅《こうら》となって身を守ってくれる。だから、柄が好きなだけで着たわけではない。

「華ならざる」と「華」の使い分けは男女同じだが、女は特に色の「華」にこだわった。下側の着物や肌着の類を「華」の領域にする。外見の裏ないし内側に自分の「華」を作り、その「華」で身を包もうとする。嶋・小紋では満たされない「華」のゾーンがそこにあった。

『近世風俗志』が伝えるのは、嶋・小紋の深層の戦略である。戦略と呼んでよいのは、「華」で身を包みつつ人目に隠し、表に「華ならざるもの」を見せて何食わぬ顔でいるからである。戦略は二つの正反対の志向を統合して、「華」の欲望を無欲で包み込む。それが嶋・小紋の着方の不文律であった。

「嶋は美服といえども替わり裏なり」（前掲書）とは意味深長である。嶋は表側だけで役割を果たす。裏にまでつけるのは要らざることとなる。表と裏、外見と中身の使い分けこそ、19世紀の嶋柄普及の前提であった。

女の「華なるもの」の材質は絹である。色で言えば赤・桃・紫・白・空色・黄などとなる。三都の女はとりわけ緋縮緬や紅絹《もみ》の赤に執着した。緋縮緬に山繭糸の嶋を織る赤地の着物は、「華なるもの」であるから下側の着物になった。古くなった緋縮緬や紅絹は、木綿じゅばんの襟や袖に再利用された。桃色のテキスタイルは肌着となる。男も表の地味な微細の嶋柄の下に、大柄の派手な絞り染などを着た。それらは自分のための「華なるもの」である。当時の衣類の残存例がそれを教えている。

紅花は高温の染料となり糊防染ができない。生地を挟む板締めで型を染めたが、「明和（１７６４～72）までは縮緬に板締めという染なし」（『明和誌』「鼠璞十種」中巻）である。板締めの始まりは、嶋・小紋の流行の始まりと同じ時期であった。

嶋・小紋と赤い染物は、並行して盛んになった。嶋・小紋は内側の「華なる」赤を必要とし、赤に付き添われて広がった。

出羽最上《もがみ》は１７６１年に、一駄三十二貫目の計算で七百駄前後の紅花を出荷した。田沼時代の安永天明には「最上千駄」と呼ばれた。寛政改革の後にもう一段の増産があり、山形土産には木綿の花染もあった（『山形県史』第3巻）。19世紀に入ると武州上尾宿などに紅花畑ができて約四百駄を出荷し、品質は出羽を上回るとされた（『武州の紅花』上尾市文化財調査報告第3集）。関東ではほかにも紅花産地が続々と現れた。それが嶋と小紋の時代のもう一つの側面であった。

凝った肌着は茜《あかね》赤や紫根《しこん》の絞り染となる。幕末には秋田から上方へ染木綿の逆流が起きた。『鹿角誌』によれば、染屋は機織り農家に「綿と銭を渡して白木綿と交換」した。染屋はその取替木綿を「紫色茜色の各模様ものに染めだし、上国（上方）へ輸出することあまたなりし」と伝えられる。その「華なるもの」の日本海交易は、上方の嶋の時代を反映している。

「華なるもの」は19世紀に着物の内側へと潜り込んだ。衣類の表と内の使い分けは、支配層の口ぐせの華美批判に対する対策でもあった。しかしまた民の両義的な思考の産物でもあった。

「礼」と「日常」、それに「華ならざるもの」と「華なるもの」は、衣服を貫く観念であった。嶋柄は「日常」であり「華ならざるもの」であるが、洒落者が密かに下に着る絹嶋には、破格の「華なるもの」がありえた。

## ◉華を縮める動き

三都の町人女の礼服は、天保（１８３０〜44）のころ黒縮緬の定紋付となった。その裾には草花などの染め抜き模様があった。若い女は裾に細かい模様をつけ、その模様を裏側にも回した。年かさの女は一段と小さい染模様を、裾で表側に折り返す裏地のふきにつけた。裏にだけ染める裏模様もあった（『近世風俗志』）。

　裾の染模様は女のたしなみで、男と区別するしるしとなる。けれども女たちは極力それを小さくした。模様を細密にして、裾にへばりつくように置く。全く裏側へ模様をもぐらせることさえある。表の模様を抑え込む意図は一貫している。年齢とともに抑制は強くなる。染模様をまるで恐れるかのごとくである。礼服では染模様を圧縮すべしとの考えが、人々を強くとらえていた。

　なぜそうなるか。染柄が「華なるもの」だからである。染模様は身を飾る欲望を語ってしまう。礼服ではその欲を最小限にしないと、礼節を表わせないと考えたようだ。若い女や子供は仕方がないが、年長の女の無分別はいけない。「華」を遠ざける思考様式が、染模様を表側から後退させたことになる。

　よそ行きの美服の裏側でも、「華」の縮小があった。『近世風俗志』の著者の母によれば、明和・安永の昔は市井の女の美服の裏が、裾に至るまで紅絹であった。その折り返しの紅絹が袖や裾で外からも見える。田沼時代の町の女はそんな着物であった。ところが半世紀後には、裏地の紅絹の面積が縮まる。それは胴の部分へ押し込まれる。裏には黒や紺の裾回しがつき、肩から下の胴だけ赤色となる。それを「紅胴《もみどう》」と呼んだ。

　赤色はホッと息をつく女の着物のしるしである。けれども赤は「華」である。裏地の赤は範囲を狭め、行き着いた先が「紅胴」であった。赤い裏地は外側に見せない。それが寛政改革後何十年かの改変の姿である。

　もっとも女たちはただ後退したわけではない。「江戸は小民の婦女も……絹裏を用ひ、裾を引く者多く、これを用ひざるは困民に似たり」（前掲書）とある。座敷で裾を引きずる上流女の風が、下々に降りた。女の裏地はほぼ絹となり、その絹のごほうびの代わりに、女は赤色をやや後退させたことになる。

　「華奢《かしゃ》」という言葉があった。目立ちたい欲望に発する「華なるもの」は、身の程知らぬ奢《おご》り高ぶりとされた。

「華」は道徳的に劣るうえに、家計破滅につながりかねないとするのが、良くも悪くも当時の思考様式であった。その見方が、着物を「華ならざる」方向へ向かわせる社会的力学となる。人々は「華」に過敏となって抑制を意識した。女の着物の慎みはその結果となるだろう。それは近世でも19世紀に特有の出来事であった。

## ◉地味な嶋と世間

「華」を縮めるトレンドは嶋類にも及んだ。自己抑制の社会的力学が男柄にも見られる。為永春水が丹念に書いた深川の嶋柄がそうである。天保改革の前であるが、春水は目立たず・おとなしく・地味で細かい嶋柄に何度も触れた。客も芸者もそれであった。それらの嶋柄は、「華ならざる」嶋からさらに「華なるもの」を絞り出して、去らしめるに近い。当時の木綿嶋の微細柄のトレンドは、柄の「華」を極小にする動きと言える。

安政の１８５０年代に、先の紀州の侍医の江戸観察がある。

「衣服は至って地味にて、紺嶋、藍小紋など眠り目なるを用ひる。夏とても地白小紋、白嶋など一切着するものなし」（『江戸自慢』）

江戸人の着物は地味で、嶋も小紋も眠たい柄であった。夏でも地の白さの際立つ嶋や染物を避けている。くすんで、ぼやけて、目をこすりたくなる地味柄は、和歌山とは大違いであった。それはまさしく「華奢」を避ける思考ベクトルが生んだ柄ではないか。

着物は他人に自分を伝えるメッセージである。地味柄は目立たない慎む人柄を伝えようとする。眠たい柄は自制心を示し、他人を安心させる意図を恐らく含む。ギラつかない自己を互いに見せるから地味柄一色となる。であれば嶋類もまた「華奢」の思考様式に方向づけられて動き、華から遠ざかって慎みへ向かったという歩みが想定できる。

眠たい嶋柄は、離れれば見えないほど織文様を小さくして作る。目を近づけたときだけ文様を見分けられる。無地に似るまで文様を圧縮する。見る位置の遠さと近さで二重の性格を持つ柄となり、渡り唐桟のように「華なる」赤糸が入っても、外見では隠すことができる。眠たい柄は「華なるもの」を皆無にしたわけではなく、見えにくくした。

先の侍医によると、江戸商人は紀州よりも客を大事にした。「一銭の買い物にも三拝九拝し、日々来る魚屋や八百屋まで寒暑の進物せざるはなし」である。買物の額に応じて多くの店が正月に年玉を出した。正札販売が行われる江戸には、値切る客がいなかった。武士の風も違う。「旗本などことのほか柔和にして、和歌山武士の如くクソ力《りき》みなし」であった（前掲書）。

江戸はどうやら一つの世間になっていた。武士も町人も世間様を立てて暮らそうとした。その社会が「華奢」を避ける思考様式を育てる。柄の眠たさは世間に異を立てない標識となって広がる。その思考様式を前提にすると、柄のよしあしはもはや個人の尺度では語れない。今日の目で見れば、流布した嶋柄は変化に乏しく型にはまる。しかし、江戸人は道徳や世間という全く別の角度からも柄を見ており、視点そのものが今日の人を江戸と隔てる。侠者は見せびらかしの自己顕示をしたが、富者はそれを避けていた。

目立たない柄への志向は、恐らく寛政改革期の華奢批判から始まった。ただ、その起因は、権力の抑圧やイデオロギーばかりとも言いにくい。明治時代に江戸柄がなかなか変わらなかったのは、社会の力が柄を支えていたからである。幕末の江戸人の自己抑制の服は、人々の心にしみ込んでいた。

地味な服は徳川末期に来日した西洋人の目をひいた。彼らには黒っぽさと嶋柄が日本人の特色と見えた。「服装は所有者の社会的な地位に従い木綿か絹である。色はほとんどがいつも黒ずんだ単色であるか、繊細な碁盤嶋である」（ラインホルト・ヴェルナー『エルベ号艦長幕末記』１８６０～62、）。このプロイセンの艦長は、日本では少女が手紙を書き、ぼろをまとう労働者が読み書きできるのに驚き、どこにもない識字率の高さだと讃嘆している。

「あらゆる階級の男が日常着で身につけている色は、さまざまな嶋柄の黒か紺色である」（S．オズボーン『日本への航海』１８５９刊、「新異国叢書」３輯４）。そのイギリス人艦長は黒っぽい嶋柄を解釈して「日本人はその衣服の地味な色彩と形からいえば、東洋のクエーカー教徒といえるかもしれない」と述べる。

カネが特権を作らず、所得の不平等が生活面の平等と共存し、下層の人々の表情が生き生きして活気があること――西洋人は驚きの目で日本人をながめた。豊かでない人々の不思議な元気さと勤勉。無欲に似た心遣い。西洋の打ちひしがれた貧民と、いかにも違う人々がそこにいた。世間の目が人の利己心を巧みに牽制《けんせい》していたのではないか。彼らは世俗的現世的であり、禁欲主義と異なる黒っぽさと嶋柄の衣類がそこにあった。

エルギン卿（『遣日使節録』前掲１輯９）やシュリーマン（『日本踏査紀行』前掲２輯６）の見るところ、江戸越後屋呉服店の規模は英仏の大型百貨店と並ぶ域にあった。滅び去ったその社会の嶋柄には、手工芸の魅力とともに、人の元気や洗練が潜んでいた。それは独自の思考様式の中での心の豊かさだったように見える。

7 98　やり手、西川祐信『絵本常盤草』下1730刊（「近世日本風俗絵本集成」）

99　浴衣の算崩嶋『浴衣合』天明初年刊（「新編稀書複製会叢書」第37巻）

101　歌麿「洗顔美人図」（大英博物館蔵、「秘蔵浮世絵大観」1）

9 102　麻布の晒職人、『人倫訓蒙図彙』1690刊（「東洋文庫」519）

103　越後ちぢみの嶋、『和漢三才図会』（「東洋文庫」462）

10 104　アヤサビ、田村藍水『中山伝信録物産考』（[江戸後期諸国産物帳集成」第20巻）

105, 106　井桁絣，崩れ格子の絣、『中山伝信録』1721成立（原田禹雄訳注）

107　まがい藍鍺、『当世風俗通』1773刊（「新編稀書複製会叢書」第6巻）

108　歌麿「夏姿美人図」（遠山記念館蔵、『歌麿の美人』浮世絵ギャラリー・5）

109　男の藍鍺、歌川豊国「高輪遊歩」（東京国立博物館蔵、「日本の美術」366）

110　越後屋、歌麿「夏衣裳当世美人」（ギメ東洋美術館蔵、「名品揃物浮世絵」4）

111　藍鍺の袴、「風俗図屏風」延宝6（1678）年銘（たばこと塩の博物館蔵）

11 112　若衆、菱川師胤「中村竹三郎」（千葉市美術館蔵、「肉筆浮世絵大観」10）

113　版画の若衆羽織、『風俗鏡見山』（「江戸風俗図絵」）

115　タテ絣、司馬江漢「見立荘子胡蝶の夢図」（『春章』肉筆浮世絵・第4巻）

117　①春信「庭先の母子」（パリ国立図書館蔵、「秘蔵浮世絵大観」8）、②歌麿「二葉草七小町」（ベルギー王立美術館蔵、「秘蔵浮世絵大観」9）

119　布団の絣、国貞画「遠浦帰帆」（大英博物館蔵、「秘蔵浮世絵大観」2）

120　春梅斎北英の上方版画（V&A博物館蔵、「秘蔵浮世絵大観」5）

12 121　団七嶋、『浄瑠璃譜』寛政ごろ成立（近古文芸温知叢書・第4編）

124　糸ヘンに鳥、『当世風俗通』1773刊（「新編稀書複製会叢書」第6巻）

125　糸ヘンに鳥、『為朝がしまめぐり』（棚橋正博『黄表紙総覧』図録編）

126　『孔子縞干時藍染』など（前掲『黄表紙総覧』図録編）

13 127　大阪の田沼嶋、稿本『摂陽奇観』1850成立、巻39（「浪速叢書」第4）

128　着長嶋、『新造図彙』1789序（「訓蒙図彙集成」第18巻）

V 1 129　武士の野暮と通り者、『神代余波』（「燕石十種」第3巻）

130　中洲の夏の遊興、歌川豊春筆（『東京市史稿』港湾編第2）

131　1798年の目付、『視聴草』初集之7（内閣文庫所蔵史籍叢刊・特刊第2）

2 132　京桟留袴の松平定信、「翁草」巻139（「日本随筆大成」第3期23）

3 133　吉原の3人、月斎峨眉丸「吉原酒宴図」（『ボストン美術館肉筆浮世絵』Ⅲ）

4 134　教科書の「南部縞」、『商売往来絵字引』1864刊（「江戸商売絵字引」）

5 135　大御所家斉の服2種、将軍家慶の帯、『甲子夜話三編』巻65

136　①家斉の三筋格子、②将軍家の同、『雛型正図画』（都立公文書館蔵）

137　家紋の三筋格子，『永正紋尽』『見聞諸家紋』（群書類従第23輯武家部）

138　歌麿「歌撰恋之部・物思恋」（ボストン美術館蔵、「日本の美術」365）

139　市川団十郎、一勇斎国芳（早稲田大学演劇博物館蔵、「日本の美術」27）

140　家斉好みの細格子、『雛型正図画』（都立公文書館蔵）

6 144　綿繰り女、『備後国福山領風俗問状答』（「日本庶民生活史料集成」第9巻）

145　少女はなの木綿嶋着物、『雅俗随筆』（「新燕石十種」第6）

146, 147　①日本の少女、②おとみ、農民、シーボルト『日本』図録第1、2巻

148　国芳画『質屋雑談』1831刊（「江戸時代文化」第1巻1号）

149　氷売り「陸奥ぶり」『視聴草』6集之4（内閣文庫所蔵史籍叢刊・特刊第2）

10 150　好風なる姿の客、『春告鳥』1836刊（「日本古典文学全集」47）

11 151　通詞の名村三治郎、シーボルト『日本』図録第1巻

152　大名家に嫁す姫君の嶋縮緬、『南紀徳川史』第16冊巻之147

153, 154　手ぬぐい、背を高く『都風俗化粧伝』1813刊（東洋文庫414）

（テキスタイル資料は著者撮影、著者蔵サンプル類は記載を省略）

2 47 巾着師と袋物師の店、『人倫訓蒙図彙』1690刊（「東洋文庫」519）
48 浦人、菱川師宣「和国諸職絵づくし」（「天理図書館善本叢書」和書之部67）
49 綿繰図、住吉具慶「都雛図巻」（日本の美術12）
50 遊女の中着　①東川堂里風「立姿美人図」（出光美術館編刊『肉筆浮世絵』）、②菱川友房「聞香美人図」（同前）、③宮川長亀「二人の遊女と禿」（東京国立博物館蔵、「日本の美術」248）
51 山崎女龍「文読む遊女」（『ボストン美術館肉筆浮世絵』Ⅰ）
52 土佐光起「山崎闇斎両親像」（佐賀県立美術館編刊『近世の肖像画展』）
3 53, 54「河内木綿製織図巻」（ベルリン東洋美術館蔵、「秘蔵浮世絵大観」12）
55 会津の着物の記号、丹羽基二『日本家紋大事典』
4 56 木綿屋の持つ柄、『人倫訓蒙図彙』1690刊（「東洋文庫」519）
57 京都の足袋屋、『京雀』1665刊（「近世文学資料類従」古版地誌編4）
58 江戸の包丁人、『貞徳狂歌集』1682刊（「新編稀書複製会叢書」第12巻）
59 職人の嶋、近藤清春『今様職人尽百人一首』（「新編稀書複製会叢書」第12巻）
60 あんま師のタテ嶋、『人倫訓蒙図彙』（「東洋文庫」519）
61 浴衣嶋、住吉具慶「都鄙図巻」（興福院蔵、「日本美術全集」17、講談社版）
62 競い組の大嶋、『聞上手』1773刊（「日本古典文学大系」100）
5 63 町奴の嶋、『絵本このころ草』1682刊（「新編稀書複製会叢書」第34巻）
64 沢村宗十郎の嶋の勘左衛門（立川焉馬『歌舞伎年代記』巻2）
65 タテ嶋のタイコ持ち、『都風俗鑑』1681刊（「新日本古典文学大系」74）
66 仙台嶋大尽、『野白内証鑑』1710刊、四之巻（「新編日本古典文学全集」65）
67 振袖の若衆、『懐硯』1687序（「新編西鶴全集」第3巻）
68 インド更紗柄、川又常行「盆踊図」（『長春』肉筆浮世絵・第3巻）
69 絵番付「傾城夫恋桜」、『享保尾事』1734稿所収（徳川林政史研究所蔵）
70 「舞妓図」のかぶろ（『ボストン美術館肉筆浮世絵』Ⅰ）
71 かぶろの更紗柄、「花街風俗絵巻」（たばこと塩の博物館蔵）
72 三味線指南のおかむ、英一蝶「名挙集」1757稿（「関東俳諧叢書」第19巻）
6 73 仏師の丁稚、菱川師宣『増補江戸惣鹿子名所大全』1690刊（影印本）
74 瓦屋弟子など、長谷川光信『絵本御伽品鏡』1730刊（「日本名所風俗図会」別巻）
75 すわい、機織、西村祐信『百人女郎品定』1723刊（「近世日本風俗絵本集成」）
7 76 奥嶋袴、西鶴『武道伝来記』1687刊、巻五（「新編日本古典文学全集」69）
Ⅳ 1 78 鈴木春信「笠森お仙」（ジェノヴァ東洋美術館蔵、「秘蔵浮世絵大観」10）
79 一筆斎文調、①版画「かぎやおせん」（平木浮世絵美術館蔵、「日本の美術」364）②肉筆画「笠森稲荷社頭図」（出光美術館蔵、『春章』浮世絵大系・第3巻）
80 北尾重政「かぎやおせん」（東京国立博物館蔵、「日本の美術」364）
81 洒落男二人、北尾重政『絵本世都之時』1775刊（「近世日本風俗絵本集成」）
2 82 八丈織の手織紬、『秘事思案袋』1729刊（後藤捷一『日本染織譜』）
83 荻生徂徠像、『視聴草』8集之2（内閣文庫所蔵史籍叢刊・特刊第2）
84 鳥居清倍「おくま」（ホノルル美術館蔵、「日本の美術」365）
85 勝川春好「お駒才三」（ベルギー王立美術館蔵、「秘蔵浮世絵大観」9）
86 「替わり八丈」ずくめ、『都鄙談語』三編1773刊（「噺本大系」第9巻）
87 本八丈の品定め、『世諺口紺屋雛形』1799刊（「黄表紙廿五種」）
3 88 「揚巻の助六・団十郎」五渡亭国貞（都立中央図書館蔵、ja.ukiyo-e.org）
89 吉原衣装、恋川春町『金々先生栄華夢』（「新編稀書複製会叢書」第5巻）
4 90 八丈八反掛の熊本藩主「細川重賢像」、図録『細川家の至宝』
5 91 上息子、恋川春町『当世風俗通』1773刊（「新編稀書複製会叢書」第6巻）
6 92 ふし取りはさみ、『万金産業袋』1732序
93 遠山小紋の柄、『EPS文様図鑑』小紋1（Cobble Collaboration co.）

# [引用した図の出典一覧]

Ⅰ 1 1 嶋に染める ①「三十二番職人歌合絵巻」の「大のこぎり挽き」(「新修日本絵巻物集」第28巻)、②家康所用の染小袖(徳川美術館蔵、図録『家康の遺産』)

2 裳の洲浜文様(「国史大辞典」)

3 将軍義晴の下絵(京都市立芸術大学蔵、『土佐派絵画資料目録』)

4 「足利義輝像」(国立歴史民俗博物館蔵、「日本の美術」340)

6 「片身替わり格子厚板」(東京国立博物館蔵、太陽染と織シリーズ『小袖能装束』)

7 「蝶牡丹紋の段替わり織物小袖」(芦刈山保存会蔵、太陽染と織シリーズ『小袖能装束』)

8 「高雄観楓図屏風」の織物小袖(東京国立博物館蔵、「肉筆浮世絵大観」1)

9 「長尾政景夫妻像」(東京大学史料編纂所・肖像画模本データベース)

2 10 「黒田如水像」(福岡・光雲神社蔵、安藤英男『黒田如水・史伝』)

11 「織田敏定像」(愛知・実成寺蔵、東京大学史料編纂所・肖像画模本データベース)

12 「菊池能運像」(熊本・菊池神社蔵、京都大学文学部博物館標本、『日本肖像画図録』)

13 「松平清康像」(岡崎・随念寺蔵、『新編岡崎市史』第17巻)

14 「留守政景像」の家臣(岩手・大安寺蔵、大阪市立美術館編刊『肖像画賛』)

15 「日蓮聖人註画讃」の武将(本圀寺蔵、「続々日本絵巻大成」伝記・縁起篇2)

16 楽士「高雄観楓図屏風」(東京国立博物館蔵、「日本屏風絵集成」第14巻)

17 行列の雑用係(『足利将軍若宮八幡宮参詣絵巻』日文研叢書7)

18〜20 碁、神輿、乳母「十二ケ月風俗図」(山口蓬春記念館蔵、「近世風俗図譜」1)

21 「前九年合戦絵詞」の武人(国立歴史民俗博物館蔵、「続日本の絵巻」17)

Ⅱ 1 22 黒い絹、「洛中洛外図屏風」(東京国立博物館蔵、『洛中洛外図大観・舟木家旧蔵本』)

23 将軍家光「江戸図屏風」(国立歴史民俗博物館蔵、鈴木進『江戸図屏風』)

24 京都の紋付屋、『京雀』1665刊(「近世文学資料類従」古版地誌編4)

2 25 替え襟の武士(出光美術館蔵、内藤正人『江戸名所図屏風』)

26 家康の替え襟の羽織(茨城・徳川博物館蔵、図録『家康の遺産』)

27 柄物の掛け襟、『やまとの大寄』1682刊(「新編稀書複製会叢書」第34巻)

3 28 熨斗目型、「三十三間堂通矢図屏風」(逸翁美術館蔵、「戦国合戦絵屏風集成」別巻)

29 菱川師宣『千代の友鶴』1682刊(「新編稀書複製会叢書」第34巻)。

4 30 官物の八丈織,『和漢三才図会』1712序(「東洋文庫」462)

32 真田信之の嶋柄着物(高野山蓮華定院蔵、上田市博物館『真田家史料集』)

33 上田藩主注文の絹嶋見本(「原町問屋日記」、上田市立博物館蔵)

34 1723年の藩主注文、海野の絹嶋(上田市立博物館寄託)

35 1841年の八丈織指定柄「12番」(東京都公文書館蔵)

Ⅲ 1 36 大尽の大嶋羽織、『好色盛衰記』1688以前刊(「新編西鶴全集」第2巻)

37 指を切る郡内嶋の人、『野白内証鑑』1710刊(「新編日本古典文学全集」65)

38 「三勝心中」の半七、『新色五巻書』1698刊(「西沢一風全集」第1巻)

39 飛騨嶋の格子柄、『好色敗毒散』1702刊(「新編日本古典文学全集」65)

40 僧衣の上の浅草嶋、『傾城禁短気』1711刊(「日本古典文学大系」91)

41 あわせぎぬ、『訓蒙図彙』1666刊(「近世文学資料類従」参考文献編4)

42 大森善清『しだれ柳』1700刊(「新編稀書複製会叢書」第36巻)

43 座主、英一蝶「四季日待図巻」(出光美術館蔵、「日本美術絵画全集」16)

44 宮川長亀「吉原格子先の図」(太田記念美術館蔵、「日本の美術」248)

45 礒田湖龍斎「おいらん道中図」(奈良県立美術館蔵、「肉筆浮世絵大観」9)

46 紅嶋の裏、『俗つれづれ』巻4,1695刊(「新編西鶴全集」第4巻)

## 【主な人名】


### あ

足利義輝 あしかがよしてる 19, 20
足利義晴 あしかがよしはる 19
新井白石 あらいはくせき 67, 86
家綱・4代将軍 いえつな 94, 95, 98
家斉・11代将軍 いえなり 351-358
家光・3代将軍 いえみつ 59, 60, 61, 65, 71, 73, 75, 76, 80, 82, 83, 93
家康・初代将軍 いえやす 41, 55-57, 63, 70, 71, 91, 131
伊勢貞丈 いせさだたけ 19, 22, 31, 48, 49
7代目市川団十郎 いちかわだんじゅうろう 354-356, 406
一筆斎文調 いっぴつさいぶんちょう 179, 180
上杉謙信 うえすぎけんしん 25-27, 30
エルセラック 60
エンゲルベルト・ケンペル 62, 63
大田南畝 おおたなんぽ 272, 304, 311, 323
大友宗麟 おおともそうりん 27, 31, 33
大友義鑑 おおともよしあき 28, 31
大和田重清 おおわだしげきよ 30, 34
荻生徂徠 おぎゅうそらい 187, 204, 294, 295, 297
織田敏定 おだとしさだ 40, 118
織田信長 おだのぶなが 30

### か

貝原益軒 かいばらえきけん 34, 144
海保青陵 かいほせいりょう 314, 315, 372, 373
笠森稲荷鍵屋お仙 かさもりいなりかぎやおせん 177-181
菊池能運 きくちよしゆき 41
喜多川歌麿 きたがわうたまろ 178, 248, 249, 270-272, 281, 353, 354
喜田川守貞 きたがわもりさだ 368-370, 372
九鬼周造 くきしゅうぞう 398, 399, 401-403, 407-412
黒田長政 くろだながまさ 34
黒田如水 くろだにょすい 40, 118
恋川春町 こいかわはるまち 195, 199, 213, 270, 290, 311
後藤縫殿助 ごとうぬいのすけ 87

### さ

定九郎 さだくろう 299, 300
山東京伝 さんとうきょうでん 291, 373
シーボルト 392, 393
嶋のおかむ 154
白木屋お駒 しろきやおこま 184, 186, 188, 189
鈴木春信 すずきはるのぶ 176-183, 282, 299

### た

太宰春台 だざいしゅんだい 193, 298
田尻親種 たじりちかたね 27, 34
伊達政宗 だてまさむね 58, 71, 72, 82, 83, 131
田沼意次 たぬまおきつぐ 183, 190, 295, 298, 305, 307, 308
為永春水 ためながしゅんすい 399-403, 405-407, 426
茶屋四郎次郎 ちゃやしろうじろう 82, 87
綱吉・5代将軍 つなよし 62, 64, 86, 88, 105
ツュンペリ 65
寺門静軒 てらかどせいけん 356
豊臣秀吉 とよとみひでよし 30, 57, 70, 79, 81, 91

### な

新村出 にいむらいずる 50
西川祐信 にしかわすけのぶ 164, 176, 177, 245

### は

花川戸助六 はなかわどすけろく 192, 193
塙保己一 はなわほきいち 13, 34, 49
林述斎 はやしじゅっさい 292-293
秀忠・2代将軍 ひでただ 55, 92, 228
広瀬淡窓 ひろせたんそう 416
フランソワ・カロン 61
古川古松軒 ふるかわこしょうけん 255
平秩東作 へずつとうさく 304, 305
本間重連 ほんましげつら 43

### ま

松浦静山 まつうらせいざん 351, 353-356
松岡辰方 まつおかときかた 88
松平清康 まつだいらきよやす 41, 42
松平定信 まつだいらさだのぶ 204, 262, 299, 308, 311-315, 317-328, 331, 352, 373, 374
三勝・半七 みかつ・はんしち 114
水野忠邦 みずのただくに 362
宗春・尾張藩主 むねはる 151, 152
本居宣長 もとおりのりなが 49, 67

### や

八百屋お七 やおやおひち 110, 129
柳沢信鴻 やなぎさわのぶとき 204-206
山崎闇斎母 やまざきあんさい 130
山科言緒 やましなときお 56, 57
吉宗・8代将軍 よしむね 99, 100, 166, 167, 171, 172, 174, 202, 216, 217, 294-296, 318, 321

### ら

リチャード・コックス 54
柳亭種彦 りゅうていたねひこ 15
ルイス・フロイス 55

### わ

渡辺崋山 わたなべかざん 68

**た**

**辰巳之園** たつみのその 191

**辰巳婦言** たつみふげん 228, 242, 343, 347, 348

**譬喩尽** たとえずくし 288

**田沼時代** 305

**譚海** たんかい 197, 243

**筑前国続風土記** 34

**秩父地域絹織物史料集** 227, 231, 232

**中山伝信録** ちゅうざんでんしんろく 268, 269

**中山伝信録物産考** ちゅうざんでんしんろくぶっさんこう 268, 269

**徒然睟か川** つれずれすいかがわ 211, 215, 239

**貞丈雑記** ていじょうざっき 21, 22, 49, 84, 88

**手杵** てきね 303

**天和笑委集** てんなしょういしゅう 219,

**東海道名所記** 165

**東京市史稿** 73, 99, 173, 306, 315-320, 325, 327, 330, 336, 338, 341, 370

**当世風俗通** 213, 264, 269, 270, 273, 290

**唐船輸出入品目数量一覧** とうせん 77

**唐蛮貨物帳** とうばん 277

**言緒卿記** ときおきょうき 57

**徳川禁令考** とくがわきんれいこう 376

**徳川実紀** とくがわじっき 55, 56, 65, 71, 73, 74, 83, 86, 92-95, 106, 166, 167, 216, 292, 293, 300, 321

**隣の疝気** となりのせんき 182, 193, 195

**な**

**長崎オランダ商館の日記** 60

**難波丸綱目** なにわまるこうもく 163

**奈良曝布古今俚諺集** ならざらしここんりげんしゅう 259

**南紀徳川史** なんきとくがわし 56, 86, 197, 295, 414, 419

**西陣史料** 361

**西陣天狗筆記** 14, 318

**日記言上之控** にっきげんじょうのひかえ 143, 155, 159, 160 , 239,

**日葡辞書** にっぽじしょ 32

**日本永代蔵** にっぽんえいだいぐら 64, 102, 112, 117, 123, 129, 244

**日本教会史** 91

**日本山海名産図会** にほんさんかいめいさんずえ 258

**日本染織工業発達史** 357

**日本染織文献総覧** 226,

**日本大王国史** にほんだいおうごくし 61

**日本農民史料聚粋** にほんのうみんしりょうしゅうすい 224,

**日本風俗備考** 332

**日本文化史** 199

**は**

**俳諧小傘** はいかいこからかさ 122, 123, 126

**誹風柳多留** はいふうやなぎだる 189, 192, 225, 228, 248, 260, 262, 273, 302, 366

**バタヴィア城日誌** 60

**八丈実記** 91, 93, 94, 97, 106, 107, 201, 353

**春告鳥** はるつげどり 399, 400, 402, 403

**春信全集** はるのぶぜんしゅう 176-178

**番太日記** ばんたにっき 163, 238

**半日閑話** はんにちかんわ 178, 179, 184, 198

**百人女郎品定** ひゃくにんじょろうしなさだめ 164

**病間長語** びょうかんちょうご 302

**風俗八色談** ふうぞくはっしきだん 182, 223

**武家名目抄** 13, 21, 49

**藤岡屋日記** 286, 360, 379

**豊後御参府之日記** ぶんごごさんぶのにっき 27

**下手談義聴聞集** へただんぎちょうもんしゅう 154

**反古染** ほうぐぞめ 169, 187, 201, 215, 248, 258, 264, 366

**法の精神** 296

**北越雪譜** ほくえつせっぷ 259, 293

**ま**

**町中諸事御仕置帳(名古屋)** まちじゅうしょじおしおきちょう 168

**万金産業袋** まんきんすぎわいぶくろ 95, 98, 103, 107, 108, 111, 112, 117, 123, 160-162, 168, 170, 219, 230, 239, 256, 260, 293, 335

**三井事業史** 173, 349

**むかしむかし物語** 128

**紫の一本** むらさきのひともと 68, 69

**明良洪範** めいりょうこうはん 70

**や**

**野白内証鑑** やはくないしょうかがみ 113, 114, 150

**よしの冊子** よしのぞうし 311, 314, 316, 325, 327

**依田長安一代記** よだながやすいちだいき 111

**ら**

**俚言集覧** りげんしゅうらん 243

**恋愛と贅沢と資本主義** 196

**わ**

**我衣** わがころも 102, 158, 171, 186, 298

**和漢三才図会** わかんさんさいずえ 58, 94, 111, 115, 143, 149, 160, 167, 213, 227, 238, 240, 242, 243, 259, 289, 291, 293

**倭訓栞** わくんのしおり 49

## 【主な書名】

### あ

**秋元家甲州郡内治績考**　あきもとけこうしゅうぐんないちせきこう　105, 112
**足利織物沿革誌**　192, 214, 345
**足利将軍若宮八幡宮参詣絵巻**　44
**飛鳥川**　あすかがわ　374, 420
**合糸織五十番模様之雛形**　あわせいとおり　104, 105
**「いき」の構造**　398
**イギリス商館長日記**　54
**石山本願寺日記**　いしやま　29
**伊豆日記**　192, 202
**一話一言**　いちわいちげん　209, 311, 322, 323, 326
**浮世の有様**　361, 362
**越後のちぢみ**　257, 282
**江戸生艶色樺焼**　えどうまれうわきのかばやき　213, 291
**江戸自慢**　419, 426, 427,
**江戸店犯科帳**　えどだなはんかちょう　363
**江戸問屋仲間の研究**　134, 222
**絵本御伽品鏡**　おとぎしなかがみ　163, 164
**絵本世都之時**　えほんよつのとき　182, 183
**延享常陸民間旧事**　えんきょうひたち　237
**宴遊日記**　えんゆう　204-206, 263, 355
**青梅縞資料集**　おうめじま　162, 232
**大分県史料**　32, 131
**翁草**　おきなぐさ　316, 328
**小千谷縮布史**　おぢやちぢみし　361
**御供古実**　おともこじつ　12, 22
**オランダ商館長日記**　75, 79, 243

### か

**隔蓂記**　かくめいき　93, 116
**甲子夜話**　かっしやわ　89, 199, 311, 351
**上井覚兼日記**　かみいかくけん　30
**上下京町々古書明細記**　かみしもぎょうまちまちこしょめいさいき　81, 82
**神代余波**　かみよのなごり　223, 311
**客衆肝照子**　きゃくしゅきもかがみ　191, 229
**旧事諮問録**　きゅうじしもんろく　358
**嬉遊笑覧**　きゆうしょうらん　169
**教訓続下手談義**　きょうくんぞくへただんぎ　145
**侠者方言**　きょうしゃほうげん　146, 210, 263
**京雀**　きょうすずめ　61, 141
**京雀跡追**　きょうすずめあとおい　61, 87
**京都町触集成**　きょうとまちぶれしゅうせい　65, 103,110, 116, 140, 143, 162, 227, 235, 237, 242, 244, 260, 279, 282, 336, 349, 354, 366
**桐生織物史**　209, 211, 212, 216, 346, 361
**金々先生栄花夢**　えいがのゆめ　198, 199, 213,
**近世風俗志**　50, 84, 141, 215, 240, 265, 280, 285, 321, 333, 354, 364, 365, 367-370, 403, 405, 419, 422, 423, 425
**近世物価史研究**　348, 349
**愚痴拾遺物語**　ぐちしゅういものがたり　100, 185, 224
**けいせい色三味線**　いろじゃみせん　110, 117
**傾城買四十八手**　けいせいかいしじゅうはって　189, 192, 211
**傾城買指南所**　けいせいかいしなんじょ　191, 195, 197, 203, 214, 225, 264
**契情買虎之巻**　けいせいかいとらのまき　190, 203, 214, 264
**慶長見聞集**　けいちょうけんもんしゅう　51, 59, 129
**毛吹草**　けふきぐさ　34, 35, 58, 97, 112, 116, 132
**兼山秘策**　けんざんひさく　167
**絹布重宝記**　けんぷちょうほうき　210, 212, 215, 221, 347
**孔子縞干時藍染**　こうしじまときにあいぞめ　291, 292
**好色一代男**　165
**好色敗毒散**　こうしょくはいどくさん　115, 116
**江府風俗志**　こうふふうぞくし　162, 168, 203, 210, 215, 216, 223, 231, 256
**甲陽軍鑑**　こうようぐんかん　30, 91
**蚕飼絹篩大成**　こがいきぬぶるいたいせい　222
**古今吉原大全**　こきんよしわらたいぜん　153, 193
**越能山都登**　こしのやまつと　264
**呉服類名物目録**　90, 256
**御物之帳**　ごもつのおぼえ　58, 72
**御用・公用日記**　ごよう　135, 136, 138, 158, 288

### さ

**実隆公記**　さねたか　29
**五月雨草紙**　さみだれぞうし　362
**地方落穂集**　じかたおちぼしゅう　222,
**色音論**　しきおんろん　77, 78
**色道大鏡**　しきどうおおかがみ　63, 102, 107
**賤のをだ巻**　しず　184, 203, 240, 299, 315
**市中取締類集**　しちゅうとりしまりるいしゅう　355, 359, 362, 371
**鐘奇斎日々雑記**　しょうきさいひびざっき　361
**条々聞書貞丈抄**　じょうじょうききがきていじょうしょう　19, 20
**昇平夜話**　しょうへいやわ　304, 323
**諸問屋再興調**　しょとんやさいこうしらべ　350
**白木屋文書―諸問屋記録**　167, 168, 330
**資料日本衣服裁縫史**　222,
**心中天網島**　しんじゅうてんのあみしま　286
**人倫訓蒙図彙**　じんりんきんもうずい　124, 140, 143, 256
**駿府御分物御道具帳**　すんぷおわけものおどうぐちょう　55, 56, 82, 92, 97, 131
**駿府記**　すんぷき　56, 57
**政談**　せいだん　294, 295, 307
**世間胸算用**　せけんむなざんよう　113, 219
**世田谷区史料叢書**　250-252 , 254, 385
**摂陽奇観**　せつようきかん　289, 297
**前九年合戦絵詞**　ぜんくねんかっせんえことば　47
**川柳評万句合**　せんりゅうひょうまんくあわせ　171, 186, 237, 248, 250, 300, 338

服紗小袖 ふくさこそで 86, 87
服紗半袴 ふくさはんばかま 86
武家方奥向き 355
武家に夜盗？ 325
二筋格子 ふたすじごうし 40, 42, 43, 45-47, 84, 114, 117, 119, 140
二引両 ふたつひきりょう 351, 353
ぶっさき羽織 311, 327, 328
太織モード化 ふとり 346
布団の大嶋 ふとんのおおしま 146
触れ戻し ふれもどし 362
ヘイハ嶋 289
紅嶋の裏 べにしまのうら 121
弁慶嶋 べんけいじま 284-286
奉公人「衣類定法」 364
防長風土注進案 ぼうちょうふうどちゅうしんあん 397
ポルトガル 27, 32, 49, 91
本上田・生上田 ほんうえだ・きうえだ 347

## ま

まがい八丈 108
マシュルー
　イスラムの繻子 276
　カウテニー 277
　献上品 277
　西陣 280
　遊女の帯 278, 279
　輸入記録 277
　若衆羽織 274, 275
又布嶋 またふじま 330
丸すずし 203
万筋・千筋 まんすじ・せんすじ 365, 366
三勝心中 みかつしんじゅう 114
微塵嶋 みじんじま 239-241, 253, 338, 401
三筋格子 みすじごうし 114, 117, 352-356
味噌こし嶋 みそこしじま 120, 367
三越 408-412
美濃尾張桟留 みのおわりさんとめ 330
宮古島綾錆 みやこじまあやさび
　石垣島崩れ格子 266, 267
　絵 268
　地謡 じうた 266
　藩独占 267
麦わら筋 むぎわらすじ 288
無垢 むく 225, 323, 360
村の変化
　秋月藩 382
　越後蒲原郡 378
　関東 380
　信州小諸 381
　駿州駿東郡 383
　八郎潟 378
　浜松領 378,
　美濃武儀郡 384
無量 むりょう 62
綿緞子 めんどんす 361
綿布専売制 389
最上紅花 もがみべにはな 424
もぐさ嶋 363, 366, 367, 383
紅絹 もみ 64, 77, 145, 156, 193, 194, 337, 425
紅胴 もみどう 425
木綿
　行商人 250
　尺買い 250
　歳暮 252
　タテ絣嶋 281-283
　盗難品 159
　値下げ強行 325
木綿高騰 318
木綿嶋
　帯・半襟 138, 139
　仕入高 173
　職人 142
　摂津 132
　胴服 131
　真壁 134, 135
木綿太織 もめんふとり 232
紋織 もんおり 19-22
紋付・初期の 59, 60

## や

役者の嶋 124
役者名の格子 287
奴 やっこ 68, 69
山下幸内上書 やましたこうないじょうしょ 295
大和嶋 やまとじま 283
やわらか裏 223, 348
結城嶋・紬 ゆうきじま 337 -342, 364
結城木綿嶋 ゆうきもめんじま 386
浴衣嶋 ゆかたじま 143-145
輸入生糸・唐糸 34, 58, 62, 76, 77, 95, 218, 219
輸入絹織物 77
羊かん色 ようかんいろ 197

## ら

洛中洛外図屏風 らくちゅうらくがいずびょうぶ 58, 244
ラシャ 55, 62
利休間道・紹鴎間道 りきゅうかんどう・じょうおうかんどう 241
琉球 りゅうきゅう 30, 49, 100
琉球紬 りゅうきゅうつむぎ 229, 400
両面染 りょうめんぞめ 226,
礼服 424

白河藩衣服定め しらかわはん 317
白木屋 しろきや 363-366
白嶋 しろしま 34, 41
新渡横一 しんとよこびん 333
素襖 すおう 17, 18, 38, 45, 56
菅嶋 すがしま 161
生絹 すずし 19
裾長 すそなが 182
せいらす嶋 232, 242, 243
精錬・郡内絹の せいれん 111
ぜげん嶋 231
せてん 56, 62
千筋染 せんすじぞめ 287
仙台嶋紬 せんだいしまつむぎ 149, 150
仙台平 せんだいひら 310, 312
洗濯・絹の 112, 113
染小袖 そめこそで 18, 22, 56
染め直し・目引き染 237

**た**

大尽 だいじん 110, 113, 116, 118, 149
大名嶋 だいみょうじま 288, 289
高尾観楓図屏風 たかおかんぷうずびょうぶ 23, 24, 43
高機の商用木綿 たかはた
　足利結城嶋 386
　石田嶋 387
　岩国嶋 388
　亀田嶋 389
　児島郡の小倉嶋 390
　高岡の岐阜嶋 387
　尾濃結城嶋 387
　備後嶋 388
　福野桟留 387
　松山嶋 390
　見附結城 389
　柳井嶋 388
　山新嶋 387
高宮布 たかみやぬの 123
タテ嶋
　かぶろ 153
　着方 181
　京都 236
　小姓・若衆 150-152
　タイコ持ち 148-150
　春信 176, 182, 183
　町奴 146-148
伊達羽織 だてばおり 71, 72, 73, 75
田中八丈 191, 192
田沼期 240, 245, 248, 254
田沼政府 296, 297, 307
太布 たふ 396, 397
玉繭・玉糸 たままゆたまいと 230
段替わり だんがわり 20, 24, 39
丹後嶋 たんごしま 97, 98
団十郎嶋 だんじゅうろうじま 354-356, 406
丹波布 たんばふ 391
団七嶋 だんひちじま 284, 285
秩父絹 ちちぶぎぬ 219, 225, 226, 318, 341
茶宇絹袴 ちゃうきぬばかま 71, 115
中華思想 ちゅうかしそう 49, 51
銚子縮み ちょうしちぢみ 363, 364
長老無地 ちょうろうむじ 236
縮緬を攻撃 ちりめんをこうげき 315, 316
付合・付合集 つけあいしゅう 35, 36, 38, 122
紬嶋・八王子の つむぎしま 112
津振子の肩衣 つもじのかたぎぬ 166, 310
艶なし つやなし 347, 373, 406
店主親方の盗難品 156
天保改革 てんぽうかいかく 335, 349, 356, 358, 363, 371, 389, 390
胴貫・胴着 どうぬき・どうぎ 363
唐木綿 とうもめん 29, 131, 159, 294
通り者
　洗練 195, 201
　町人 229
緞子・名物裂の どんす・めいぶつぎれ 87

**な**

内職の富者 415
中洲(日本橋) なかす 319, 320
奈良晒 ならざらし 255-257
　藍錆染 264, 265
南部嶋 なんぶしま 342-346
南部縮緬 なんぶちりめん 345, 346, 363, 400, 406
2-1綾 にいちあや 96
西陣 95, 361
西陣西機 にしばた 335
西陣の苦境 349, 361
縫い集め・つぎつぎ 237, 284
眠たい嶋柄 426, 427
練り糸 ねりいと 21, 82, 162
練貫 ねりぬき 26, 29, 31, 82
練屋 ねりや 219, 335
年季者の嶋 ねんきもの 123
野毛嶋 のげじま 162
ノコギリ嶋 18
熨斗目 のしめ 42, 82-90
登せ糸 のぼせいと 220

**は**

羽織・初期の 43, 44, 57, 58, 59
博多 31, 33, 34, 36
博多帯 34
　客人 400
　献上 214, 215
　上州 214
博多織嶋 はかたおりしま 34
博多唐織 はかたからおり 33
博多木綿嶋 34
箔小袖 はくこそで 70
刷毛目嶋 はけめじま 367, 383
蓮葉女の嶋 はすはおんな 124
旗本倹約令 73
旗本の女中 68, 69
八丈織 はちじょうおり 98, 99, 108, 112, 115, 119, 150, 170
　おごり 202
　規格 201
　八王子 192
八丈紬 はちじょうつむぎ 93
八丈八反掛
　贈物 199, 200
　大名 206
　通り者 198
八反掛 はったんがけ 95, 96, 99, 100, 106, 107, 111
バフタ 238
羽二重 はぶたえ 57, 58, 62, 64
引き解き 251
飛騨嶋 ひだじま 115, 116
日野絹 ひのぎぬ 105, 219, 227
評判娘 177-179
比翼仕立 ひよくじたて 356
平織 ひらおり 19, 20, 21, 38, 57, 58、218, 219, 240
広桟留 ひろさんとめ 333, 334

川越二子・塚越二子 かわごえふたご・つかごしふたご 369, 370
河内嶋・河内木綿 かわちじま 365, 386
川唐 かわとう 368-372, 374
川和嶋・岸嶋 かわわじま・きしじま 232, 233, 360
寛政異学の禁 299
菅大臣嶋 かんだいじんしま 170, 237, 330
関東嶋 かんとうじま 228-229,339
生絹 きぎぬ 219-223
生絹嶋 きぎぬじま 105
菊田摺 きくたずり 107
絹糸 95, 97
絹紬の幅 きぬつむぎ 93
絹七々子織 きぬななこおり 240, 373, 374
黄八丈
　間着 あいぎ 198, 199
　替わり嶋 189-191, 200
　廃る 185
　大名家 206
　タテ嶋 188, 189
　ヨコ筋 186, 187, 188
　流行 186, 191, 192
キビソ・熨斗糸 のしいと 230
京郡内 きょうぐんない 108, 110
京桟留・京奥嶋 きょうさんとめ 168, 170, 329, 330
京八丈 107
京羽二重 きょうはぶたえ 219-221, 225
行列 61, 62, 65, 66
キリシタン大名 27, 40
公家 56, 57
朽木嶋 くつきじま 123
黒鴨 くろがも 66, 331, 339, 413
黒絹 56, 57, 60
黒絹オーバーコート くろぎぬ 62
黒桟留 くろさんとめ 157, 158, 251
黒縮首 くろちりくび 212
黒は卑し 69
黒羽織 57, 59
黒羽二重 くろはぶたえ 59, 60, 62, 63, 64
黒羽二重に三寸紋 113
黒羽二重復活 326
黒絽 くろろ 215
郡内嶋 ぐんないしま 105, 106, 110-114, 117, 128, 129, 156
　婚礼 207
　昔風 203, 205
毛織物 54, 55
献上・進上 34, 79, 81, 82
絹紬 けんちゅう 219
憲法染 けんぼうぞめ 61
元禄という語 408, 411
ご威光 61, 65, 66
5-1綾 ごいちあや 19-21, 24, 26, 27, 38
恋娘昔八丈 こいむすめむかしはちじょう 184, 186
格子・木枠の 36-38
柑子 こうじ 92
格子嶋の語登場 こうしじまのご 286
護衛隊 61
黒衣の将軍 こくい 60
小倉嶋・小倉木綿 こくらじま・こくらもめん 159, 167, 170, 310
ご倹約 171, 173
紅格子 こごうし 20, 23
小隔子 こごうし 29, 37
故実家 こじつか 12, 13, 31, 32, 48
五寸模様 302
コチニール 55
御殿絣 ごてんがすり 280
琥珀嶋 こはくじま 306, 327, 351
碁盤嶋 ごばんじま 110, 112, 117-121, 123-125, 127, 136, 137, 139, 140-144, 147, 171, 284, 285
御本手桟留嶋 ごほんてさんとめじま 169, 170, 329
胡麻がら ごま 247, 329, 400, 406
子持ち筋 こもちすじ 288
子持筋の熨斗目 のしめ 85
小柳織 こやなぎおり 359
古渡り更紗 こわたりさらさ 331
古渡り唐桟 こわたりとうざん 331, 332, 406

## さ

才三格子嶋 さいざこうしじま 185, 188
狭織 さおり 49
下がる糸価 348
薩摩上布 さつまじょうふ
　藍錆 264, 265
　紺地白絣 265
　先島 265
薩摩木綿 さつまもめん 363, 364
蛹はだ・ツマミ糸 さなぎはだ 230
算崩嶋 さんくずしじま 244, 245
三大飢饉 さんだいききん 312
桟留嶋羽織・サントメ さんとめじま 78, 79
桟留嶋の御袴 さんとめじまのおはかま 166
桟留の着尺 さんとめのきじゃく 168-170, 172
三枚袷 さんまいあわせ 223
地糸 じいと 218, 221
しじら 81, 82, 87, 88
質屋
　出雲大東村 395
　鎌倉郡 394
　川原代村(竜ヶ崎) 395
　酒田 393
質素の競争 311
島井文書 しまいもんじょ 33
嶋織物 しまおりもの 12-13, 21, 27-32, 36-44, 48-51, 118
嶋柄の比率 235, 236
嶋摺り しまずり 14
嶋帳 しまちょう 391
嶋づくし台詞 しまづくしせりふ 147
嶋に染め しまにそめ 15
嶋のゑびす 49, 51
嶋の財布 125
嶋の中着 しまのなかぎ 126, 127
嶋の暖簾 しまののれん 122-124
嶋類着用令 321, 322
地味ごしらえ 337
締め切り 84
蛇形嶋 じゃがたじま 237-239, 240
ジャガタラ嶋 238, 241
障子格子 しょうじこうし 307, 383
上州八丈 191, 192
猩々緋 しょうじょうひ 54, 55
小氷期・弱冷期 312
定紋・替紋 じょうもん・かえもん 354
女中嶋類 じょちゅうの 128

# 索引

## 【事項】

### あ


藍錆まがい あいさび 269, 270
麻裃 あさがみしも 83
浅草嶋 あさくさじま 116, 117
麻ヨコ嶋 137
足利の南部織 あしかがのなんぶおり 345
芦刈山 あしかりやま 23, 24
小豆嶋 あずきじま 243
厚板 あついた 22, 23, 30
有平嶋 あるへいじま 151, 153
合糸織 あわせいとおり 94, 99, 107
「いき＝シマ」結合 398, 410
イギリス人 54
イギリス唐桟 とうざん 333, 369
伊勢嶋・松坂嶋 160-162, 248
板の物 81, 82
五所紋 いつところもん
　会津 137
　土佐 138
糸入り桟留・渡りまがい 170, 248, 371
糸入り嶋 いといりしま 381, 382, 414
糸織 いとおり 363
糸桟・絹唐桟 いとざん・きぬとうざん 371, 372, 374
田舎伯父の嶋 いなかおじの 124
稲葉小僧 いなばこぞう 300
今渡り・新渡 いまわたり・しんと 331
衣類規制 80, 81
衣類の奢り おごり 378-379
インド製品 168-171
インド渡来 239, 241, 242
上田絹嶋 うえだきぬじま 100-103, 108
上田嶋(紬) 339
上田八丈 182
上田藩の商売 うえだはん 350
宇治晒 うじさらし 16
裏襟・襟裏 うらえり・えりうら 229, 331
裏地の白木綿 132, 136, 137
裏組織 21, 23
裏模様 425
越後ちぢみ 256, 258
　藍錆 263
　各藩禁令 261
　寛政期の急落 262
　産量 257
　出商人 262
　天明紺絣 261
　紅入り・桔梗嶋 べにいり・ききょうじま 260, 262
越後屋 87, 173, 174, 316, 317, 330, 334, 335, 428
越後結城 えちごゆうき 348
越前嶋 えちぜんじま 261
江戸京染店 えどきょうぞめてん 226
江戸図屏風 59
江戸住みお店者 おたなもの 246
襟金襴 えりきんらん 72, 74
近江晒 おうみざらし 258
青梅嶋 おうめじま 162, 383
大格子 おおごうし 113, 114, 140
大阪の田沼嶋 297
大嶋 おおしま 113, 114, 135, 140, 141, 144-148
大嶋禁止令 おおしまきんしれい 145
奥沢村の家計簿 おくさわむら 250, 251, 254
奥嶋裃 おくしまかみしも 166
奥嶋羽織 おくしまはおり 165
奢り批判 おごりひはん 313
男伊達 おとこだて 68, 193
御熨斗目腰本帳 おのしめこしほんちょう 86
お化け仕立 223
帯・襟の黒紗綾 おび・えりのくろさや 209, 210
帯織 おびおり 95, 99, 107
お召縮緬 おめしちりめん 357, 358
オランダ貿易 76, 77
オランダ会社衰退 332
織色 おりいろ 30, 366
織物(室町期) 13, 22-24, 26, 28, 29, 39, 44, 45, 47, 50
尾張藩・尾張家 62, 71, 93, 94, 95, 350
尾張三河木綿 160, 161
女半天 おんなはんてん 359, 420


### か


海黄 かいき 28
掻切 かいきり 15
懐月堂派 かいげつどうは 278, 279
外見と中身 423
かうし 18-22, 26-27, 37-39, 43-48, 50
隔子 かうし 47, 48
替え襟 72, 73-75
隠し裏 337
掛け襟・半襟 かけえり・はんえり 75, 76
絣入り嶋縮緬 かすりいりしまちりめん 280
片色 かたいろ 31
肩衣 かたぎぬ 19, 26, 45
肩衣袴 かたぎぬばかま 56, 73
肩裾 かたすそ 83
片身替わり かたみがわり 21, 23, 24, 39
金巾嶋 かなきんじま 72
金巾羽織 かなきんはおり 205
華なるもの 422, 424-426
カピタン 156, 159, 377
歌舞伎を遠ざける 356
歌舞伎の縞の字 292
唐織 からおり 23
唐織物 からおりもの 51
唐嶋 からしま 28
雁金屋 かりがねや 17
川喜田家店定目 かわきだけみせさだめ 343
川源嶋 かわげんしま 214
川越平の内職 かわごえひら 372

◉著者
**広岩　邦彦**（ひろいわ　くにひこ）
1937年生まれ。都立西高、東京大学法学部政治コース卒。61年、朝日新聞記者。浦和支局長、整理（紙面編集）部長、北海道支社長などを経て97年定年退職。同年、㈱朝日川崎プリンテック社長。03年退任。服飾美学会会員

# 近世のシマ格子　着るものと社会

二〇一四年六月一日　第一刷発行

著　者　広岩邦彦
編集協力　岸本三代子
発行者　吉岡幸雄
発行所　紫紅社
〒六〇五-〇〇八九
京都市東山区古門前通大和大路東入ル元町三六七
電　話　〇七五-五四一-〇二〇六
ＦＡＸ　〇七五-五四一-〇二〇九
印刷所　日新印刷株式会社


ISBN978-4-87940-610-1 C0072
定価はカバーに表示してあります。
落丁・乱丁はお取替えいたします。